抗日战争专题研究

张宪文 | 主
朱庆葆 | 编

第七辑
战时教育
文化

战时高校内迁与教育改革

王运来　张　玥等　著

江苏人民出版社

图书在版编目(CIP)数据

战时高校内迁与教育改革/王运来等著.--南京:
江苏人民出版社,2022.5
(抗日战争专题研究/张宪文,朱庆葆主编)
ISBN 978-7-214-26541-8

Ⅰ.①战… Ⅱ.①王… Ⅲ.①抗日战争-高等教育-
教育史-中国 Ⅳ.①G649.29

中国版本图书馆 CIP 数据核字(2021)第 176027 号

书　　　名	战时高校内迁与教育改革
著　　　者	王运来　张　玥　等
责 任 编 辑	李　旭
装 帧 设 计	刘葶葶
责 任 监 制	王　娟
出 版 发 行	江苏人民出版社
地　　　址	南京市湖南路 1 号 A 楼,邮编:210009
照　　　排	江苏凤凰制版有限公司
印　　　刷	苏州市越洋印刷有限公司
开　　　本	652 毫米×960 毫米　1/16
印　　　张	30　插页 4
字　　　数	350 千字
版　　　次	2022 年 5 月第 1 版
印　　　次	2022 年 5 月第 1 次印刷
标 准 书 号	ISBN 978-7-214-26541-8
定　　　价	118.00 元

(江苏人民出版社图书凡印装错误可向承印厂调换)

教育部哲学社会科学研究重大委托项目
2021年度国家出版基金资助项目
南京大学"双一流"建设卓越计划项目

合作单位

南京大学　北京大学　南开大学　武汉大学

复旦大学　浙江大学　山东大学

台湾中国近代史学会

学术顾问

金冲及　章开沅　魏宏运　张玉法　张海鹏

姜义华　杨冬权　胡德坤　吕芳上　王建朗

总　序

张宪文　朱庆葆

　　日本侵华与中国抗日战争是近代中国最重大的历史事件。中国人民经过 14 年艰苦卓绝的英勇奋战，付出惨重的生命和财产的代价，终于取得伟大的胜利。

　　自 1945 年抗日战争结束至 2015 年，度过了漫长的 70 年。对这一影响中国和世界历史进程的重大事件，国内外历史学界已经做过大量的学术研究，出版了许多论著。2015 年 7 月 30 日，在抗日战争胜利 70 周年前夕，中共中央政治局就中国人民抗日战争的回顾和思考进行集体学习，习近平总书记发表重要讲话，指示学术界应该广为搜集整理历史资料，大力加强对抗日战争历史的研究。半个月后，中共中央宣传部迅速制定抗日战争研究的专项规划。8 月下旬，时任中共中央宣传部部长刘奇葆召开中央各有关部委、国家科研机构和部分高校代表出席的专题会议，动员全面贯彻习总书记的讲话精神，武汉大学和南京大学的代表出席该会。

　　在这一形势下，教育部部领导和社会科学司决定推动全国高校积极投入抗战历史研究，积极支持南京大学联合有关高校建立抗战研究协同创新中心，并于南京中央饭店召开了由数十所高校的百余位教授、学者参加的抗战历史研讨会。台湾中国近代史学会也派出十多位学者，在吕芳上、陈立文教授率领下出席会议，共同协商在新时代深入开展抗战历史研究的具体方案。台湾著名资深教授蒋永敬在会议上发表了热情洋溢的讲话。经过几个月的酝酿和准备，南京大学决定牵头联合我国在抗战历史研究方面有深厚学术基础的北京大学、南开大学、武汉大学、复旦大学、浙江大学、山东大学及台湾中国近代史学会，组织两岸历史学者共同组建编纂委员会，深入开展抗日战争专题研究。中央档案馆和中国第二历史档案馆也积极支持。在南京中央饭店学术会议基础上，编纂委员会初步筛选出130个备选课题。

南京大学多次举行党政联席会议和校学术委员会会议，专门研究支持这一重大学术工程。学校两届领导班子均提出具体措施支持本项工作，还派出时任校党委副书记朱庆葆教授直接领导，校社科处也做了大量工作。南京大学将本项目纳入学校"双一流"建设卓越计划，并陆续提供大量经费支持。

江苏省委、省政府以及江苏省委宣传部，均曾批示支持抗战历史研究项目。国家教育部社科司将本项研究列为哲学社会科学研究重大委托项目，并要求项目完成和出版后，努力成为高等学校代表性、标志性的优秀成果。

本项目编纂委员会考察了抗战历史研究的学术史和已有的成果状况，坚持把学术创新放在第一位，坚持填补以往学术研究的空白，不做重复性、整体性的发展史研究，以此推动抗战历史研究在已有基础上不断向前发展。

本项目坚持学术创新，扩大研究方向和范围。从以往十分关注的九一八事变向前延伸至日本国内，研究日本为什么发动侵华战争，日本在早期做了哪些战争准备，其中包括思想、政治、物质、军事、人力等方面的准备。而在战争进入中国南方之后，日本开始实施一号作战,将战争引出中国国境,即引向亚太地区,对东南亚各国及东南亚地区的西方盟国势力发动残酷战争。特别是日军偷袭美军重要海军基地珍珠港,不仅给美军造成严重的军事损失,也引发了日本法西斯逐步走向灭亡的太平洋战争。由此,美国转变为支援中国抗战的主要盟国。拓展研究范围,研究日本战争准备和研究亚太地区的抗日战争,有利于进一步揭露日本妄图占领中国、侵占亚洲、独霸世界的阴谋。

本项目以民族战争、全民抗战、敌后和正面战场相互支持相互依靠的抗战整体,来分析和认识中国抗日战争全局。课题以国共两党合作为基础,运用大量史实,明确两党在抗日战争中的地位和作用,正确认识各民族、各阶级对抗日战争的贡献。本项目内容涉及中日双方战争准备、战时军事斗争、战时政治外交、战时经济文化、战时社会变迁、中共抗战、敌后根据地建设以及日本在华统治和暴行等方面,从不同视角和不同层面,深入阐明抗日战争的曲折艰难历程,以深刻说明中国抗日战争的重大意义,进一步促进中华民族的伟大复兴。

对于学界已经研究得甚为完善的课题,本项目进一步开拓新的研究角度和深化研究内容。如对山西抗战的研究更加侧重于国共合作抗战;对武汉会战的研究将进一步厘清抗战中期中国政治、经济、社会的变迁及国共之间新的友好关系。抗战前期国民党军队丢失大片国土,而中国共产党在十分艰难的状况下,在敌后逐步收复失地,建立抗日根据地。本项目要求各根据地相关研究课题,应在以往学界成果基础上,着力考察根据地在社会改造、经济、政治、人才培养等方面,如何探索和积累经验,为1949年后的新中国建设提供有益的借鉴。抗战时期文学艺术界以其特有的文化功能,在揭露日军罪行、动员广大民众投入抗战方面,发挥了重要作用。我们尝试与艺术界合作，动员南京艺术学院的教授撰写了与抗日战争相关的电影、美术、音乐等方面的著作。

本项目编纂委员会坚持鼓励各位作者努力挖掘、搜集第一手历史资料，为建立创新性的学术观点打下坚实基础。编纂委员会要求全体作者坚决贯彻严谨的治学作风，坚持严肃的学术道德，恪守学术规范，不得出现任何抄袭行为。对此，编纂委员会对全部书稿进行了两次"查重"，以争取各个研究课题达到较高的学术水平，减少学术差错。同时，还聘请了数十位资深专家，对每部书稿从不同角度进行了五轮审稿。

本项目自 2015 年酝酿、启动，至 2021 年开始编辑出版，是一项巨大的学术工程，它是教育部重点研究基地南京大学中华民国史研究中心一直坚持的重大学术方向。百余位学者、教授，六年时间里付出了艰辛的劳动，对抗战历史研究做出了重要贡献！编纂委员会向全体作者，向教育部、江苏省委省政府以及各学术合作院校，向江苏凤凰出版传媒集团暨江苏人民出版社，向全体编辑人员，表示最崇高的敬意和诚挚的感谢！

目　录

导　论

九一八事变已过去 90 个年头，但是日本帝国主义侵华的炮声始终在中国人民的心中闷闷作响。抗日战争取得全面胜利已有四分之三个世纪，但是治不忘乱、安不忘危的念想须臾不可忘却。

一、我国高等学校遭受空前浩劫

在我国近现代发展史上，日本发起的两次侵华战争都严重破坏了清朝政府和国民政府先后试图融入世界发展潮流的进程。体现在高等教育方面，19 世纪末洋务学堂整体的消亡和 20 世纪三四十年代抗战时期高等学校在全国范围的大迁徙，以及因此带来的无以挽回、不可估量的人员牺牲、物质损失等，都是日本侵略中国造成的。鸦片战争之后，中国逐渐成为半殖民地半封建社会，英、法、美、俄等国侵略者的隆隆炮声和滚滚铁蹄，加速了清王朝的衰落，也惊醒了沉睡中的"东方雄狮"。广大人民的反抗斗争此起彼伏、风起云涌。清朝统治集团中也出现了一批睁眼看世界的洋务派官僚，极力主张学习西方国家的科学技术。从第二次鸦片战争结束的 1860 年开始，洋务派陆续兴办了一批仿造西方船炮的军事工厂,在全国各地兴办了许多厂矿、铁路、船运企业,创办了许多外语、军事、科技类洋务学堂,向欧美派遣了几批留学生,同时还组织翻译出版"西学"书籍等,时称"自强新政"。在张之洞"立国由于人才,人才出于立学"思想的影响下,洋务教育思想风行海内,一时造成了家家言时务、人人谈西学的局面。"我国近代的高等教育,就是伴随着洋务运动的开展,以及洋务学堂的兴办而发轫的。"①与此同时,日本通过明治维新走上了资本主义道路,加大对外侵略扩张,于 1894 年挑起了中日甲午战争。由于日本蓄谋已久,而清朝政府仓皇迎战,这场战争以中国战败、北洋水师全军覆没告终。刚刚办起的洋务学堂也随着洋务运动的终结而悲壮收场。甲午战争给中华民族带来空前严重的民族危机,大大加深了中国社会半殖民地化的程度;日本国力则更为强大,为其跻身列强奠定了重要基础。这两方面都为日本军国主义的疯狂滋长和三四十年以后再次发起侵华战争埋下了罪恶祸根。1931 年 9 月 18 日,日本驻中国东北地区的关东军突然袭击沈阳,以武力侵占东北,日本侵吞中国的狼子野心暴露无遗。中华民族陷入空前的生存危机,高等学校和青年学子们都面临着重大抉择。

日军为了实现其所谓全面侵华战略,对我国的高等院校和文化机构进行了有计划、长时期、大规模的摧残与破坏。东北大学在我国高等教育史上具有特殊意义,早期校长张学良以"培养实用人才,建设新东北,以促成国家现代化,从而消弭邻邦的侵略野心"②为办学宗旨,竭力倡导该校必须担负起抵御侵略、振兴民族的使

---

① 郑登云编著:《中国高等教育史》上册,上海:华东师范大学出版社 1992 年版,第19 页。

② 章毛平:《张学良教育思想及其现代解读》,《东北大学学报(社会科学版)》2007 年第 2 期,第 159—163 页。

命。1931年九一八事变之后，该校首当其冲，最先遭到日军侵占，师生强忍悲愤，果断逃出日本帝国主义的魔爪。作为九一八事变之后首个内迁的国立大学，东北大学流亡办学之路曲折崎岖，千难万险：从沈阳至北平，又迁校西安、开封、三台。而在1937年卢沟桥事变以后，日本帝国主义在中国大地上的胡作非为、狂轰滥炸更是肆无忌惮。覆巢之下，安有完卵。国家之危难，必然也是大学之危难。在日军炮火的不断轰炸下，振兴民族教育的呼声一浪高过一浪。尤其是国立大学的校长们，深刻认识到日军集中空袭各地国立大学背后的险恶用心。1937年11月5日，中央研究院院长蔡元培、南开大学校长张伯苓、北京大学教授胡适、同济大学校长翁之龙、北京大学校长蒋梦麟、中央大学校长罗家伦、沪江大学校长刘湛恩、清华大学校长梅贻琦等102人，联合发表声明："北自北平，南至广州，东起上海，西迄江西，我国教育机关被日方破坏者，大学、专门学校23处，中学、小学则不可胜数……诚所谓中国30年建设之不足，而日本一日毁之有余也。日方此种举动，每以军事必要为藉口，殊不知此种教育机关，分布各地，往往距军事区域非常遥远，且绝与军事无关。日人之蓄意破坏，殆即以其为教育机关而毁坏之，且毁坏之使其不能复兴，此外皆属遁辞耳。"①

　　在全面抗战爆发之后的一年时间里，全国大多数高等院校都遭到日军破坏——丧心病狂地轰炸文教机构在人类战争史上都是极为罕见的——其中25所损失惨重，因实难恢复而被迫停办。

二、以"战时须作平时看"擘画战时高等教育

　　抗战时期的高等教育发展在常态化和非常态化之间曾有徘

---

① 王春南：《侵华日军蓄意摧毁中国的教育》，《人民论坛》2005年第6期，第90—92页。

徊，这种徘徊不仅体现在身处其中的教育个体身上，如当时的校长们、教师们、学生们；政府和教育管理部门对于战时高等教育的管理，尤其是非常态化下的大学发展如何实现常态化，开始之时也并非十分清晰。

卢沟桥事变爆发后，摆在国民政府面前的重要问题是，抗战时期大学整体性的政策方针何时制定、如何制定以及如何实施。仓促之下，《各级学校处理校务临时办法》和《总动员时督导教育工作办法纲领》相继颁布，前一个文件对抗战时期的课程及学生管理给出一定的规定和办法，后一个文件更为关注国防教育增设、战时学校服务等内容。不难发现，其中蕴含着平时教育向战时教育倾斜的政策立场。

但这一立场很快就在陈立夫就任国民政府教育部部长时的演说中得到纠正。除了关于学生的管理，他的讲话涉及教材和师资等更为关键的方面，同时对平时教育和战时教育的关系也做了比较明确的解释。之后召开的第三次全国教育会议制定了《中国国民党抗战建国纲领》，将大学的教学、科研和服务从"抗战"提升到"建国"的目标之中。根据《纲领》中涉及教育的内容，大会同时制定并通过了《战时各级教育实施方案纲要》，细化了陈立夫的讲话和《纲领》中关于教育的相关要求，对战时高等教育的发展具有明确的指导意义。这反映出政府层面对高等教育发展的立场转变，显示出尊重教育发展内在规律的格局，不仅服务战时，更要着眼战后和未来。

在全面抗战初期那场非常广泛的关于高等教育基本方针的争论中，社会各界也纷纷表达各自立场。有将高等教育转变为"战时教育"之声，有坚守"平时教育"之音，也有折中的观点。这场争论所导致的直接结果就是各大学在校生数量的大规模减少，青年学生辍学抗日或从军的热情又一次被激起。校长们对抗战时期高等教育发展基调的认知基本达成一致，即维持正常教育体系，以学术实现"救国"，这恰符合国民政府"抗战建国纲领"的精神。蒋介石在第三次全国教育会议上发表《今后教育的基本方针》的讲话中，吸收了中央大学校长罗家伦"平时作战时看，战时作平时看"的思想，将"战时须作平时看"总结为战时高等教育发展的基本方针，表明了对于大学办学的政府立场。

之后国民政府教育部先后通过并颁布了《教育部颁发大学行政组织补充要点》《教育部颁发独立学院及专科学校行政组织补充要点》《教育部公布大学及独立学院教员资格审查暂行规程》《教育部公布国立各院校统一招生办法大纲》《教育部订定之全国专科以上学校学生学业竞试办法》《教育部订定之专科以上学校实施战时教程》《教育部等关于订定大学理工学院与经济交通及军备工厂合作办法的会呈》等文，对大学的机构与职责、院系名称、教员资格、招生和考试等作出系列规定和解释，尤其是对战时大学迁移与设置做出总体设计和路线规划，具体的迁移路线和内迁地点则由各校自行定夺。

在大学迁移内地办学的过程中，国民政府在中央财政状况十分窘迫的情形下，采取各种手段维持办学经费，增加师生的教育救济，加强科学研究投入力度。在中大校长罗家伦要求拨付经费用于新校区建设之时，在浙大校长竺可桢表示将"财政须源源接济"作为任职条件之时，在西南联大校长梅贻琦设立工学院和特种研究机构以服务于国防之时，国民政府均倾力支持。这说明，在抗战之初，政府与大学在高等教育发展的立场上基本是一致的，国民政府出台的一系列政策制度从应急走向务实、从被动走向引导、从着眼当下走向设计未来。虽然抗战中后期，由于财政紧张、通货膨胀、党化教育等问题的不断加深而使国民政府在高等教育发展的态度上呈现倒退和落后，但仍要客观看待战争初期国民政府高等教育的方针政策对战时高等教育发展的影响和意义。

三、千难万险的高等学校大迁徙

据本书著者统计，全面抗战爆发以后，向敌后地区迁移的国立、省立、私立的综合性大学和各类专门学校共有 135 所。

它们内迁的总体过程可划分为 3 个时期，第一个高峰期是1937 年七七事变爆发至 1938 年 11 月左右东部地区高校集中向西迁徙；第二个高峰期是自 1941 年 12 月至 1942 年夏中部地区高校集中向西北和西南迁徙；第三个高峰期是 1944 年 4 月至 1945 年初华南地区高校向敌后地区迁徙。

高校内迁路线因高校所在地的不同有很大区别，从整体上可归纳出 5 条主要迁徙路线。第一条路线是以北平、天津为中心的华北地区高校向西和西南两个方向迁徙；第二条路线是以南京、上海、杭州等地为中心的华东地区的高校向西和西南迁移；第三条路线是以广州为中心的华南地区高校向北和向西转移；第四条路线是以武汉为中心的华中地区高校迁往南方和西部地区；第五条路线是湖南、江西、福建等省高校以省内迁徙为主。

为全面、系统地整体把握抗战时期高校内迁情况，既需要对中国人民抗日战争整个过程有总体的把握，也需要对当时国民政府当局对高等教育领域的总体统筹规划有所了解，同时也需要尽可能多地了解各高校内迁的大致过程；既应包括国立综合性大学，同时还不能忽视省立、私立的综合性大学、独立学院和各类专门学校。受限于史实的特殊性和史料的不完整性，本书无法全部囊括抗战时期有内迁经历的全部高校，特别是一些私立高校和专科学校,其信息有待进一步补充完善。

由于战争的袭扰和学校驻地的频繁变动,为应对艰难时局,高校裁撤、合并、重组也时常发生,高校校史、官方统计等权威资料对高校内迁过程的记载难以详尽,因此对高校内迁整体图景的描绘实难做到不捐细流。但是,管中窥豹,可见一斑,从几所典型高校的内迁经过上可以以点带面地了解各个时期、各条路线上不同高校内迁的经过。

1937年七七事变爆发,日本开始了全面侵华战争。八一三淞沪会战失利,国民政府西迁陪都重庆,日本帝国主义的侵略战火弥漫中华半壁河山。高等学校被迫内迁。

国立西南联合大学(以下简称西南联大)是抗战时期我国高等学校内迁的一个传奇。七七事变之后,国立北京大学、国立清华大学、私立南开大学三校南迁,在长沙合组成立国立长沙临时大学。由于长沙连遭日机轰炸,1938年2月,长沙临时大学分三路西迁昆明。部分师生组成"湘黔滇旅行团",束装徒步三千里,并在途中各就所学,沿途实习,历时两月有余,终于抵达昆明。1938年4月,学校改称国立西南联合大学。与此类似,国立西北联合大学(以下简称西北联大)则是另一个典型。1937年9月10日,国民政府教育部要求,以北平大学、北平师范大学、北洋工学院和北平研究院等院校为基干,设立国立西安临时大学。1938年3月,教育部令西安临时大学继续向陕甘一带进一步转移,并改称西北联合大学。华东地区高校内迁以国立中央大学和国立浙江大学为标志。国立中央大学校长罗家伦1937年8月提出两条迁校原则:一是新校址一定能水路抵达;二是新校址在整个抗战时期无第二次迁校之必要,因此国立中央大学自南京沿长江一路西进直抵重庆。国立浙江大学师生在校长竺可桢率领下,怀着"教育救国,科学兴邦"理想,踏上漫漫西迁路程,历时两年多,穿越江南六省,行程 2600 公里,于 1940 年抵达贵州遵义、湄潭等,坚持办学七年,谱写了一部伟大的"文军长征"史。华南地区高校内迁以国立中山大学为典型,1938 年 10 月 21 日,日军攻占广州,中山大学决定迁校,先经罗定,复迁往云南澄江。1940 年 8 月,中山大学再从云南澄江迁往广东省北部的东昌县坪石镇。1945 年 1 月,日本侵略者进犯粤北,中山大学被迫分为三部分,分别迁往粤东梅县、连县、仁化。而华中地区高校如华中大学在 1938 年秋开始向西南迁移,最初搬至广西桂林,后转移至昆明,再迁至大理。这些高校为保留中华民族精神文化的命脉,一路内迁。这场运动前后持续了八年之久,其规模之大,历时之长,在中国历史上是史无前例的。各类高校一路播撒现代科学文化的种子,不仅保留了各校办学基础,还为我国中西部地区高等教育的发展奠定了基础。

这场堪称是"空前绝后"的高等学校大迁徙——中国绝不能也绝不会再有此类悲剧重演——客观上却造就了我国教育与科学的大融合,在大后方形成了若干教科融合的人文重镇和学术高地,形成了震古烁今的文化抗战的壮美风景线!常言道,时穷节乃现,国难深重之时正是怀抱天下兴亡、匹夫有责信仰者尽心报国之日。面对日军的侵凌进逼,教育工作者和科学工作者同全国军民一起担起了救亡图存的重任。黔南滇中、巴山蜀水、陕北高原,处处都有他们坚定的身影。甚至在日军的枪口与刺刀下,身在沦陷区的他们也在默默履行自己的职责。他们的武器,既有传统的纸和笔,更有新兴的光和电。他们所承载的,不仅是不做亡国奴的反抗精神,更有中华民族教育救国、科学复兴的希望和火种。尤其是云贵川三省作为国民政府的心腹之地,集中了大批高等学校和科研机构,成为战时中国科教事业的重心所在。重庆作为战时陪都,集中了中国旗舰似的大学,如中央大学、交通大学、复旦大学、国立药专等一大批高校和中央研究院多个研究所。金陵大学、齐鲁大学、同济大学等知名高校也分布在四川各地。战时的云南、贵州,同样是中国高等教育和科学研究的重要基地,有大力提倡学术自由和民主政治的西南联合大学和浙江大学、中山大学、华中大学等许多高校,还有中央研究院的若干研究所等科研机构。

四、陕甘宁边区创建高等教育新样态

全面抗战时期中国共产党领导下的陕甘宁边区等地的高等教育与国民政府领导下的高等教育截然不同,办学形式、教学内容、教学方法、院校类型、培养对象等均独具特色。它将大学教育与革命教育相结合,始终强调中国共产党领导下大学教育的群众性、革命性和实践性,开创了适合实际的高等教育的新样态。

抗日战争时期中国共产党在陕甘宁边区等地建立了多所不同性质的高等学校,分别为中国人民抗日军事政治大学、陕北公学、鲁迅艺术文学院、延安大学、华北联合大学、中共中央党校、中国女子大学、中国医科大学、延安民族学院等,此外还创办了延安自然科学院等科研机构。这些高等学校和科研机构的主要目标就是专门为中国共产党和陕甘宁边区政府培养抗战时期的革命干部,包括政治人才、军事人才、科技人才、文学艺术人才等。随着学校的逐渐增多,学员数量也不断增多,成千上万的革命干部,为抗日战争的全面胜利做出了巨大贡献。

抗日战争时期,陕甘宁边区的教育经历了3个阶段,分别以大发展、大整顿和大提高为主。大发展阶段,大批革命的知识青年从五湖四海来到了各个抗日根据地,1938年5月,革命知识青年人数达2288人,这些青年都是为了寻求真理和民族解放事业而来到了解放区,并且极度渴望学习革命的理论和本领。随着学员数量的增多,在根据地先后成立了一些学校。1942年至1943年为解放区教育大整顿阶段,开展了整风运动,延安地区的大学师生们也能积极参加这场运动。这次大整顿倡导理论与实践相结合,旨在解决中国革命的实际问题。此次整风运动为改进学校工作,发展革命区教育事业,培养革命干部发挥了积极作用。大提高阶段是陕甘宁边区最困难的时期,财政和经济遇到了非常大的困难,但是为了战胜困难,所有机关、学校、干部都参加了生产劳动,取得了非常大的成绩。另外,从这个时候开始,陕甘宁边区的教育逐渐步入正轨,在原来的基础上又提高了一步。各学校为了更加适应当时的形势发展,根据自己的特点,在学制、课程等方面进行了重要的改革,高等教育质量有了明显的提高。在这一阶段,教育方针、教育内容已经初步确定,延安大学即是陕甘宁边区教育大提高阶段的成果。

　　抗日战争时期每一所大学具有不同的教育目的、教学方法和教育特点,但是最终目的都是培养革命干部,为抗日战争服务。例如,中国人民抗日军事政治大学(以下简称抗大)是在抗日战争时期创办的一所最高军事学府,抗战时期培养了大量革命干部,为抗日战争做出了巨大贡献。抗大办学过程中教学内容很丰富,包括政治教育、军事教育、文化教育以及生产劳动与体育活动等。其中政治教育和军事教育是抗大的核心教学内容,学习教材也都是政治理论教材、军事理论与军事生活。从课程结构来看,政治课占70%,军事课程占30%。学员一边学习革命理论知识,研究抗日救国的道理和方法;一边参加抗战和生产劳动,最终达到文武双全的目标。在抗战期间,抗大为了保证学校管理的效能,建立严密的学校行政组织系统,还设立了政治部、训练部和校务部。抗大在管理上极其注重民主精神,有严格的军事化管理,也有活跃的民主氛围。抗大8期办学过程中,培养了大批革命干部的同时,还总结了干部教育的经验,形成了具有抗大特色的学风和校风,为边区教育的发展与提高起到良好的示范作用。

陕甘宁边区的教育目的是为抗战培养既具有丰富的理论知识和一定的实际经验,又具备高度的政治责任感和良好的军事素养的人才。陕甘宁边区的教育非常注重理论与实际相结合,强调"原则化、具体化、中国化",在学习革命理论知识过程中,要求与实际相结合,与当时中国的革命相结合,与边区各有关部门建立紧密的工作联系,制定相关的教育计划、课程计划和教学安排。

在抗日战争极端艰苦的条件下,中国共产党仍然十分重视人才的培养,重视干部的教育,为抗日战争输送了大批干部和各种专门人才,并且为后来兴办社会主义的高等教育事业提供了新的办学经验。当然,由于陕甘宁边区各方面条件有限,师资紧缺、设备匮乏、环境艰苦等,所培养的专门人才也具有一定的局限性。

五、战时中国高等教育的"凤凰涅槃,浴火重生"

抗日战争时期,中华民族和当时的高等教育经历了种种动荡与磨难,遭受了巨大的创伤和破坏,也产生了很多可歌可泣的民族英雄、爱国故事和救亡图存的重要举措。从当时高等教育的发展情况来看,其所受到的破坏和影响是深远而又巨大的。在这样的背景下,国民政府根据当时抗战的实际情况和高等教育发展的现状出台了一系列相关制度和举措,这些制度和举措有的发挥了明显的作用和效果,有的却匆匆而过。所有这些都是宝贵的历史遗产,值得认真研究、审思、总结和借鉴。

从其相关体制制度情况来看,对当前我国高等教育改革发展可有这样几个方面的借鉴、参照作用。第一,进一步完善高等教育学制,调整相关专业修业年限。对于一些专业硕士,尤其是那些侧重实践和操作,以及急需紧缺专业领域的硕士而言,修业年限可否根据不同学科专业自身的特点和相应岗位的素质要求做出非"一刀切"的制度安排? 另外,从当时本科师范院校学生的修业年限来看,尽管当时局势动荡、师资严重匮乏,国民政府仍然将师范院校本科学制确定为 5 年——比普通本科多出 1 年,充分反映了其师资队伍建设的理念及其对师资队伍重要作用的认识。第二,完善学生考核方式,提升人才培养质量和水平。考核方式既是高校育人理念的基本体现,也是高校管理水平和育人质量的基本体现。在很长的一段时间内,我国高校对学生学习效果的考核主要侧重于结果而忽视了学生学习的过程,从而造成了学生学习动机的缺失及学习投入的相对不足,同时,也不利于学生良好学习行为和学习习惯的养成,不利于卓越人才的培养和高等教育整体办学水平的提升。抗战时期,很多学校已经注意将过程考核与结果考核相结合,将平时成绩与期末考试相结合,将理论考核与实践考核相结合,这也在某种程度上确保了人才培养的质量和水平。第三,探索实施本科生导师制,全面提升人才培养质量和水平。从抗战时期国民政府以及教育部等采取的一些关于大学生培养的相关政策、文件和举措来看,很多方面固然是适应当时战时状态的实际情况和社会需要的产物,起到了一定的积极促进作用,达到了预期效果,其实对今天的本科教育也可起到一定的观照作用。

从大学精神层面来看,也可引起我们一些思考。大学精神是一所大学体现出来的生命力、创造力、凝聚力,其核心是办什么样的大学和培养什么样的人,对于高校建设起着长期的、关键的作用。塑造"大学精神"不仅仅是高等教育本身发展的需要,也是实现社会进步的需要。大学精神的核心是培养人才。姑且以西南联大为例,我们不禁会问:究竟是什么样的大学精神,使得西南联大能够在物质条件匮乏的年代,培养出那么多优秀的人才?

本书用4个字重新审视了西南联大的大学精神。一是"和"。"和"是西南联大精神形成的基础和条件。三校合一不仅是硬件、师生、课程教学的"物理"整合,更是思想的"化学"整合。在学术环境中的"和"字,体现在和平共处。西南联大的教授们在学术观点和思想上存在很大的分歧,争论也非常激烈。然而,这些教授只是各抒己见,百家争鸣。他们可以和平共处,在坚持自己的学术和思想观点的同时尊重他人的思想。

二是"度"。"度"是西南联大自由精神的边界。"自由精神"是北京大学建校后一直坚持的精神传统。而清华大学给"自由"加上了"秩序"。在清华园看来,秩序和纪律精神与自由精神同等重要,从严谨的角度看更为重要。因此,尽管西南联大以其自由宽松的学术环境而受到赞誉,但它的"自由"并不是无限的,而是在自由与规范之间有着微妙的平衡。西南联大的纪律规则隐含在规章制度中。一方面,西南联大充分尊重学生的选择,给学生自由学习感兴趣的知识的空间,让学生自由调换院系、选课,允许学生以各种形式表达自己的不同意见和观点,支持他们参军并保障他们返校学习的机会。另一方面,西南联大也敢于严惩那些侵犯自由底线的人。据统计,在被处分的学生中,有18%被直接开除,这在高校管理中并不常见。西南联大是一个自由和规范的社区。它建立的所有规范都保证了它的自由。因此,在当今大学的日常教学管理中,规范就像一把尺子,帮助学生厘清自由的宽度,并借助强大的制度执行力,保护学生自由的底线。学生只有内化所有的规范,理解跨越边界的可怕后果,才能充分享受自由空间,充分发挥想象力和创造力。

三是"通"。"通"是培养学生继承西南联大精神的工具。通识教育的核心是"通",即学生的知识不应局限于自己的学科或专业,而应广泛地涉猎其他学科,并通过自己的知识转移到其他学科。梅贻琦校长曾说过:大学教育首先要注重培养和塑造学生健全的人格。只有健全的人格,才能实现"清德""新人""至善"的终极目标。"以常识为基础,以专业为目的"的核心是"沟通",强调"使用知识的能力"。"通识教育"的目标是克服专业教育的狭隘和偏见,努力培养具有广泛知识、深邃基础、博学和综合素质的人才,能够融合不同学科或专业。

四是"家"。"家"是西南联大精神的源流和归宿。西南联大秉承"家"的民族精神,以"和谐"为重,尊重师生"度"的自由,以"通"的人才教育理念探索大学的"大",为国"家"和社会,培养了一大批有用的人才。在西迁过程中,西南联大师生目睹了人民在抗日战争中遭受的种种苦难,亲身感受到了民族危机。他们打着自强不息的民族精神旗帜,冒着生命危险,冲破敌人的封锁,从华北到华中,再到西南。联大师生之所以愿意吃苦受难,是因为他们不屈服于侵略者的势力和不允许民族文化的中断。正是这种高度的社会责任感与崇高的爱国主义精神相结合,激励着广大师生在当时极其艰苦的环境中克服困难、不断前进。而今,虽然战火不再,但国与国之间的竞争越来越激烈,只有自觉把自己的前途命运与国家、民族的兴衰联系起来,高校师生才能以强烈的民族自信和历史责任感,投身于国家建设事业中。

从大学校长方面来看,"掌门人"对于大学的发展和风格的形成至关重要,尤其是在风雨飘摇的战争年代。抗战时期,大学校长们教科书式的表现至少可以带给我们3点启示:第一,抗战时期的国立大学校长学贯中西,思想开阔,胸怀教育救国之决心,不仅捍卫学术自由,具有准确的服务定位,更具备闪亮的人格魅力。这些学科知识背景、个性品格修养、办学思想理念都可以为遴选校长提供借鉴。第二,优秀的甚至是卓越的——优秀成就自己,卓越成就别人——大学校长应该是集高明的教育家、高超的管理家、高妙的经营家、高调的活动家于一身的"四高"校长。大学是社会的子系统,与政府和社会其他机构存在着紧密的互动结果。宽松的政策环境与合理的社会距离是大学取得创新和进步的必要条件之一。第三,大学精神与文化的传承是大学和一个国家高等教育发展史的见证。不论在哪个历史时期,大学以其不变的学术属性与创新精神,在某些方面代表着先进思想和文化。因此,以大学精神文化引领社会精神文化的不断进步也是大学、大学校长治校不可推卸的历史使命。

中国的现代大学教育起步虽晚,但正如一些有识者所指出,中国近代大学教育的起点并不低。这其中的原因很多,一方面得益于中国固有的私人讲学和书院制度,更重要的还在于那时的大学和校长所特有的办学精神。这种精神集中体现在那战火频仍、民不聊生的时代,大学校长以自己的治校理念、学术态度、家国责任和人格力量为中国近现代大学的发展做出了不朽的贡献,为中国现代大学的形成构建了雏形。他们身上所体现出的强烈的、温厚的人格魅力,如致力于让学校成为中华民族复兴"参谋本部"的中央大学校长罗家伦,位居西南联大三常委之首的蒋梦麟,竭力提倡"知中国,服务中国"的张伯苓,治校提倡"吾从众"的梅贻琦,为浙大发展鞠躬尽瘁的"浙大保姆"竺可桢,被陈毅市长称为"一代完人"的武汉大学校长王星拱,等等,都非常值得我们深入系统地学习、研究和宣传。

　　前事不忘，后事之师。2015 年 9 月 3 日，中国人民抗日战争暨世界反法西斯战争胜利 70 周年纪念大会在北京举行，中共中央总书记、国家主席、中央军委主席习近平向全世界庄严宣告："中国人民抗日战争和世界反法西斯战争，是正义和邪恶、光明和黑暗、进步和反动的大决战"，"面对侵略者，中华儿女不屈不挠、浴血奋战，彻底打败了日本军国主义侵略者，捍卫了中华民族 5000 多年发展的文明成果，捍卫了人类和平事业"，"中国人民抗日战争胜利，是近代以来中国抗击外敌入侵的第一次完全胜利"。这一伟大胜利，其意义在于："彻底粉碎了日本军国主义殖民奴役中国的图谋，洗刷了近代以来中国抗击外来侵略屡战屡败的民族耻辱。这一伟大胜利，重新确立了中国在世界上的大国地位，使中国人民赢得了世界爱好和平人民的尊敬。这一伟大胜利，开辟了中华民族伟大复兴的光明前景，开启了古老中国凤凰涅槃、浴火重生的新征程。"

　　时隔 5 年，2020 年 9 月 3 日，习近平总书记在纪念中国人民抗日战争暨世界反法西斯战争胜利 75 周年座谈会上发表重要讲话，明确指出中国人民抗日战争胜利，"是以爱国主义为核心的民族精神的伟大胜利"，面对国家和民族生死存亡，全体中华儿女同仇敌忾、众志成城，奏响了气吞山河的爱国主义壮歌；"是中国共产党发挥中流砥柱作用的伟大胜利"，共产党坚定不移推动全民族坚持抗战、团结、进步，反对妥协、分裂、倒退，共产党高举抗日民族统一战线的旗帜，坚决维护、巩固、发展统一战线，坚持独立自主、团结抗战，维护了团结抗战大局；"是全民族众志成城奋勇抗战的伟大胜利"，是全体中华儿女勠力同心、以弱胜强的雄浑史诗，显示了中国人民和中华儿女坚不可摧的磅礴力量；"是中国人民同反法西斯同盟国以及各国人民并肩战斗的伟大胜利"，苏联给予中国抗战有力的物资支持，美国"飞虎队"冒险开辟驼峰航线，朝鲜、越南、加拿大、印度、新西兰、波兰、丹麦,以及德国、奥地利、罗马尼亚、保加利亚、日本等国的一大批反法西斯战士直接投身中国抗战。

我们坚信,有中国共产党的正确领导,英雄的中国人民就永远不可战胜!中华民族必将永远巍然屹立于世界民族之林!2021年是中国共产党建党一百周年。一百年风雨兼程,一世纪沧桑巨变。在这特殊的历史节点,谨著此书,以向党的百年华诞献礼。

第一章　全面抗战之前全国高等教育大势

　　中国新教育与洋务运动相伴而生。它既是当时后者的重要组成部分，又是后者发展的有力助推器。洋务运动又称自救运动、自强运动。19世纪60年代至90年代，洋务派为挽救清朝统治，引进了西方军事装备、机器生产和科学技术。早期洋务派以"自强"为旗号，创办了一批近代军事工业和洋务学堂等。后期，以"求富"为旗号，兴办了一批民用工业。在学习西语、西史、西艺、西政的渐进过程中，洋务学堂发挥了不可或缺的重要作用。由于甲午战争中北洋海军全军覆没，洋务运动宣告破产。中国刚刚兴起的包括高等教育在内的教育近代化或曰早期现代化进程也中道而止。但是，我国的新教育客观上正发轫于这一时期。

　　全面抗战之前，我国的高等教育发展可以划分为3个时期。第一个时期是1862年京师同文馆建立之后的半个世纪，是清朝末年高等教育的发轫与兴起时期。它可分为两个阶段，从京师同文馆的创办到20世纪初我国最早的《壬寅学制》和《癸卯学制》的制定和施行为第一阶段；第二阶段发生在学制颁布以后，新式学堂在"清末新政"中乘势而起、遍地开花，奠定了我国高等教育的坚实基业，现在中国绝大多数"百年名校"都是那一时期创办起来的。第二个时期是 1912 年中华民国建立以后直到 1927 年南京国民政府建立之前，是我国高等教育的成型与拓展时期。该时期同样可分为两个阶段：以"1922 年学制"颁布为界，此前是民国初建，重订学制，制定了我国第一个具有资产阶级性质的学制《壬子癸丑学制》；在此基础上，经过反复比较论证、深入研究和实践探索，历时数年，终于制定了真正的"新学制"——"1922 年学制"，该学制颁布之后的实施阶段即是后一个阶段。此时我国的高等教育出现了诸多可圈可点的改革动向，尤其是"得设单科大学"，促进大学快速发展；"高等师范学校改为师范大学"，使作为"教育之基"的师范教育与时俱进、稳如磐石，同时出现了"高师改大"的竞争态势；"大学采用选科制"，促进了教学方式的极大转变；"废止预科，缩短学制"，更加利于快出人才，多出人才，等等。第三个时期是 1927 年南京国民政府建立以后至 1937 年全面抗战爆发，是我国高等教育与国际深度接轨，尝试建立现代大学制度的关键时期。这一时期也可分为两个阶段：第一阶段试行的"大学院和大学区制"呼吁"教育独立"，学术机关去除官僚化，学术问题交由学者去治理，高等教育引领基础教育发展，是"我国大学教育制度之一最大变更"[①]；第二阶段是废止大学区制以后，国民政府和教育部以法治校，公布了《大学组织法》《专门学校组织法》《师范教育法》《职业教育法》《大学组织规程》等一系列高等教育法规，规章更加完备，例如，学分八科、三院成大（学分文、理、法、教育、农、工、商和医八科，科即学院，设有 3 个以上学院方可称为大学）；一二称独、无理不学（设置 1 个或 2 个学院的高校称独立学院，大学必须拥有理学院）；收回教育主

---

① 国民政府教育部教育年鉴编纂委员会编：《第二次中国教育年鉴》第 2 编，上海：商务印书馆 1948 年版，第 490 页。

权，把"办在中国的教会大学"变成"中国办的教会大学"等实已成
为社会共识。试图效仿和移植美式教育，以法治校、以钱兴校、以
人管校，又坚持了最根本的做法——确立并执行三民主义的统领
地位，国民政府于 1931 年 6 月 1 日颁布的《中华民国训政时期约
法》向全国发出了"三民主义为中华民国教育之根本原则"的最强
音。① 就在我国的高等教育现代化进程步入正轨并呈现加速发展
之际，令人痛心而愤怒的是，我们建立现代大学制度的民族梦想，
却因九一八事变、卢沟桥事变的爆发而被日本帝国主义侵华的罪
恶魔掌击打得粉碎。

第一节　我国高等教育的肇始与早期发展

我国的教育由传统向现代转型，虽然发轫于洋务运动和戊戌
变法，却是以壬寅癸卯学制、壬子癸丑学制、壬戌学制这三大学制
的制定与施行为转型的拐点和兴起的标志的。

当然，对于我国高等教育源起何时，即我国高等教育的上限从
何时算起，至今也还是一个存有争议的话题。教育史学界主要有
两种观点。一种观点认为高等教育就是大学教育或曰"太学教
育"，是一国最高层次的教育，我国自古以来就有大学教育，也可以
说就有高等教育。如熊明安编著的《中国高等教育史》即持此观
点，该书第一章写的就是《商与西周时期的高等教育》。② 另外一种
观点认为高等教育有传统意义上的高等教育与现代意义上的高等

---

① 国民政府教育部教育年鉴编纂委员会编：《第一次中国教育年鉴》第 1 编，上海：开明
　书店 1934 年版，第 1 页。
② 熊明安编著：《中国高等教育史》，重庆：重庆出版社 1983 年版，第 6 页。

教育之分，现代高等教育是指建立在初等教育和中等教育之上的专业教育，而我国古代虽然有传统意义上的"高等教育"却没有出现现代意义上的"高等教育"，不能把两者混为一谈，传统意义上的高等教育不能叫"高等教育"，但可以称为"大学教育"。如曲士培所著《中国大学教育发展史》即持此种观点，该书第一章写的就是《夏、商、西周时期的大学教育》。①

一、我国第一个学制的制定与施行

1934 年出版的《第一次中国教育年鉴》的《学校系统》部分是这样记载我国新教育——主要是高等教育——的肇始和早期发展的："我国新教育，发轫于同治初年（即 1862 年——著者注，下同），当时所办京师同文馆、算学馆等，专以适应对外之需要，并无整个的计划，故无学校系统之可言。至光绪二十一年（1895 年）津海关道盛宣怀创设北洋西学堂，分头等、二等学堂各一所，均四年毕业。二等学堂毕业后，升入头等学堂。光绪二十二年（1896 年），李端芬建议推广学校，主张分州府学、省学及京师大学堂三段，各以三年为期。二十三年（1897 年），盛宣怀根据李氏之三段制，创办了南洋公学。公学分为四院，一曰师范院，相当于民国十一年（1922 年）前旧制师范学校；二曰外院，相当于附属小学或实验小学；三曰中院，相当于现在之中学；四曰上院，相当于现在之大学及高等专门学校。二十四年（1898 年），奏定之《京师大学章程》（原文如此，疑漏一'堂'字——著者注），亦分为大学堂、中学堂、小学堂四年阶段。但是时尚无全国统一之学制规定，直至光绪二十八年（1902 年），始

---

① 曲士培：《中国大学教育发展史》，太原：山西教育出版社 1993 年版，第 1 页。

有较为完备之学校系统,连大学院共分七阶段。"①这就是我国"上溯古制,参考列邦"制定的以日本为蓝本的第一个,但是却没有真正施行的学制——壬寅学制。"光绪二十九年(1903年),张百熙、孙家鼐、张之洞等复会同厘定学堂章程,以管理法、教授法与学堂建置、法汇为四编,奏定颁布学校系统,较二十八年更为详细。其后除略经修改数处外,大纲沿用以迄清末。"②后者就是我国由国家颁布的第一个在全国范围内实行的系统学制——《奏定学堂章程》,亦称癸卯学制。需要说明的是,虽然说是癸卯学制,但清政府是在十一月二十六日颁布的,是时已是公历的1904年1月13日了。

　　清朝政府为何会在世纪之初制定壬寅癸卯学制呢? 完全是时势使然。洋务运动失败后,以康有为、梁启超为代表的维新派推行资产阶级改良运动,并获得皇帝的支持。维新派的做法主要是学习西方,倡导科学,发展农、工、商业,推行政治和教育制度改革。1898年6月11日戊戌变法实施,变法的主要内容包括:(1) 改革政府机构,裁撤冗官,任用维新人士,取消多余的衙门和无用的官职;(2) 鼓励私人兴办工矿企业;(3) 开办新式学堂吸引人才;(4) 翻译西方书籍,传播新思想;(5) 创办报刊,开放言论;(6) 废除八股文;(7) 训练新式陆军海军等。但变法严重损害了以慈禧太后为首的守旧派利益,1898年9月21日,慈禧太后发动戊戌政变,历时103天的变法宣告失败。在接下来的一两年中,义和团运动的狂飙骤起和八国联军的坚船利炮,轰击得晚清朝廷摇摇欲坠,朝不保夕。为了维护自身的统治,清政府万般无奈之下只好改弦易辙,

①《第一次中国教育年鉴》第1编,上海:开明书店1934年版,第22—23页。
②《第一次中国教育年鉴》第1编,上海:开明书店1934年版,第23页。

在扑灭了"变法"之火不久之后，又不得不点燃起"变法"大火，于1901年9月14日颁布核心要义是"人才乃政事之本"的《兴学诏书》，鼓励各地兴办学堂，开启了一场经济和政治体制改革运动。颇具讽刺意味的是，改革内容与戊戌变法近似，却比戊戌变法更广更深，还涉及废除千年仕宦之道的科举制度——戊戌变法时也只是主张科举考试中"废除八股文"。这就是为期十年的"清末新政"（又称庚子新政、庚子后新政）。清末新政直接催生了壬寅、癸卯学制的问世，也启动了我国教育近代化或说是早期现代化的进程。

制定这个学制的三位核心人物，教育史书上通常都会有担任过刑部尚书的管学大臣荣庆。而《第一次中国教育年鉴》没有提及这位以"守旧"而赢得清廷欢心的正黄旗人，力主变法自强、对于慈禧"废帝立储"敢于犯颜直谏的首任管学大臣孙家鼐却赫然在列，这就不能不让人联想到只言片语寓褒贬的春秋笔法了。

癸卯学制虽然没有摆脱日本学制的影子，但是在我国教育史上仍称得上具有开创性的意义。纵向上分作三段七级，"三段"为初等教育、中等教育和高等教育，"七级"为蒙养院、初等小学堂、高等小学堂、普通中学堂、高等学堂、大学堂、通儒院；横向上分作三类，即普通教育、实业教育和师范教育"三类"。[1]　其中，高等教育各级学堂和实业学堂、师范学堂的宗旨如下：高等学堂以教大学预备科为宗旨。大学堂、通儒院以谨遵谕旨，端正趋向，造就通才为宗旨。实业学堂以振兴农工商各项实业，为富国裕民之本计。初级师范学堂以习普通学外，并讲明教授管理之法为宗旨。优级师范学堂以造就初级师范学堂及中学堂之教员、管

①《第一次中国教育年鉴》第1编，上海：开明书店1934年版，第23页。

理员为宗旨。该学制为我国学校制度的建立和发展奠定了基础。

二、中国资产阶级新教育制度的建立

1911 年的辛亥革命,推翻了统治中国两千余年的君主专制制度,并于 1912 年 1 月 1 日创建了中华民国。以孙中山为首的南京临时政府,对教育进行了一系列适应资产阶级需要的改革。1912年 9 月至 1913 年 8 月,北洋政府和教育部陆续颁布了各种教育法令和学校规程,合成一个比较完整的学制系统,即《壬子癸丑学制》。这是我国第一个具有资产阶级性质的学校制度。该学制规定,儿童从 6 岁入学到 23、24 岁大学毕业,分为三段四级,即初等教育(7 年)、中等教育(4 年)、高等教育(6—7 年,含 3 年预科)三段。其中,初等教育又分为初等小学(4 年)和高等小学(3 年)两级;此外,下设学前阶段的"蒙养院",上有本科毕业以后的"大学院",不计年限。而在横向上,则仍然分为普通教育、实业教育和师范教育三类。该学制确立了各级各类教育的宗旨,考虑到大中小学一体化衔接的需要,一并转录于此:"小学教育以留意儿童身心之发育,培养国民道德之基础,并授以生活所必需之知识技能为宗旨。""中学校以完成普通教育,造成健全国民为宗旨,取消了清末的文实分科制度。""专门学校以教授高等学术、养成专门人才为宗旨,分政法、医学、药学、农业、工业、商业、美术、音乐、商船和外国语各类。""大学以国家需要教授高深学术、养成硕学闳材为宗旨。分文、理、法、商、医、农、工等 7 科。各科再分为若干门(相当现在大学中的系)。""师范学校以造就小学教员为目的,高等师范学校以造就中学校、师范学校教员为目的。""实业学校以教授农工商业必需之知识技能为目的。"①此外,相关学校还可根据自身条件和需要,不定期地开设专修科和选科。从学习内容看,师范教育增添了社会生产和生活的实用科目和教育理论科目。各级师范学校学生均可享受公费待遇。实业学校也可应地方需要讲授特殊的技术。

1920 年 10 月,在江苏召开了全国教育会联合会第六次代表大会,会上提出了改革学制系统案。1921 年 10 月,在广州召开了联合会第七次代表大会,通过了由广东省教育会、江苏省教育会等通力合作制定的《学制系统草案》,并通过全国性媒体等公开地向各省区教育会、各高等教育机关甚至是全社会征询意见。反馈意见被学制研制专家认真地研判、推敲和吸收。同时还配合以局部的实践验证。

1922 年 9 月,北洋政府召开学制会议,就全国教育会联合会整理的草案做了修订,交至同年 10 月在济南召开的联合会第八次代表大会讨论。至此,1922 年 11 月 1 日,北洋政府以大总统令的形式公布了《学校系统改革案》。为区别于壬子癸丑学制,该学制又称新学制、1922 年学制或六三三学制,六三三是因采用美国式的小学六年、初中三年、高中三年的学制而得名,表明中国现代教育制度已从"效法日本"转向了"取法美国",由军国民主义教育转向了平民主义教育。但它却并非盲从美制,而是中国教育界经过长期酝酿、集思广益的结晶。特别引人关注的是,该学制列有"七条标准",即"适应社会进化之需要,发挥平民教育精神,谋个性之发展,注意国民经济力,注意生活教育,使教育易于普及,多留各地方伸

---

① 宋恩荣、章咸选编:《中华民国教育法规》,南京:江苏教育出版社 2005 年版,第 325、383、423、488 页。

缩余地"①。《改革案》对各级学校修业年限做了规定：初等教育 6
年，其中初级小学 4 年（可单设），高级小学 2 年；中等教育 6 年，分
初高两级，各为 3 年，初级中学施行普通教育，高级中学分为普通、
农、工、商、师范、家事等科；师范学校修业年限为 6 年；高等教育
3—6 年，其中大学校 4—6 年，专门学校 3 年以上，取消了预科。大
学院为大学毕业及具有同等程度者研究之所，年限不定。参见壬

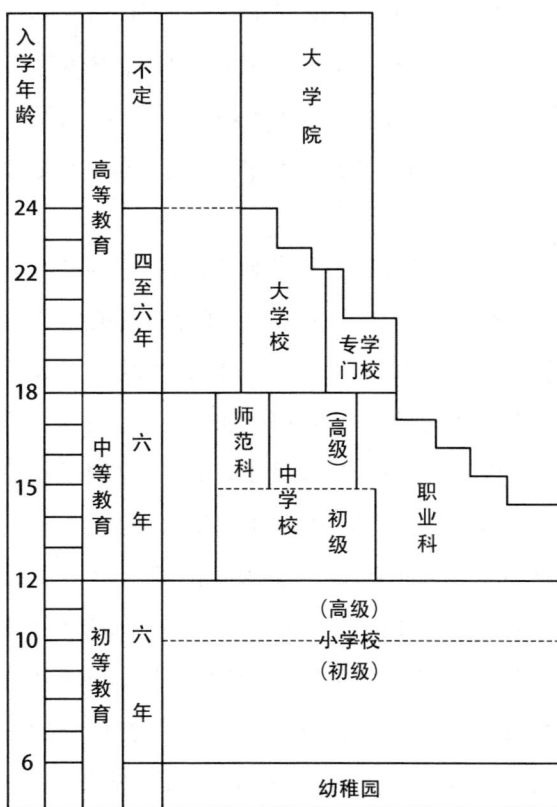

图 1-1　壬戌学制

___

①《第一次中国教育年鉴》第 2 编，上海：开明书店 1934 年版，第 24 页。

戊学制图。①

1922 年，新学制的颁布和实施，可以认为标志着中国资产阶级新教育制度的确立，标志着中国近代以来的学制体系建设的基本完成。

而我国清末民初的高等教育，也都是在上述三大学制的纲领性规制的引导下发展起来的。此处，有必要对我国高等学校的早期发展做一简要梳理。

清末新式学堂中的北洋西学学堂的头等学堂、南洋公学的上院"仅具大学教育之雏形"，至京师大学堂成立以后，"大学教育规模始粗备焉"②。清末新政时期，朝廷通谕各省切实统筹，认真举办大学，各省大学遂呈风起云涌之势。陕西将味经、崇实两书院合并为宏道大学堂；山西设山西大学堂，并将依靠教案赔款开办起来的中西大学堂并入山西大学堂，作为西学专斋；河南筹办河南大学堂；湖北将两湖书院改为两湖大学堂；湖南将新设求实书院改为湖南大学堂；广东就广雅书院改为广东省大学堂；江苏将江阴南菁书院改为江苏全省南菁广东学堂；浙江将求是书院改为浙江大学堂。"此为光绪二十七八年间之事，可谓我国大学教育运动普及全国之始"，但自 1904 年 1 月《奏定学堂章程》颁布以后，"除京师大学堂及山西大学堂因有特殊情形继续存在外，其余均遵照章程改为省立高等学堂，于是省立大学运动，至此顿息"③。1903 年，"天津西学学堂改为北洋大学堂"④。

---

①《第一次中国教育年鉴》第 1 编，上海：开明书店 1934 年版，第 24 页。

②《第一次中国教育年鉴》第 2 编，上海：开明书店 1934 年版，第 11 页。

③《第一次中国教育年鉴》第 2 编，上海：开明书店 1934 年版，第 11 页。

④《第一次中国教育年鉴》第 2 编，上海：开明书店 1934 年版，第 11 页。天津大学官网（http://www.tju.edu.cn/tdgk/xxjj.htm）的说法与此不同，天大称该校"前身为北洋大学，始建于 1895 年 10 月 2 日，是中国第一所现代大学，开中国近代高等教育之先河"。这里略去了"堂"字，但该校标志性石碑上刻有"北洋大学堂"和"1895"字样。

　　根据《第一次中国教育年鉴》记载，"清末大学堂及高等学堂共计 27 校"①。由中央政府及地方政府开办的"大学堂"只有 3 所，即京师大学堂、山西大学堂和北洋大学堂。另外 24 所高等学堂分别是（依年鉴记载顺序排列，括号内为创办时间）：顺天高等学堂（1907）、八旗高等学堂（1907）、满蒙文高等学堂（1907）、直隶高等学堂（1902）、奉天高等学堂（1909）、江南高等学堂（1903）、江苏高等学堂（1900 年开办中西学堂，1904 年定名高等学堂）、安徽高等学堂（1902）、江西高等学堂（1902）、浙江高等学堂（1903）、福建高等学堂（1902）、湖南高等学堂（1903）、四川高等学堂（1904）、河南高等学堂（1902）、河南客籍高等学堂（1906 年由河南高等学堂分出）、山东高等学堂（1901）、山东客籍高等学堂（1906 年由山东高等学堂分出）、甘肃高等学堂（1903）、新疆高等学堂（1906）、广东高等学堂（1902）、陕西高等学堂（1902）、陕西宏道高等学堂（1902）、广西高等学堂（1911）和云南高等学堂（1907）。

　　1922 年新学制颁布以后，中国的高等教育得到很大发展。至 1925 年时，全国公立大学达到 34 所，私立大学发展到 13 所，而专科学校则更多。这 47 所以"大学"命名的高等学校，国立的有 24 所，省立的有 10 所，私立的（包括教会大学）有 13 所。② 国立大学有：北京大学、北京师范大学、北京女子师范大学、北京法政大学、北京农业大学、北京工业大学、北京医科大学、北京交通大学、北京女子大学、清华大学、北洋大学、交通部唐山大学、东南大学、河海工程大学、东南大学分设上海商科大学、暨南大学、南洋大学、武昌大学、武昌商科大学、西北大学、成都大学、广东大学、同济大学和

① 《第一次中国教育年鉴》第 2 编，上海：开明书店 1934 年版，第 11—14 页。
② 《第一次中国教育年鉴》第 2 编，上海：开明书店 1934 年版，第 15—17 页。

政治大学。在这些国立大学中，有 4 校在校名前未加"国立"字样，即清华大学、交通部唐山大学、河海工程大学和南洋大学，当与其办学主体有关。国立大学，四成在京。省立大学有：河北大学、东北大学、中州大学、江苏法政大学、江苏医科大学、山西大学、湖北省立法政大学、湖北省立文科大学、湖北省立医科大学和云南省立东陆大学。设有 2 所以上省立大学的是素有高等教育重镇之称的江苏和湖北，合称"江鄂"；与在校名前冠以"省立"字样不同的是，后 3 校均把"省立"放在了省名和校名中间。经政府认可的私立大学有：南开大学、复旦大学、金陵大学、武昌中华大学、北京中国大学、北京朝阳大学、北京民国大学、北京平民大学、北京华北大学、北京协和医科大学。除天津、上海、南京、武汉各有 1 所私立大学（未经政府认可的私立大学不在此列）之外，六成的私立大学均开办在北洋政府的统治中心北京。

第二节　全面抗战爆发之前的高等教育

1927 年 4 月 12 日，蒋介石在上海发动反革命政变，逮捕并屠杀中国共产党员和国民党左派。4 月 18 日，蒋在南京另立南京国民政府，与武汉国民政府对峙，宁汉分裂。7 月 15 日，身在武汉的国民党中央执行委员会主席汪精卫召开"分共"会议，公布《统一本党政策案》，正式与中国共产党决裂，第一次国共合作全面破裂。9 月初，汪精卫抵达南京，宁汉合流。国民革命军继续北伐，张学良于 1928 年底宣布东北易帜。南京国民政府成为中国在国际上唯一代表政权。自此以后 10 年，直至全面抗日战争爆发，中国的高等教育进入以美式教育为蓝本的发展期，在高等教育结构、高等学校治理、高校内部管理等方面，一直以美国为追赶目标，但同时确立并抱持着三民主义的教育原则。

一、三民主义教育宗旨的确立与实施

凭借武力攫取政权的蒋介石大权独揽,声称建国方针"不要讲共产主义,不要讲国家主义,也不要讲无政府主义",而是"以党治国,是以党义治国,就以本党的三民主义来治中国"①。这就是实行"一个党"——中国国民党、"一个主义"——三民主义的政策。为了在教育上贯彻执行这一政策,他们把广州国民政府曾经提出的,当时具有革命性的"党化教育"口号接过来,加以利用,实行一党专政。而蒋梦麟等所撰写的《党化教育大纲》,实"为国民党实施党化教育有具体办法之始"②。其大纲要义有五,即"以本党(中国国民党)训练党员之方法训练学生","以本党的纪律为学校的规约","根据孙文学说(行易知难)及民族主义第六讲,建设新道德应从求知入手","依训政时期国家的组织为学生自治的组织"和"以三民主义之中心思想确定学生的人生观"③。这里的"训政"与"军政""宪政"是孙中山设计的政治路线图。孙中山曾把"建立民国"的程序分为军政、训政、宪政3个时期。军政,就是军政府,由军队暂时管理国家,作为训政预备期,进行民主启蒙、机构建设之类的工作;训政,是建立"民国"程序的第二个阶段,由政府派出受过训练并考试合格的工作人员赴各县筹备地方自治,对当地人民进行民权使用和义务承担的训练,各县全部实现自治后就可进入到宪政阶段;

---

① 《三民主义为中国的中心思想》,《蒋介石全集》第 1 辑,第 41—42 页,转引自曲士培:《中国大学教育发展史》,太原:山西教育出版社 1993 年版,第 432 页。

② 朱庆葆等著:《中华民国专题史》,南京:南京大学出版社 2015 年版,第 122—123 页。

③ 舒新城编:《近代中国教育史料》第 4 册"补编",上海:中华书局 1933 年版,第 23—27 页。

宪政，即宪法政治，是根据民主设计而成的宪法来实施社会政治治理，是宪治与民治的统一。国民政府施行党化教育的目的主要有两个：一面宣传其主义，以利其革命的进展；一面强化自身的领导地位，以便于结束军政后顺利实施国民党训政。训政时期的国民党，坚持训政党治的原则，并贯穿于各级学校教育之中。

1927 年 8 月，国民政府教育行政委员会（相当于教育部）制定了《学校施行党化教育办法草案》，其中提及："我们的教育方针要建筑在国民党的根本政策之上。国民党的根本政策是三民主义、建国方略、建国大纲和历次全国代表大会的宣言和议决案，我们的教育方针应该根据这种材料而定，这是党化教育的具体意义。"[①]《草案》还提出："我们有了确定的教育方针，便要把学校的课程重新改组，使与党义不违背及与教育学和科学相符合，并能发挥党义和实施党的政策。我们应赶促审查和编著教科用的图书，使与党义及教育宗旨适合。"[②]不难看出，国民党推崇的党化教育，其实是以党义为出发点来制定相应的教育方针，并据之改变课程和教科书，从而控制学校教育。

此后就有不少人提议以"三民主义教育"代替"党化教育"的口号。1929 年 3 月，国民党第三次全国代表大会确定了"三民主义教育宗旨"，通过了《确定教育方针及其实施原则案》。[③] 4 月，国民政府公布《中华民国教育宗旨及其实施方针》。其教育宗旨可总结为

---

① 《教育杂志》第 19 卷第 8 号，转引自曲士培：《中国大学教育发展史》，太原：山西教育出版社 1993 年版，第 433 页。

② 《教育杂志》第 19 卷第 8 号，转引自曲士培：《中国大学教育发展史》，太原：山西教育出版社 1993 年版，第 433 页。《第一次中国教育年鉴》上，第 8 页，转引自曲士培：《中国大学教育发展史》，太原：山西教育出版社 1993 年版，第 433 页。

③ 《第一次中国教育年鉴》第 1 编，上海：开明书店 1934 年版，第 8 页。

根据三民主义来实施中华民国之教育,实施方针则要求"各级学校之三民主义教育,应与全体课程及课外作业相贯连,以史地教科阐明民族之真谛,以集团生活训练民权主义之运用,以各种生产劳动的实习,培养实行民生主义之基础,务使智识道德融会贯通于三民主义之下,以收笃信力行之效""大学及专门教育,必须注重实用科学,充实学科内容,养成专门知识技能,并切实陶融为国家社会服务之健全品格""师范教育为实现三民主义的国民教育之本源,必须以最适宜之科学教育及最严格之身心训练,养成一般国民道德、学术上最健全之教师为主要之任务,于可能范围内使其独立设置,并尽量发展乡村师范教育"[①]。

国民党在 1931 年 9 月召开的第三届中央执行委员会上,通过了《三民主义教育实施原则》,对各级各类学校教育的办学目标、实施纲要、训育和设备等都作了明确的规定和要求。[②] 其中第三章为"高等教育",涉及高等教育办学的目的、课程及相关要求。办学目的中明确指出要让学生"切实理解三民主义的真谛"且具备"实现三民主义之使命"的本领。继而从课程、训育、设备三个方面言简意赅地提出了办学要求。社会科学类的课程应"以三民主义之精神,融贯东西文化之所长","以中山先生全部遗教,贯通教材,以建立三民主义的社会科学",还要"精研学理之究竟,以期创造三民主义的文化价值"。自然科学类的课程应"注重生产技术的知识和技能","以物质建设之完成为研究或设计之归结",而且要"彻底从事科学之研究,并致力于有益人类增进文明之发明发见"。党义类的

---

①《中华民国教育宗旨及其实施方针》(1929 年 4 月 26 日),《第一次中国教育年鉴》第 1 编,上海:开明书店 1934 年版,第 8—9 页。

②《三民主义教育实施原则》(1931 年 9 月 3 日),宋恩荣、章咸选编:《中华民国教育法规》,南京:江苏教育出版社 2005 年版,第 38—50 页。

课程应"以阐扬孙中山先生全部遗教及本党政纲、政策及重要宣言为主要任务","以理论事实,证明三民主义为完成国民革命、促进世界大同之唯一的革命原理",同时要"依据三民主义,比较批判其他社会主义学说"。训育的目的,则是要"确立三民主义的革命人生观",锻炼"强健的体魄",培养"坚忍奋斗、彻底研究、互助合作、爱护党国"的精神,养成"优美刚健的人格""有组织、有规律"和勇于"牺牲"的习惯,"简朴勤劳之平民生活"和"知识分子应有的责任心"等。对于"设备、实施原则"予以高度的重视,本着"以实现三民主义及不背三民主义之精神为原则",从设备的选择、布置、内容等方面提出了明确要求。作为第四章,"师范教育"紧紧地排在"高等教育"之后。师范教育的目标,就是"根据三民主义的精神,并参照社会生活之需要,施以最新式科学教育及健全的身心训练",以培养"实施三民主义教育师资"。明确要求"学校应与社会沟通,并造成'教''学''做'三者合一的环境",从而使学生具有"改进能力及终身服务的精神"等。总体而言,就是要在各级各类学校教育中贯彻推行"一个党"和"一个主义"的政策,以巩固国民党在学校范围内的统治,并为以后择机推出"一个领袖"进行思想铺垫、营造社会舆论。

二、大学院和大学区制的试行和废止

前文之所以说贯彻"一个党"和"一个主义"的政策也是为了以后推出"一个领袖"的独裁做法做准备,是因为在南京国民政府建立初期,在不少国民党元老还活跃在政治舞台之际,还没有哪位领袖人物足以让群雄臣服。蔡元培、李石曾等国民党元老振臂高呼"教育独立",教育要独立于政治、军事、经济、宗教而按自身规律来运作,并真的在江苏、浙江、北平、上海等中国政治经济文化中心试行起来的"新制度",就反映了包括蒋介石在内的政治人物还没有发展到"一手遮天"地步的事实。这个"新制度",就是在我国高等教育史上留下了深刻清晰、令人关注的印痕的"大学院和大学区制"。

1927年6月8日,国民党中央政治会议委员、国民政府常务委员、监察院院长蔡元培主持召开国民党中央教育行政委员会会议,与国民党元老李石曾共同提议实行一项新型的教育行政制度,即"大学院和大学区制"。该制度实行于1927年到1929年间,试行不到两年,倏忽兴起又戛然而止,但引起了颇大的多方反响。这一制度是民国教育史上独特的一幕,也是"教育独立、学者主政"理念驱动下的一次重大的改革尝试。

大学区制本是法国的地方教育行政制度。1804年,法兰西共和国第一执政者拿破仑改法兰西共和国为法兰西帝国,自称皇帝,于1806年宣布建立"帝国大学"。帝国大学是帝国的教育权力机构(实即国民教育部),设帝国大学总监(相当于部长)和由30人组成的评议会,并设有若干总督学。帝国大学总监由皇帝直接任命。划全国为29个"大学区",每个大学区辖境与司法区(下设若干省)重合,但又相互独立。各大学区设大学区总长和10人组成的学区评议会,也设几名大学区督学。大学区最高长官是总长,由皇帝任命,代表总监管理区内各级教育。大学区内每省设督学一人,代表总长管理省内的中等和初等教育。督学与省长无隶属关系。各级督学、大学与中学校长以及教师,均由总监任命。公立和私立学校的开办也要经总监认可。

蔡元培等人认为法国由"帝国大学"统管全国教育,"以大学区为教育行政之单位"这种教育行政体制值得仿效,力主改中央教育行政委员会为大学院,中央政府不设立教育部,各省取消教育厅、分全国为若干大学区。蔡元培等如此擘画,实则深含教育独立之意蕴。这一石破天惊之举，在当时和后世都被称为"我国大学教育制度之一最大变更"①。

　　其实早在1922年3月，蔡元培就已经发表过著名的《教育独立议》一文，极力主张教育要脱离政党和宗教而独立："教育是帮助被教育的人给他能发展自己的能力，完成他的人格，于人类文化上能尽一分子的责任，不是把教育的人，造成一种特别器具，给抱有他种目的的人去应用的。所以教育事业当完全交与教育家，保有独立的资格，毫不受各派政党或各派教会的影响。"②这里，他用"完全交与""毫不受""各派政党""各派教会"等犀利、明快的措辞，旗帜鲜明地亮出了自己的观点。同一时期的1922年2月，李石曾发表过《教育独立建议》一文③，主张废除中央教育部和地方教育厅，旨在使教育超乎政府管辖之外，免受政潮波及。如何才能不受政治、宗教、经济等方面的影响，蔡元培设想了一个办法："分全国为若干大学区，每区立一大学；凡中等以上各种专门学术，都可以设在大学里面。大学的事务，都由大学教授所组织的教育委员会主持。大学校长也由委员会选举。各大学校长，组织高等教育会议，办理各大学互相关系的事务。"④秉此理想，蔡元培认为主管全国教育事业的部门不能再称"行政院教育部"，而应该直接称为院——"大学

---

① 《第二次中国教育年鉴》第2编，上海：商务印书馆1948年版，第490页。

② 蔡元培：《教育独立议》，《新教育》第4卷第3期（1922年3月），沈善洪主编：《蔡元培选集》，杭州：浙江教育出版社1993年版，第576页。

③ 李石曾：《教育独立建议》，《教育杂志》第14卷第2期（1922年2月），总第19365—19373页，转引自朱庆葆等著：《中华民国专题史》，南京：南京大学出版社2015年版，第140页。

④ 蔡元培：《〈大学院公报〉发刊词》，《大学院公报》1928年第1期（1928年1月），第11—13页，转引自朱庆葆等著：《中华民国专题史》，南京：南京大学出版社2015年版，第139页。

院",与行政院、司法院、立法院、考试院、监察院既有的国民政府"五院"并列,就像清末成立的"学部"与原来的"六部"(吏、户、工、兵、礼、刑)并肩而立一样,意图并称"六院",级别高于教育部。不过,蔡元培当时给出的"改头换面"的直接理由是,北洋政府的"教育部"——国民革命军政府当时只有"中央教育行政委员会"而无"教育部"之名——业已成为"专为营私植党"之场所,容易让人产生"腐败官僚"之联想:"民国纪元以前,管理学术及教育之机关曰学部;民国元年改为教育部,依教育一词之广义,亦可以包学术也。顾十余年来,教育部处北京腐败空气之中,受其他各部之熏染;长部者又时有不知学术教育为何物,而专为营私植党之人;声应气求,积渐腐化,遂使教育部名词与腐败官僚亦为密切之联想。此国民政府所以舍教育部之名改以大学院名管理学术及教育之机关也。"①当然,这里大学院的管理范畴不仅包括教育,还包含学术等,需要容后再论。

　　1927年6月,国民党中央执行委员会第105次政治会议通过蔡元培等人的提案,撤销教育行政委员会,采用法国教育行政制度,在中央组织中华民国大学院。6月17日,国民政府特任蔡元培为大学院院长,杨杏佛为副院长。7月4日,国民政府颁布了《中华民国大学院组织法》(以下简称《组织法》)。②《组织法》虽然只有11条,不足500字,却将大学院的性质、组织、机构、职能、院长地位等给出最权威的界定。例如第1条,开宗明义地写道:"中华民国大学院,为全国最高学术教育机关,承国民政府之命,管理全国学

① 蔡元培:《〈大学院公报〉发刊词》,《大学院公报》1928年第1期(1928年1月),第11—13页,转引自朱庆葆等著:《中华民国专题史》,南京:南京大学出版社2015年版,第139页。
② 宋恩荣、章咸选编:《中华民国教育法规》,南京:江苏教育出版社2005年版,第61页。

术及教育行政事宜。"第 2 条明确:"本院设院长一人,综理全院事务,并为国民政府委员。"须知,国民政府委员会为国民政府的最高决策机关,主席为"国家元首",委员仅 10—12 人,"均由中国国民党中央执行委员选任",国民政府行政院、立法院、司法院、考试院、监察院的院长及副院长均由该委员会推选产生。第 2 条就明确了大学院院长身处国民政府决策层面的法律地位。第 3、4 条则明确规定"本院设大学委员会,议决全国学术上教育上一切重要问题","大学委员会由各学区中山大学校长、本院教育行政处主任及本院院长所选聘之国内专门学者五人至七人组织之,以院长为委员长"。大学院是个"大院",主管全国的教育事宜自然是其"主业",而且还"设中央研究院",并"得设劳动大学、图书馆、博物馆、美术馆、观象台等国立学术机关"。其职能涵盖了教育、科技、文化、艺术等林林总总诸多方面。[1] 当然,这一切都是蔡元培的思想,因为这些内容与蔡元培的《提议设立大学院案》的内容几乎一字不差。[2]

在批准设立大学院的同时,国民政府还审议通过了《大学委员会组织条例》和《大学区组织条例》。[3] 前者规定,大学委员会由大学院院长、副院长、教育行政处主任、各学区国立大学校长和副校长以及由大学院院长所聘请的国内专门学者 5—7 人组成,院长为当然委员长。大学院下设秘书处和教育行政处,各设主任 1 人、处员若干人。教育行政处下设学校教育、社会教育、法令统计、图书

---

[1] 《大学区组织条例》(1927 年 7 月),宋恩荣、章咸选编:《中华民国教育法规》,南京:江苏教育出版社 2005 年版,第 62—63 页。

[2] 蔡元培:《提议设立大学院案》,《教育杂志》第 19 卷第 7 号(1927 年 7 月),沈善洪主编:《蔡元培选集》,杭州:浙江教育出版社 1993 年版,第 629—630 页。

[3] 《大学区组织条例》(1927 年 7 月),宋恩荣、章咸选编:《中华民国教育法规》,南京:江苏教育出版社 2005 年版,第 62—63 页。

馆、国际出版品交换、书报编审等6个组。《大学区组织条例》规定，全国依据各地教育、经济、交通等状况划分为若干大学区，每个学区设大学1所，大学设校长1人，综理大学区内一切学术和教育行政事宜（包括聘任中学校长、委任县教育局局长）。大学区内最高审议机关为评议会，由学区内各方代表组成。大学区下设高等教育处，管理大学本部各学院、区内各大学、专门学校及留学事宜；设普通教育处，管理公立中小学校、监督私立中小学校；设扩充教育处，管理区内劳农学院、劳工学院、公立图书馆、讲演所、咨议处。大学区还设置秘书处，辅助校长办理本区行政上一切事务；设置研究院，为大学区研究专门学术的最高机关，研究院附设设计部，负责研究大学区内一切建设问题并计划新政。

按照计划，大学区制首先在江苏、浙江、北平三地试行，"待取得经验后再推广到全国"。试行大学区制的计划在江苏——包括了南京、上海2个特别市——很快得以实施。1927年6月28日，国民党中央执行委员会议决："江苏现颁布大学区制，原设之教育厅应即裁撤，所有从前江苏境内国立省立各大学、专门学校及中学、师范等校应分别裁并或改组。"国民党中央政治会议"咨请国民政府明令施行"。于是，国立东南大学、河海工程大学、江苏法政大学、江苏医科大学、上海商科大学以及南京工业专门学校、苏州工业专门学校、上海商业专门学校、南京农业学校等江苏境内专科以上的9所公立学校被合组为国立第四中山大学。这是为纪念孙中山而命名为"中山大学"的，同时因南京是北伐军攻克的第四座历史文化名城，故冠以"第四"，以有别于广州的第一中山大学（即中山大学）、武汉的第二中山大学、杭州的第三中山大学。全国首个大学区——第四中山大学区宣告成立，辖区包括江苏省和南京、上海两个特别市。7月，江苏省教育厅裁撤，改为第四中山大学区行政部,旋即改部为院。7 月 11 日,国民政府任命江苏省原教育厅厅长张乃燕为第四中山大学校长,"大学区开始办公"。[1] 次年,国立第四中山大学先是更名江苏大学,后又定名国立中央大学,大学区也先后易名为"江苏大学区"和"国立中央大学区"。不过,其组织系统则始终如一,见下图。[2]

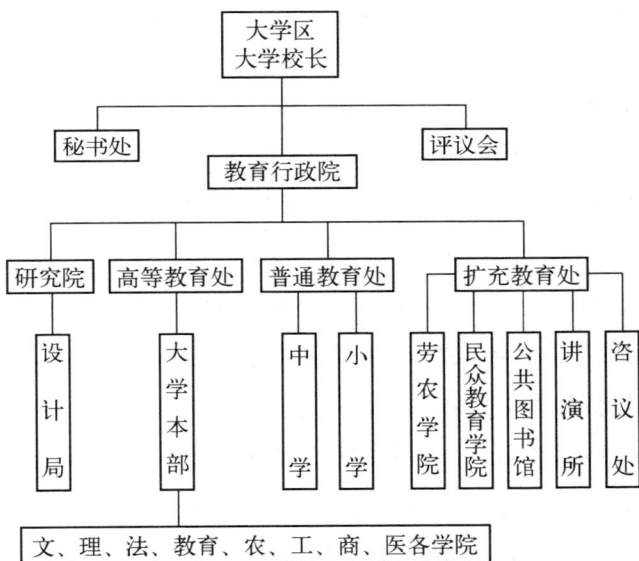

图 1－2　第四中山大学区组织系统

在试行大学区制方面,江浙几乎同步。1927 年春,国民革命军抵达浙江。国民政府成立后,决定在浙江试行大学区制,因杭州是被国民革命军攻占的第三座历史文化名城,故称第三中山大学。7 月 15 日,任命蒋梦麟为第三中山大学校长。8 月 1 日,浙江省成立

---

① 南京大学高教所编:《南京大学大事记》(1902—1988),南京:南京大学出版社 1989 年版,第 43 页。

② 王德滋主编:《南京大学百年史》,南京:南京大学出版社 2002 年版,第 151 页。

大学区,取消教育厅,在"求是书院"校址上,合并浙江公立工业专门学校和浙江公立农业专门学校而成立国立第三中山大学暨国立第三中山大学区。次年4月1日,依照大学委员会议决,国立第三中山大学更名为浙江大学,全称为中华民国大学院浙江大学;7月1日,又冠以"国立"称国立浙江大学。① 大学区亦随之易名浙江大学区和国立浙江大学区。浙江省教育厅改称大学区行政院。该大学区于1928年5月14日向大学院呈报了《教育改进计划》②,拟在大学教育方面,设立文理、社会科学、艺术、医药、农学、工学等学院;在普通教育方面,中学要担负"升学之阶梯"和"民众之高等教育机关"的双重任务,增加经费、积极推广小学教育,增设乡村师范学校、以充实乡村小学师资;在扩充教育方面,建立浙江图书馆、整顿各县立图书馆、整顿各县讲习所、整顿职业教育,确立各县社会教育经费、扩充补习教育、筹备暑期社会教育讲习所,以及调查各县地方风俗和人文等事项。事实上,"此一教育改进计划并未确实完全施行"③。浙江大学区制的最大成果就是催生了国立浙江大学的诞生,在其他方面的变革旋即也就偃旗息鼓了。

大学区制在北平(即北京)试行时遭遇到了超乎想象的阻力。1927年8月6日,北洋政府教育部合并北京的9所国立学校——包括北大、高师、女师、法专、农专、工专、医专、艺专、女大——为"京师大学校"。1928年6月,国民革命军攻进北京,北洋政府解体,"京师大学校"合并案戛然而止。7月11日至20日,中华民国大学院委派著名天文学家高鲁接收平津教育文化机关。④ 8月16

---

①《第一次中国教育年鉴》第2编,上海:开明书店1934年版,第56页。

②《大学院公报》1928年第7期(1928年7月),第150—158页。

③ 朱庆葆等著:《中华民国专题史》,南京:南京大学出版社2015年版,第143页。

④《大学院公报》1928年第9期(1928年9月),第75页。

日,李石曾在大学院大学委员会会议上主张北平实施大学区制。9月 21 日,国民政府通过《北平大学区组织大纲》,北平大学区除原北洋政府教育部拟合并"国立九校"以外,又加入天津国立北洋大学等。10 月 8 日,国民政府任命李石曾这位国民党元老、著名教育家担任北平大学校长。① 北平大学区于 1928 年 8 月成立伊始就风波不断。就连大学区制的倡导者蔡元培从一开始就极力反对北平的这种大合并,重要原因之一自然是北京大学的"被合并"与"北京大学"金字招牌的凭空消失。11 月 29 日,北京大学学生百余人手持"打倒北平大学"等旗帜游行抗议,并捣毁了北平大学办公处。12 月 1 日,军警保护李石曾等接收北京大学,亦为学生所拒绝,未能履职。② 李氏高调发声,恩威并施:"本大学奉国府令组织,如违抗即反国反党;保存北京大学旧名,有封建腐化之嫌;护校重在精神,不在一字名称;接收后立即开课,各生以前轨外运动概不追问。"③即使在北平大学区成立之后,其活动范围也仅"以北平政治分会所辖之区域,即河北、热河、北平、天津为限"。河北省教育厅在大学区成立之初即被裁撤,"但迟至 12 月中旬,河北省教育厅仍未办理移交"④。还有一大客观因素,就是大学区过于庞大,地域横跨 2 省和 2 个特别市,造成了船大水浅难调头的窘况。由于遭受重重阻碍,北平大学区组织直到 1929 年春才正式成立,北京大学、北京师范大学师生仍是竭力反对,通电抗争。后来由于两校学生的强烈反对及护校行为,北京大学、北京师范大学均脱离了师生们并不认可的"北平大学",依然使用各自的校名。

---

①《国民政府公报》第 68 期(1928 年 6 月),第 10 页。

② 曲士培:《中国大学教育发展史》,太原:山西教育出版社 1993 年版,第 438 页。

③《新闻报》,1928 年 12 月 2 日。

④《国民政府公报》第 47 期(1928 年 4 月),第 8 页。

　　大学院与大学区制试行时间虽然不长,却遭到朝野的纷纷诘难,中小学界对江苏的中央大学区反对尤甚,以"受政潮牵涉,经费分配不公,行政效率变低,影响学风,学阀把持学校"等为缘由,呈请国民党中央全会"主持公论,设法改进"。1928年10月大学院院长蔡元培辞去院长职务。11月1日,国民政府下令:大学院改为教育部,隶属于国民政府行政院,所有原大学院一切事宜皆由教育部办理。1929年6月,国民党第三届中央执行委员会第二次全体会议做出决议,废止大学区制,大学区行政院改回教育厅原名。国民政府行政院决定浙江、北平两大学区暑假停止试行,中央大学区限年内停止试行。至此,大学院和大学区制以一项"失败"的试验而黯然退出历史舞台。

　　回望大学院与大学区制的兴废,蔡元培等一批教育家、社会活动家极力推重法国教育制度、急切改革中国教育弊端的执着信念与精心擘画值得深加探究。他们倡导推行这一制度的初衷可以用"四化"来概括,即教育独立化、行政学术化、学术教育化、学区一体化。

　　第一,追求教育独立化是理想夙愿,因为教育是国家一大支柱。蔡元培一手促成的大学院的设置,体现了他历来所主张的教育要不受行政管辖、教育要不为军事裹挟、教育要不被经济左右、教育要不为宗教束缚的"教育独立"思想。蔡元培之所以将"教育部"一词弃之不用,表面上看是因为那时的"教育部名词"极易让人联想到"腐败官僚",而深层次的因素则是想提高中央教育行政部门的地位。因为按照孙中山《建国大纲》的擘画,中央政府当"设立五院",即行政院、立法院、司法院、考试院、监察院,"以试行五权之治";并规定"行政院暂设"内政、外交、军政、财政、农矿、工商、教育、交通八部。在蔡元培看来,新的教育行政机构如果以"院"相称,其地位则在"部"之上而与另外"五院"相当,"六院"共同组成中央政府的整体架构。因此,当时言及大学院均称"中华民国大学院",行文也是"中华民国大学院,承国民政府之命"、大学院"直隶于国民政府"云云,地位俨然就在内政、外交、军政等"七部"之上。所以,《建国大纲》的蓝图也就变成了现实中的"政府部门设有内政、外交、财政、交通、司法、农矿、工商等部以及军事委员会、最高法院、监察院、大学院等"。《组织法》所规定的大学院职能也超出了"教育部"的范畴而涵盖了教育、学术(如创设中央研究院)、文化等诸多方面。教育,应成为国家的一大支柱。蔡元培的这一思想对于蒋介石可能都产生过正面影响,蒋介石后来就认为,军事、经济和教育,是"国家的三大支柱"。

第二,主张行政学术化是改革引信,希冀能够实现教育家办学。蔡元培对于"尽敷衍表面而无实际心得的官僚"来统管中央教育机关、省教育厅,"一般教育行政机关,只按法令、成例评判一切,而不问学术根据如何"的做法很是不满,对于"教育部"一词几乎等同于"官僚腐败"的现象极度失望,所以才决意"将教育行政与教育机关合而为一";废除省教育厅,以大学区的大学校长兼理地方教育行政,以学人兼教育行政工作。不过,大学校长也不能主观行事,"要确立研究之制,一切庶政问题皆可交议,以维学问之精神","一切设施,务本学术研究之精神以进行,不独要以科学方法举行研究,并欲以科学方法处理公事"。教育事业,须由教育家来办;教育家,要科学行事。

第三,倡导学术教育化是回归常态,致力学术与教育同生共享。新文化运动时期,虽然"研究教育化""教育研究化"的口号响彻一时,但是大学的主要职能还是传播知识,创造知识的意识还不够深入人心,培养人才与研究学术之间还存在着一道无形却难以逾越的鸿沟。蔡元培对于"与学术最相关之教育事业亦与学术相分离"的现实深表忧虑,所以才将托起"教育"与"学术"两重天职的神圣使命同时赋予大学院,让其以"全国最高学术教育机关"的至尊身份来"管理全国学术及教育行政事宜"。学术教育化,就是学术要进入课堂,既可育人,又得以传播;这句话其实还隐含着一体两面的另外一层意思——"教育学术化"。教授,要集教授、研究员于一身,从而实现教育与学术的同生共享。而这其实也是教育与学术的题中应有之意。

第四,鼓励学区一体化是美好愿景,核心思想在于要协同发展。根据设立宗旨,大学院需做到"并重""并用"与"并进",即学术与教育并重,以大学院为全国最高学术教育机关;院长制与委员制并用,以院长负行政全责,以大学委员会负议事及计划之责;计划与实行并进,设中央研究院以实行科学研究,设劳动大学以提倡劳动教育,设音乐院、艺术院以实行美化教育。这里既包括了纵向上的大、中、小学教育甚至学前教育的贯通,由高等级教育指导、引导低等级教育的发展与改造,由后者为前者提供实践支撑和实验场所,以实现基础教育与高等教育的衔接,提高区内的教育水准;又涵盖了横向上的学校教育与扩充教育的渗透,从而收到"教育社会化、革命化、平民化、劳动化"的实效。

应该说,大学院与大学区制作为对旧教育制度进行深度改革的一种尝试与探索,具有相当大的积极意义。这从学人谈及其失败时多会发出"不幸"被废的感慨中也可窥斑知豹。但是,客观地讲,大学院与大学区制的废止也有一定的历史必然性。例如有学者就认为,大学院与大学区制此"良法美意"虽然"理论上是完美无缺"的,但是四重因素决定了它"不幸失败"的命运:"第一,在一定历史条件下,教育无法完全独立于社会政治之外。第二,改革的步骤过快，没有考虑到体制过渡期的情形，在实施上也没有充分准备，缺乏群众基础。第三，革去官僚气息与人事纠纷的想法不现实。第四，实践证明大学区实行以来，只见其弊，却未收其利。"①可见，进行改革，如果过于理想化，只是刻意模仿西方的制度，而不从国情出发，也往往是难以奏效的。

三、高等学校开设基本情况

1927 年至 1937 年间，南京国民政府公布了一系列教育法规，大体形成了高等学校依法办学、有法可依的局面。南京国民政府管理高校尤其是国立高校，主要依靠 3 个"字"，即法、钱、人。法是制定教育法规，钱是划拨教育经费，人是任命高校校长。

"法"的主体框架就是在这个时候搭建起来的。

通常情况下，"法"由国民政府颁布，"规程""办法""细则"等则由教育部公布，有时也会以行政院名义发布，而"条例"则皆可公布。例如，国民政府 1929 年颁布了《专科学校组织法》，1934 年颁布了《大学组织法》《师范学校法》《职业学校法》，1935 年颁布了《学位授予法》等，教育部则相继公布了《大学规程》《专科学校规程》《大学教员资格条例》《私立专科以上学校补助费分配办法大纲》《大学研究院暂行组织规程》《学位分级细则》等②。这些法规包括了方方面面，高等学校的设置与命名，都须有法规依据。依据《大学组织法》和《大学规程》，高等教育机关分大学、独立学院、专科学校 3 种。具体规定如下：大学分文、

①　王倩：《民国教育史上一次"昙花一现"的改革——大学院与大学区制的试行》，《河北师范大学学报（教育科学版）》2004 年第 5 期，第 63—69 页。
②　宋恩荣、章咸选编：《中华民国教育法规》，南京：江苏教育出版社 2005 年版，第 384—402 页、443—444、496—497 页。

理、法、教育、农、工、商、医8学院,不得成立除此之外的学院,换言之,"学院"不是想怎么起名就怎么叫的。为了防止滥设大学,规定须具备3个学院以上者,方得称为大学,而且3个学院中"必须包含理学院或农工医各学院之一"。不满3个学院者称为独立学院。

例如,江苏的两所大学便因不符合相关规定而"降格"为"学院"。一所是创办于1915年的金陵女子大学,只有2个学院,不符合1929年颁布的《大学组织法》"凡具备3学院以上者,始得称为大学"的规定,所以在1930年时正式的名称就变成"金陵女子文理学院"了,它的英文名字从一开始就是用的文理学院。另一所是"南通大学",该校为张謇创办,是国人自办大学的一面旗帜,因不符合要求,也被要求更名学院,但校方认为南通大学开办有农科、医科和纺织科,具备了3科,可以叫大学。政府回复说,这里有两个不合"法",第一是科数不够,因为"纺织科"不在"8科"之内,不能作数;第二是缺少"理学院",因为《大学规程》第二条规定"必须包含理学院或农工医各学院之一","理学院"是大学必须设立的,是必要条件,而另外3院是选择项,开办其中之一即可,合起来才能构成充要条件,才能叫大学。"南通大学"遂于1930年更名为"南通学院"。因内设学院不足3个,当时由"大学"更名为"学院"的还有原协和医科大学、之江大学、湘雅医科大学、福建协和大学、朝阳大学等。

在当时,"学分八科,三院成大""一二称独,无理不学",实已成为社会共识。按要求,院内设系,每一学院下设什么学系,《大学规程》也都有具体规定。《大学规程》第六条明确规定,大学文学院或独立学院文科(独立学院的"科"相当于大学内的"学院")分"中国文学、外国文学、哲学、史学、语言学、社会学、音乐学及其他各系";理学院或理科分"数学、物理学、化学、生物学、生理学、心理学、地理学、地质学及其他各学系,并得附设药科";法学院或法科分"法律、政治、经济 3 学系,但得专设法律学系";教育学院或教育科分"教育原理、教育心理、教育行政、教育方法及其他各学系"(不设教育学院的大学或不设教育科的独立学院,可以在文学院或文科中设教育学系);农学院或农科分农学、林学、兽医、畜牧、蚕桑、园艺及其他学系;工学院或工科分土木工程、机械工程、电机工程、化学工程、造船工程、建筑学、采矿、冶金及其他学系;商学院或商科分银行、会计、统计、国际贸易、工商管理、交通管理及其他学系;医学院或医科不分系。如有必要,学系之下可以再分组。修业年限,除医学院为 5 年外,其余均为 4 年。大学可以设立研究院,即研究生院。各学院可以附设专修科。专科学校分甲、乙、丙、丁 4 类,甲类包括矿冶、机械、电机、化学工程、土木工程、河海工程、建筑、测量、纺织、染色、造纸、制革、陶业、造船、飞机制造等专科学校,设有此类 2 种以上专科学校者,可以称作"工业专科学校"。乙类包括农艺、森林、兽医、园艺、蚕桑、畜牧、水产等专科学校,设有此类 2 种以上专科学校者,可以称作"农业专科学校"。丙类包括银行、保险、会计、统计、交通管理、国际贸易、税务、盐务等专科学校,设有此类 2 种以上专科学校者,可以称作"商业专科学校"。丁类包括医科、药学、艺术、音乐、体育、图书馆、市政、商船专科学校以及不属于甲乙丙 3 类的专科学校。专科学校修业年限为 2 年或 3 年。20 世纪 30 年代前期包括高等教育在内的学校制度详见下图。①

至于课程的设置、教员的聘用、学分制的采用、研究院的设立

① 《第一次中国教育年鉴》第 1 编,上海:开明书店 1934 年版,第 26 页。

年龄

三二
二二
二一
二〇
一九
一八
一七
一六
一五
一四
一三
一二
一一
一〇
九
八
七
六

高等教育

中等教育

初等教育

研究院

大学（学院）

专修科

专科学校

特别师范科

幼稚师范科

师范学校

简易师范科

简易师范学校

中学（高级）

中学（初级）

高级职业学校

初级职业学校

补习学校

小学（高级）

小学（初级）

补习学校

幼稚园

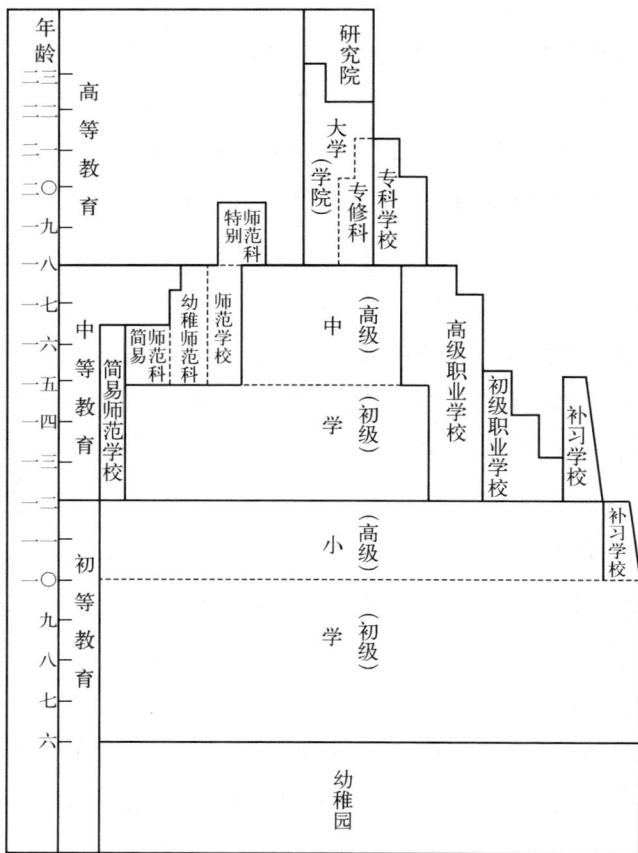

图 1 - 3　20 世纪 30 年代前期包括高等教育在内的学校制度

和学位的授予等,政府也都予以法律的规定。例如,《大学规程》规定"大学院及独立学院各科除党义、国文、体育、军事训练及第一、二外国文为共同必修科目外,须为未分系之一年级设置基本科目"等。大学和独立学院的教员分教授、副教授、讲师、助教 4 级,而且均有明确的学位、年限、成就的要求。对于不同系科的开办均有教师人数的要求,一般要求,每系须有教师 4—5 人或 5—6 人。《大学规程》规定"大学各学院各科课程得采用学分制"。为了便于执行,教育部于 1931 年公布《学分制划一办法》，通令各校一律采用"学年兼学分制"，规定"凡需课外自修之科目，以每周上课 1 小时满 1 学期者为 1 学分，实习及无须课外自修之科目，以 2 小时为 1 学分"。同时规定大学学生应修学分最低标准，"除医学院外，4 年须修满 132 学分，始准毕业"①。1935 年 4 月 22 日国民政府就公布了《学位授予法》，1935 年 7 月 1 日起施行，这是中国学位立法之始。规定"学位分学士、硕士、博士三级"；"修业期满，考试合格，并经教育部复核无异者，由大学或独立学院授予学士学位"；在研究院或研究所继续研究两年以上，经该院所考核成绩合格，并经教育部复核无异者，得由大学或独立学院授予硕士学位；而博士学位则"由国家授予"。事实上直到 1949 年，中国都没有授出一个博士学位。

　　在南京国民政府成立之后的几年时间里，高等学校得到了进一步的调整和一定的发展。国立大学及独立学院，重新改组者有中央大学（原第四中山大学先改江苏大学，再改此名）、北平大学（原名中华大学）、武汉大学（原名第二中山大学）等 3 校；新建者有劳动大学、浙江大学（原名第三中山大学）、国立艺术院、国立音乐院等 4 院；改设者有暨南大学、同济大学、清华大学等 3 校；原校继续办理者有中山大学（即广东大学）、交通大学、广东法科学院等 3 校。省立大学及独立学院，有江苏教育学院等 9 校；原校继续开办者有东北大学等 10 校，总计为 32 所高校。1929 年，北京大学、北京师范大学仍旧独立设置（原均归并于国立北平大学）；北平大学区停止试办后，其所属第二工学院独立为国立北洋工学院，河北学院独立为河北大学，其余各学院仍旧隶属于北平

---

① 曲士培：《中国大学教育发展史》，太原：山西教育出版社 1993 年版，第 441 页。

大学；国立艺术院和国立音乐院分别改为专科学校；吉林新设省立吉林大学；在增加5所、减少2所之后，公立大学和学院至此共为35校。1930年，国立大学新成立者有青岛大学；省立大学停办者有贵州大学、西安中山大学；公立高校至此变成了34所。1931年，国立学院又增加了一所"中法国立工学院"（原名"中法国立工业专科学校"），成都大学、成都师范大学和公立四川大学等3校则合并为国立四川大学。另外成立四川省立工学院、四川省立农学院2校；河北大学则分为河北省立农学院、河北省立医学院2校。此外，又新设了山西省立法学院、新疆省立俄文法政学院，在教育上与江苏齐名的湖北，也新成立了一所教育学院——湖北省立教育学院。细细算来，公立大学和学院达到了39所。1932年，中央大学的商学院和医学院，分别独立为国立商学院和国立医学院；劳动大学停办。公立大学和学院至此变成了整整40所，其中，国立高校18所。参见1932年我国公立大学及学院一览表。

民国的教育舞台上，曾经出现了一批与公立大学平分秋色、充满活力的私立高校，其中不乏成就斐然的著名学府。这些私立大学的成功当然因素颇多，但与当时南京国民政府的管理密不可分。南京国民政府成立初期，私立大学的发展比较混乱，不少私立高校设备简陋、师资匮乏、办学水平与教学质量极为低下，同时由于外国人对私立高校的把持导致宗教课程被列为重要的教育内容。北洋政府虽然要求教会大学必须在校名前加上"私立"字样，但是它们将此视同戏言，浑不当真，没有一所教会大学照此办理，教会大学就是办在中国的"外国大学"，是令国人蒙羞的"教育租界"。于是在北洋政府时期，中国高等教育就出现了"三足鼎立"的大格局，即公立高校、教会大学和私立高校,而后者是不包括教会大学(含学院)的。南京国民政府对此非常不满,稍早兴起的源于广东的"收回教育主权"运动目的就是要将教会大学纳入国家教育行政体系,纳入政府的监管之下。

南京国民政府统治稳固之后,便强制教会大学"注册""立案"。新办者注册,开办者立案,要将"办在中国的教会大学"变成"中国办的教会大学"。当然,这种注册立案同样也适用于国人自办的私立高校。早在1927年就已经公布后又于1933年10月修正公布的《私立学校规程》主要目的就是严格限制立案私立教会大学的宗教教育并收回教育主权。[①] 第一条就给教会大学定了性:"私人或团体设立之学校,为私立学校,外国人设立之学校亦属之",这告诉世人教会大学是私立学校,而且似乎地位还稍次,因为它"亦属之"。当然重点还是在第七、八条:"外国人设立之私立中等以上学校,须以中国人充任校长或院长","私立学校,不得以宗教科目为必修科,及在课内做宗教宣传","如有宗教仪式,不得强迫或劝诱学生参加"等。

由于教会大学的决策权在校董会,为了避免校长被"架空",该规程明令外国人校董"名额至多不得过三分之一","董事长须由中国人充任"。为贯彻落实私立高校注册立案政策,南京国民政府采取了以下措施:一是对未立案私立高校不给予公费补助;二是对未立案私立高校的毕业生不给予与立案私立高校毕业生同等的待遇;三是停闭未立案的私立高校。这一立案和措施取得了积极的成效,厦门大学和金陵大学早在1928年即向政府立案,分别是第

---

① 宋恩荣、章咸选编:《中华民国教育法规》,南京:江苏教育出版社2005年版,第125—131页。

一所向国民政府立案的国人自办私立高校和教会大学，其他私立高校纷纷跟进。当然，也有教会大学一直没有向中国政府立案，像圣约翰大学，政府也并未将其"关闭"，只是未予经济上和道义上的支持。但是，有的教会大学虽然没有像圣约翰大学那样"硬顶"，却实施了"软磨"，打起了"擦边球"。像燕京大学，虽然换成了华人校长，但是原来的校长司徒雷登却摇身一变，坐上了"校务长"的位置，联手掌管学校财权的洋人"司库"，依然牢牢地掌控着学校的局面。可见，较量始终存在，关键在于得势与否。总体上说，国民政府达到了阶段性的目的。

核准立案者有厦门大学、金陵大学、大同大学、复旦大学、沪江大学、光华大学、大夏大学、燕京大学、南开大学、东吴大学等10校。1929年有武昌中华大学、岭南大学、中国公学、协和医学院、上海法政学院等5校立案。1930年有广东国民大学、南通学院、中国学院、朝阳学院、金陵女子文理学院、上海法学院、福建协和学院、之江文理学院、持志学院等9校立案。1931年又有辅仁大学、中法大学、齐鲁大学、武昌华中大学、广州大学、湘雅医学院、福建学院、焦作工学院等10校获准立案。至此，立案的私立大学和学院共有34所。1932年，在震旦大学、正风文学院、夏葛医学院、民国学院获准立案后，我国的私立大学和学院共有36所，其中校名后带"※"号者为教会大学。参见1932年中国私立大学及学院一览表。

需要说明的有两点，一是高等专门学校属于专科性质，是高等教育的重要组成部分，但限于篇幅和资料，此处没作交代。二是中国共产党领导治理下的根据地的高等教育，因另有专章加以介绍和研究，亦未在此处撰写。

表 1 - 1　1932 年中国公立大学及学院一览表
（部分高校不同学院为合设，此处照录）

校名	所设学院（或科）名称	所在地
国立中央大学	文、理、法、教育、农、工	南京
国立北平大学	法、农、工、医、女子文理、商、艺术	北平
国立北京大学	文、理、法	北平
国立北平师范大学	文、理、教育	北平
国立清华大学	文、理、法、工	北平
国立中山大学	文、理工、法、农、医	广州
国立浙江大学	文、理、农、工	杭州
国立武汉大学	文、理、工、法、	汉口
国立暨南大学	文、理、商	上海
国立同济大学	工、医	上海
国立山东大学	文、理、法、农、工	青岛、济南
国立四川大学	文、理、法	成都
国立交通大学	铁道管理、土木工程、机械工程、电机工程、自然科学	上海、北平、唐山
国立北洋工学院	工	天津
中法国立工学院	工	上海
国立上海商学院	商	上海
国立上海医学院	医	上海
国立广东法科学院	法	广州
东北大学	文法、理工、教育	沈阳
安徽大学	文、理、法	安庆
湖南大学	文、理、工	长沙
河南大学	文、理、法、农、医	开封
山西大学	文、法、工	太原

校名	所设学院（或科）名称	所在地
广西大学	理、农、工	梧州
东陆大学	文、理、工	昆明
吉林大学	文法、理工	吉林
东北交通大学	商	锦州
甘肃学院	文、法	兰州
河北法商学院	法、商	天津
河北工业学院	工	天津
河北女子师范学院	文、理	天津
河北农学院	农	保定
河北医学院	医	保定
湖北教育学院	教育	武昌
山西法学院	法	太原
山西教育学院	教育	太原
江苏教育学院	教育	无锡
新疆俄文法政学院	法	迪化
四川工学院	工	成都
四川农学院	农	成都

资料来源：《第一次中国教育年鉴》第 2 编，上海：开明书店 1934 年版，第 17—18 页。

表 1－2　1932 年中国私立大学及学院一览表（教育部核准立案者）

校名	所设学院（或科）名称	核准立案年月	所在地
厦门大学	文、理、法、教育、商	1928.03	厦门
金陵大学	文、理、农	1928.09	南京
大同大学	文、理、商	1928.09	上海
复旦大学	文、理、法、商	1928.10	上海
沪江大学	文、理、教育、商	1929.03	上海

续表

校名	所设学院（或科）名称	核准立案年月	所在地
光华大学	文、理、商	1929.05	上海
大夏大学	文、理、法、教育、商	1929.05	上海
燕京大学	文、理、法	1929.06	北平
南开大学	文、理、商	1929.06	天津
东吴大学	文、理、法	1929.07	苏州、上海
武昌中华大学	文、理、商	1929.12	武昌
岭南大学	文、理、农、工、商	1930.07	广州
广东国民大学	文、法、工	1931.06	广州
辅仁大学	文、理、教育	1931.08	北平
中法大学	文、理、医、社会科学	1931.12	北平
齐鲁大学	文、理、医	1931.12	济南
武昌华中大学	文、理、教育	1931.12	武昌
广州大学	文、理、法	1932.07	广州
震旦大学	理、法、工、医	1932.12	上海
中国公学	文、理、法、医	1930.06	上海
协和医学院	医	1930.05	北平
上海法政学院	法	1930.06	上海
南通学院	农、医、纺织	1930.08	南通
中国学院	文、法	1930.10	北平
朝阳学院	法	1930.11	北平
金陵女子文理学院	文、理	1930.12	南京
上海法学院	法	1930.12	上海
福建协和学院	文、理	1931.01	福州
之江文理学院	文、理	1931.07	杭州
持志学院	文、法	1931.07	上海

校名	所设学院（或科）名称	核准立案年月	所在地
湘雅医学院	医	1931.12	长沙
福建学院	法	1932.07	福州
焦作工学院	工	1932.07	焦作
正风文学院	文	1932.08	上海
夏葛医学院	医	1932.12	广州
民国学院	文、法	1932.12	北平

资料来源：《第一次中国教育年鉴》第 2 编，上海：开明书店 1934 年版，第 18—19 页。

从表 1-3 中，不难看出，从 1912 年 1 月至 1931 年底的 20 年间，即从民国建立到九一八事变爆发那一年，我国的大学教育发生了非常明显的变化。大学由 4 所增加到 73 所，增加了 17 倍多；大学教职员由 229 人，增加至 6318 人，增加了近 27 倍；大学生由 2076 人，发展到接近 45000 人，增长了约 21 倍；每年生均经费由不足 400 元，增长到 700 多元，净增 75%；即使单就生师比而论，也由民国元年的 9.1 降至 7.1，这种教师熏陶学生的"学术浓度"已然"与国际接轨"。详见 1912—1932 年中国大学教育概况比较表。

表 1-3　1912—1932 年中国大学教育概况比较表

年份	大学校数			大学教职员数	大学学生数			岁出经费数（单位：元）	每生岁占费数（单位：元）	每百生中教员人数	每一位教员指导学生数
	公立	私立	合计		本科及专修科	预科	合计				
1912	2	2	4	229	481	1595	2076	755730	364	11.0	9.1
1913	3	2	5	319	1371	1713	3084	822865	267	10.3	9.7

续表

| 年份 | 大学校数 | | | 大学教职员数 | 大学学生数 | | | 岁出经费数（单位：元） | 每生岁占费数（单位：元） | 每百生中教员人数 | 每一位教员指导学生数 |
	公立	私立	合计		本科及专修科	预科	合计				
1914	3	4	7	312	730	2478	3208	2426911	757	9.7	10.3
1915	3	7	10	319	1219	2239	3458	1306058	378	9.2	10.8
1916	3	7	10	420	1446	2163	3609	883069	245	11.6	8.6
1917	3	7	10	—	—	—	—	—	—	—	—
1918	3	6	9	—	—	—	—	—	—	—	—
1919	3	7	10	—	—	—	—	—	—	—	—
1920	3	7	10	—	—	—	—	—	—	—	—
1921	5	8	13	—	—	—	—	—	—	—	—
1922	10	9	19	—	—	—	—	—	—	—	—
1923	19	10	29	—	—	—	—	—	—	—	—
1924	30	11	41	—	—	—	—	—	—	—	—
1925	34	13	47	3762	21483	—	21483	11473289	534	17.5	5.7
1926	37	14	51	—	—	—	—	—	—	—	—
1927	34	18	52	—	—	—	—	—	—	—	—
1928	28	21	49	4567	21786	9567	31353	16730621	534	14.6	6.9
1929	29	21	50	5495	25499	9439	34938	23729430	679	15.7	6.4
1930	32	27	59	6212	33847	8119	41966	28832912	687	14.8	6.8
1931	36	37	73	6318	38805	6080	44885	31582507	704	14.1	7.1

资料来源：《第一次中国教育年鉴》第 2 编，上海：开明书店 1934 年版，第 22—23 页。由后面的《1912—1937 年全国专科以上学校概况表》中"研究生及大学生"与"专科及专修科生"分开统计可知，此表中的"本科及专修科"实是大学及独立学院的学生，因为此数与后表中的"研究生及大学生"数一致。

至 1937 年底，全国的高等学校共有 91 所。其中大学有 35 所，独立学院有 32 所，专科学校有 24 所，三者大体相当，呈现三足鼎立之势。若以举办性质而论，国立高校有 24 所，省市（省或特别市）立高校 20 所，私立高校 47 所，与北洋政府时期的"公立高校、私立高校、教会大学三足鼎立"的办学格局相比，此时变成了"国立高校、省市立高校（有时也称为狭义的公办高校）、私立高校（包括了教会大学）三足鼎立"的办学新格局。办学主体多元化，私立高校在数量上已经超过公办高校，在办学质量上有多所名校享誉海内外，公立与私立高校平分秋色，相映生辉。其实，与上一年的 108 所高等学校相比，此时中国的高等学校数量已骤减 17 所，减少了 15.7％，原因举世皆知，那就是 1937 年 7 月 7 日发生了震惊中外的七七事变。七七事变是日本帝国主义全面侵华战争的开始，也是中华民族进行全面抗战的起点。

与前表侧重于公立和私立高校发展情况不同，这里再史海钩沉，为读者梳理自民国建立直至七七事变发生后中国专科以上学校的发展变化概况。详见 1912—1937 年全国专科以上学校师生变化一览表和 1932—1937 年全国专科以上学校类型一览表。需要说明的是本书涉及"全国"高等学校的数据均来源于国民政府教育部等官方统计，不包括中国共产党创办的高等学校。当时，效仿和移植美式教育在全社会成为新的潮流，政府主抓"立法、拨款、用人（任命校长）"三件事，以"法"治校、以"钱"兴校、以"人"管校，又坚持了最根本的做法——确立并执行三民主义的统领地位，国民政府于 1931 年 6 月 1 日颁布的《中华民国训政时期约法》规定"三民主义为中华民国教育之根本原则"。就在中国的高等教育现代化进程步入正轨并呈现加速发展之际，令人痛心而愤怒的是，我们建立现代大学制度的民族梦想，被日本帝国主义全面侵华的罪恶魔掌击打得粉碎。

表 1－4　1912—1937 年全国专科以上学校师生变化一览表

年份	学校数			教员数			学生数			毕业生数（大学、专科及专修科生）	岁出经费数（单位：元）
	小计	大学及独立学院	专科学校	小计	大学及独立学院	专科学校	小计	研究生及大学生	专科及专修科生		
1912	115	4	111	2312	229	2083	40114	481	39633	490	3971361
1913	116	7	109	2467	319	2148	38373	1371	37002	976	4171372
1914	102	7	95	2297	312	1985	32076	730＊	31346	1048	5728476
1915	104	10	94	2370	319	2051	25242	1219	24023	1364	4682963
1916	86	10	76	2036	420	1616	17241	1446	15795	1470	3673155
1917	—	19	—	—	—	297＊	—	—	1552	1155	845402＃
1918	89	10	79	—	—	1767	—	—	7863	900	3775360＃
1919	—	10	—	—	—	—	—	—	—	1137	—
1920	87	11	76	—	—	1622	—	—	9734	1446	2794026＃
1921	—	15	—	—	—	—	—	—	—	1428	—
1922	—	18	—	—	—	—	—	—	—	1742	—
1923	—	24	—	—	—	—	—	—	—	2005	—
1924	—	32	—	—	—	—	—	—	—	2397	—
1925	108	50	58	7578※	4669	2909※	36321	25278	11043	2272	15446338
1926	—	56	—	—	—	—	—	—	—	2341	—
1927	—	44	—	—	—	—	—	—	—	2714	—
1928	73	48	25	5214	4567	647	25198	17792	7406	3253	17909810
1929	76	50	26	6218	5495	723	29123	21320	7803	4164	25533343
1930	85	58	27	6985	6212	773	32566	23677	8889	4583	29867474
1931	103	73	30	7053	6183	870	44167	33966	10201	7034	33619237
1932	103	76	27	6709	5974	735	42710	35640	7070	7311	33603821

续表

年份	学校数			教员数			学生数			毕业生数（大学、专科及专修科生）	岁出经费数（单位：元）
	小计	大学及独立学院	专科学校	小计	大学及独立学院	专科学校	小计	研究生及大学生	专科及专修科生		
1933	108	79	29	7209	6501	708	42936	37600	5336	8665	33574896
1934	110	79	31	7205	6447	758	41768	37257	4511	9622	35196506
1935	108	80	28	7234	6532	702	41128	36978	4150	8673	37120870
1936	108	78	30	7560	6615	945	41922	37330	4592	9154	38275386
1937	91	67	24	5657	5175	482	31188	27926	3262	5137	30431556

　　原表附有3项说明：带＊号者代表"私有遗漏"；带♯号者表示只是专科学校数字，大学及独立学院数字未详，故未计入；带※号者表示专科学校"职员"混合在内。

　　资料来源：《第二次中国教育年鉴》第4编，上海：商务印书馆1948年版，第1400页。

表1-5　1932—1937年全国专科以上学校类型一览表

年份	共计				大学				独立学院				专科学校			
	小计	国立	省市立	私立	小计	国立	省市立	私立	小计	国立	省市立	私立	小计	国立	省市立	私立
1932	103	25	32	46	41	13	9	19	35	5	11	19	27	7＊	12	8
1933	108	28	29	51	40	13	7	20	39	5	12	22	29	10♯	10	9
1934	110	28	31	51	41	13	8	20	38	5	11	22	31	10♯	12	9
1935	108	25	30	53	42	13	9	20	38	5	9	24	28	7※	12	9
1936	108	26	29	53	42	13	7	22	36	5	11	20	30	8※	11	11
1937	91	24	20	47	35	12	5	18	32	6	6	20	24	6	9	9

　　注：带＊号者包括公立专科学校5所，除中央国术馆体育专校外，与带♯号者同；带♯号者包括公立吴淞商船、中央国术馆体育、上海兽医3所专科学校及公立北平税务、北平盐务、警官3所高等学校；带※号者包括吴淞商船专科学校及中央国术馆体育专科学校。

　　资料来源：《第二次中国教育年鉴》第4编，上海：商务印书馆1948年版，第1406页。

第三节　九一八事变之后东北大学等校被迫内迁

东北地区创办学堂始于癸卯学制颁布以后的 1906 年,首先建立的是奉天省学堂和东三省陆军讲武堂等,其次是大北关模范学堂、大南关工业学堂等。1916 年张作霖当政后又把两级师范学堂改为沈阳高等师范学校。当然,沈阳高师的成立是与民国中央政府的"六大高师区"的擘画布局密切相关的,即在我国的华北、华东、华中、华南、西南、东北划设 6 个高等师范学校区,将区内原来的优级师范学堂或两级师范学堂改建为高等师范学校,其他的优级师范学堂等裁撤。进入 20 世纪 30 年代,东北地区已经拥有了以三省联办的东北大学和第一所国立大学东北交通大学、第一所私立大学冯庸大学等为代表的高等学校。正当这些国立、省市立、私立高校逐步发展提高之际,九一八事变发生,各自学校的命运也因此发生了根本性改变。

一、东北大学的创建与快速发展

东北大学诞生于 1923 年,是由"东北王"张作霖做主创建起来的。张作霖(1875—1928),字雨亭,奉天省海城县(今辽宁省海城市)人,参加过中日甲午战争,后投身绿林,势力壮大,之后被清政府招安,先后担任奉天省督军、东三省巡阅使等,号称"东北王",成为北洋军奉系首领。第二次直奉战争胜利后,任陆海军大元帅,代表中华民国行使统治权。1928 年 6 月 4 日,张作霖乘火车返回东北,行至皇姑屯时被日本关东军预埋的炸药炸成重伤,当日而亡。

近代的中国东北地区,是日俄两国角逐的场所。日俄战争后,日本将沙俄势力从东北地区南部逐出,大肆进行掠夺。十月革命后,苏维埃俄国宣布放弃沙俄在中国取得的特权。日本帝国主义遂趁机企图染指东北北部。张作霖当政后,面对南北两强,深感处境危殆,如同当时其他军阀都依仗帝国主义的支持一样,他"选边"站到日本一方。张作霖是个复杂的人物,他利用日本帝国主义,但又不甘受其摆布。他虽出身绿林,却很懂礼贤下士的道理,格外尊重读书人,招揽了一些富有才识的人为他所用。其中有一个人叫谢荫苍,江苏武进人,早年参加过南社,很有才学。张作霖兼任奉天省省长时,任命他为奉天教育厅厅长。谢向张建议兴办大学,因为西洋各国之所以号称文明,主要在于学术发达;欲求东北富强,不受外人摆布和侵略,"治本之策,端赖兴办大学,培养专门人才"①。张深以为然,经初步商定由东北三省联手创办一所大学,定名为"东北大学",所需经费由三省负担,吉林、黑龙江两省可以少分担一些,1922年,张作霖委派得力干将王永江筹办此事。

王永江是前清贡生,曾任警务处处长、财政厅厅长和奉天代省长。日本驻奉天总领事得悉消息后,立即找到王永江,恩威并施地说,办大学很是费钱,又需要很多教员,"你们何苦自不量力,自寻苦恼?"你们要读理工科,日本已经办了"旅顺工科",你们想学医,已有"南满医科大学",想学文法,可去日本帝国大学留学,"大日本政府将予以优待,给以官费补助"。张作霖听了传话,不禁冷笑,更加坚定了办大学的决心。1922年12月,东北大学筹备委员会推选奉天省省长王永江为东北大学校长。1923年4月,奉天省公署颁发"东北大学之印",同月启

---

① 王振乾等编著:《东北大学史稿》,长春:东北师范大学出版社1988年版,第2页。

用,东北大学(简称东大)宣告成立。1927年王永江因病去职,东大校长由奉天省新任省长刘尚清兼任。一年后,东北保安总司令张学良兼任东大第三任校长。也正是在这一年,发生了举世震惊的"皇姑屯事件"。国恨家仇,更加激发了张学良办好东大的强烈意愿。

张学良(1901—2001),字汉卿,张作霖长子,1920年于东三省陆军讲武堂毕业后即投身军旅,20岁出任少将旅长,24岁任军长,26岁任军团长。"皇姑屯事件"中张作霖遭炸身亡之后,27岁的张学良被拥戴上台,继任东北保安军总司令。在军中已颇有根基的张学良公开激烈反日,不惧威逼,拒绝拉拢,坚持"东北易帜",后任中华民国陆海空军副总司令,陆军一级上将。1936年12月12日,联手国民党第17路军总指挥、西北绥靖公署主任杨虎城在西安发动"兵谏",以求达到劝谏蒋介石改变"攘外必先安内"的既定国策,停止内战,一致抗日的目的。1936年12月25日,在中共中央主导和多方斡旋下,西安事变以蒋介石接受"停止内战,联共抗日"的提议而和平解决,促成国共二次合作,结成抗日民族统一战线,成为我国由国内战争走向抗日民族战争的转折点。

张学良长校后,东大进入快速发展期,成为名副其实的东北最高学府,堪与全国著名的大学相媲美。

第一,东大学科设置齐全,在全国处于第一方阵。张学良主张要在政府规定框架内根据本校实际情况和东北地区人才需求来决定院系设置,所以于1929年1月,将东北大学原来的文科、法科、理科、工科,分别改为文学院、法学院、理学院、工学院,同时成立教育学院。1929年8月又成立了农学院,暂时附在教育学院。[①] 后来还筹划成立医学院，几乎成真。奉天市（南京国民政府1929 年将奉天市改名沈阳市，九一八事变之后日本人又改回奉天市，1945 年抗战胜利再次改叫沈阳市），有个别称叫"盛京"，盛京医科大学及其附属医院声名远扬。它创建于 1912 年，始称盛京医科大学，学制 5 年，系英国教会所办。因不符合北洋政府教育部"单科不得称为大学"的规定，于 1917 年更名奉天医科专门学校，学制仍为 5 年。1929 年随着奉天省改称辽宁省，学校遂改称辽宁医科专门学校。"1931 年，经原国民政府外交部特派辽宁外交总署与英国驻沈阳领事馆协商，拟由中国接管，改为东北大学医学院及其附属医院，业已取得英国政府同意，正准备于同年 10 月举行换文仪式，不料九一八事变爆发，因而中止"[②]。

　　即使没有设立医学院和商学院，东北大学也设置了 5 个学院，在全国各大学中雄踞第一方阵。当然，1932 年出版的《第一次中国教育年鉴》只认定东北大学开设了 3 个学院，即文法学院、理工学院和教育学院，在省市立大学中排名第二。"省立大学设学院最多者为河南大学（5 院），次为东北大学、安徽大学、湖南大学、山西大学、广西大学、东陆大学（各 3 院）。"[③]事实上，东北大学是时设置了几个学院有待考证，但是东北大学毫无疑问是完全具备了支撑起 5 个学院的实力的。因为，文学院和法学院分别设有中文、英文、俄文、哲学心理、史学 5 系和法律、政治、经

───────────────

① 丁晓春、魏向前主编：《张学良与东北大学》，沈阳：东北大学出版社 2003 年版，第27 页。

② 王纯山主编：《辽宁省教育史志资料》，沈阳：辽宁大学出版社 1990 年版，第 650 页，转引自丁晓春、魏向前主编：《张学良与东北大学》，沈阳：东北大学出版社 2003 年版，第27—28 页。

③《第一次中国教育年鉴》第 2 编，上海：开明书店 1934 年版，第 20 页。

济学 3 系（当时政府规定，法学院也可以不设系）；理学院和工学院分别设有数、理、化、天算、生物学 5 系和土木、机械、电机、采冶、纺织、建筑 6 系；教育学院设有教育行政、教育心理 2 系和政治、法律、国文、英文、数理、博物、体育、家政专修科；农学院设有农艺、农林园艺、畜牧 3 系，总计 24 系、8 个专修科，学科涵盖了文、法、理、工、教育、农等 6 科，与当时国民政府规定的 8 科的顶格设置，只差商科和医科了。而同一时期的"最高学府"中央大学在刚刚划出了商学院和医学院之后，也只设有 6 个学院，学院之多在全国位居第二。"国立大学设学院最多者为北平大学（7 院），次为中央大学（6 院），复次为中山大学、交通大学（5 院）。"[1]而设置了 7 个学院的北平大学其实是个松散的"邦联体"，是在大学区时代由除北大、北师大之外的北平的公立高校"联合"成立起来的，7 个学院中还包括了女子文理学院和艺术学院等"非典型"学院。

　　第二，东大师资力量整齐，名家荟萃。东大办学经费充足（除预算内办学经费外，仅张学良校长就曾捐私款 150 万大洋），全球延揽贤才，不惜以 300 大洋的月薪礼聘专家，而且建有独栋别墅"教授楼"。东大名家少长咸集，风云际会。像文法方面的黄侃（季刚）、林损（公铎）、章士钊、罗文干、梁漱溟、李光忠（笑同）、余棨昌（戟门）等，理工方面的冯祖荀、刘仙洲、梁思成、林徽因等，体育方面的郝更生、吴蕴瑞、申国权、宋君复等，都是东大的知名教授，为东大的人才培养和学术研究做出出色贡献。其中，凸显东北大学黑、白二色"校色"的校徽就是东大建筑系教授林徽因设计的，"白山黑水"的意境令人拍案叫绝。东大校歌则是由刘复作词、赵元任

---

[1]《第一次中国教育年鉴》第 2 编，上海：开明书店 1934 年版，第 20 页。

谱曲的。这种文化育人的功能显而易见。

第三，东大实行民主办学，坚持执行"大学委员会制"。张学良改革学校管理，设立了"秘书长"一职，代行校长职权。此前，东北大学施行的是由校长1人、副校长1人、5院院长各1人、附中主任1人所组成的"校务委员会制"等。为了民主、科学决策，1931年4月张学良主导成立了由11人组成的"大学委员会"，学校行政领导改为"委员制"。张学良是委员之一，称为"委员兼校长"，代他负责学校日常工作的是"委员兼秘书长"宁恩承（牛津大学博士）。另外9位委员分别是：奉天省议会议长、《清史稿》编修袁金铠，奉天省前省长、南京国民政府内政部部长刘尚清，辽宁省政府主席臧式毅，南开大学校长张伯苓，前教育部总长章士钊，以及东大3个学院的院长和学生自治会主席。学校办公室下设4个部，即庶务部、会计部、注册部和图书仪器部。

第四，坚持依章办学，强化各项管理。当时国民政府强调依照法律规章办事，东北大学所采取的办学举措在公立大学中是具有普遍性和代表性的，大体上也体现了国人建立现代大学制度的尝试与努力。首先是依规实行学院制，学院是大学的主体，提倡"学院办大学"，一切学术事务全部授权学院去办理。系主任在院长领导下主持系内各项工作；系设教授会负责学术事宜。其次是建立管理规制。学校决策机构是"校务委员会"或"大学委员会"，由各方代表若干人组成。下设注册部、图书馆、仪器部、会计部、庶务部，分别负责学校相关事务。根据需要可以设立训育委员会、考试委员会、出版委员会、建筑委员会等其他一些常设或临时委员会。譬如，东大实行"学分制"，根据学习情况和成绩严格执行升级、毕业与降级、休学、退学、除名等制度。在生活方面也建立了"伙食民主管理制度"等。再次是建立荣誉奖励制度。学校建立有"免交学费制度"（规定均分在 85 分以上者免缴次年全年学费；均分在 80—84 分之间，有十分之一的学生可免缴一半学费，遴选标准是各门均在 65 分以上、学年内未受处分、学年内请假未超 3 天）；建有"奖励证明书制度"，对于免费学生、操行甚优者、单科成绩 90 分以上者，加给《奖励证明书》；建立奖励公费出国留学制度；建立"奖学金""奖贷金"（低息贷款）等制度。

正当东北大学高歌猛进、蓬勃发展之际，却遭到一场日本人蓄意制造的腥风恶雨的致命摧残。1931 年 9 月 18 日夜，在日本关东军安排下，其铁道守备队炸毁沈阳柳条湖附近的南满铁路路轨（原为沙俄修建后被日本占领），并栽赃嫁祸于中国军队。日军以此为借口，炮轰沈阳北大营，发动了震惊中外的九一八事变。九一八事变又称奉天事变、柳条湖事件，是日本在中国东北蓄意制造并发动的一场侵华战争，是日本帝国主义侵华的开端，是日本企图把中国变为其独占的殖民地而采取的重要步骤，后来被认为是世界反法西斯战争的开始，揭开了第二次世界大战东方战场的序幕。

次日，日军侵占沈阳，又陆续侵占了东北三省。1932 年 2 月，东北全境沦陷。此后，日本在中国东北建立了伪满洲国傀儡政权，开始了对东北人民长达 14 年之久的奴役和殖民统治。

1931 年 9 月 19 日清晨 6 点 30 分，沈阳城沦陷，整个城市顿时陷入空前的劫难中。21 日下午 4 点，东北大学和私立冯庸大学（后文将介绍）等，均被日军占领。日本人"假惺惺地表示慰问，'劝告'同学们照常上课，还'慷慨'表示愿为学校提供经费"[①]。师生们看透了日本人的真实用心，就是为了粉饰太平，装点门面，千方百计地阻止东大外迁。

---

① 王振乾等编著：《东北大学史稿》，沈阳：东北大学出版社 1988 年版，第 32 页。

二、东北三大名校流亡北平

东北大学师生鉴于形势危急，乃决定撤退至北平。在事变爆发之后的第四天即 9 月 22 日，东大师生集体乘车西去，挥泪告别沈阳，全部档案、各种图书、所有仪器、大小设备乃至公私物品，都未及从学校运出，身外的一切损失殆尽！唯一幸运的、也是最值得庆幸的是，东大人活了下来，撤了出去，带着对日本侵略者的深仇大恨，带着誓死不做亡国奴的坚定决心，带着对开办教育的热切渴望，带着对研究学术的强烈向往，带着对白山黑水的深情留恋，带着重新回归故土家园的永久心愿！东北大学的师生背井离乡，奔向北平，从此开始了长达 15 年的流亡生活。

东北大学师生抵达北平后，校方先借到奉天会馆、安庆会馆、江西会馆等进行收容，安顿下来，后借到南兵司马前税务监督署旧址，遂于 10 月 18 日——九一八事变整整一个月后——在此开学复课，此处也被称为东大"东校"。北大、清华、河南大学十分同情东大学生的命运，钦佩他们绝不向日本人低头的民族精神，给东大许多实质性支持。最后商定，高年级学生分别到北京大学、清华大学借读，农学院各系学生则全部到位于开封的河南大学借读。

九一八事变之后被迫外迁的还有东北第一所国立大学东北交通大学和东北地区创办最早的私立大学冯庸大学等。这两所学校办学水平非常高，学科特色鲜明，十分符合东北地区的社会需要，在东北地区，三校齐名，卓然超群。1932 年 2 月，东大校方又从师范大学借得彰仪门原国货陈列所旧址，收容锦州东北交通大学 150 余位流亡到北平的学生，设立交通学院（后改为工学院），称为东大"南校"。该校与东北大学也颇有渊源。1926 年秋，做了北洋政府交通部代理总长兼唐山大学校长的奉系军阀常荫槐利用京奉铁路局历年拖欠学校的 20 余万元办学经费，筹建交通部唐山大学锦县分校，设管理、工程、矿冶 3 个系。所以也有人说是张作霖父子创办了这个学校。1927 年春，民国北京政府交通部唐山大学锦县分校在锦县（今锦州市）正式成立，这是锦州的第一所大学，也是东北的第一所国立大学。1929 年 3 月，大学改归东北交通（财务）委员会直辖，改称东北交通大学，1930 年张学良兼任校长，实际负责人为副校长于世秀、教务长刘百昭。

当时，国内私人办学之风甚盛，奉天军务帮办冯德麟之子冯庸亦捐赠其父遗产，于 1927 年在沈阳创办了东北地区第一所私立大学——私立冯庸大学。冯德麟与张作霖是结拜兄弟，早年联手赶走了奉天督军段芝贵，共同把持东北大权。1917 年，冯德麟支持张勋复辟，被段祺瑞击败俘获，经张作霖运作获释。冯德麟晚年投身实业，积累巨额资产。冯庸与张学良同龄，亦是结拜兄弟，两人皆取字"汉卿"——誓做"汉臣"，曾被张学良任命为东北军空军司令。冯德麟去世后，冯庸续任父职。冯庸认为，中国内忧外患的主要原因是工业落后，"工业兴国，先育人才"，于是他以大冶铁工厂为基础，成立大冶工业专科学校。1927 年冯庸捐出巨额资金和丰厚家产，将大冶专科学校正式改为冯庸大学，自任校长，明确提出办学三纲：孝悌忠义、工业救国、受教育机会均等。冯庸信仰国家主义，学生一切费用全免。九一八事变后，日本人曾想让冯庸替代张学良的地位，被他严词拒绝。后来冯庸和学生逃难来到北平，在西直门内原陆军大学校址复校。冯庸聘请教官对学生进行严格的军事训练，并组织冯庸大学义勇军，参加一·二八淞沪抗战。后任东北抗日联军第七路总指挥，率领冯庸大学学生参加长城抗战。《塘沽协定》（实际上默认了日本侵占东北三省和热河的合法性）签订以后，冯庸大学学生只得悻悻而归，但因经费困难，学校无法维持。张学良遂派员接管了冯庸大学，并以冯大校址为东北大学校部和文学院、法学院院址，称为东大"北校"。

没人能够想到，在东北齐名的第一所国立大学、第一所私立大学、第一所省立大学这3所大学，在集体流亡北平的情势下就这样组建成了"北平东北大学"。东北大学于1932年8月招考入关后的第一期本科生。那时，东大的"教授、讲师、助教等已近百人，职员约50人"，师资力量已然超过一般大学了，如前所载，1932年全国76所大学及独立学院共有教员5974人，平均每校不足80位教师。①

东北大学校长张学良对于发展体育运动格外重视。世人皆知张学良资助刘长春参加奥运会的佳话，实际上其重大意义远远超越了体育界。第10届奥林匹克运动会是1932年7月30日在美国洛杉矶举行的，会前，伪满洲国各大报刊发布消息，诡称刘长春和于希渭将代表"满洲国"参加奥林匹克运动会，"该会已复电承认，并促交'满洲国'国旗与国歌"。醉翁之意不在酒，心怀鬼胎的伪满当局的如意算盘是想借此为刚刚成立的伪满洲国打个"广告"。东北大学体育系应届毕业生刘长春闻讯后立即在《大公报》上发表声明："我是中华民族炎黄子孙，我是中国人，决不代表伪满洲国出席第10届奥林匹克运动会！"在7月1日举行的东北大学体育系毕业典礼上，张学良亲自宣布刘长春和于希渭为运动员，宋君复为教练员，代表中国出席第10届奥运会，揭穿了日本帝国主义在国际间混淆是非的阴谋。张学良慷解私囊，捐赠8000元，以作为派遣运动员参加奥运会之用。② 是年秋，刘长春

---

① 《第二次中国教育年鉴》第4编，上海：商务印书馆1948年版，第1400页。

② 王振乾等编著：《东北大学史稿》，沈阳：东北大学出版社1988年版，第35页。

参加完奥运会回国后,深感国内体育事业的落后,乃于同年冬季在北平倡议成立了"东北体育协进会",由时任东北大学秘书长暨代校长王卓然以及刘长春等 5 人担任常委,刘长春任总干事。1933 年,第 5 届全国运动会在南京举行,刘长春创造了百米 10.7 秒的全国最好成绩,相当于当时奥运会第 5 名的水平。从中华民国到中华人民共和国,这个记录保持了 25 年之久。

1934 年秋,第 18 届华北运动会在天津举行,当几百名东北运动员入场时,会场立刻沸腾起来,看台上醒目地出现了"勿忘'九一八'""还我河山""中国?"(是试问今日之中国究竟是谁家之天下之意)等标语。在这次运动会上,东北体育代表团博得了全场观众最热烈的掌声。

1935 年 10 月,张学良兼任"西北剿总"副司令并代行总司令职权。出于多重现实考量,1936 年 2 月,张学良将北平东北大学工学院和补习班迁至西安大雁塔、小雁塔下的前陕西农林职业专科学校,建立了东北大学西安分校。共有教职员 41 人,学生 263 人,小有规模。由于校舍不敷使用,张学良又于附近购得数百亩土地,并拨 15 万元建筑教室、宿舍和大礼堂。张学良为建筑纪念碑题词:"沈阳建校,经始维艰;至'九一八',痛遭摧残;流离燕市,转徙长安;勖尔多士,复我河山。"①是年 12 月 12 日,发生了震惊世界的西安事变,标志着中国十年内战基本结束和抗日民族统一战线初步形成。

---

① 王振乾等编著:《东北大学史稿》,沈阳:东北大学出版社 1988 年版,第 108—109 页。

第四节　"一二·九"学生运动掀起抗日救亡怒潮

九一八事变后,日本帝国主义加快了侵略中国的步伐,他们利用南京国民政府不抵抗的政策,将侵略的魔爪伸向了华北,中华民族的危机日益深重。一些将士登高疾呼:"宁为战死鬼,不作亡国奴,奋斗牺牲,誓雪国耻!"[①]抗日救亡的怒潮日渐上涨。

一、华北之大,已经安放不下一张平静的书桌

1935 年五六月间,日本侵略者密谋策划,在天津和河北等地制造事端,并以武力相威胁,先后迫使南京国民政府接受达成了"何梅协定"(南京国民政府军事委员会北平分会代委员长何应钦与日本华北驻屯军司令官梅津美治郎签订的不平等条约,主要内容有:罢免日本指定的中国军政人员;取消或解散日本指定的国民党政府党政机构;撤退驻河北的国民党中央军和东北军;禁止抗日活动等)和"秦土协定"(察哈尔省代理主席秦德纯与关东军特务机关长土肥原贤二签订的不平等条约,核心是宋哲元部从长城以北撤出),把包括平津在内的河北、察哈尔两省的大部分主权奉送给日本。之后,日本帝国主义积极策动所谓华北五省的"防共自治运动",筹划成立由其直接控制的傀儡政权,从而在华北进行全面的政治、经济、文化侵略。"华北之大,已经安放不下一张平静的书桌了",这激起了北平各阶层人民的强烈愤慨。

---

① 九一八事变爆发后的第三天,军长宋哲元即率第 29 军全体官兵,向全国发出"抗日通电",坚决表示:"哲元等分属军人,责在保国。谨率所部枕戈待命,宁为战死鬼,不作亡国奴,奋斗牺牲,誓雪国耻。"

在民族危亡关头,中国共产党着眼大局,以中国苏维埃政府和中国共产党中央的名义于1935年8月1日在巴黎《救国报》上公开发表《为抗日救国告全体同胞书》,即《八一宣言》,号召全国人民团结起来,停止内战,抗日救国,组织国防政府和抗日联军。该宣言意味着中国共产党实行抗日民族统一战线策略的开始。

中共河北省委多次发出通知和宣言,要求华北地区的各级党组织要在群众中进行广泛宣传,开展抗日救亡的民族斗争;同时改组北平市领导机构,从政治上、组织上加强了对抗日救亡运动的领导。于是,在彭涛、周小舟、谷景生、姚依林等人的领导下,11月北平大中学校学生成立了北平市学生联合会,简称北平学联,郭明秋为主席,姚依林为秘书长。中共北平市工作委员会在学联建立了党团,彭涛为书记。

1935年12月6日,北平学联召开代表会,通过并发表了《北平市学生联合会成立宣言》,提出以反对日本帝国主义吞并中国华北为核心的9项政治纲领,呼吁停止内战,团结全国各界民众,反抗日本侵略者,为中华民族的独立解放而斗争。随后,平津15所大中学校联合发出通电,反对"防共自治",要求政府讨伐汉奸殷汝耕,动员全国人民抵抗日本的侵略。然而同日,传来将在12月9日成立为日本所治之"冀察政务委员会"的消息,广大进步人士和学生极为震惊。在中共北平临时工委的领导下,北平学联决定于9日举行学生大请愿,由黄敬担任游行队伍总指挥,姚依林、郭明秋队外指挥。12月9日上午10时30分,包括东北大学等在此复校的北平各大中学校的爱国学生6000余人涌上街头,奔向新华门,向国民政府军政部长何应钦请愿。愤怒的学生振臂高呼:"打倒日本帝国主义!""反对华北五省自治!""打倒汉奸卖国贼!""立即停止内战!"请愿群众代表向国民政府提出6项要求:(1)反对华北自治及其类似组织;(2)反对一切中日间的秘密交涉,立即公布应付目前危机的外交政策;(3)保障人民言论、集会、出版自由;(4)停止内战,立刻准备对外的自卫战争;(5)不得任意逮捕人民;(6)立即释放被捕学生。

为了镇压学生爱国运动,国民党当局以赏赐每个警察大洋1元、警长2元,外加猪肉每人1斤为诱饵驱使打手们卖命。当来自东北大学、中国大学、北平师范大学、北京大学等校学生的游行队伍行经西单和东长安街时,遭到行尸走肉般的军警木棍、鞭子、水龙、大刀的攻击,30余人被捕,300多名学生被打伤。城外清华大学、燕京大学两校学生,因城门关闭未能入城,在凛冽朔风中坚持终日,含泪向围观市民控诉日军在东北的暴行,指责国民党的不抵抗政策。北平学联决定次日举行各校学生总罢课,并积极酝酿和准备更大规模的示威游行,抗日救亡怒潮席卷了整个北平城。

从1935年9月10日起,杭州、武汉、上海、广州、南京、济南、天津、青岛、南宁、长沙、厦门等地的师生们纷纷集会,发表宣言及通电,举行游行和罢课,声援北平学生的爱国运动。各地爱国人士纷纷成立各界救国会,要求国民党当局停止内战,实现抗日。①

"一二·九"运动是中国共产党领导的一次大规模学生爱国运动,公开揭露了日本帝国主义侵略中国、吞并华北的阴谋,打击了国民党政府的妥协投降政策,大大地促进了中国人民的觉醒。它配合了红军北上抗日,促进了国内和平和对日抗战,推动了抗日民族统一战线的建立,标志着中国人民抗日民主运动新高潮的来到。

---

① 《中国共产党新闻之重大事件"一二·九"运动》,人民网:http://cpc.people.com.cn/GB/33837/2534309.html,2020年5月24日。

正如毛泽东在 1939 年撰写的《一二九运动的伟大意义》一文所指出的那样，"一二九运动是动员全民族抗战的运动，它准备了抗战的思想，准备了抗战的人心，准备了抗战的干部"，"促进了国内和平和对日抗战，使抗日运动成为全国的运动"。[①]

"一二·九"运动在全国掀起的抗日救亡怒潮持续高涨，既为一年以后西安事变的发生积聚了群众基础、舆论基础和思想基础，从某种意义上讲又是西安事变发生的支点和导火索。

二、张学良："用事实来答复你们！"

"一二·九"运动之后，南京国民政府"攘外必先安内"的政策并没有改变，对日本曲意逢迎，对红军则要赶尽杀绝、斩草除根，不惜一切代价"剿灭"之。

> 五月的鲜花，开遍了原野，鲜花掩盖着志士的鲜血。为了挽救这垂危的民族，他们正顽强地抗战不歇。如今的东北已沦亡了四年，我们天天在痛苦地熬煎，失掉自由，更失掉了饭碗，屈辱地忍受那无情的皮鞭。敌人的铁蹄，已越过了长城，中原大地依然歌舞升平，"亲善睦邻"和卑污的投降，忘掉了国家，更忘掉了我们。再也忍不住这满腔的愤怒，我们期待着这一声怒吼，怒吼惊起，这不幸的一群被压迫者，一起挥动拳头，震天的吼声，惊起这不幸的一群被压迫者，一起挥动拳头。

《五月的鲜花》正是当时真实情景的写照。曲作者就是东北大学教育学院的音乐教师阎述诗。阎述诗（1905—1963），出生在沈阳的一个教师之家，毕业于燕京大学。在"一二·九"运动中，

---

①《毛泽东文集》第 2 卷，北京：人民出版社 1993 年版，第 253 页。

目睹了学生被军警毒打的惨状。当学生拿来光未然的诗词《五月的鲜花》请他谱曲时,他疾书立成,先在校内传唱,很快便流传全国。

对于政府"亲善睦邻"和"卑污投降",人民已忍无可忍。由于在"一二·九"运动中接受过洗礼、经受过锻炼,东北大学西安分校模仿"北平学联"的做法于 1936 年 11 月联合其他学校成立了"西安学联"。西安学联讨论通过了向蒋介石请愿的《万言书》,要求"立即停止内战,团结抗日"。为了配合这一行动,决定以纪念"一二·九"运动一周年为名,举行有各校学生和市民群众参加的请愿示威游行。这次游行是经过周密安排的,东北大学西安分校,背景特殊,排在队伍的最前面,西安高中、西安师范、西安二中等校排在尾部或插在队伍的中部,以防军警的冲击。2000 多名纠察队员分散在队伍两边,还有由 100 多辆自行车组成的交通队担任通信联络。

12 月 9 日上午 10 时,各校学生到达预定的集合地点南辕门广场,示威群众达到 2 万多人,广场上彩旗飞舞,口号声响成一片:"枪口对外,打倒日本帝国主义!""停止内战,打回老家去!"执教西安二中的中共党员张寒晖填词谱曲的《松花江上》虽然才创作出一年时间,但是已经传遍了大江南北。凄凉的"九一八,九一八"的歌声此起彼伏,"真使人伤心断肠"(周恩来在《现阶段青年运动的性质与任务》一文中说到:一支名叫《松花江上》的歌曲,真使人伤心断肠)。请愿队伍原定去晋见张学良,但他不在。于是便转向陕西省政府,向省主席邵力子请愿。邵出言搪塞,引起众人不满,群情激愤,驱前理论,宪兵们如临大敌,慌忙举枪,掩护邵力子退去。游行队伍转去西北绥靖公署,想向公署主任杨虎城请愿,又未见到。在情绪十分激动之时,突然有人高喊一声:"到临潼去!"众人群起响应。大家知道,蒋介石当时正在临潼督战,对于"剿灭"红军他正"御驾亲征",要毕其功于一役。这时,已是下午3点多钟,全城戒严,军警开枪镇压游行队伍时已经打伤了一名竞存小学的女学生。大家怒火冲天,不仅没有被吓倒,反而更加坚定了去找蒋介石的决心。大家齐心协力,打开了城门。当队伍赶到火车站时,机车已全部开走。游行人员意志如铁,商定徒步去30多公里以外的临潼。途经灞桥时,东北军官兵同情而钦佩众人,暗示队伍可以从桥下通过,游行队伍默契地"冲过"封锁后,顺利地往临潼进发。

蒋介石得讯后,即刻派最信任的侍从室第一处处长钱大钧率众来阻止游行队伍。钱大钧一众来到十里铺,架起一排排机关枪,严阵以待。当游行队伍抵达时,对蒋介石忠心耿耿的钱大钧早就动了杀心,恶狠狠地向学生吼道:"不准你们再往前走! 如不听从命令,哼哼,后果自负!"同学们也是情之所至,也许是不知道前面真的就是一道鬼门关、一座阎王殿,没有理会他的威胁,一边喊着"打倒卖国贼",一边继续迈开了脚步。就在钱大钧准备对士兵下令开枪的千钧一发之际,张学良飞车赶到。为赶时间,他亲自驾车来到十里铺,制止了钱大钧,避免了一场血腥大屠杀。

这场游行的总指挥是东大学生胡焜,据他回忆,张学良下了车,挺身站立在一个土坡上,特别激动,力劝大家:"各位同学,你们的爱国热忱我是佩服的。但是,今天时已不早,到临潼去路途尚远,请大家回去吧。你们的请愿书交给我,由我向蒋委员长陈述。"同学不听劝告,张学良诚挚地说道:"你们执意要去,必然触怒最高当局,那就会发生流血事件!"站在最前列的东大同学带头高呼:

"我们愿为救国而死,不做亡国奴!"[1]另有资料记载,这时,有人唱起了"我的家在东北松花江上,那里有我的同胞,还有那衰老的爹娘,九一八,九一八……"歌声悲怆,令人断肠。张学良沉痛地说:"请大家相信我,我是要抗日的……用事实来答复你们!"沉寂过后,东大学生怀着疑惑、无奈、信任和期待的复杂心情带头返回。可以说,这次请愿大游行,让张学良更真切地感受到民心所向、大势所趋。三天以后,众所周知,举世震惊的"西安事变"发生了。

西安事变后,一切都发生了巨大改变。1937 年 2 月,东北军东调,17 路军也从城内撤出,宋希濂部队进驻西安。据《东北大学史稿》记载,担任过东北大学法学院院长的臧启芳于是从开封来到西安,要接收东大西安分校,许多学生群起反对,仍拥戴张学良为校长。部分学生慷慨激昂,决定仍返回北平东北大学。3 月,臧启芳接收了东大西安分校,5 月 17 日,将学校改称为"国立东北大学"。从此,东北大学便直接纳入国民党和国民政府的控制之下了。由张作霖、张学良父子创办的东北大学的更名,与其说是进行了"国立化"的改建,不如说是实行了"国有化"的改造。

接着,臧启芳又去"接收"北平东北大学,碰壁而归,退回开封。臧启芳在河南大学谋得立身之地,成立了"国立东北大学办事处",谋划"另立"东大。他自兼文学院院长,下设中文系、历史系和先修班,并任命了法学院院长、工学院院长、事务长以及各系系主任等。"班子"搭建起来以后,他就发表声明,限东北大学在北平同学"按期到开封报到","否则不予注册"。北平学生拒不承认声明,臧启芳更明令将东大滞留北平的学生"开除学籍"。1937

---

[1] 王振乾等编著:《东北大学史稿》,沈阳:东北大学出版社 1988 年版,第 112 页。

年 6 月 30 日，东北大学西安新校址竣工，原在开封的师生全部迁至西安。

卢沟桥事变发生以后，东大同学只好离开北平再度流亡。到济南时，流亡学生联合成立了"平津流亡同学会"，商议同学去留问题。当时提出的原则是，在自愿的情况下，同时考虑工作与学习需要，同学们可以去山西、西安、南京和留在山东当地与日本侵略者进行斗争。东大同学去山西的最多，因为阎锡山为"联共抗日"而成立的牺牲救国同盟会（简称牺盟会）在青年学生中很有感召力；部分学生去了延安，部分人留在山东，还有同学去了西安。全面抗战爆发，大敌当前，臧启芳便也"收回成命""捐弃前嫌"，"恢复"了这些学生的学籍。这些分散多地的东大学生在位于西安的"国立东北大学"聚集在了一起。不过一年后，他们就又南迁四川了。

卢沟桥事变之前，我国共有 14 所国立大学，即中央大学、北平大学、北京大学、北平师范大学、清华大学、中山大学、浙江大学、武汉大学、暨南大学、同济大学、山东大学、四川大学、交通大学和东北交通大学。1937 年 5 月 17 日，张学良担任校长的东北大学被改为国立东北大学，由于此前国立东北交通大学已经并入东北大学，因此国立大学数量未有变化。1937 年 7 月 1 日，经陈嘉庚函请，南京国民政府同意将私立厦门大学改为国立。至此，我国的国立大学达到 15 所。1937 年全面抗战爆发后，平津被日本侵略军占领。1937 年 11 月 1 日，国立北京大学、国立清华大学和私立南开大学在长沙组建国立长沙临时大学（这一天也成为西南联大校庆日），次年 2 月学校开始西迁昆明，4 月改称国立西南联合大学。在此之前，北平大学、北平师范大学、天津北洋工学院（原名北洋大学）3 所院校于 9 月 10 日迁至西安，组成西安临时大学；太原失陷以后，西安临时大学又迁往陕南,不久改名为国立西北联合大学。由于北京大学、清华大学和北平大学、北平师范大学均系国立大学(北洋工学院是国立独立学院),合并成 2 所国立大学后,国立大学减少 2 所。至此,我国的国立大学数量实为 13 所。①

---

① 《第二次中国教育年鉴》称 1937 年我国共有 12 所国立大学,应是遗漏了 1 所,实际应为 13 所。12 所国立大学之说参见《第二次中国教育年鉴》第 4 编,上海:商务印书馆 1948 年版,第 1406 页。

第二章　战时中国高等教育方针的确立

全面抗战时期是中国高等教育发展的特殊阶段,这一阶段我国高等教育的方针和定位经历了一个逐渐明晰的过程。从 1937 年卢沟桥事变至 1939 年 3 月第三次全国教育会议召开,是战时高等教育方针的初步形成时期;1939 年 3 月至抗战结束,是战时高等教育方针的实施时期。

国民政府教育部先后颁布多项法令作为战时高等教育发展的基本纲领,制定了战时高校办学的总体性规范。核心内容为"九大方面"和"十七个要点",之后又相继出台了一系列政策,对战时高等教育的办学进行了总体性的规定,主要包括统一大学行政机构及其职责、大学各院系名称、大学及独立学院教员资格审查与国立大学招生,实行毕业总考和学业竞试,加强高等教育与军事的联系等。总体看来,这一系列政策对战时高等教育发展具有明确的指导意义,但国民政府对战时大学办学仅仅给予了整体性的指导与规划,大学内部管理与治理的自主权,很大程度上留给了当时的校长们。

全面抗战初期,关于战时高等教育方针的争论持续了两年多,争论所导致的直接结果就是各国立大学在校生数量的大规模减少,不少青年学生辍学抗日。虽然当时的大学校长在办学理念上各有侧重,但在战时高等教育方针的认识上大体趋同,即以"学术救国"为主张,维持正常的教学秩序,这与国民政府"抗战建国纲领"之精神呈现一致。因此,蒋介石在"今后教育的基本方针"的讲话中明确表示,此后战时高等教育发展基本以"战时须作平时看"为基本方针,这与政府尊重大学独立、尊重大学校长立场密不可分。

　　在"战时须作平时看"方针的指导下,国民政府不仅有计划地将大学迁往内地,沦陷区的 37 所高校都转移到了大后方,还采取各种手段维持办学经费,加强科学研究投入力度。为学生设立贷金制和公费制,以专项拨款来恢复创办研究所并恢复招收研究生,大学教授则享有公务员待遇。战争中后期,由于中央财政紧张,通货膨胀严重等客观原因,国民政府拖欠办学经费之事也有发生,但很大程度上,不是不作为,而是力有不逮。

　　本章主要梳理抗战时期高等教育的纲领、方针和规范,并关注到战时政府对公立、私立高等学校的经费划拨与经济资助,以为读者提供战时国民政府与大学发展的宏观解读。

第一节　战时高等教育纲领性的规定

　　国民政府先后颁布《各级学校处理校务临时办法》(1937 年 8 月 12 日)、《总动员时督导教育工作办法纲领》(1937 年 8 月 27 日)《中国国民党抗战建国纲领》及《战时各级教育实施方案纲要》(1938 年 3 月 30 日)等作为战时高等教育发展的基本纲领,确定战时高等教育发展基调为"战时须作平时看",目标为"抗战建国",并制定了战时高校办学的总体性规范。

一、战时高等教育的督导政策

抗日战争时期,国民政府曾针对战时教育实际,颁布《总动员时督导教育工作办法纲领》,主要内容如下:

一、战争发生时,全国各地各级学校及其他文化机关,务力持镇静,以就地维持课务为原则。二、比较安全区域之学校,尽可能范围内,设法扩充容量,收容战区学生。三、各级学校之训练,应力求切合国防需要。但课程之变更,仍需遵照部定之范围。四、各级学校之教职员及中等学校以上之学生,得就其本地成立战时后方服务团体,但需严格遵照部定办法,不得以任何名义妨害学校之秩序。五、为安定全国教育工作起见,中央及各省市教育经费,在战时仍应照常发给,倘至万不得已有量予紧缩之必要时,在中央应由财教两部协商呈准行政院核定后办理,在地方应由主管财政厅局会商呈准市政府核定后办理。六、中央及各地方主管教育行政机关,对于战区内学校之经费,得为财政紧急处分,酌量变更其用途,必要时并得对于其全部主管教育经费,为权宜之处置,以适应实际需要。[1]

从上述纲领内容可知,这是国民政府仓促之下对平时教育转向战时教育的立场表达,其中不乏关于国防教育增设、战时学校服务等针对性规定。但关于教育常态化的指向,尤其是尽可能保证学生容量扩充、教育经费保障等显示出国民政府战时教育的基本精神:除了应对战争所必须采取的战时应急措施外,一切仍要按照教育部的规定,维持正常教育办学。当然,由于纲领的临时性和应急性,其并未

---

[1]《第二次中国教育年鉴》第 1 编,上海:商务印书馆 1948 年版,第 48 页。

涉及战时教育尤其是战时高等教育发展的具体要求。而稍早发布的《各级学校处理校务临时办法》对战争时期学校的开学、听课、闭课、学生的转学和借读等问题做出了临时规定。①

二、战时高等教育实施方案纲要

1938年3月陈立夫就任国民政府教育部部长,他的就职演说显示了国民政府对待战时高等教育发展的认识变化。

> 先从教材、师资量大问题调整入手,根据国情及现时环境,建立一个适于中国需要的教育制度。在理论上无所谓战时教育,因为平时教育实际上包含着战时准备。今后之教育根本方针,须德智兼顾,文武合一,农工并重,教育与政治设施、经济计划及社会生活尤需贯通,并与其他有关机关密切联系。大学教育应该根据国家各种需要作有计划之设施,对政治、法律、教育、经济各科应注重质量的提高与本国教材的充实,专科学校应以养成各种生产技术人才……为主要目的。②

比较之前的《纲领》,可发现国民政府对战时教育的认识已从单纯的应急,转变为对高等教育自身发展的思考。在论及战时高等教育发展时,不仅直指教材和师资两个核心问题,更从高等教育发展的内外部规律解释高等教育的发展目标。

面对当时军事、政治和外交等方面的严峻形势,1938年3月29日,国民党临时全国代表大会于重庆召开,会期共9天。4月1日

---

① 吴惠龄、李壑:《北京高等教育史料》,北京:北京师范学院出版社1992年版,第453页。

② 吴惠龄、李壑:《北京高等教育史料》,北京:北京师范学院出版社1992年版,第458页。

会议通过了《中国国民党抗战建国纲领》,亦称《抗战建国纲领》。1939年第三次全国教育会议在重庆召开。与会代表有教育部部长、次长、参事、司长、简任秘书、简任督学及由教育部长就所属委员会委员中指派的5人;各省教育厅厅长;中央党部各部处代表各1人;军事委员会政治部代表各1人;国立中央研究院、国立北平研究院代表各1人;行政院各直辖市社会局局长;各国立省立及已立案私立大学校长、各国立独立学院院长及各国立专科学校校长;国立编译馆、国立北平图书馆、国立中央图书馆筹备处、国立中央博物院筹备处各1人;教育部遴选专家40人;各省教育厅制定之该省内地方教育行政或中小学教育或民众教育人员每省1人,总共230人。① 相较于第一次全国教育会议(1928)和第二次全国教育会议(1930),此次会议规模大大超前。

《中国国民党抗战建国纲领》,将"抗战"与"建国"形成密切联系。《纲领》中有三条涉及高等教育,一是改订教育制度及教材,推行战时教程,注重于国民道德之修养,提高科学之研究与扩充其设备;二是训练各种专门技术人员,与以适当之分配,以应抗战需要;三是训练青年,俾能服务于战区及农村。② 以上条目是将战时教育发展纳入建国目标的统筹之下,战时人才培养不仅着眼于服务抗战,还为战后国家复兴之需要。

根据《纲领》中涉及教育的内容,国民党临时全国代表大会同时制定并通过了《战时各级教育实施方案纲要》,核心内容为"九大方面"和"十七要点"。"九大方面"内容如下:

（一）三育并进;（二）文武合一;（三）农村需要与工业需

---

① 《第二次中国教育年鉴》第1编,上海:商务印书馆1948年版,第48页。
② 《第二次中国教育年鉴》第1编,上海:商务印书馆1948年版,第49页。

要并重;(四)教育目的与政治目的一贯;(五)家庭教育与学校教育密切联系;(六)对于吾国固有文化精神所寄之文学哲艺以科学方法加以整理发扬以立民族之自信;(七)对于自然科学,依据需要,迎头赶上,以应国防及生产之需;(八)对于社会科学,取人之长,补己之短,对其原则整理,对于制度应谋创造,以求一切适于国情;(九)对于各级学校教育,力求目标之明显,并谋各地平均之发展,对于义务教育,依照原定期限,以达普及,对于社会教育与家庭教育,力求有计划之实施。①

为实施"九大方面",具体设置了"十七要点",其中与高等教育相关的包括:

(一)对现行学制大体应仍维现状,唯遇拘泥模袭他国制度过于划一而不易施行者,应酌量变通,或与以弹性之规定,务使因事制宜,因材施教,而收实际效果。(二)对于全国各地各级学校之迁移与设置,应有通盘计划,务与政治经济实施方针相呼应。每一学校之设立,及每一科系之设置,均应规定其明确目标与研究对象,务求学以致用,人尽其才,庶几地尽其利,物尽其用,货畅其流之效可见。(三)对师资之训练,应特别重视,而亟谋实施。各级学校教师之资格审查与学术进修之办法,应从速规定,以养成中等学校德智体三育所需之师资,并应参酌从前高等师范之旧制而急谋设置。(四)对于各级学校各科教材,应彻底加以整理,使之成为一贯之体系,而应抗战与建国之需要……(五)……对于各大学各院科系,应从经济及需要之观点,设法调整,使学校教学力求切实,不事铺张。(六)订定各级学校训

---

① 《第二次中国教育年鉴》第 1 编,上海:商务印书馆 1948 年版,第 49 页。

育标准,并切实施行导师制,使各个学生在品德修养及生活指导与公民道德之训练上,均有导师为之负责,同时可重立师道之尊严。(七)对于学校及社会体育应普遍设施,整理体育教材,使与军训童训取得联贯,以矫正过去之缺点;强迫课外活动,以锻炼在学青年之体魄,并注意学生卫生方法之指导及食物营养之充足。(八)对于管理应采严格主义……(九)对于中央及地方之教育经费,一方面应有整个之筹集与整理方法,并设法逐年增加;一方面务使用得其当,毋使虚糜。(十)对于各级学校之建筑,应只求朴实合用,不宜求其华美,但仪器与实习用具之设备,应尽量充实,期达到规定之标准。(十一)各级教育行政机构,应设法使其完密,尤应重视各级督学工作之联系与效能;对各级教育行政人员之人选,以德行与学识并重,特别慎重权衡。(十二)全国最高学术审议机关应即设立,以提高学术标准。(十三)改订留学制度,务使今后留学生之派遣,为国家整个教育计划之一部分;对于私费留学,亦应加以相当之统制,革除过去分歧放任之积弊。(十四)……(十五)督促改进边疆教育与华侨教育,并分别编订教材,养成其师资,从实际需要人手。(十六)确定社会教育制度,并迅速完成其机构,充分利用一切现有之组织与工具,务期于五年内普及识字教育,肃清文盲,并普及适应于建国需要之基础训练。(十七)为谋教育行政与国防及生产建设事业之沟通与合作,应实施建教合作办法,并尽量推行职业补习教育,使各级干部人员均有充分之供给,俾生产机构早日完成。①

方案的"九大方面"将高等教育置于社会环境中审视,对战时

---

①《第二次中国教育年鉴》第 1 编,上海:商务印书馆 1948 年版,第 49 页。

高等教育理念和目标界定清晰，具体到传统文化、自然科学和社会科学都分别阐述发展要求，也涉及教育不同阶段的均衡发展和地区平衡发展等内容。"十七要点"是方案"九大方面"的具体解释，不仅重申了陈立夫就任教育部部长演讲时提出的师资建设和教材建设内容，还对大学的学制、导师制与训育的关系及要求等做出阐释。可以看到，国民政府对战时高等教育发展的认识逐渐清晰和理性，他们关注到了之前教育中存在的弊病，并期待予以革除，同时也体现出尊重教育发展内在规律的格局，即战时高等教育的发展不仅服务于当下，更着眼于将来。其中提及的弹性学制、导师制、对不同学科要结合本国文化传统给予不同发展等内容，在当代看来仍具有实效性。总体而言，《中国国民党抗战建国纲领》和《战时各级教育实施方案纲要》对战时高等教育发展具有明确的指导意义。

第二节 "战时须作平时看"方针的确立

全面抗日战争初期，在整个国家系统已经进入抵抗侵略的情况下，不少政界和学界人士纷纷主张将高等教育转为"战时教育"，而另一些人则坚持施行"平时教育"，也有人提出折中的观点，由此引发了长达两年多的关于战时高等教育方针的争论。

一、社会各界关于战时高等教育方针的争论

关于"战时教育"的争论，从学界到政界、军界，众多人士纷纷表态，但态度各异。如在政界和军界，时任湖南省政府主席的张治中在长沙临时大学演讲时，力持学生投笔从戎。而军委会政治部部长陈诚在演讲中则指出现在国家虽处危难之中，但专心学业、完成学业仍是青年学生的首要任务，因为十年后，国家的命运全在他

们手里。①

　　学界的争议则更为广泛和深入。一些教育界人士认为,在国难当头、抗敌保国已成为压倒一切的头等大事的情况下,高等学校应缩短学制,调整课程,开设军事课,实行"战时教育","化学师生可从事军用品制造"②。西北联大常委、原北平师范大学校长李蒸认为:"在抗战期间,大学教育应以修业两年为一阶段,使各大学学生轮流上课,及轮流在前线或后方服务,满一年或两年后再返回原校完成毕业。"③教育学专家梁瓯第提出,"一方面培养民族革命战争的共同情绪,他方面,各院系必须抓着各自的特殊使命,作为理工农医文法等高级干部训练所,以养成社会的技术的抗日战士"④。激烈者甚至认为应停办大学,让学生参军应战,保家卫国。广州沦陷前,"广东战时教育研究会部分人士主张取消大学教育"⑤。

　　这场争论所导致的直接结果就是各国立大学在校生数量的大规模减少。自九一八事变以来,青年学生一直走在抗日救亡运动的前列。卢沟桥事变后全面抗战爆发,这些学生有的自动参军,有的奔赴陕北,有的则辍学回乡。在"战时教育"争论之下,青年学生辍学抗日或从军的热情又一次被激起,北大、清华、南开在长沙成立临时大学时,有学生 1452 人;内迁到昆明就学的学生只有 875人,留下来参与抗日的达 570 多人。⑥ 据"临大"常委、北大校长蒋

① 金以林:《近代中国大学研究》,北京:中央文献出版社 2000 年版,第 252 页。

②《第二次中国教育年鉴》第 1 编,上海:商务印书馆 1948 年版,第 10 页。

③ 李蒸:《抗战期间大学教育之方式》,《教育杂志》第 28 卷第 9 号,1938 年 9 月 10 日。

④ 梁瓯第:《战时的大学》,武汉:战时文化出版社 1938 年版,第 89 页。

⑤ 谢康:《抗战时期我国大学教育改造之原则》,《革命文献》第 60 辑,台北:"中央"文物供应社 1972 年版,第 4 页。

⑥ 车铭等:《战争烽火中诞生的西南联合大学》,惠世如主编:《抗战时期内迁西南的高等院校》,贵阳:贵州民族出版社 1988 年版,第 1 页。

梦麟回忆:"留下来的学生中仅报名参加湖南青年战地服务团、到国民革命军第一军胡宗南部服务的就有清华学生会主席洪同、北大学生会主席陈忠经和清华'民先队'负责人熊向晖等 20 多人。"①而中央大学在南京时,原有学生 1500 余名,刚刚迁到重庆时学生只有 600—700 人。1938 年夏,中大校长罗家伦不得已之下,只能在报上刊登招生广告,招收各院系一年级新生,同时招收二、三年级转学插班生。②

二、大学校长对战时高等教育方针的认识

虽然各位大学校长在办学理念上各有侧重,但在战时高等教育方针的认识上基本趋同。国立武汉大学校长王星拱提出:

> 在抗战时期,各种国家及社会事业,都要经受相当的变迁,教育自然不是例外。然而教育有教育的本身任务,尤其是大学教育。其任务为专门人才之养成,专门人才之养成,也是抗战中之不可缺乏的工作。③

华中大学校长韦卓民更加担忧:国家把这些青年"培养到大学程度需要十几年的时间,而且全国的人口中,大学生仅占万分之一。他们若都在战场上被屠杀,那么战后国家的精神生活中势将出现严重的缺口"④。

重庆大学校长胡庶华则直截了当地说:"现代战争是参战国整

---

① 蒋梦麟:《西潮》,天津:天津教育出版社 2003 年版,第 232 页。
② 刘敬坤:《中央大学迁川记》,惠世如主编:《抗战时期内迁西南的高等院校》,贵阳:贵州民族出版社 1988 年版,第 252 页。
③ 刘双平:《漫话武大》,武汉:武汉大学出版社 1993 年版,第 216—217 页。
④ 韦卓民:《抗战时期中国的教育》,《韦卓民博士教育文化宗教论文集》,台北:灵活文化事业有限公司 1980 年版,第 80 页。

个民族知识的比赛和科学的测验,大学的使命是高深学问研究和专门人才培养。纵在战时,仍不能完全抛弃其责任,否则不妨直截了当改为军事学校。"①

胡适在庐山谈论会上向蒋介石直接提出:"国防教育不是非常时期教育,是常态的教育。"②

中大校长罗家伦认为教育的眼光应放长远些,大学课程的规定应该既要顾虑到目前的实际问题,更要考虑到"国家文化发展的将来",因而坚决反对教育上的绝对功利主义。他告诫世人千万不要"看看微积分的公式里面,找不出'抗战'两个字,于是对于学这些公式就怀疑了"③。当然,他并不反对,"而且提倡真正热血而肯牺牲的青年,去投笔从戎,去考中央军官学校、中央航空学校、中央机械化部队";但是对于不愿意去的人,"就得安心受严格大学的知识训练"④。在课程设置上,他赞同"若是切实而有助于现实的课程,可以增开的,还得增开""切实可以应用的特种训练班也不妨添开",但这些都是辅助正课的,"所以以不妨害正课为原则"⑤。面对一些学生要求学校教授战时教程的请求,国立武汉大学校长王星拱的反对比罗家伦更为明确:

我们在一般课程之中,贯注抗战精神是应当的,把一般的课程都变成了抗战课程,是不可能的。"⑥"至于学生最近要求

---

① 金以林:《近代中国大学研究》,北京:中国文献出版社 2000 年版,第 251 页。
② 中国社会科学院近代史研究所编:《胡适的日记》(下),北京:中华书局 1985 年版,第 571 页。
③ 罗家伦:《抗战的国力与文化的整个性:之二》,《新民族》1938 年第 9 期。
④ 罗家伦:《抗战的国力与文化的整个性:之二》,《新民族》1938 年第 9 期。
⑤ 罗家伦:《抗战的国力与文化的整个性:之三》,《新民族》1938 年第 10 期。
⑥ 刘双平:《漫话武大》,武汉:武汉大学出版社 1993 年版,第 214 页。

变更课程,乃绝不可能之事。此实有事实上之困难,即如学生所谓抗战教育之课程,院长亦无法办到,各教授亦无此种学识,无法授课……苟有一个学生能留校上课,本人当绝不离校。①

竺可桢是抗战期间唯一没有加入国民党的国立大学校长②,他对"战时教育"的看法很能代表自由知识分子的主张。1938 年 5 月 17 日,竺可桢在看了国立中山大学教育系一人所著的《战时之教育》后,认为"其书攻击目前大学政策,而赞扬一般学生,似有取好于学生之意,其心可诛,但其中攻击大学之处,亦极中肯綮,目前大学保守旧有政策,固不相宜也"③。

从他的这段日记可以看出,竺可桢虽也主张大学进行改革,但显然改革并非抛弃现有的教育体系,也不是当时部分学生和社会人士所主张的取消正常教育,专办战时训练的改革。同年 11 月,竺可桢校长在广西宜山给学生讲演王阳明时指出:"当此抗战形势日紧、前方牺牲惨重的今日",国家不顾社会上的"责备非难之声"而费巨款维持若干大学,正是期望学生"培植真正之学问技术,将来贡献国家"。④

虽然教育界之外有不少人士持有彻底打散教育体系,师生全部上前线的主张,但在教育界,特别是高等教育界内部,其看法基本一致:维持正常教育体系,以"学术救国",而这恰符合国民政府

---

① 王星拱:《武大停课问题》,《大公报》,1937 年 12 月 5 日,第 3 版。

② 竺可桢在 1939 年 3 月 9 日的日记中写道:"今晨,张子明以国民党入党书嘱填,余告以已经蔡先生(指中央研究院院长蔡元培)函立夫调余回院,至于入党事容考虑之,但以作大学校长即须入党实非办法也。"

③《竺可桢日记》第 1 册,北京:人民出版社 1984 年版,第 232 页。

④ 樊洪生、段异兵:《竺可桢文录》,杭州:浙江文艺出版社 1999 年版,第 100—101 页。

"抗战建国纲领"的精神。

三、国民政府对战时高等教育方针的定性

实际上,早在 1937 年 12 月南京沦陷后,国民政府教育部就已表态:"我国大学本不甚发达,每一万国民中,仅有大学生一人,与英美发达国家相差甚远。为自力更生抗战建国之计,原有教育必得维持,否则后果将更不堪……适应抗战需要,固不能不有各种临时措施,但一切仍以维持正常教育为其主旨。"[①]1938 年 1 月,陈立夫在就职演说中再次表达,"今诸生所应力行之义务实为修养,此为诸生所宜身体力行之第一义"[②]。此后,《中国国民党抗战建国纲领》和《战时各级教育实施方案纲要》也说明了"平时教育"的意义所在。在第三次全国教育会议上,蒋介石发表"今后教育的基本方针"的讲话,阐述了他对战时教育的看法:

> 目前教育上,一般辩论最热烈的问题,就是战时教育和正常教育的问题。亦就是说我们应该一概打破所有正规教育的制度呢? 还是保持着正常的教育系统而参用非常时期的方法呢? 关于这个问题,我个人的意思,以为解决之道很是简单,我这几年来常常说,平时要当战时看,战时要当平时看……我们决不能说所有的教育都可以遗世独立于国家需要之外,关起门户不管外边环境,甚至外敌压境了,还可以安常蹈故,一些不紧张起来;但我们也不说因为战时,所有一切的学制课程和教育法令都可以搁在一边;因为在战时了,我们就把所有的现代青年,无条件的

---

① 《第二次中国教育年鉴》第 1 编,上海:商务印书馆 1948 年版,第 3 页。
② 陈立夫:《告全国学生书》,《教育通讯》1938 年第 2 期,第 14 页。

（地）都从课室、实验室、研究室里赶出来，送到另一种境遇里，无选择无目的地去做应急的工作……总而言之，我们且不可忘记战时应作平时看，切勿为应急之故，而就丢却基本。我们这一战，一方面是争取民族生存，一方面就要于此时期中改造我们的民族、复兴我们的国家，所以我们教育上的着眼点，不仅在战时，还应当看到战后。①

大会通过决议，以蒋介石的演讲词为全国教育最高指导原则。此后，战时高等教育发展基本以"战时须作平时看"为基本方针。这对于稳定当时学生的激动情绪和社会各方舆论有着极大的作用，不仅对学生的抗日热情作了肯定，也有助于稳定并统一教育界的思想认识，还为战时的高等教育确定了基调。

必须一提的是，政府与大学、大学校长在此争论过程中展现出了沟通与协商的姿态，特别是国立中央大学校长罗家伦提出的把"平时做战时看，战时做平时看"教育的思想被蒋介石在全国教育会议上发表讲话时部分吸收。国民政府据此最终制定并施行了战时高等教育政策：立足抗战，着眼建国，抗战与建国并重，维持并适度发展高等教育事业。此政策得到了国统区教育界的普遍认同，这与政府尊重大学"独立"、尊重大学校长立场密不可分。

四、战时高校办学的总体规范

在第三次全国教育会议后，国民政府又陆续出台一系列政策，对战时高等教育的办学进行了总体性的规范。

第一，统一大学的行政机构及其职责。1939 年 5 月 16 日，教育部通过了《教育部颁发大学行政组织补充要点》和《教育部颁发

---

① 《第二次中国教育年鉴》第 1 编，上海：商务印书馆 1948 年版，第 53 页。

独立学院及专科学校行政组织补充要点》,规定:"大学教务、训导、总务三处,分别设教务长、训导长及总务长各一人,秉承校长分别主持全校教务、训导及总务。"①

　　第二,统一大学各院系名称。文学院设中国文学、外国文学、哲学、历史学及其他各学系;理学院设数学、物理学、化学、生物学、地质学、地理学、心理学及其他各学系;法学院设法律、政治、经济、社会学及其他各学系;农学院设农艺、森林、畜牧、兽医、桑蚕、园艺、植物病虫害、农业化学、农业经济及其他各学系;工学院设土木工程、水利工程、机械工程、航空工程、电器工程、矿冶工程、化学工程、纺织工程、建筑工程及其他各学系;商学院设银行、会计、统计、国际贸易、工商管理、商学及其他各学系。②

　　第三,统一大学及独立学院教员资格审查。1940 年 8 月,国民政府教育部颁发了《教育部公布大学及独立学院教员资格审查暂行规程》,规定:"大学及独立学院教员,分教授、副教授、讲师、助教四等。大学及独立学院教员等别,由教育部审查其资格定之。"③该规程详细规定了教授、副教授、讲师、助教的审评资格及审评办法。

　　第四,国立大学统一招生。1939 年 6 月 21 日,教育部下达《教育部公布国立各院校统一招生办法大纲》,规定:"二十八年度国立各大学及独立学院一年级新生(专修科除外),依照本办法统一招

---

① 中国第二历史档案馆编:《中华民国史档案资料汇编》第 5 辑第 2 编,"教育"(2),南京:江苏古籍出版社 1997 年版,第 745—780 页。

② 中国第二历史档案馆编:《中华民国史档案资料汇编》第 5 辑第 2 编,"教育"(2),南京:江苏古籍出版社 1997 年版,第 745—780 页。

③ 中国第二历史档案馆编:《中华民国史档案资料汇编》第 5 辑第 2 编"教育"(2),南京:江苏古籍出版社 1997 年版,第 745—780 页。

考,录取后由教育部分发各院校。"①该大纲规定统一报名、考试时间,设置统一考试委员会,并由部聘命题委员统一命题。

第五,实行毕业总考和学业竞试。1940 年 5 月,教育部提出毕业总考的规定,特制定了《教育部订定之全国专科以上学校学生学业竞试办法》,将竞试等级分"甲乙丙三类",对于参加学生"一、二、三年级可自由报名,四年级学生一律参加"②。考试分初赛、复赛,优秀者分别予以奖金、奖状等奖励,并由教育部传令嘉奖。

第六,加强高等教育与军事的联系。1939 年 6 月 23 日,教育部颁发《教育部订定之专科以上学校实施战时教程》;8 月 9 日,又颁布《教育部等关于订定大学理工学院与经济交通及军备工厂合作办法的会呈》,称"值抗战进入重要阶段,运用高等教育设施以协助抗战军事,尤为重要"③;加强高校与军工企业的合作;奖励大学生参战,征调军工军法及译员。

以上政策表明,国民政府对战时国立大学的办学只是给予整体性的规划与指导,若涉及大学的教学与科研的管理、教师的选任与聘用、学生的发展等大学内部管理事宜,大学校长则具有很大的自主权。甚至连这一时期著名的大学内迁,政府也是基于战时国情,与大学沟通商量所做的决定。1937 年 7 月起,国民政府各相关高等学校便开始史无前例的大迁移。1938 年,国民政府成立了全国战时教育协会,负责全国各地学校和研究所的迁建工

---

① 中国第二历史档案馆编:《中华民国史档案资料汇编》第 5 辑第 2 编"教育"(2),南京:江苏古籍出版社 1997 年版,第 745—780 页。

②《第二次中国教育年鉴》,北京:商务印书馆 1948 年版,第 62 页。

③ 中国第二历史档案馆编:《中华民国史档案资料汇编》第 5 辑第 2 编"教育"(2),南京:江苏古籍出版社 1997 年版,第 745—780 页。

作。在国民政府的组织和领导下，根据《战时各级教育实施方案
纲要》中"对于全国各地各级学校之迁移与设置，应有通盘计划，
务与政治经济实施方针相呼应"的部署，高校开始了分批次的内
迁，迁校路线大致是由东部迁向西南、西北方向，如大量东部高校
纷纷迁至四川、云南、贵州、广西和陕西、甘肃等地。除了制定上
述《纲要》和为大学指明内迁大致线路外，政府几乎没有其他详细
规定。内迁高校的具体地点选择、办学方式等，几乎都由大学自
行设计。这其中确实存在因战乱导致政府当局无暇顾及的原因，
但"在这个过程中，政府对大学独立所保持的相当尊重，应当
肯定"①。

第三节　战时政府对高等教育的资助

　　早在 1919 年 6 月，蔡元培就曾发表《不愿再任北京大学校长的
宣言》："我绝对不能再作那政府任命的校长……我绝对不能再作
不自由的大学校长：思想自由是世界大学的通例。"②当时以蔡元培
为代表的中国国立大学校长确立了大学与政府之间的基本关系：
国立大学经费来源于政府拨款为天经地义，但政府不能以大学经
费来源于财政拨款就对大学事务随意干涉。③

　　在抗战时期，政府对大学的拨款和经费保证措施也基本到位、
稳定。由于我国财富较为集中的东南沿海地区已被日军占领，政
府失去了一半以上的关税财税收入，再加上军费开支急剧上升，中

---

① 谢泳：《西南联大与中国现代知识分子》，长沙：湖南文艺出版社 1998 年版，第 6 页。
② 蔡元培：《蔡元培全集》第 3 卷，杭州：浙江教育出版社 2003 年版，第 632 页。
③ 谢泳：《1949 年前中国国立大学校长与政府的关系》，《社会科学论坛》2004 年第 10
　　期，第 35 页。

央财政状况十分窘迫。但在"战时须作平时看"方针的指导下,国民政府不仅有计划地将大学迁往内地,包括沦陷区的 37 所高校也都转移到了大后方,还采取各种手段维持办学经费,加大人才培养和科学研究的投入力度。

一、国民政府的高等教育救济

广大师生在战火中迁徙流离,大多失去了经济来源。为了能保证内迁高校师生的教学、研究等基本条件,国民政府对国立大学实施了必要的救济。全面抗战爆发之初,教育部即设立专门机构办理战区师生登记、收容事宜,并着手分发旅费、津贴助其内撤。1938 年起,设置贷金制,后又演变为公费制。据统计,该制度实施后的两年里教育部共计发放贷金 46 万多元,获公费救济的专科以上学生每年有 5 至 7 万人[1],超过全国在读大学生的一半。大学教授则享有公务员待遇,政府特许每月以定价购买定额口粮。

由于大批来自沦陷区的学生衣食无着,教育部部长陈立夫便以个人名义建立贷金制度,凡经济来源断绝的学生,可直接向学校贷款以维持生活,贷金包括膳食及服装各项费用,并免费提供住宿。由于通货膨胀等因素,这些贷金后来并未偿还,这等于政府向学生无偿提供了学费和生活费,因此贷金制随后改成了公费制。抗战期间,由中学到大学毕业,完全依赖国家贷金或公费的学生,共达 128000 余人(南京国民政府时期在校大学生的峰值即为 12 万人),这其中就包括了 23 位"两弹一星"元勋中的钱骥、姚桐斌、邓稼先、程开甲、屠守锷、陈芳允、任新民、朱光亚、王希季等 9 人,还

---

[1]《中华民国史料丛编·战时教育方针》,台北:1976 年影印版,第 227 页。

有李政道、杨振宁这两位后来的诺贝尔奖获得者。①

在救济师生教学、学习、生活的同时,国民政府也重视发展国立大学的科学研究。1938 年,教育部特地划拨出国立大学专项经费,以恢复因战争而停办的研究所,恢复招收研究生,并酌情增设新的研究所。时任驻华参赞的英国学者李约瑟曾言:"这七年间的科学进步与贡献,比起过去三十年来,在质在量皆有增无减。"②全面抗战期间国民政府还选拔了 1566 名自费或公费留学生赴美国和欧洲各国深造,其中包括了后来的"两弹一星"元勋王大珩、黄纬禄、任新民、吴自良、陈芳允、彭桓武、屠守锷、郭永怀等 8 人,超过了"两弹一星"元勋总数的三分之一。当时在国外还约有 2500 名中国公费、自费留学生,其中家乡沦陷,断绝了经济来源的约占 60%,国民政府决定拨款给予资助,数额达数十万美元。全面抗战期间教育经费在国民政府的财政支出中仅次于军费,居政府财政支出的第二位。③

二、国民政府对国立大学的支持

全面抗战时期,在办学经费问题上,政府与国立大学校长之间也鲜少出现矛盾。对于校长们的经费要求,国民政府一般都予以应允。

一如罗家伦在初任国立中央大学校长时,国民政府将中大的

---

① 《抗战时民国政府教育财政支出仅次于军费》,南方报业网:http://www. southcn. com,2012 年 1 月 18 日。

② 《抗日抗战胜利:战争中的留学生》,新华网:http://www. xinhuanet. com,2005 年 8 月 14 日。

③ 《抗战时民国政府教育财政支出仅次于军费》,南方报业网:http://www. southcn. com,2012 年 1 月 18 日。

经费改由中央财政直接负担。同时,江苏省为了表示对中央大学的支持,不仅同意将之前的欠费全部补清,还无偿将大片山林赠送给中大作农学院的试验场。全面抗战爆发前,中大教师的待遇得到完全保证并获得提高。1934 年,罗家伦认为"中大发展的时机到了",打算在市郊另觅新址,建造能容纳 5000 至 10000 名学生的首都大学,打造"玫瑰色的甜梦"。他的这一设想得到了蒋介石的首肯,国民党四中全会通过了关于中大新校址的提案,建筑费暂定 240 万元,并训令行政院自 1934 年,按月拨付迁校建筑费 8 万元。罗家伦最终选定南京南郊石子岗一带为中大新校址,并征得石子岗 8000 亩土地,悬赏 5000 元,在全国进行图案设计招标。① 熟料,开工不久便遭遇日军大规模侵华,数月之内,上海、南京相继沦陷。罗家伦另建中大新校区的蓝图被迫搁浅。但此例仍可说明,当时中大办学经费较为充足。

二如竺可桢再三推辞担任国立浙江大学校长而不得后,向时任教育部次长的陈布雷郑重提出三项任职条件:第一,财政须源源接济;第二,校长有用人全权,不受政党干涉;第三,时间以半年为限。② 竺可桢还访见教育部长王世杰:"余要求国库接济浙大之款必须增至每月六万元,并声明自始即以此为条件……雪艇即允每月由国库解六万元之数。"③甚至当竺可桢鉴于国立大学中唯有浙大建筑老旧破败,急需改建,进而提出 120 万元建筑费呈文蒋介石时,曾言"雪艇嫌过大,故此事不得不与介公面谈"④,蒋介石竟痛快

---

① 谢泳、智效民等著,陈远编:《逝去的大学》,北京:同心出版社 2005 年版,第 96—97 页。

② 王昊:《近代中国大学校长的文化选择》,天津:天津教育出版社 2010 年版,第 173 页。

③《竺可桢日记》第 1 册,上海:上海科技教育出版社 2010 年版,第 24 页。

④《竺可桢日记》第 1 册,上海:上海科技教育出版社 2010 年版,第 61 页。

地答应下来,承诺五六年内分期拨付。因而可知,浙大经费上须源源接济的条件,大致确实兑现。

事实上,抗战时期大学与国民政府的关系良好还体现在很多方面,如在梅贻琦任内,国立清华大学与政府之间有着许多合作的事实:设立工学院和若干特种研究机构便是最明显的例子。梅贻琦校长配合政府政策及国防需要,设立了 3 个特种研究所,分别为农业研究所、航空研究所、无线电研究所。翌年迁往昆明后,进行调速电子管超高频振动器、氧化铜整流器、短波定向仪、超短波和微波等方面的研究,并研制出中国第一个电子管。这充分显示国难期间,教育和学术团体支持政府的实情。在 1935 年,教育部致东北大学、国立清华大学、国立武汉大学和私立复旦大学的训令中,出现"该校对于部令提示各点尚能切实办理"的类似字眼,中央大学致教育部呈:"当即遵照指示各点,力谋改进"[①],表明当时的国立大学、私立大学都能配合国民政府的有关政策。

当然,到了战争中后期,由于中央财政紧张、通货膨胀严重等客观原因,国民政府没有足够的财政资源支持大学办学,积欠办学经费之事也有发生,国立大学一度只能依靠自身维持办学,师生也一度生计难以维济。国民政府未能按法定要求承担其教育职责,很大程度上,不是不作为,而是力有不逮。

---

① 中国第二历史档案馆编:《中华民国史档案资料汇编》第 5 辑第 1 编"教育",南京:江苏古籍出版社 1991 年版,第 207—220 页。

第三章　战时中国高等教育体制的调整

　　自 1927 年 4 月 18 日成立,至 1937 年 7 月 7 日全面抗日战争爆发期间,南京国民政府先后颁布了很多重要的教育法令、法规和相关政策,如《中华民国大学院组织法》(1927)、《大学区组织条例》(1927)、《教育部组织法》(1928)、《私立学校条例》(1928)、《私立学校校董会条例》(1928)、《专科学校组织法》(1929)、《专科学校规程》(1929)、《大学组织法》(1929)、《整顿学风令》(1929)、《私立学校规程》(1929)、《职业学校法》(1932)、《职业学校规程》(1933)、《师范学校法》(1933)、《修正私立学校规程》(1933)、《大学研究院暂行组织规程》(1934)、《修正师范学校规程》(1935)以及《学位授予法》(1935)等,这对当时高等教育的规范化建设起到了较大的促进作用。日本发动全面侵华战争,使得当时中国的教育遭受了前所未有的巨大损失和破坏。

　　为应对这种情况,国民政府教育部及时制订了战时各级各类教育的实施方案和改善要点,同时对相关规章制度进行了相应的调整和改革。比如 1938 年和 1942 年,教育部分别颁布了《师范学院规程》和《修正师范学院规程》,对师范学院本科学制的入学资格、修业年限、毕业要求等进行了进一步的修改和完善。1939 年,教育部颁布的《大学行政组织补充要点》《独立学院及专科学校行政组织补充要点》《大学及独立学院各学系名称》等规章制度对大学、独立学院及专科学校等高等教育机构的组织管理系统、学校机构设置及名称规范等提出了具体的要求,进行了较为详细的规定。同年,教育部又颁布了《特设各种专修科办法要点》《设立临时政治学院办法》,对相关办学机构设置办法、运行规范、管理模式、学校分类标准、办学经费标准、考核方式等进行了修订和完善。在此期间,教育管理部门还制订了包括《大学及独立学院教员人数暂行标准》《国立各院校统一招生办法大纲》《私人讲学机关设立办法》,以及关于训育、教科用书、音乐教育、体育等在内的多个委员会章程、条例和规程,探索实施了部聘教授制度和导师制等多项教育实践与改革。同时根据当时形势,对教育管理体制、方式、形式等进行了调整。

尽管时局动荡、办学条件异常艰苦,但当时中国各级各类教育却都获得了出人意料的发展。根据有关统计,1936 年,"全国专科以上学校 108 所,学生 41922 人,全国中等学校 3264 所,学生 627246 人,全国小学校 320080 所,学生 18364956 人;至 1945 年抗战结束,全国专科以上学校增至 141 所,学生83498人,全国中等学校增至 5073 所,学生 1566392 人;全国国民学校及小学校数虽然有所下降,但在校学生却增至 21831898 人"①。

上述教育进展,既是当时国人和学界众志成城、艰苦奋斗的结果,也是各项高等教育体制机制及相关制度不断调整、完善,与当

---

① 《第二次中国教育年鉴》第 14 编,上海:商务印书馆 1948 年版,第 1400、1428、1455 页。转引自田正平:《关于民国教育的若干思考》,《教育学报》2016 年第 4 期,第 102—111 页。

时局势及现实需要相互磨合、适应的结果。可以说，在全面抗战期间，当时的高等教育既有对原有法令法规、制度规范、体制机制等的继承，更有对其的发展、改革与适应。正是有了这种体制机制上的灵活应对才有了中国教育史上一个个堪称奇迹的景象和成就的取得。

第一节　大学学制的调适

　　"学制"是"学校教育制度"的简称。学制作为教育制度的核心内容和主体，不仅关涉学校的设置条件和学习时段，而且对学校的组织管理办法、不同类型学校之间的关系及其设置原则等亦有相应的规定。不同类型院校之间在办学目标、办学条件和生源特点等方面存在一定的差异和不同，其学制亦有所差别。从当时抗战时期高等教育的基本情况来看，可将高等学校划分为专科学校、独立学院和大学 3 种类型，其中，可在大学里面设置研究院。

一、大学及独立学院管理体制的调整与优化

　　根据 1929 年 7 月 26 日公布，1934 年 4 月 28 日修正公布的《大学组织法》，大学修业年限，除医学院为五年外，其余均为四年。1938 年 7 月 20 日和 1942 年 8 月，教育部分别颁布了《师范学院规程》和《修正师范学院规程》，对师范院校的设置、运行及管理等做了相应的规定，按上述文件要求，师范学院本科学制五年（其中实习一年），毕业者授予学士学位。[①] 大学在招生过程中，除了要求学

––––––––––––––––

① 徐传德主编：《南京教育史》，北京：商务印书馆 2012 年版，第 252 页。

生须曾在公立或已立案之私立高级中学或同等学校毕业外,还需要经入学考试并达到相应的成绩。待学生修业期满,考核成绩合格后,由大学为其发放毕业证书。

根据该组织法,大学主要设立文、理、法、教育、农、工、商、医等在内的各学院,以研究高深学术养成专门人才为目标,凡具备 3 个学院(其中须设有理学院或农、工、医之一)以上者,才可以称之为大学;不符合上述条件者为独立学院,得分两科。大学各学院及独立学院可分若干学系、附设专修科。大学及独立学院实行校长(院长)负责制。"大学设校长一人,综理校务。国立、省立、市立大学校长简任,除担任本校教课外,不得兼任他职。""独立学院设院长一人,综理院务。"①

根据 1935 年 5 月 23 日教育部公布的《学位分级细则》规定,大学学位分学士、硕士和博士三级。其中,学士学位主要包括文、理、法、教育、农、工及医等学科,商科分为学士和硕士两级。对于各级学位证书,要在上面标明学生本科阶段所属之系或研究所所属之部。根据 1935 年 7 月 1 日正式施行的《学位授予法》之规定,"凡曾在公立或立案私立之大学或独立学院修业期满,考试合格,并经教育部复核无异者,由大学或独立学院授予学士学位"②。

1939 年 5 月,教育部颁布了《大学行政组织补充要点》,主要包括 12 项内容:

---

① 教育部编:《教育法令》,上海:中华书局 1947 年版,第 141 页。转引自:宋恩荣、章咸编:《中华民国教育法规选编》,南京:江苏教育出版社 2005 年版,第395 页。

② 教育部编:《教育法令汇编》第 1 辑,上海:商务印书馆 1936 年版,第 129—132 页。转引自:宋恩荣、章咸编:《中华民国教育法规选编》,南京:江苏教育出版社 2005 年版,第 402 页。

（一）大学设教务处，置教务长1人，由教授担任，秉承校长，主持全校教务。下设注册、出版等组及图书馆。

（二）大学设训导处，置训导长1人。下设生活指导、军事管理、体育卫生等组。

（三）大学设总务长1人，由教授兼任，秉承校长，主持全校总务。下设文书、庶务等组。

（四）大学设会计室，置会计主任1人、管理员及雇员若干人，由国民政府主计处任命。依法受大学校长之指导，办理大学的岁计会计事宜。

（五）大学校长室设秘书1人。

（六）大学农学院附设农林场、工学院附设工厂，医学院附设医院。各设主任1人，由教授或副教授兼任，分别秉承各学院院长掌理该场、厂及医院事务。

（七）各组、馆主任、组员、馆员、医士护士、技术员、事务员等均由校长任用之。

（八）大学设校务会议，以全体教授、副教授所选出之代表若干人（每10人至少选举代表1人），及校长、教务长、训导长、总务长、各学院院长、各系科主任、会计主任组织之。校长为主席，讨论一切重要事务。

（九）大学设教务会议，由教务长、各学院院长、各系科主任及教务处各组馆主任组织之。教务长为主席，讨论一切教务事项。

（十）大学设训导会议，由校长、训导长、教务长、主任导师、全体导师、训导主任及各组主任组织之。校长为主席，讨论一切训导事项。

（十一）大学设总务会议，由总务长及总务处各组主任组织之。总务长为主席，讨论一切关于总务事项。

（十二）大学设图书、出版及其他各种委员会。①

此外，该《要点》还对大学行政组织机构的设置名称、人员配备、职权范围与工作方式等都做了统一的规定和要求，进一步规范了大学组织行政体系及运行管理机制。

与此同时，教育部还颁布了《独立学院及专科学校行政组织补充要点》。该文件的主要目的在于对独立学院及专科学校行政组织机构的设置名称、人员配置、职权范围与工作方法等进行统一的规定。其内容除与《大学行政组织补充要点》相同之处外，还对独立学院院长、系主任的设置数量、聘任办法以及独立学院教务、训导、总务三处的主管称谓等进行了规定。

1939 年，教育部又公布了《大学及独立学院各学系名称》，对大学及独立学院各学系的名称进行了相应的规范（详见前文），关于学校下设二级学院与系之间的关系问题，该文件亦做出了相应的规定，"凡各校单独设置某院之一二学系，而该院并未单独成立者，得附设于性质相近之学院。两学门以上合并组成之学系，由各院校就合租情形拟订名称，呈部核定"②。

根据 1942 年教育部发布的《大学及独立学院教员人数暂行标准》的相关规定，大学及独立学院教员人数按照各学系专任教员（包括专任教授、副教授及讲师）、共同必修科专任教员及助教 3 种进行订定，并对各类型教师的人数标准进行了相应的规定。"大学及独立学院除医学院外，各科系各专科教员人数，按各该学系分系

---

① 罗元铮总主编：《抗战烽火》（一），长春：吉林人民出版社 2005 年版，第 306 页。

② 教育部编：《教育法令》，上海：中华书局 1947 年版，第 144 页。转引自：宋恩荣、章咸编：《中华民国教育法规选编》，南京：江苏教育出版社 2005 年版，第 403 页。

必修及选修各分数暨实习或实验情形,参酌大学及独立学院聘任待遇暂行规程规定教授、副教授及讲师每周授课时数(九至十二小时)订定之。"①

表 3-1　各学院各系专任教员及助教人数标准表

学院	系别	专任教员人数	备注	助教人数	备注
文学院	中国文学系	4—5	各院系共同必修国文科专任教员另行计算	2—3	本院按四系计算得聘助教6—10人,不达四系者比照递减
	外国语文学系		各院系共同必修外国文科专任教员另行计算	2—3	
	哲学系		各院系共同必修哲学科专任教员另行计算	1—2	
	历史学系		各院系共同必修历史科专任教员另行计算	1—2	
理学院	数学系	5—6	各院系共同必修数学科专任教员另行计算	3—4	本院按七系计算得聘助教24—31人,不达七系者比照递减
	物理学系		各院系共同必修物理学科专任教员另行计算	4—5	

---

① 教育部编:《教育法令》,上海:中华书局 1947 年版,第 149—151 页。转引自:宋恩荣、章咸编:《中华民国教育法规选编》,南京:江苏教育出版社 2005 年版,第 403—404 页。

学院	系别	专任教员人数	备注	助教人数	备注
	化学系		各院系共同必修化学科专任教员另行计算	4—5	
	生物学系		各院系共同必修生物学科专任教员另行计算	4—5	
	心理学系			3—4	
	地理学系			3—4	
	地质学系		各院系共同必修地质学科专任教员另行计算	3—4	
法学院	法律学系	5—6	各院系共同必修法律科专任教员另行计算	1—2	本院按四系计算得聘助教6—10人,不达四系者比照递减
	政治学系	4—5		1—2	
	经济学系	4—5	各院系共同必修经济学科专任教员另行计算	2—3	
	社会学系	4—5		2—3	
师范学院	教育学系	8—10	内有本院各系共同必修教育学系及分配必修教育学科教员3—4人	2—3	本院按九系计算得聘助教20—29人,不达九系者比照递减
	公民训育学系	4—5	分系必修及选修学分中有可与教育系课程合并讲授者	1—2	
	国文学系	4—5	同上	2—3	
	英语学系	4—5	同上	2—3	

续表

学院	系别	专任教员人数	备注	助教人数	备注
	数学系	4—5	同上	3—4	
	理化学系	4—5	同上	3—4	
	史地学系	4—5	同上	2—3	
	博物学系	4—5	同上	3—4	
	体育学系	4—5	同上	2—3	
农学院	农艺学系	5—6	内有本院共同必修科教员1人	3—4	本院按八系计算得聘助教17—25人，不达八系者比照递减
	森林学系	4—5		2—3	
	畜牧兽医学系	4—5		3—4	
	蚕桑学系	4—5		2—3	
	园艺学系	4—5		2—3	
	植物病虫害学系	4—5		2—3	
	农业化学系	4—5		2—3	
	农业经济学系	4—5		1—2	
工学院	土木工程学系	6—7	内有本院共同必修科教员1人		
	水利工程学系	5—6			

续表

学院	系别	专任教员人数	备注	助教人数	备注
	机械工程学系	5—6			
	航空工程学系	5—6			
	电机工程学系	5—6			
	矿冶工程学系	5—6			
	化学工程学系	5—6			
	纺织工程学系	5—6			
	建筑工程学系	5—6			
商学院	银行学系	4—5			
	会计学系	5—6	内有本院共同必修科教员1人		
	统计学系	4—5			
	国际贸易学系	4—5			
	工商管理学系	4—5			
	商学系	4—5			

资料来源:《教育法令》,上海:中华书局1947年版,第149—151页。①

---

① 转引自宋恩荣、章咸编:《中华民国教育法规选编》,南京:江苏教育出版社2005年版,第404—409页。

二、大学研究院(所)的设置与运行

1934 年 5 月 19 日对国民政府时期大学研究院的发展历史而言是一个十分重要而又值得铭记的日子,因为这一天,国民政府教育部公布了一项十分重要的文件——《大学研究院暂行组织规程》。该规程的公布,为各大学研究院的设置、运行和组织、管理等提供了相应的标准,促进了各大学研究院的健康发展与规范运行。

从招生对象来看,大学研究院(所、部)主要招收大学本科毕业生,包括往届和应届本科毕业生。从招录程序来看,各大学研究院(所、部)在研究生招录过程中首先需要通过公开考试的形式选拔合适的学生;待学生录取后,学校要在一个月内将录取学生的资格证件报教育部审核备案。依法取得学士学位的学生需要在研究院(所)学习两年以上,并需经所在院所考核合格才可被列为硕士学位候选人;硕士学位候选人考试合格,并经教育部复核无异后方可由大学或独立学院授予硕士学位。

对于博士学位候选人而言,其除了需要依法获得硕士学位外,还需具备以下 3 个条件之一:其一,在相应的研究机构研究两年以上并被考核合格;其二,具有特殊的学术著作或发明;其三,曾在公立或私立大学或独立学院任教授三年以上。当然,除了具备上述条件还需要经教育部审查许可。博士学位候选人需提交研究论文并经博士学位评定会考核合格方可由国家授予博士学位。其中,博士学位评定会的组织以及博士学位考试的细则等需由行政院和考试院共同确定。① 从修业年限来看,根据本《规程》及 1935 年开

---

① 教育部编:《教育法令汇编》第 1 辑,上海:商务印书馆 1936 年版,第 129—132 页。转引自宋恩荣、章咸编:《中华民国教育法规选编》,南京:江苏教育出版社 2005 年版,第402 页。

始实施的《学位授予法》，各研究生研究期限为 2 年及以上。

　　根据《规程》，从研究院的内部结构来看，最小的单位是部，其次是"所"，最大的为"院"。研究院设有研究所，这些研究所不仅包括文、理、法、医等学科，还包括教育、农、工、商等学科。研究院至少需要包含 3 个及以上研究所，否则不能称为研究院。研究所则可以根据本科阶段设置的学系而设立若干的部，在名称上称之为"某研究所某部"，至于每个研究所需要设置多少个部则需要其按照自身所具备的经费、师资及设备等情况而定。从研究院及研究所的设置要求来看，其所在大学需在研究经费、图书仪器、研究场所以及师资队伍等方面达到以下条件：其一，除了具备充足的本科办学经费外，还需要具备充足的研究专用经费；其二，需要具备充足的可供研究所用的图书仪器及建筑设施等物质条件和基础；其三，需要具备充足的、高质量的师资。[①] 由此观之，研究院具有很高的规格和地位。按照《规程》，大学研究院设院长 1 人，由校长兼任。各研究所及所属各部各设主任 1 人。当然，上述各相关机构的设置必须经教育部审核批准方可有效。

三、专科学校管理制度的调整与优化

　　根据 1929 年 8 月 14 日教育部公布的《大学规程》和 1931 年 3 月 26 日公布的《专科学校规程》，专修科的修学年限为两年或三年。但医学专修科必须于三年课目修毕后，再实习一年，因此，医学专修科的修学年限实际为四年。后因两至三年的时间无法

---

① 教育部编：《教育法令汇编》第 1 辑，上海：商务印书馆 1936 年版，第 127—128 页。转引自宋恩荣、章咸编：《中华民国教育法规选编》，南京：江苏教育出版社 2005 年版，第 399 页。

达到预期效果,教育部于 1939 年 6 月通令各专科学校实行五年制,并首先在音乐、艺术、蚕丝、纺织以及兽医等学校试行。同时,教育部还颁令各高等院校附设两年制专修科,"以便在大学中培养一般技艺人才"①。为适应抗战时期的特殊需要,1939 年 1 月教育部颁布了《特设各种专修科办法要点》。该《要点》规定各种专修科除由部设立技艺专科外,并指定公私立各大学院校附设,春季开始学业,修业年限两年。其中,"中央大学、西北大学等 14 所高校开设职教专修科,设农工医商四大类含电气、汽车、采矿、机械等 12 个专业,计 20 个班,培养了一批抗战建国的高层次人才"②。1939 年 7 月颁布的《设立临时政治学院办法》规定,"在游击区和接近前线各省可根据需要,设立临时政治学院,招收当地高中毕业青年,分设文、法两科,亦得兼理、农、工等科,课程同大学一年级,修业年限一年"③。

其中,专科学校的人才培养目标与当前我国对职业教育的定位类似,主要在于教授学生相关应用科学,将学生培养成技术人才。

其招生对象主要限于公立或已立案之私立高级中学或同等学校的毕业生,且经入学考试测试合格者。其对同等学力之学生的录取数量具有一定的要求,即不得超过录取新生总额的百分之十。此外,对于报考五年制或六年制专科学校或专修科的学生,则需要缴验初级中学或同等学校之毕业证书或临时毕业证明书等材料。

---

① 徐传德主编:《南京教育史》,北京:商务印书馆 2012 年版,第 250 页。
② 吴文华:《抗日战争时期西南大后方的职业教育》,广西师范大学硕士学位论文,2006 年,第 14 页。
③ 毛礼锐、沈灌群主编:《中国教育通史》,济南:山东教育出版社 2003 年版,第 251 页。

学生转学亦有具体的规定。从学生转学的学校来看,其必须与原先所在的学校性质相同;从转学的学科来看,其所要转向的学科程度必须与原先所在的学科程度相等;从转学时间来看,须在学期或学年开始之前完成;从转学程序来看,转学生须持有原先所在学校的修业证明书,同时,还须经考核合格。与此同时,在以下几种情况下学生不得转学:其一,未立案学校的学生只能在同类学校之间转学,不能在立案的公、私立学校之间转学。其二,学校最后一年级不能接收转学生。其三,专科或专修学校的肄业生不能转学至独立学院或大学。其四,五年制和六年制的专科学校不能招收高中及其同等学校的肄业生或毕业生为转学生。①

专科学校种类主要分为甲、乙、丙、丁四大类。其中,甲类学校为工业专科学校,计有 16 个类别;乙类为农业专科学校,计有 8 个类别;丙类为商业专科学校,计有 9 个类别;丁类学校设有医科、药学、艺术、音乐、体育、图书馆、市政、商船以及其他不属于甲乙丙三类之专科学校。②

各专科学校课程采取学分制。为保证学生正常的学习秩序,教育部对学生每学期所修的学分进行了相应的限制,而且不允许学生提前毕业。1941 年 1 月颁布的《专科以上学校学生学籍规则》,更是对学生的学籍管理,尤其是学习成绩方面做了明确的规定。"学生学期成绩不及格科目不满 50 分者不得补考,应令重

---

① 教育部编:《教育法令》,上海:中华书局 1947 年版,第 162—164 页。转引自宋恩荣、章咸编:《中华民国教育法规选编》,南京:江苏教育出版社 2005 年版,第 391 页,413 页。

② 教育部编:《教育法令汇编》第 1 辑,上海:商务印书馆 1936 年版,第 145—146 页。转引自宋恩荣、章咸编:《中华民国教育法规选编》,南京:江苏教育出版社 2005 年版,第 391—393 页。

读；必修科目两种以上重读两次，不及格者应令退学；学生成绩不及格科目的学分达该学期修习学分总数二分之一者应令退学。"①

同时，对于各种专科学校的开办费及每年最低经常费，该《规程》亦有明确的规定，具体如表3-2所示。

表3-2　各种专科学校的开办费及每年最低经常费统计表

类　别	开办费	每年经常费
甲类之一、二、三、四等项专科学校	20万元	10万元
甲类之五、六、七、九、十一、十五、十六等项专科学校	15万元	8万元
甲类之八、十、十二、十三、十四等项专科学校	10万元	8万元
乙类之一、二、六、七、八等项专科学校	10万元	8万元
乙类之三、四、五等项专科学校	6万元	5万元
丙类之各项专科学校	6万元	5万元
丁类之医学专科学校	15万元	10万元
丁类之药学专科学校	10万元	8万元
丁类之船政专科学校	10万元	6万元
丁类之三、四、五、六、七、九等项专科学校	6万元	5万元

数据来源：《教育法令汇编》第1辑，上海：商务印书馆1936年版，第145—146页。②

此外，各专门学校第一年的经常费至少要达到自身所属上述表格额定相应数目的三分之二。其他设立两科以上的工业、农业、

---

① 陈鹏、苏华锋：《略论民国高等教育立法的特点》，《理论导刊》1999年第6期，第46—47页。

② 转引自宋恩荣、章咸编：《中华民国教育法规选编》，南京：江苏教育出版社2005年版，第393页。

商业等各专科学校,其开办费及每年经常费的数目,要根据他们所设各科的数目和种类而定。如其所设各科系性质相同,则可参照上述表格额度进行酌量减少。同时,对于专科学校每年的设备扩充费,该《规程》亦有规定,即至少应占经常费用的 15%。

专科学校还设有四种形式的试验,依次为入学试验、临时试验、学期试验、毕业试验。其中,入学试验类似于我们现在进行的入学摸底考试。它是由校务会议组织招生委员会在每学年正式开始之前举行。临时试验,则是由各科的教员随时举行,规定每学期至少举行一次,同时,该成绩需要与平时的听课记录、读书笔记、实验成绩等分别合并核计,作为平时成绩。学期试验,则由校长会同各教员于学期结束之时举行之。学期试验成绩要与平时成绩合并核计后作为学期成绩。毕业试验,作为最后一学期的学期试验,试验科目须在 5 种以上,而且至少须有 3 种包含全学期的课程。"毕业试验由教育部派校内教员及校长专门学者组织委员会举行之,校长为委员长。每种科目之试验,须于可能范围内有一校外委员参与。遇必要时教育部得派员监视。"与此同时,"甲乙丙三种专科学校之学生,须于每年暑假或寒假期内在相当场所实习若干星期。无此项之实习证明书者,不得毕业。实习程序由各校自定,但须呈经教育部核准"[1]。由此可见,当时在对学生的学业考核过程中已经践行了过程管理的理念和举措,同时也体现了专科学校对实践教学的重视。

根据 1939 年 5 月教育部颁布的《独立学院及专科学校行政组织补

---

[1] 教育部编:《教育法令汇编》第 1 辑,上海:商务印书馆 1936 年版,第 145—146 页。转引自宋恩荣、章咸编:《中华民国教育法规选编》,南京:江苏教育出版社 2005 年版,第 394 页。

充要点》的规定，"专科学校设校长 1 人，综理校务。国立专科学校校长由教育部聘之。省市立专科学校校长由省市政府请教育部聘之"①。

第二节　管理体制的调适

根据当时高校举办主体是否为政府，可将高校划分为公立高校和私立高校两种类型。其中，公立高校主要包括国立大学、省立高校和市立高校，而私立高校主要包括由私人设立的私立大学和由私法人设立的私立大学等。

一、公立高校管理体制的调整与优化

1934 年 4 月 28 日修正公布的《大学组织法》规定，国立大学由教育部根据全国各地的情形进行设立，省立大学由省政府根据本省情况进行设立，市立大学由市政府根据本市情形进行设立。尽管设立主体有所不同，但所有大学的设立、变更或停办等都需经教育部核准。

从大学组织架构来看，国立大学校长由教育部聘任，省立、市立高校校长则由省、市政府呈请教育部进行聘任，而且不得兼任。从大学内部的机构设置情况来看，大学中设有学院，其中，每个学院设院长 1 人，由校长进行聘任；独立学院各科设科主任 1 人，由院长聘任；大学各学系各设主任 1 人，由院长商请校长进行聘任；独立学院的各系主任，则由院长聘任。从大学教师的职称来看，与现在相同，主要包括教授、副教授、讲师和助教 4 种。各学院的教师由院长商请校长进行聘任。大学也可以聘请兼职教师，但对其数

---

① 罗元铮总主编：《抗战烽火》（一），长春：吉林人民出版社 2005 年版，第 306—307 页。

量具有一定的限制,即不能超过全体教师总数的1/3。当时大学还设有校务会议。该会议由校长、各学院院长、各系主任以及教授(副教授)代表组成。其中,校长为会议主席。在这些会议中,校长也可以邀请专家列席,但其人数不得超过全体人数的1/5。校务委员会的职责主要有七项:"一、大学预算;二、大学学院学系之设立及废止;三、大学课程;四、大学内部各种规则;五、关于学生试验事项;六、关于学生训育事项;七、校长交议事项。"①校务委员会可以设立各种委员会,大学各学院和系可分设院务会议和系教务会议。其中,院务会议由院长、系主任及事务主任组成,以院长为主席,计划、审议本院学术设备及其他一切相关事宜;系教务会议,则由系主任及本系教授、副教授、讲师等共同组成,其中,系主任为主席,共同计划、商讨本系学术设备之事宜。

　　专科以上学校的招生原由各学校自行办理。自 1937 年开始,中央大学、浙江大学和武汉大学三校根据教育部的相关要求试行联合招生。此后,根据《国立各院校统一招生办法大纲》的相关要求,除上海之外的各大学及独立学院的一年级新生均统一招考,录取后再由教育部分发各校。插班生仍由各院校呈请教育部核准后自行招考。此时,省立院校的招考仍由各自办理,但须先呈教育部核准。及至1940年,省立大学和独立学院也纳入统一招生,考区也由 12 处增加到 16 区及 18 分处。同年,教育部颁布了《公立各院校统一招生委员会章程》。根据该《章程》,统一招生委员会主要有七项职能:"一、订定招生规章;二、规定命题阅卷及取录标准;三、制定及颁发试题;四、复核考试成绩;五、决定及分配取录学生;

① 教育部编:《教育法令》,上海:中华书局 1947 年版,第 141 页。转引自宋恩荣、章咸编:《中华民国教育法规选编》,南京:江苏教育出版社 2005 年版,第 396 页。

六、研究招生改进事项；七、教育部交议有关招生事项。"[1]1941 年后因交通困难，停止统一招生。1943 年，招生方式改为单独举行招生、联合招生、委托招生及成绩审查四种。其中，成绩审查主要以优良高中成绩优秀学生为限，同时需要经过复试，复试成绩较次者取为试读生，或授以补习课程。1945 年又规定采用成绩审查方式者，关于保送学生之优良高级中学名单，也需由学校先行报教育部核定。[2] 由此可见当时教育部对学校招生的控制程度。

二、私立高校管理体制的调整与优化

由于民国时期特殊的国情及教育政策，私立高校在民国高等教育中始终占有十分重要的地位。据有关统计，除拥有国家学位授予权的教会以外的私立大学始终占当时民国高校总数的三分之一左右。1937 年，包括教会大学在内，拥有国家学位授予权的私立大学更是占到了当时高校总数的 51.6%。[3] 私立大学不仅在数量上相对较多，而且在办学质量和办学特色上亦相对较为突出。面对如此庞大的高校群体，国民政府先后出台了多项举措对其进行相应的管理和规范。全面抗战爆发后，为适应当时的形势，国民政府又对原有部分制度进行了修订。同时，出台了一些新的文件和规章制度。

---

[1]《教育部公立各院校统一招生委员会章程》，《教育通讯》1940 年第 3 卷第 21 期。转引自高耀明：《民国时期高校招生制度述略》，《高等师范教育研究》1997 年第 4 期，第 69—74 页。

[2] 毛礼锐、沈灌群主编：《中国教育通史》，济南：山东教育出版社 2003 年版，第 261—262 页。

[3] 宋秋蓉：《民国时期私立大学发展的政策环境》，《清华大学教育研究》2004 年第 2 期，第 99—106 页。

1933 年 10 月 19 日,国民政府教育部公布了《私立学校规程》修正稿,对私立学校的主管部门、设立要求、校长任职条件、课程设置、学校名称以及运行规范等进行了相应的规定。根据该《规程》相关规定,无论是私人设立,还是团体或外国人设立的学校都属于私立学校。私立学校无论是开办、变更还是停办,都需要经主管教育行政机关的核准。其中,私立专科以上学校的主管机关为教育部。私立学校不仅需要在主管教育行政机关进行立案,还需要受其监督和指导,同时,其各项教学活动及组织运行需要按照相关教育法令、法规要求依法、依规进行。

该《规程》规定,私立学校不能设分校;私立专科以上学校,非遇必要时,不得设附属中等学校或附设小学。私立学校校长均应专任,不能兼任其他职业。其中,外国人设立之私立中等以上学校,须以中国人充任校长或院长。同时,该《规程》还对私立学校的课程设置进行了相应的规定,要求"私立学校,不得以宗教科目为必修科,及在课内作宗教宣传。宗教团体设立之学校内,如有宗教仪式,不得强迫或劝诱学生参加;在小学及其同等学校并不得举行宗教仪式"。"私立学校办理不善或违背法令时,主管教育行政机关得撤销其立案或令其停办。其开办三年尚未立案者,主管教育行政机关得令其停办并撤销其校董会之立案"。同时,"私立学校之名称应明确标示学校之种类,不得以省市县等地名为校名并须冠以私立二字"①。

私立学校实行校董会制度,作为私立学校的代表,校董会对学校而言具有十分重要的作用,而其人员的组成尤为重要。从其第

---

① 教育部编:《教育法令汇编》第 1 辑,上海:商务印书馆 1936 年版,第 343—348 页。转引自宋恩荣、章咸编:《中华民国教育法规选编》,南京:江苏教育出版社 2005 年版,第125 页。

一届校董会的设立情况来看,董事由设立者进行聘任,校董人数不超过 15 人,其中需推举一中国人为董事长。校董中须有不少于四分之一的人具有教育研究或办学经验,如需聘任外国人充任校董,其人数不能超过校董总数的三分之一。而现任教育行政主管部门及其上级机关人员则不能兼任校董。从校董会的职能来看,其成立后需开具下列事项并将其呈报相关教育行政主管部门进行立案:其一,确立学校的名称;其二,确定学校举办的目的;其三,确定学校举办的地点;其四,制订校董会的章程;其五,说明办学经费来源及资产、资金情况,并提供相关的证明;其六,上报校董的姓名、年龄、籍贯、职业及住址等相关信息。立案之后,如果第三、第五和第六项内容有变化时,校董会需要在一个月内分别呈报主管教育行政机关进行备案。校董会呈请立案的时候,私立专科以上学校的校董会,应首先将之呈交其所在省市的教育行政机关,再由省市教育行政机关转呈教育部进行核办。①

在学校财务方面,私立学校校董会的主要职责在于:一要负责办学经费的筹划;二要进行经费预算及决算的审核;三要对财务进行保管、监察;四要对其他相关财务事宜进行处理。在学校行政方面,校董会不能直接参与学校相关具体行政事务,但若校长或院长失职或无法履职时,校董会可以随时进行改选。每学年结束一个月内,校董会需将学校校务状况、上年度所办重要事项、上年度收支金额及项目以及校长、教职员、学生一览表等材料连同财产项目分别径报或转报主管教育行政机关进行备案。主管教育行政机关

---

① 教育部编:《教育法令汇编》第 1 辑,上海:商务印书馆 1936 年版,第 343—348 页。转引自宋恩荣、章咸编:《中华民国教育法规选编》,南京:江苏教育出版社 2005 年版,第 126 页。

每学年需对校董会的财务及事务状况进行查核,每年至少一次,必要时也可随时查验。如果私立学校因事停办,校董会需在十日内呈请主管教育行政机关派员会同清理财产,并将清理结果报主管教育行政机关备案。一般而言,私立学校及其财产不得收归公有,但若学校停办,而校董会亦解散或不复存在时,主管教育行政机关可对其财产进行处置。如有关于债权、债务或其他相关纷争或异议,应由法院进行处理。与此同时,校董会自身的解散,也须经主管教育行政机关许可。①

　　私立专科以上学校之呈报开办,应遵照下列规定和程序进行办理:

　　　　一、呈报开办应于校董会立案后行之。凡非经主管教育行政机关核准开办者,不得遽行招生,呈报时应开具下列事项,连同全校平面图及说明书,送呈查核:(1)学校名称(如有外国文名称者亦应列入)及其种类;(2)学校所在地;(3)校地及校舍情形;(4)经费来源及经常开办各费预算表;(5)组织编制及课程;(6)参考书或教科书目录;(7)图书馆全部图书目录及实验室全部仪器、标本目录及其价值;(8)校长或院长及教职员履历表。

　　　　二、呈请立案应于开办一年后行之。呈请时须开具下列各事项,送呈查核:(1)开办后经过情形;(2)前项第四款至第八款各事项;(3)各项章程规则;(4)学生一览表;(5)训育实

---

① 教育部编:《教育法令汇编》第1辑,上海:商务印书馆1936年版,第343—348页。转引自宋恩荣、章咸编:《中华民国教育法规选编》,南京:江苏教育出版社2005年版,第127—128页。

施情形。①

如要进行立案呈请,则须满足下列要求:

一、大学或独立学院按所设学院或科之数目及种类,至少须有大学规程第十条所规定之开办费及每年经常费。二、专科学校按所设专科之数目及种类,至少须有修正专科学校规程第十条所规定之开办费及每年经常费。(附注)开办费及第一年经常费,均须以现款照数存储银行。

私立专科以上学校之立案,须具有下列各项:一、呈报事项查明确实者;二、对于现行教育法令切实遵守,并严厉执行学校章则者;三、教职员合格胜任,专任教员占全数三分之二以上者;四、学生入学资格合格,在校学生成绩良好者;五、设备足敷应用者;六、资产或资金之租息连同其他确定收入(学费收入除外)足以维持其每年经常费者。②

同时,在呈报开办及呈请立案时,应由该校校董会在对各项条件进行仔细审核的基础上,将呈文及附属文件呈交所在省市(行政院直辖市)教育行政机关转呈教育部核办。如果私立学校没有依照本规程完成立案手续,其肄业生及毕业生则不能与已完成立案手续之私立学校学生享受同等待遇。

1939年6月1日,教育部公布《私人讲学机关设立办法》,该《办法》共6条,其主要内容为:

---

① 教育部编:《教育法令汇编》第1辑,上海:商务印书馆1936年版,第343—348页。转引自宋恩荣、章咸编:《中华民国教育法规选编》,南京:江苏教育出版社2005年版,第128页。

② 宋恩荣、章咸编:《中华民国教育法规选编》,南京:江苏教育出版社2005年版,第129页。

（一）规定了书院及类似书院之讲学机关应具备的条件：主持人在学术上有特殊贡献者；不违背三民主义者；经教育部学术审议委员会通过者；学生须大学毕业或具有同等学力者；有充足的基金者。

（二）私人讲学机关的学生概不给予资格。

（三）私人讲学机关遇有特殊情形须政府补贴经费时，应遵照私立专科以上学校补助费支给办法呈请。

（四）私人讲学机关每年须将该机关状况呈报教育部，其应报之项目由教育部订定。

（五）私人讲学机关成绩优良愿改为私立专科以上学校者，得按照私立专科学校立案手续办理。

（六）私人讲学机关设立后，教育部将随时派员观察。其有违反规定者，即予以取缔。[①]

三、教育管理制度的改革与调整

抗战时期，为适应当时经济社会发展的实际情况，国民政府教育部实施了一些改革，采取了一些应对措施，部分内容如下。

（一）教育督学制度的调整与完善

早在1931年8月，教育部便制定颁发了《教育部督学规程》，实行教育督学制度。按照该《规程》，督学需对关于教育法令之推行事项、关于学校教育、社会教育、地方教育行政、其他与教育有关事项、关于部长特命视察或指导事项等进行视察和指导，他们对地方的视察，分定期和临时两种。其中，定期视察每年两次，每次2—5个月；临时视察则需要根据部长的临时命令进行灵活安排、机动调

_____

① 罗元铮总主编：《抗战烽火》（一），长春：吉林人民出版社2005年版，第309页。

整。其对地方学校或教育机关的督查具有较强的自主性和突击性,无须提前告知相关单位。同时,对于在教育巡查过程中发现的问题或违反教育法令的事件,督学需要随时纠正。他们也可根据需要调整督察学校的授课时间、调阅视察学校和其他教育机关的各项簿册。但督学不得受所督察机构的"供应"。① 以此尽量减少与被督查单位的各种利益关联,确保督查行为和结果的公平公正。

1937 年 8 月 27 日,教育部颁发了《总动员时督导教育工作办法纲领》,该纲领规定了抗战时期办理各级教育的一些相关政策(详细内容可参见前文)。1943 年,教育部公布了《教育部督学服务规则》,对督学的类型、任务分配方式、视导前之准备、视导期间之注意事项和工作规范及要求以及视导结束及其在教育部期间的工作等都作了明确、详细的规定。根据本规则,督学之视导主要分为定期和特殊两种,其任务和视导区域及对象由部次长核定实施。在视导之前,各视导人员要拟定视导要项并制成表格,同时需经会议研讨;拟定视导行程及返部日期;领取办公用品。在视导期间,各视导员要对视导区域及对象提前了解,对其教育计划、教育经费使用情况以及当地视导情况等进行审核,同时,收集当地教育资料、宣扬教育部相关政策、纠正违反教育法令的事件等。视导结束后,视导员应提交详细的报告、表册及改进建议和奖惩事项等。②

为解决督学人员的任用、管理等问题,教育部于 1945 年 11 月颁布了《教育部聘任督学及专门人员选用规则》。这一时期督导工作的中心在于加强部视学和省市县视导工作的联系。1946 年,教

① 宋恩荣、章咸编:《中华民国教育法规选编》,南京:江苏教育出版社 2005 年版,第115—116 页。

② 教育部编:《教育法令》,上海:中华书局 1947 年版,第 26—27 页。转引自宋恩荣、章咸编:《中华民国教育法规选编》,南京:江苏教育出版社 2005 年版,第164—166页。

育部通令各地,要求"部督学应与所察之省市视导人员联合视察省市教育,并对历次报告之改进意见加以复查等"①。

该制度的实行有利于进一步加强各级各类教育机构的规范运行和相互联系,有利于准确了解教育运行的现状、及时发现教育运行中存在的各种问题和矛盾,对当时各级各类教育的健康发展和运行具有一定的积极意义和影响,也为当前我国教育督导制度的健康发展提供了相应的参考和借鉴。但与此同时,其仍然未能脱离思想控制工具和政治枷锁的内在属性,这也是其最终走向消亡的根本原因。

（二）部聘教授制度的实施及调整

为进一步提升教授声誉和地位,国民政府在抗战期间实行了部聘教授制度。根据中国第二历史档案馆《教育部学术审议委员会章程及会议纪录》中存录"常会提"《规定部聘教授办法要点案》所示,其最初设置的条件要点为8项:

（1）在国立大学或独立学院任教授十五年以上,声闻卓著并对所任学科有特殊贡献者,得由教育部聘为部聘教授。

（2）部聘教授之人选,由教育部学术审议委员会大会出席会员三分之二以上之通过,送请教育部聘请之。

（3）上项人选之候选人,除由教育部直接提出外,国立各大学及独立学院或具有全国性之学会得就各该学校或学会人员中,合于前条规定者,向教育部学术审议委员会推荐。

（4）部聘教授任期自受聘之日起至退休之时为止。

（5）部聘教授薪俸以大学及独立学院教员聘任待遇暂行

---

① 孙秋实:《民国时期教育视导制度的再审视》,内蒙古师范大学硕士学位论文,2013年,第36页。

规程第八条规定之专任教员薪俸表教授月薪第三级为最低级薪,由教育部直接拨付。

(6)部聘教授由教育部于公立及已立案之私立专科以上学校特设讲座,从事讲学及研究,其服务条件依照大学及独立学院教员聘任待遇暂行规程之规定办理。

(7)部聘教授讲座设置处所得由教育部根据需要随时调动之。

(8)部聘教授讲座暂在国立专科以上学校设置之,其名额暂定三十人,以后得逐年扩充之。①

1941年6月3日,《教育部设置部聘教授办法》在国民政府行政院第517次会议上予以通过,"部聘教授"制度正式实行。该办法规定,部聘教授不仅需要具备10年以上的教龄,还需要在教学上声誉卓著、成效显著,并且对所任教学科具有专门著作和特殊贡献。部聘教授的人数由学术审查委员会初步议定,30个学科中每个学科选任一人,总计30人。后因气象、三民主义、商学、外科医学以及艺术等学科没有合适的人选而予以取消,同时将内科医学改为了医学,将经学与中国文学归并为了中国文学。根据以上学科调整,对入选教授在各学科之间的分配上也做了相应的调整:史学、中国文学、生物、物理、数学、化学等6个学科每科2人,其余18个学科每科1人。1942年8月27日,第一批部聘教授30人的名单正式公布,见表3-3。

---

① 沈卫威:《民国部聘教授及其待遇》,《中山大学学报(社会科学版)》2019年第4期,第73—89页。

表 3 - 3　第一批部聘教授名单(30 人)

序号	姓名	所属学科	所在学校	序号	姓名	所属学科	所在学校
1	黎锦熙	国文	国立西北师范学院	16	周鲠生	法律	国立武汉大学
2	杨树达	国文	国立湖南大学	17	胡元义	法律	国立西北大学
3	陈寅恪	历史	国立西南联合大学	18	杨端六	经济	国立武汉大学
4	萧一山	历史	国立西北大学	19	孙本文	社会	国立中央大学
5	汤用彤	哲学	国立西南联合大学	20	吴耕民	农学	国立浙江大学
6	吴宓	外文	国立西南联合大学	21	梁希	林学	国立中央大学
7	苏步青	数学	国立浙江大学	22	茅以升	土木	国立交通大学
8	饶毓泰	物理	国立西南联合大学	23	庄前鼎	机械航空工程	国立西南联合大学
9	吴有训	物理	国立西南联合大学	24	余谦六	电机	国立西北工学院
10	曾昭抡	化学	国立西南联合大学	25	何杰	地质	国立中山大学
11	王琎	化学	国立浙江大学	26	洪式闾	病理	江苏省立医政学院
12	张景钺	生物	国立西南联合大学	27	蔡翘	生理	国立中央大学
13	艾伟	心理	国立中央大学	28	孟宪承	教育	湖南国立师范学院
14	胡焕庸	地理	国立中央大学	29	常导直	教育	国立中央大学
15	李四光	地质	中央研究院	30	秉志	生物	国立中央大学

紧接着,国民政府又进行了第二次部聘教授的评选。1943 年 12 月,第二批 15 人名单公布。

表 3 - 4　第二批部聘教授名单(15 人)

序号	姓名	所属学科	所在学校	序号	姓名	所属学科	所在学校
1	胡小石	国学	国立中央大学	3	柳诒徵	历史	国立中央大学
2	楼光来	外文	国立中央大学	4	徐悲鸿	艺术	国立中央大学

续表

序号	姓名	所属学科	所在学校	序号	姓名	所属学科	所在学校
5	刘秉麟	经济	国立武汉大学	11	桂质廷	物理	国立武汉大学
6	杨佑之	经济	国立四川大学	12	高济宇	化学	国立中央大学
7	戴修瓒	法律	国立中央大学	13	张其昀	地理	国立浙江大学
8	何鲁	数学	国立重庆大学	14	李凤荪	农学	湖北省立农学院
9	胡敦复	数学	大同大学	15	刘仙洲	机械	国立西南联合大学
10	陈建功	数学	国立浙江大学				

此后，因国民党败退台湾，部聘教授制度也走到了尽头。

（三）导师制的实施与废止

导师制是以文件的形式正式公布，实施却是在抗战期间。在此之前部分高校已开始在思想观念和具体实践方面进行了相应探索和实践。金陵女子大学建校不久就设置了年级顾问和学生个人顾问。1916 年秋，北京清华学校开始采用"顾问制"。此后，包括国立北京大学、浙江大学、大夏大学、北平师范大学以及河南省立百泉乡村师范学校等在内的多所高校亦进行了导师制的实践。与此同时，国民政府也针对该制度的实施进行相应的统一统筹和规划。1930 年 4 月，第二次全国教育会议上通过《改进全国教育方案》，该方案明确要求各国立大学教师除了正常的授课外尚需定期接见学生并对其进行指导，对于"师生宿舍都具备者，应提倡试行导师制度（Tutorial System）"①。1936 年，教育部又分别

---

① 黄季陆：《抗战前教育政策与改革》，台北："中央"文物供应社 1971 年版，第 164 页。转引自刘振宇：《论民国时期高校导师制的施行》，《高教探索》2012 年第 6 期，第 94—99 页。

颁布了《专科以上学校特种教育纲要》和《中央改进各级教育计划》两个文件。这两个文件都对推行导师制提出了相应的要求。1938 年 3 月,《中等以上学校导师制纲要》和《实施导师制应注意之各点》的颁布正式开启了高校导师制的历史。

由此观之,战时导师制度的正式施行,既是此前相关思想、理念和实践的深化,又是当时教育环境和教育诉求的现实需要,同时,也是国民政府实行党化教育、试图控制师生思想的政治产物。

从《中等以上学校导师制纲要》主要内容来看,主要包括以下几个方面的内容:

（一）今后中等以上学校,每年级分为若干组,每组设导师一人。

（二）导师对学生的思想、行为、学业、身心发展及个性要进行深入体察,针对不同的学生情况,施以严格训练。

（三）对于不堪训导的学生,可请求校长准予退训。

（四）训导方式除个别训导外,导师应充分利用课余及例假时间集合本组学生举行谈话会、讨论会、远足会等,作团体生活总训导。

（五）导师对学生之思想与行为各项,应负责任。

（六）学生毕业时,导师应出具训导证书,对学生之思想、行为及学业各项,详加考评。①

此后,国民政府教育部于 1939 年 3 月在第三次全国教育会议上对《现行大学导师制应予修改案》及大学训育机构设置问题进行

---

① 罗元铮总主编:《抗战烽火》(一),长春:吉林人民出版社 2005 年版,第 141 页。

了讨论。5 月公布施行了《大学行政组织补充要点》,7 月 13 日颁布了《切实推进导师制办法》。由此使得高校导师制制度体系基本建立。此后,各相关高校纷纷按照国民政府教育部颁布的相关文件和指导意见制定了本校乃至本系的导师制管理办法和实施细则。

1944 年 9 月 8 日,国民政府教育部公布《专科以上学校导师制实施办法》10 条。《办法》规定:专科以上学校学生按院系分组,每组设导师一人,对学生思想、行为、学业及身心,依据标准施以严格训导。①

此项制度的实施虽然对高校学生而言具有积极的意义和影响,但因国民政府将其作为控制师生言论和思想的工具,从而使其失去了本应具有的学术和教育功能,而演变成了政治斗争的工具,由此导致其并未真正发挥应有的作用。在其实施不久后便陷入困境,最终没有逃脱被废止的命运。1946 年 7 月,教育部召开高等教育会议,最终决定废止导师制。② 1947 年,教育部公布了《专科以上学校训导委员会组织规程》,至此,高校导师制被训育委员会取而代之。

(四) 师范教育强化制度的调整与优化

百年大计,教育为本,教育大计,教师为本。师范教育作为国民教育体系的重要组成部分,在整个教育体系中具有十分重要的影响和作用。因此,自中国近现代教育建立之初即开始了师范教育的相关实践和探索。及至国民政府成立,其亦对师范教育相关

---

① 宋恩荣、章咸编:《中华民国教育法规选编》,南京:江苏教育出版社 2005 年版,第 410—411 页。

②《竺可桢全集》第 10 卷,上海:上海科技教育出版社 2006 年版,第 167 页。

制度进行了相应的修订、探索和实践。1928 年,为适应社会发展需要,国民政府在调整 1922 年新学制的基础上形成了"戊辰学制"。该学制将原来 6 年制的师范教育改成了 3 年或 6 年,同时,取消了师范专修科及师范讲习所等名目,增设了乡村师范学校。该学制规定了高中师范科、师范学校和乡村师范学校等 3 种中等师范教育,但对师范大学的独立地位并未明确规定,而是笼统地将其归入大学的组织系统之内。①

　　1929 年 3 月,国民政府在其颁布的《确定教育宗旨及其实施方针案》中指出,"师范教育,为实现三民主义的国民教育之本源,必须以最适宜之科学教育,及最严格之身心训练,养成一般国民道德上学术上之最健全之师资为主要任务,于可能范围内,使其独立设置,并尽量发展乡村师范教育"②。这为此后师范院校的独立设置提供了相应的依据。直到 1932 年,国民政府在《确定教育目标与改革教育制度案》中明确规定师范大学应脱离大学而单独设立,由此使得高等师范院校恢复了独立设置的权利,师范教育开始得到发展。

　　1933 年国民政府教育部颁布《师范学校法》,恢复了中等师范学校的独立地位,但是高等师范的恢复仍然没有实施。③ 抗战开始后,鉴于师资队伍的日益匮乏,国民政府进一步加强了对师范教育的重视程度。1938 年 7 月高等师范教育系统的重新建立,进一步促进了各级师范教育的长足发展。从高等师范学院数

---

① 霍东娇:《中国百年师范教育制度变迁研究》,东北师范大学博士学位论文,2018 年,第 35 页。

② 李国钧、王炳照:《中国教育制度通史》第 7 卷,济南:山东教育出版社 2000 年版,第 74 页。

③ 王瑜:《近代教育法研究》,西南政法大学博士学位论文,2015 年,第 38 页。

量及规模来看,其在抗战期间增长较快,具体见表3－5。

表3－5 1938—1946年高等师范学校概况

学年	学院数	学系数	专科及专修科数	学生数（人）			毕业生数（人）		
				大学生	专科及专修生	合计	大学生	专科及专修生	合计
1938	6	45	/	996	/	996	/	/	/
1939	6	48	/	1591	/	1591	44	/	44
1940	7	55	/	2217	/	2217	119	6	125
1941	9	68	37	2653	642	3295	98	55	153
1942	9	69	40	3604	1765	5369	642	206	848
1943	10	73	49	4017	2359	6376	545	488	1033
1944	11	82	55	4622	3236	7858	803	540	1343
1945	11	55	50	5672	3390	9062	674	712	1386
1946	15	91	67	9775	4723	14498	/	/	/

数据来源:《第二次中国教育年鉴》第7编,上海:商务印书馆1948年版,第919页。[1]

从上面的统计数据可知,自1938年至1946年高等师范院校学生数量不断增加,1946年学生数量更是达到了1938年的14.5倍,九年时间增加了十余倍。而这些成绩的取得与国民政府教育部采取的一些举措具有紧密的联系。

为进一步加强师范院校学生的实践动手能力,教育部于1941年12月公布了《师范学校(科)学生实习办法》,该《办法》

---

[1] 转引自霍东娇:《中国百年师范教育制度变迁研究》,东北师范大学博士学位论文,2018年,第46页。

指出，"为使养成娴熟的教学技能，各实习学生教学实习时，在
附属学校实际担任教学之时数，不得少于 1800 分钟"①，同时，
规定对于实习成绩不合格的学生不予毕业。1942 年 8 月公布
的《师范学校毕业生服务规程》，对师范院校毕业生的服务年
限、服务的具体形式以及不按规定服务的行为进行了界定，并
拟定了处罚措施。1944 年 12 月，教育部公布《师范学院学生教
学实习办法》，对师范院校学生实习进行了进一步规范。

　　为吸引学生积极报考师范院校，1932 年，国民政府颁布的
《师范学校规程》规定师范学校学生一律免收学费，各省市应酌
情免收学生全部或部分膳费。1938 年 7 月颁布的《师范学院规
程》对此进一步作了说明。该《规程》还对师范院校毕业生的服
务年限、从事职业等做了具体规定，对于违反相关规定者将予
以严惩，对表现优异者则予以奖励。1943 年，教育部颁布《各
省市清寒优秀师范生奖学金办法》，进一步扩大了师范生免费
的范围，规定"凡各省市所属市立、联立、县立、区立各类师范学
校科以及中等学校附设各类师范班与国立师范学校及国立中
学附设师范班科之在学学生"均适用此办法。1944 年，国民政
府行政院颁布《全国师范学校学生公费待遇实施办法》，允许特
别困难的优秀学生申领奖学金。②

　　此外，国民政府还先后制定了《师范生训练考核办法要点》《改
进师范学院办法》《修正师范学院规则》《各师范学校开展师范教育
运动周活动办法》《修正师范学校规程》《扩充女子师范教育、鼓励

---

① 宋恩荣、章咸编：《中华民国教育法规选编》，南京：江苏教育出版社 1990 年版，第
　472 页。
② 霍东娇：《中国百年师范教育制度变迁研究》，东北师范大学博士学位论文，2018
　年，第 82 页。

女子终身从事各省选送学生办法》[①等多项法规,这为当时师范教育自身的发展提供了相应的支持和保障。

（五）统一课程制度的实施与调整

为加强对高等教育的控制,国民政府自成立之始便十分重视对高等教育课程设置的管理和要求,并开始计划制定统一的大学课程实施标准。其在《大学规程》中将党义、国文、体育、军训及外国语等列为大学共同必修科目。1938年,教育部从整理文、理、法三学院的课程设置人手,拟订了《文、理、法三个学院各学系课程的整理办法草案》。该《草案》要求,"全国大学各院系必修及选修课程,一律由部规定范围内,参照实际需要,酌量损益"[②。同年9月、11月,国民政府教育部分别拟订、公布了《文、理、法三学院共同科目表》和《农工商学院共同必修课目表》。1939年8月,《文理法农工商各学院分系必修及选修科目表》予以公布。加上1938年7月颁布的师范学院规程中对师范学院共同必修科目的规定,至此大学课程设置的标准正式统一。

表3-6 文、理、法、农、工、商及师范学院共同必修课目表

学院	共同必修科目
文学院	三民主义、伦理学、国文、外国文、中国通史、世界通史、哲学概论、理则学;科学概论、普通数学、普通物理、普通化学、普通生物学、普通心理学、普通地质学、地学通论八门选修一种;社会科学概论、法学概论、政治学、经济学、社会学五门选修一种。

---

① 朱有瓛主编:《中国近代学制史料》第2辑（上）,上海:华东师范大学出版社1987年版,第957页。

② 胡金平主编:《中外教育史纲》,南京:南京师范大学出版社2001年版,第307页。

学院	共同必修科目
理学院	三民主义、伦理学、国文、外国文、中国通史；普通数学、微积分学两门选修一种；社会科学概论、法学概论、政治学、经济学、社会学五门选修一种；普通物理、普通化学、普通生物学、普通心理学、普通地质学、地学通论六门选修两种。
法学院	三民主义、伦理学、国文、外国文、中国通史、世界通史、哲学概论、理则学；科学概论、普通数学、普通物理、普通化学、普通生物学、普通心理学、普通地质学、地学通论八门选修一种；法学概论、政治学、经济学、社会学四门选修两种。
农学院	国文、外国文、化学、植物学、动物学、地质学、农业概论或农艺、经济学及农业经济、农场实习等。
工学院	国文、外国文、数学、物理、化学、应用力学、材料力学、经济学、投影几何学、工程学、工厂实习、徒手画、建筑初则及建筑画、初级图案、阴影法、木工等。
商学院	国文、外国文、商业史、经济地理、数学、经济学、法学概论、财政学、会计学等。
师范学院	三民主义、伦理学、国文、外国文、中国通史、世界通史；社会科学概论、法学概论、政治学、经济学、社会学五门选修一种；哲学概论、理财学、教育概论、教育心理学、中学教育五门选修一种。

资料来源：《第二次中国教育年鉴》，上海：商务印书馆 1948 年版，第 496—500 页。①

（六）留学教育制度的调整与优化

为进一步规范抗战前相对较为混乱的留学状况，为国家培养更多的人才，国民政府临时全国代表大会于 1938 年 4 月制定并公布的《战时各级教育实施方案纲要》首次提出将留学纳入国家教育的整体计划制度中。1938 年 6 月，教育部公布《限制留学暂行办

---

① 转引自骆威：《南京国民政府时期高等教育立法研究》，南京大学博士学位论文，2013年，第 117 页。

法》。1941 年 1 月,教育部颁布《免费公费生条例》,此为公费留学制度之始。

为保障留学生质量,国民政府对公费留学生的资格、条件等做了严格要求:其一,需取得大学毕业证;其二,其留学考试科目需由教育部定夺;其三,在研究院研究二年以上的大学毕业生成绩考核优异者可由研究院推荐至教育部,经部审定合格后方可派遣出国,继续对原有主题和科目进行研究;其四,留校任助教或讲师两年以上的大学毕业生有著作或研究心得的可由所在学校推荐至教育部,经由教育部审定后可派遣出国并继续进行原有科目的研究;其五,担任大学教授五年以上而成绩突出者可由其所在大学资助出国,如果其所在学校无休假研究资助可由教育部在留学经费中予以拨发;其六,对于不符合前述相关条件,但有专门著作的大学生可由大学推荐至教育部,经教育部审定合格后,亦可派遣出国,并继续进行原有科目或专题的研究。①

此外,为保障留学教育的规范化运行,抗战时期,国民政府教育部还就留学教育出台了多项法令法规,"如《抗战期间回国留学生登记办法》《修订抗战期间国外留学生救济办法》《抗战期间回国留学生分发服务简则》《修正限制留学暂行办法》《国外留学生奖励金设置办法》《大学教授、副教授自费出国进修办法》《专科以上学校应约出国讲学或研究办法》"②,以及《自费留学生派遣办法》《国外留学办法》等,进一步确保了留学教育的实效及规范化运行。

---

① 《中华民国史档案资料汇编》第 5 辑第 2 编"教育"(1),南京:凤凰出版社 1997 年版,第 34—35 页。转引自秦凌:《民国时期教育立法研究(1912—1949 年)》,湖南师范大学博士学位论文,2014 年,第 60 页。

② 秦凌:《民国时期教育立法研究(1912—1949 年)》,湖南师范大学博士学位论文,2014 年,第 60 页。

第三节　行政体制的调适

国民政府统治时期，其教育行政体制几经变革，由 1927 年初期的大学院和大学区制，到 1928 年秋改设教育部，1929 年八九月份决定恢复教育厅制，在各省设教育厅，在各市县设教育局。"此后中央为教育部、省为教育厅、市县为教育局或教育科的教育行政系统基本上固定下来。"①其在抗战时期虽有调整，但未有大的变动。

一、中央教育行政管理机构的调整与优化

1928 年 11 月 1 日，国民政府下令将大学院改为教育部、隶属于行政院，并于 1928 年 12 月 7 日公布了《教育部组织法》。全面抗战爆发之后的 1938 年 1 月 14 日，国民政府修正公布了《行政院组织法》，修正后的《行政院组织法》第一条规定：行政院设内政、外交、军政、财政、经济、教育、交通 7 个部及蒙藏、侨务 2 个委员会。②

从教育部内部机构设置来看，主要有高等教育司、中等教育司、国民教育司、社会教育司、边疆教育司、总务司和国际文化教育事业处。其中，高等教育司主要管理"关于大学教育及专门教育事项、关于各种学术机关之指导事项、关于学位授予事项、关于其他高等教育事项"。从其内部职能分工来看，教育部部长综理本部事务，监督所属职员及各机关。教育部政务次长、常务次长，辅助部长处理部务。教育部设秘书 6 人至 8 人，分掌部务会议、编制报告

---

① 朱从兵：《教育史话》，北京：社会科学文献出版社 2011 年版，第 96—97 页。
② 罗元铮总主编：《抗战烽火》（一），长春：吉林人民出版社 2005 年版，第 104 页。

及长官交办事务;设参事 3 人至 5 人,撰拟审核关于本部之法案命令;设司长 6 人,处长 1 人,分掌各司处事务;设督学 30 人至 40 人,视察及指导全国教育事宜;设科长 22 人至 24 人,科员 77 人至 125 人,办事员 21 人至 27 人,承长官之命,分任各科事务;设技士 2 人至 4 人,承长官之命,办理技术事务。教育部于必要时,得聘用专门人员 20 至 32 人。教育部部长特任;次长、参事、司长、处长、秘书 3 人及督学 4 人简任;督学 6 人聘任;其余秘书、督学、科长荐任;科员、技士、办事员委任。教育部因事务上之必要,得酌用雇员。教育部置会计处及统计处,依国民政府主计处组织法之规定,分掌岁计、会计与统计事务。会计处设会计长 1 人,简任;科长 3 人,荐任;科员 24 人至 30 人,办事员 4 至 8 人,委任;并得酌用雇员。统计处设统计长 1 人,简任;科长 3 人,荐任;科员 15 人至 18 人,委任;并得酌用雇员。教育部置人事处,依人事管理条例之规定,掌理人事管理事务。人事处设处长 1 人,简任;科长 3 人,荐任;科员 12 人至 15 人,委任;并得酌用雇员。① 1938 年 1 月,国民政府任命陈立夫为教育部部长。

表 3-7　南京国民政府 1927—1949 年历任教育部部长简表

序号	任职时间	姓名	备注
1	1927.4—1927.10	蔡元培 李煜瀛 汪兆铭	此时国民政府已定都南京,成立国民政府中央教育行政委员会,此三人被推举为常委
2	1927.10—1928.10	蔡元培	1927 年 7 月公布大学院组织法,10 月特任命蔡元培为大学院院长

① 宋恩荣、章咸编:《中华民国教育法规选编》,南京:江苏教育出版社 2005 年版,第 95—98 页。

序号	任职时间	姓名	备注
3	1928.10—1930.12	蒋梦麟	起初任大学院院长，1928 年 10 月 24 日，大学院改为教育部，蒋改任部长
4	1930.12—1931.8	高　鲁	未就任
5	1930.12—1931.6	蒋中正	因时任部长高鲁未到任，蒋介石以行政院院长兼理部长职务
6	1931.6—1931.12	李书华	
7	1931.12—1932.10	朱家骅	
8	1932.1—1932.2	段锡朋	以政务次长代理部务
9	1932.10—1933.4	翁文灏	当时，朱家骅调任交通部长，由翁继任，翁未就职，仍由朱兼任代理
10	1932.10—1933.4	朱家骅	
11	1933.4—1938.1	王世杰	
12	1938.1—1944.12	陈立夫	
13	1944.12—1948.12	朱家骅	
14	1948.12—1949.4	梅贻琦	未就任
15	1948.12—1949.4	陈雪屏	代理
16	1949.4	杭立武	任职至 1950 年 3 月

资料来源：《中国第二次教育年鉴》第 4 册，上海：商务印书馆 1948 年版，第 1501 页。

1940 年 3 月，国民政府行政院公布《教育部学术审议委员会章程》（以下简称《章程》）16 条。《章程》规定：委员会的职责为审议全国各大学之学术研究事项；建议学术研究之促进与奖励事项；审核各研究院所之硕士学位授予及博士学位候选人资格；审查专科以上学校教员资格事项等。4 月，组成了以当然委员陈立夫及聘任委员蒋梦麟等 29 人组成的第一届委员会。当然委员：陈立夫、顾毓琇、余井塘、吴俊升；聘任委员：吴稚晖、张君劢、朱家骅、陈大齐、郭任远、陈布雷、蒋梦麟、王世杰、竺可桢、胡庶华、程天放、罗家伦、张道藩、周鲠生、颜福庆、曾养甫、茅以升、傅斯年、冯友兰、马寅初，邹树文、吴有训、赵兰坪、马约翰、腾固（吕凤子）。1941 年 4 月 1 日，国民党五届八中全会通过《战时三年建设计划大纲》（以下简称《大纲》）的决议。《大纲》提出，今后三年教育事业中，由中央统筹高等教育，鼓励各省设立专科学校，并注重各科平均发展。① 1943 年 1 月 7 日，教育部第 8 次修正《教育部组织法》，裁撤视察员，增加督学名额。

1944 年 7 月 15 日，教育部公布《修正教育部组织法》，将统计室改为统计处，同时，增设人事处，进一步增加了科长、科员、办事员等相关人员。② 根据教育部 1944 年 10 月 3 日公布的《教育部部务会议规则》，教育部每两周召开一次部务会议，于每间周星期五举行，必要时可由教育部次长召开临时会议。部务会议由部长任主席，部长因事不能出席时由次长代理。其主要讨论之事项为本部工作方针及工作计划、本部预算、本部重要法规、部长交议事项、本部各单位提议事项以及临时发生的重要事项等。会议由部长指定秘书进行记录，并于会后将记录印发各司处室会查考。③

1945 年 9 月 19 日，教育部又修正公布了《教育部处务规程》，该《规程》分为 7 章 96 条，对教育部各司、处、室、会之职责以及文书

---

① 安树芬、彭诗琅主编：《中华教育历程》第 24 卷，呼和浩特：远方出版社 2006 年版，第 3519、3520、3530 页。

② 中央教育科学研究所编：《中国现代教育大事记》，北京：教育科学出版社 1988 年版，第 532 页。

③ 教育部编：《教育法令》，上海：中华书局 1947 年版，第 23 页。转引自宋恩荣、章咸编：《中华民国教育法规选编》，南京：江苏教育出版社 2005 年版，第 176 页。

要求、服务规范以及庶务等作了详尽的规定。从规程来看,高等教育司设第一、第二、第三、第四共计四科。其中,第一科掌管专科以上学校之设立、变更,组织及行政实施,建筑设备以及高等教育经费之计划与支配等事项。其他不属于本司其他各科与高等教育有关之事项也由该科负责。第二科主要负责专科以上学校之学生学籍、毕业生资格审核、学业成绩复核、学生实习及服务指导、学生免费、公费及奖学金等事宜。第三科主要负责专科以上学校之训育、课程及教材、教员资格审查及任用待遇之计划、体育卫生、学术研究及奖励、学术机关团体之指导以及学位授予等事项。第四科主要负责国外留学、国外学术机关团体之联络、国外教授之交换讲学及学生之交换留学、中外图书文物之交换、其他沟通国际文化及侨民高等教育之事项。①

此后,国民政府于 1947 年 2 月 12 日对《教育部组织法》进行了修正。根据 1947 年国民政府第十次修正公布稿,由教育部统一管理全国的学术及教育行政事务。同时,教育部可以对各地方最高级教育行政长官相关业务进行监督指导,对其违规或越权行为可依法、依规予以停止或撤销。

此外,其在抗战时期还发布了《教育部训育研究委员会规程》(1938 年 3 月 10 日由行政院核定)、《教育部工业教育委员会章程》(1938 年 6 月 1 日由教育部公布)、《中央建教合作委员会组织规程》(1938 年 6 月 17 日由行政院核定)、《教育部教科用书编辑委员会章程》(1938 年 8 月 10 日由教育部公布)、《教育部音乐教育委员会章程》(1938 年 9 月 10 日由教育部修正发布)、《教育部边疆教育

---

① 教育部编:《教育法令》,上海:中华书局 1947 年版,第 17—23 页。转引自宋恩荣、章咸编:《中华民国教育法规选编》,南京:江苏教育出版社 2005 年版,第 177—191 页。

委员会章程》（1940 年 5 月 8 日由教育部修正公布）、《教育部美术教育教育委员会章程》（1940 年 12 月 10 日由教育部公布）、《国立礼乐馆组织规程》（1942 年 12 月 28 日行政院训令）、《教育会法》（1944 年 10 月 31 日由国民政府修正公布）、《教育部国民体育委员会组织条例》（1945 年 6 月 9 日由国民政府公布）、《教育部国语推行委员会组织条例》（1945 年 6 月 9 日由国民政府公布）、《教育部中华交响乐团组织规程》（1945 年 8 月 14 日由教育部公布）、《教育部中华教育电影制片厂组织规程》（1945 年 8 月 14 日由教育部公布）以及《教育部电化教育工作队组织规程》（1945 年 8 月 14 日由教育部公布）等规程。

二、地方教育行政管理机构的调整与优化

从地方教育行政管理机构来看，主要是省级层面的教育厅和市县层面的教育局或教育科等。

（一）教育厅的运行与调整

根据 1931 年 3 月 23 日国民政府公布的《修正省政府组织法》，省政府行政组织采取委员制，其中教育厅为省政府下设的五厅（秘书处、民政厅、财政厅、建设厅、教育厅）之一。厅长由行政院就省政府委员中提请国民政府予以任命，为简任，并由其作为管理全省教育的最高行政长官综理厅内事务。根据上述组织法之规定，教育厅的职权主要涉及以下 5 个方面：其一，关于各级学校事项；其二，关于社会教育事项；其三，关于教育及学术团体事项；其四，关于图书馆、博物馆、公共体育场等事项；其五，其他有关教育行政事项。①

---

① 黄仁贤编著：《中国教育史》，福州：福建人民出版社 2018 年版，第 410—411 页。

由于教育部没有规定统一的教育厅办事细则，而是将其交与各省自行制订，由此使得各省教育厅的内部结构不甚统一，所设科室及内部职能亦有所区别。但从各省基本情况来看，多数教育厅设有秘书处、编审室和督学室。其下设四科，各科设科长一人，负责处理本科事务。其中，第一科管理高等教育、中等教育和留学事务等。第二科负责初等教育、义务教育和幼稚教育等。第三科负责社会教育和民众教育等。第四科负责总务等。此外，为适应相关工作需要，教育厅还设有各种委员会。1937年全面抗战爆发后，因很多省区战事吃紧，大部分精力需要集中于军事及相关事务，因此，国民政府规定各省区的教育行政机构可根据战事需要自行调整。在这样的背景下，很多省区的政府机构进行了相应的调整和裁减，省教育厅的建制也发生了变化。部分省区取消了教育厅的建制，而将其职能精简后划入其他政府机构；也有部分后方省区因工作需要而进一步充实、扩大了教育厅的建制和职能。[1]

1945年8月抗战胜利后，教育厅制又恢复统一。省级教育行政体制逐步走向常规化发展。

（二）教育局（科）的运行与调整

国民政府成立之初，并未统一制定县政府的组织法规，当时全国县级教育行政机构大多沿用教育局制。根据1929年6月5日国民政府公布的《县组织法》第16条之规定，由教育局掌管学校、图书馆、博物馆、公共体育馆、公园以及其他社会文化事业等。同时规定，如果要缩小范围，可呈请省政府同意，将其附设于县政府内。由此，进一步统一了各县教育行政管理体系及其建制。及至1933年，国民党第二次内政会议做出了"县政府以一律设科为原则"的

---

[1] 黄仁贤编著：《中国教育史》，福州：福建人民出版社2018年版，第411页。

决议，对此，各地教育界人士普遍认为有所不妥，而是主张进一步充实、完善已有教育行政体系，同时，倾向于维持原有教育局制度不变。但随着 1937 年 6 月 27 日《县政府裁局改科暂行规程》的颁布，使得教育局走上了裁改之路。①

为进一步加强对基层政府的控制，国民政府从 1939 年开始推行新县制。在新县制的行政层级结构中，县为地方自治单位，县政府设民政、财政、教育、建设等科，分别掌理各项事务。1939 年 9 月 19 日，国民政府公布《县各级组织纲要》，各县教育行政机构由局改科。从此，县级教育行政力量大为削弱。②

抗战胜利后，国民政府分别于 1947 年和 1948 年发布训令，要求县政府及各省酌情恢复设置教育局，并尽可能地在可能设局之各县进行增设。③

有学者指出，"民国时期中央教育部——省（市）教育厅——县教育局（科）的三级管理体系，对中国现代教育的发展既有适应和促进的一面，又有制约和滞后的一面。民国教育行政制度在形式上明显具有管理现代化和民主化的色彩，但国民党的专制统治和一党专政的政治模式，却使教育行政机构难以按照教育管理自身的规律运转，难以实现教育管理的现代化"④。对此时期国民政府实施的举措进行了较为恰当、中肯的评价，可谓一针见血。

从抗战时期国民政府采取的一些高等教育的相关政策、文件和举措来看，其在很多方面是适应当时战时状态的实际情况和社

① 黄仁贤编著：《中国教育史》，福州：福建人民出版社 2018 年版，第 412 页。

② 苏国安：《南京国民政府时期学校教育政策研究》，河北大学博士学位论文，2010 年，第 129—130 页。

③ 王建军：《中国教育史新编》，广州：广东高等教育出版社 2014 年版，第 326 页。

④ 黄仁贤编著：《中国教育史》，福州：福建人民出版社 2018 年版，第 412—413 页。

会需要的产物,部分举措也起到了一定的积极促进作用,达到了预期目的。但在相关举措的实施过程中,国民政府将政治控制强加于教育之中,引起了很多仁人志士和进步师生的排斥与不满,这不仅造成了相关举措的虚化、弱化和实施过程的扭曲,而且造成了实施结果与实施目标的偏离,影响了相关政策、举措的实施效果。由此也影响了很多学者对相关政策、举措的评价与认识。因此,对此阶段实施的相关政策和举措,我们应采取辩证唯物主义的思想和理念,将其放在具体的历史空间和时间维度进行客观公正的分析和评价,还其本来的面目,并将其优点和先进经验与做法进行现代化的迁移,以使其在当前的教育研究与实践中绽放自身的光芒,彰显自身的价值。

第四章　战时高校的内迁整体图景

为实现对我国的迅速占领,日本帝国主义在制定侵略计划时将破坏我国教育事业尤其是高等教育事业摆在了突出位置。1937 年 7 月 7 日全面抗日战争爆发,随着我国华北、华东、华南、华中相继被日本帝国主义占领,各高校均遭到侵略者毁灭式轰炸和劫掠,我国高等教育事业遭到了空前破坏。据粗略统计,自 1937 年 7 月至 1938 年 10 月,全国战前登记在册的 108 所高校中有 91 所遭到日军轰炸,其中遭毁灭性破坏而导致停办的就有 25 所。在职教员锐减近2000人;教育行政专员减少近 1500 人;在校学生锐减一万余人;高校直接财产损失达 3360 多万元①,而战争造成的一些国内著名高校保存的珍贵档案资料不可逆的损失更是无法估值的。

为赓续中华民族文化的命脉,为保存中华民族复兴的后备力量,为使中华民族教育事业不致中断,各地高校师生在战时交通经费极端困难的条件下,历经无数艰难困苦向战区后方转移,从而在中国大地上出现了一场举世罕见的全国性高校内迁运动。这场运动伴随中国人民抗日战争的全过程,涉及范围之广,跨越时间之长

---

① 毛礼锐主编:《中国教育史简编》,北京:北京教育科学出版社 1984 年版,第 527 页。

"在中国历史上是史无前例的，也是我国教育史上一次可歌可泣的壮举"①。

第一节　抗战时期高校内迁概貌

据《中华民国实录》统计，1936 年全国专科及以上高校共 108 所，在校生 41922 人，教员 7560 人，及至 1946 年全国高校增加至 185 所②，抗战时期存在迁移情况的高校据本书统计约在 180 所左右③。

一、高校内迁的范畴

关于"抗战期间高校内迁"概念的不同界定直接影响着对该问题的研究结果。当前学界对这一概念的界定主要是依据高校内迁的时间和地区来界定，如徐国利指出抗战时期高校内迁是指"抗战时期我国东部、中部地区高校向西南、西北地区，和中南、华东南部丘陵地区的迁移"④。这一界定较为全面地概括了高校内迁的时间阶段和迁移区域，体现了高校内迁的总体过程，本书也认可这一界

① 刘韦：《抗日战争期间我国高校内迁研究》，安徽师范大学硕士学位论文，2006 年，第 46 页。

②《中华民国实录》编委会编：《中华民国实录文献统计》，长春：吉林人民出版社 1997 年版，第 5479—5500 页。

③ 该数据根据《中华民国实录》、季啸风主编的《中国高等学校变迁》(华东师范大学出版社 1992 年版，和《第二次中国教育年鉴》第 5 编(商务印书馆 1948 年版)等资料进行综合统计得出，包括了高校内迁中西部以及迁入租界等各种情况，因统计资料未能将一些学校的内迁过程详细叙述，故影响了该数据的准确性。

④ 徐国利、汪锋华：《近二十年抗战时期高校内迁研究述评》，《民国研究》2016 年第 1 期，第 209—222 页。

定。但需要指出的是,这里讲的高校内迁既包括东中部地区向我国西部内陆地区的跨省迁移,也包括东部、中部高校向本省或本市的县区或农村地区或山区等遭受侵略较轻的敌后地区的迁移,重点在于"向内部"迁移,不包括向租界和香港等当时外部势力占领区的迁移。同时,这里选取的研究对象也包括发生在全面抗日战争爆发之前,拉开高校内迁序幕的东北地区高校的内迁过程。综上,本书认为可以将"抗战时期高校内迁"界定为:抗日战争时期我国东部、中部地区高校为保存我国高等教育命脉,被迫向西南、西北地区,中南、华东南部丘陵地区以及本省市敌后地区的迁移。本章旨在从总体上描绘全面抗战时期全国高校内迁的全貌,因此本章所指的高校是广义层面的高校,即包括国立、省立、私立的综合性大学、独立学院和各类专门学校。

二、高校内迁的概况

本书根据《中华民国实录》《第一次中国教育年鉴》《第二次中国教育年鉴》《中国高等学校变迁》等史料对符合条件的高校内迁情况进行了整理,以期能够综合展示全面抗战时期我国高校内迁的经过。前文已述,据本书统计抗战时期存在迁移情况(包括内迁、迁往租界、迁往其他学校内)的高校有160余所,根据本书对"高校内迁"的界定,筛选出符合定义的高校共134所,详见表4-1。

表4-1　全面抗战期间高校内迁情况一览表

序号	校名	原址	首迁年份	迁移经过	复员时间地点	迁移次数
1	安徽省立安徽大学	安徽安庆	1938	迁湖北沙市;1939年停办,学生并入武汉大学	1946年5月在安庆复校,后改国立	1

续表

序号	校名	原址	首迁年份	迁移经过	复员时间地点	迁移次数
2	福建省立师范专科学校	福建永安	1942	1941年6月创建于闽西永安;1942年夏迁闽中南平	战后迁福州	2
3	福建省立医学专科学校	福建福州	1938	首迁闽西永安;1938年5月迁闽西沙县;1940年4月迁返永安,改为学院;1941年8月设校于三元	1946年1月迁回福州	2
4	福建私立集美高级水产航海职业学校	福建厦门	1937	首迁闽南安溪;1939年2月,水产航海、商业、农林等三科脱离"联合中学",定名为"福建私立集美职业学校",移往大田县城关闽中大田	1945年8月抗战胜利,学校由安溪迁回集美原址	2
5	广东省立体育专科学校	广东广州	1938	1938年广州沦陷,迁校于云浮县麻章、南屏等地;1940年10月,合并于省文理学院,设为体育专修科	1946年9月,在东较场原校址复办省体育专科学校	1
6	广东省立勷勤大学	广东广州	1937	1937年9月,改称广东省教育学院,10月迁广西梧州;1938年9月,改称广东省文理学院,10月迁广西藤县,12月再迁融县;1939年8月,迁广东乳源,12月迁连县;	1945年11月迁回广州光孝寺;1946年9月底迁回原校舍	8

序号	校名	原址	首迁年份	迁移经过	复员时间地点	迁移次数
				1942年5月,迁广东曲江;1944年6月,迁回连县,8月又迁罗定;同时在广东兴宁与广东省勷勤商学院联合设分教处		
7	广东省立勷勤商学院	广东广州	1938	1938年迁融县;继迁粤南遂溪;三迁粤南信宜	1945年秋在广州复校,改称广东省法商学院	3
8	广东省立艺术院	广东广州	1942	改称广东省艺术专科学校,1942年5月迁曲江;后迁罗定	1945年12月迁回广州	2
9	广西省立军医学校	广西南宁	1938	1938年11月迁桂西田阳;1939年4月改称广西省医药专科学校,11月改为广西省医学院;1940年迁桂林;1944年夏分路迁桂东昭平、贺县、融县和桂北三江	1945年11月迁桂林	3
10	广西省立广西大学	广西梧州	1938	理工学院迁桂林;1939年8月改为国立;1944年9月迁融县,11月迁榕水	1945年迁移柳州鹧鸪江;1946年春,由学生发起"返梧运动",迁回梧州蝴蝶山,9月再迁回桂林,校本部设在将军桥	3

序号	校名	原址	首迁年份	迁移经过	复员时间地点	迁移次数
11	广州协和神学院	广东广州	1938	1938年10月广州沦陷,协和神学院迁到香港沙田;1941年底香港沦陷,再迁到云南大理;1942年迁到粤北,继续与岭南大学合作,由岭大提供教室、学生宿舍和教师住所;1944年粤北告急,岭大迁往兴梅地区,而协和迁往连县	1946年复校,协和神学院直接迁入康乐园,成为岭南大学五个学院之一	4
12	桂林师范学院	广西桂林	1944	1944年冬迁桂北三江;后迁贵州平越	1945年桂林复校	2
13	国立北京大学	北平	1937	迁长沙,与清华大学、南开大学合组长沙临时大学;1938年4月再迁昆明,更名国立西南联合大学	1946年10月迁返北平开学	2
14	国立北平大学	北平	1937	迁西安,与北平师范大学、北洋工学院等合组西安临时大学;1938年4月迁陕南汉中,改名国立西北联合大学;1939年9月更名国立西北大学	1946年1月迁回北平	2
15	国立北平师范大学	北平	1937	迁西安,与北平大学、北洋工学院合组西安临时大学;1938年4月迁陕南汉中,改名国立西北联合大学;1939年9月更名国立	1946年7月迁回北平,11月开学	2

序号	校名	原址	首迁年份	迁移经过	复员时间地点	迁移次数
				西北大学,师范学院改为国立西北师范学院;1940 年西北师范学院迁往甘肃兰州		
16	国立北平艺术专科学校	北平	1937	杭州艺专在抗战爆发后首迁浙中诸暨,二迁赣东贵溪;1938 年迁湘西沅陵,与早先到达的北平艺专合并为国立艺术专科学校;1938 年 10 月迁昆明;1939 年迁滇中呈贡;1941 年迁璧山;1943 年夏迁重庆	合并重组	7
17	国立北洋工学院	天津	1937	迁西安,与北平师范大学、北平大学合组西安临时大学;1938 年 4 月,迁陕南汉中,改名国立西北联合大学,7 月工学院独立为国立西北工学院;1939 年 9 月,西北联合大学更名国立西北大学	1946 年 1 月迁回天津,10 月开学,改称国立北洋大学	2
18	国立东北大学	辽宁沈阳	1931	迁北平;1936 年 2 月,工学院迁西安,成立西安分校;1937 年 6 月,文法两院迁西安;1938 年 3 月,西安分校再迁四川三台	1946 年复员回沈阳	3

续表

序号	校名	原址	首迁年份	迁移经过	复员时间地点	迁移次数
19	国立东方语文专科学校	云南大理	1942	迁呈贡;1945 年 7 月,迁重庆	1946 年 10 月迁至南京	2
20	国立贵阳师范学院	贵州贵阳	1944	迁至遵义	1945 年迁回贵阳	1
21	国立贵阳医学院	贵州贵阳	1944	迁重庆歌乐山	1945 年迁回贵阳	1
22	国立贵州农工学院	贵州贵阳	1944	1942 年 7 月,正式成立国立贵州大学;1944 年冬疏散至遵义	1945 年春迁回贵阳	1
23	国立海疆学校	福建仙游	1944	迁福建南安九都镇	1946 年 6 月迁至晋江	1
24	国立杭州艺术专科学校	浙江杭州	1937	杭州艺专在抗战爆发后首迁浙中诸暨;二迁赣东贵溪;1938 年迁湘西沅陵,与早先到达的北平艺专合并为国立艺术专科学校;1938 年 10 月迁昆明;1939 年迁滇中呈贡;1941 年迁璧山;1943 年夏迁重庆	合并重组	7
25	国立湖南大学	湖南长沙	1938	迁辰溪	1945 年 10 月迁回长沙	1

序号	校名	原址	首迁年份	迁移经过	复员时间地点	迁移次数
26	国立暨南大学	上海	1932	分散沪、粤、苏三地,9月回原址;1937年8月迁入租界;1941年夏在福建建阳设立分校,12月全部南迁	1946年6月迁回沪	3
27	国立江苏医学院	江苏镇江	1937	迁湖南沅陵,1938年8月与南通学院医科合并,是年冬迁贵阳;1939年4月迁重庆北培	1946年迁回镇江	3
28	国立交通大学	上海	1937	部分师生内迁,1940年秋在四川重庆小龙坎成立分校,留沪部分改称私立南洋大学;1942年8月分校迁九龙坡,改为总部	1946年迁返上海	3
29	国立交通大学北平铁道管理学院	北平	1938	1938年2月迁湖南湘潭,与唐山工学院合并上课;1939年1月迁贵州平越;1942年1月改名国立交通大学贵州分校;1943年12月迁四川璧山	1946年迁返北平,改称国立北平铁道管理学院	4
30	国立交通大学唐山土木工程学院	河北唐山	1937	迁湖南湘潭;1938年5月迁湖南湘乡杨家滩,与北平铁道管理学院合并上课;1939年1月,经桂林转迁贵州,在平越复课;1942年1月,改名国立交通大学贵州分校;1943年12月,迁四川璧山	1946年3月迁返唐山,11月正式复课,定名为国立唐山工学院	4

序号	校名	原址	首迁年份	迁移经过	复员时间地点	迁移次数
31	国立南京药学专科学校	江苏南京	1938	迁武汉；1939 年 11 月，迁重庆	1946 年 7 月，迁回南京	2
32	国立清华大学	北平	1937	迁长沙，与北京大学、南开大学合组长沙临时大学；1938 年 4 月，再迁昆明，更名国立西南联合大学	1946 年 10 月，迁返北平清华园	2
33	国立厦门大学	福建厦门	1937	迁闽西长汀	1946 年迁回厦门	1
34	国立山东大学	山东青岛	1937	迁四川万县；后迁重庆，旋奉令停办	1946 年 1 月，在青岛复课	2
35	国立山西大学	山西太原	1937	校部、理学院、工学院迁山西临汾，法学院迁平遥，文学院迁运城；1938 年春至 1939 年 12 月，停办；1939 年 12 月，迁陕西三原复校；1941 年 11 月，迁陕西宜川县秋林镇虎啸沟；1943 年 2 月，迁山西吉县克难坡，7 月，迁回虎啸沟	1946 年 3 月，迁返山西太原	3
36	国立上海医学院	上海	1939	四、五、六年级迁云南昆明；1940 年夏又迁重庆；1941 年 12 月，留沪部分师生亦迁重庆	1945 年至 1946 年返沪	3

序号	校名	原址	首迁年份	迁移经过	复员时间地点	迁移次数
37	国立上海音乐专科学校	上海	1937	在上海市内几经搬迁;1942年6月,被汪伪政府接办,部分师生迁重庆;1946年建立青木关国立音乐院和松林岗音乐分院	1946年10月,迁回上海,并接管汪伪国立音乐院	1
38	国立师范学院	湖南娄底	1944	1938年10月,在湘西安化建立;1944年夏迁湘西溆浦;1946年迁至衡山县南岳大庙(今衡阳市南岳区);战后迁长沙	1944年长沙	2
39	国立四川大学	四川成都	1939	迁往峨眉山	1942年迁回成都	1
40	国立同济大学	上海	1937	由吴淞迁市内公共租界;9月迁浙江金华;11月迁江西赣州;1938年7月,迁广西贺县八步镇;1939年初迁昆明;1940年秋迁四川宜宾	1946年4月至1947年2月返沪	5
41	国立吴淞商船专科学校	上海	1937	1939年底在重庆复校,改称重庆商船专科学校;1943年停办,学校并入交通大学	1946年底在上海复校,仍称吴淞商船专科学校	1
42	国立武汉大学	湖北武昌	1938	迁四川嘉定(乐山)	1946年10月,迁回武昌	1

序号	校名	原址	首迁年份	迁移经过	复员时间地点	迁移次数
43	国立西北师范学院	陕西城固	1944	1939年在陕南城固创建;1941年在兰州设分院;1944年全部迁至兰州	1944年迁回兰州	1
44	国立戏剧专科学校	江苏南京	1937	巡回公演至长沙开学;1938年2月,迁重庆;1939年4月,迁川南江安;1945年7月,迁回重庆	1946年4月至10月迁返南京	3
45	国立牙医专科学校	江苏南京	1937	迁四川成都	1945年冬迁回南京,并入中央大学医学院	1
46	国立英士大学	浙江丽水	1942	1938年创立时称省立浙江战时大学。1939年5月改称浙江省英士大学;1942年迁浙南云和,再迁泰顺;1943年改为国立英士大学;1945年迁永嘉;1946年定址金华	1945年迁永嘉;1946年3月,定址金华	4
47	国立幼稚师范专科学校	江西泰和	1944	迁江西赣县;1945年春再迁广昌	1946年6月迁至上海	2
48	国立浙江大学	浙江杭州	1937	新生西迁天目山,11月全校迁浙江建德,12月迁江西吉安,后迁泰和;1938年7月,迁广西宜山;1939年7月,在浙江龙泉设立分院,11月总校迁贵州;1940年2月,设本部于遵义,各院系分在遵义、湄潭、永兴三地上课	1945年11月,浙江龙泉分校迁回杭州;1946年9月,全校迁返杭州	6

序号	校名	原址	首迁年份	迁移经过	复员时间地点	迁移次数
49	国立中山大学	广东广州	1938	迁罗定,后迁云南澄江;1940年秋迁粤北坪石	1945年迁回广州	3
50	国立中央大学	江苏南京	1937	迁重庆沙坪坝	1945年9月至1946年6月迁回南京	1
51	国立中央工业专科学校	江苏南京	1937	首迁宜昌,两个月后迁川东万县;1938年夏迁重庆,同时在川东巴县设分校		3
52	国立中央政治学校	江苏南京	1937	迁庐山;1938年6月,迁湘西芷江,7月迁重庆	1947年初迁回南京,改名国立政治大学	3
53	国立中正大学	上海	1945	1940年10月,建于泰和;1945年1月,迁赣南宁都,在赣南赣县设分校	战后迁南昌	1
54	国立中正医学院	江西南昌	1937	1937年10月,创办于南昌,12月迁吉安;二迁赣西永新;三迁昆明;四迁黔西镇宁;五迁返永新;六迁泰和;1945年1月,迁闽西长汀	战后迁返南昌	7
55	河北省立河北女子师范学院	天津	1937	全面抗战爆发后,部分师生赴西安,转入西安临时大学各系,家政系仍保持原来建制,与西安临大合办;1937年河北省女子师范学院参与合并组建西安临时大学		1

序号	校名	原址	首迁年份	迁移经过	复员时间地点	迁移次数
56	河北省立师范学院	天津	1937	部分师生迁西安,并入西安临时大学继续办学	1946 年在天津复校,10 月开学	1
57	河南省立河南大学	河南开封	1937	全面抗战爆发后,文、理学院迁豫南鸡公山,农学院迁豫西镇平;1938 年 8 月,均集中到镇平;1939 年 5 月,迁豫西嵩县;1942 年 2 月,改为国立;1944 年迁豫西淅川;1945 年春迁陕西宝鸡	河南大学在1945 年 12 月底迁回开封	5
58	河南省立水利工程专科学校	河南开封	1937	全面抗战爆发后迁豫西镇平		1
59	湖北省立农业专科学校	湖北武昌	1938	迁恩施五峰山;1940 年 12 月,迁恩施北郊金子坝	1945 年迁回武昌	2
60	湖南国医专科学校	湖南长沙	1938	1938 年迁湘南衡阳;1941 年停办	停办	1
61	湖南省立农业专科学校	湖南衡山	1944	1941 年建于湘中南岳;豫湘桂战役爆发后迁湘南东安;继迁湘西辰溪;战后迁长沙	战后迁长沙	3
62	湖南省立修业高级职业学校	湖南长沙	不详	全面抗战爆发后迁湘西安化		1

序号	校名	原址	首迁年份	迁移经过	复员时间地点	迁移次数
63	江苏省立蚕桑专科学校	江苏苏州	1937	全面抗战爆发后1939年迁至乐山		1
64	江苏省立教育学院	江苏无锡	1937	迁长沙；1938年1月，迁桂林；1941年7月，停办，师生合并到国立社会教育学院	1945年9月，在无锡复校	3
65	江苏省立苏州工业学校	江苏苏州	1938	全面抗战爆发后一度停办；1938年迁沪复课，后并入私立上海工业专科学校	1945年在苏州复校	1
66	江苏省立医政学院	江苏镇江	1937	1937年11月，迁湘西沅陵；1938年8月，改为国立江苏医学院，同年冬迁贵阳；1939年迁重庆		3
67	江苏省立银行专科学校	江苏镇江	1937	该校于1937年由江苏镇江迁往湖南桃源；到1938年8月，又再次迁往湖南乾城；1941年改为国立商学院		2
68	江西省立工业专科学校	江西南昌	1938	1938年首迁赣县；1939年迁赣南于都；1945年1月，迁赣南宁都	1949并入南昌大学	3
69	江西省立农业院家畜防疫人员训练班	江西吉安	不详	1937年8月，改名兽医人员养成所；1938年11月，改名江西省兽医科学校；抗战期间曾迁江西泰和黄岗华阳书院；1945年初迁泰和曾家街，旋迁吉水白沙	抗战胜利后迁至南昌	3

续表

序号	校名	原址	首迁年份	迁移经过	复员时间地点	迁移次数
70	江西省立农业专科学校	江西	1945	全面抗战爆发后新设，一度停办；1943年在赣南泰和恢复；1945年1月，迁赣东北婺源		1
71	江西省立兽医专科学校	江西南昌	1939	1938年11月，创办于南昌；1939年3月，迁吉安，后迁泰和；1945年春迁赣南吉水；战后迁南昌		3
72	江西省立体育师范专科学校	江西吉安	不详	1943年夏创办于赣中吉安，后迁泰和；1945年1月，迁赣中永丰；战后迁南昌	战后迁南昌	1
73	江西省立医学专科学校	江西南昌	1937	1937年底迁赣西新余；1938年夏迁赣县；1939年春迁赣南南康；1940年12月，迁赣县；1945年1月，迁赣南云都，3月迁宁都	1945年下半年，抗战结束后学校陆续迁回南昌	6
74	军医学校（属军政部）	江苏南京	1938	1938年10月迁黔西安顺		1
75	蒙藏学校	江苏南京	1937	迁安徽青阳，12月继续西上，经长沙、常德、沅陵，止于芷江；1938年6月，迁重庆；1941年8月，改名国立边疆学校	1946年夏迁至江苏无锡上课；1947年迁回南京	3

序号	校名	原址	首迁年份	迁移经过	复员时间地点	迁移次数
76	南京戏剧学校	江苏南京	1938	1937年已筹划建校，后因全面抗战爆发，在长沙正式开学；1938年2月，迁重庆；1938年4月，迁川南江安；后又迁返重庆，改为国立戏剧学校；战后迁返南京	战后南京复员	4
77	山东临时政治学院	山东安丘	1943	1941年秋创办，又一度停办；1943年秋迁皖北阜阳；1947年2月，迁回济南，4月改称山东省师范专科学校	济南复校	1
78	山东省立医学专科学校	山东济南	1937	全面抗战爆发后，尹莘农校长带领学校撤离济南，先后迁到汉口、四川云阳县和万县	抗战胜利后教育复员	3
79	山西工农专科学校	山西太谷	1937	全面抗战爆发后迁晋南运城；1937年11月，迁豫西陕县；1938年1月，迁西安，11月迁陕南沔县；1939年3月，迁川中金堂县；1940年8月，改为私立铭贤学院		5

序号	校名	原址	首迁年份	迁移经过	复员时间地点	迁移次数
80	山西省立山西大学	山西太原	1937	全面抗战爆发后,各学院分别迁至晋中平遥、晋南临汾和运城,后停办一年;1939年12月,迁陕中三原;1941年11月,迁陕北宜川;1943年2月,迁晋南吉县,4月改为国立;1943年7月迁回宜川	1939年年底,山西大学停办两年后在陕西三原复课	4
81	陕西省立医学专科学校	陕西西安	1938	1938年12月,迁往南郑联立中学上课;1939年7月,因联立中学索还校址,一度借女子师范学校教室上课,同年9月,因日军集中轰炸汉中而再回西安,因原校址被省粮食局占用,遂借用东关龙渠堡私立民立中学(西安市二中现址)校舍上课		1
82	私立北京协和医学院护士学校	北平	1942	1943年9月,迁成都重建;1942年,北京协和医学院被日军占领而停办,北京协和医学院护士学校聂毓禅校长克服种种困难,将护校迁到四川成都,借华西联合大学的校舍和医院继续招生		1

序号	校名	原址	首迁年份	迁移经过	复员时间地点	迁移次数
83	私立北平民国学院	北平	1937	全面抗战爆发后，首迁开封；二迁长沙；三迁湘北益阳；四迁湘西溆浦	1945年后留湖南宁乡继续办学	4
84	私立朝阳学院	北平	1937	迁湖北沙市；旋迁四川成都；后迁重庆兴隆场	1946年2月，迁回北平	3
85	私立山西川至医学专科学校	山西太原	1940	校址先后迁至山西省新绛县、陕西省三原县（1940）和宜川县，1940年3月并入山西大学，称山西大学医学专修科	1940年并入山西大学	3
86	私立大夏大学	上海	1937	与复旦大学在庐山、贵阳两地合组第一、第二联合大学；1938年4月，与复旦大学分立，单独设校于贵阳；1944年迁至黔北赤水	1945年秋迁返上海	3
87	私立东吴大学	江苏苏州	1937	大部分师生转赴内地；1938年春转回上海，与圣约翰大学、沪江大学、之江大学等在沪联开课；1941年12月，法学院迁重庆，文、理学院先迁福建长汀，后迁曲江，不久停办，留沪部分教师与之江大学部分教师开办补习班，后改称华东大学	抗战胜利后，华东大学易名东吴大学，1947年由上海迁返苏州	3

序号	校名	原址	首迁年份	迁移经过	复员时间地点	迁移次数
88	私立东亚体育专科学校	上海	1937	由上海方斜路迁南昌路上课;1943年停办;1944年夏在四川泸县复校	1947年9月,于上海旧址复校	2
89	私立福建协和学院	福建福州	1938	迁邵武;1942年4月,改称私立福建协和大学	1945年秋迁返福州	1
90	私立福建学院	福建福州	1938	迁闽清十六都白云渡;1941年6月迁浦城	1946年迁回福州	2
91	私立复旦大学	上海	1937	校本部与大夏大学合迁庐山,12月复迁重庆;1938年2月,留沪部分开学,4月与大夏大学分立,单独设校于重庆,1941年改为国立	1946年春迁回上海,与沪校合并	2
92	私立光华大学	上海	1937	一度迁入租界,1937年8月,历迁上海愚园路、北京西路、凤阳路、汉口路;1938年在四川成都设立分校;1941年12月沪校停办	1946年夏,上海部分复校,成都分校改名成华大学,由川人接办	5
93	私立广州大学	广东广州	1938	迁开平;同时在香港九龙和中山县分别设立分教处;1940年秋迁往台山城;1941年12月,九龙分教处迁回内地,全校迁至曲江	1945年8月迁回广州	5

序号	校名	原址	首迁年份	迁移经过	复员时间地点	迁移次数
				开学;1944年6月,分迁连县及罗定;1945年1月,迁连平,旋迁兴宁		
94	私立贵阳学院	贵州贵阳	不详	初迁沙市;后迁简阳;继迁四川成都;最后迁至巴县		4
95	私立国民大学	广东广州	1938	迁开平,在香港设分校;1941年底本部迁至曲江;1944年先后迁至茂名、和平	1945年迁回广州	3
96	私立沪江大学	上海	1937	迁入城中沪江商学院继续上课;1941年12月,停办,由同学会改以沪江书院名义继续开课;1942年2月,在重庆复校,与东吴大学法学院合组法商学院;1945年之江大学加入,合组法商工学院	1945年重庆法商工学院停办;1946年4月,迁回原址复校	2
97	私立华北文法学院	北平	1937	迁湖广会馆继续上课	1946年冬迁回原址	1
98	私立华南女子文理学院	福建福州	1938	迁至南平	1946年迁回福州	1

序号	校名	原址	首迁年份	迁移经过	复员时间地点	迁移次数
99	私立华侨工商学院	香港	1941	迁广西柳州；1944年秋部分师生入四川江津；1945年迁重庆	1945年冬部分师生返港复校，留川部分改办重华学院	2
100	私立焦作工学院	河南焦作	1937	迁陕西西安；1938年3月，迁天水，7月与西北联合大学工学院、国立东北大学工学院合并改组为国立西北工学院，在城固开学	1946年8月，在洛阳关林复校；1947年10月，迁郑州	1
101	私立金陵大学	江苏南京	1937	迁四川重庆华西坝	1946年9月，迁返南京	1
102	私立金陵女子文理学院	江苏南京	1937	分在上海、武昌、成都3处授课；1938年初，武昌、上海部分相继迁至四川成都	1946年6月，迁回南京	2
103	私立立凤艺术专科学校	江西泰和	1945	1943年9月，创建于泰和；1945年1月，迁赣南兴国		1
104	私立立信会计专科学校	上海	1942	一度停顿，1942年秋迁至重庆	1945年8月，迁回上海	1

序号	校名	原址	首迁年份	迁移经过	复员时间地点	迁移次数
105	私立两江女子体育专科学校	上海	1938	沪校停办,部分师生迁至四川重庆复校;1940年被勒令停办	停办	1
106	私立岭南大学	广东广州	1941	迁香港;1941年12月,迁广东曲江;1945年初再迁梅县	1945年秋迁回广州	2
107	私立民治新闻专科学校	上海	不详	迁渝	1946年7月,迁回上海	1
108	私立铭贤学校	山西太谷	1937	迁运城,11月迁河南陕县;1938年1月,迁西安;1939年3月,迁四川金堂县;1940年改名私立铭贤学院	战后滞留川西;1950年春迁回山西太谷	4
109	私立南开大学	天津	1937	迁长沙,与清华大学、北京大学合组长沙临时大学;1938年4月,再迁昆明,更名国立西南联合大学	1946年秋回天津复校	2
110	私立南通学院	江苏南通	1937	一度停课;1938年8月,农、纺两科迁沪复课,医科迁湖南沅陵与江苏医政学院合并为国立江苏医学院	1946年在南通复校,农科畜牧兽医系及纺织科高年级学生仍留沪上课	1

序号	校名	原址	首迁年份	迁移经过	复员时间地点	迁移次数
111	私立齐鲁大学	山东济南	1937	停办,多数师生迁往成都;1938年在成都复课,留济南部分人员开办短期职业学校;1941年12月停办	1946年由成都迁回济南	1
112	私立群治农商专科学校	湖南长沙	不详	迁湖北桃源,旋奉令改为职业学校		1
113	私立上海法学院	上海	1937	"一·二八"事变后连续四移校舍;1937年后历迁浙江兰溪西乡、皖南屯溪;1943年于川东设立万县分校	抗战胜利后返沪,万县分校独立成立辅成学院	7
114	私立上海法政学院	上海	1943	迁至租界上课;1942年停办,1943年8月,迁皖南屯溪复课	1946年1月,迁回上海	1
115	私立上海美术专科学校	上海	1942	部分师生迁至浙江金华,先后参加东南联合大学和国立英士大学;后留沪部分停办	1945年在上海复校	1
116	私立苏州美术专科学校	江苏苏州	1937	撤至上海,设苏州美专沪校;1941年12月,停止招生;1944年在宜兴另设分校	1945年下半年,宜兴分校和沪校先后迁返苏州	2

序号	校名	原址	首迁年份	迁移经过	复员时间地点	迁移次数
117	私立文华图书馆专科学校	湖北武汉	1938	1938年7月,迁重庆;1938年因抗日战争迁至四川璧山;1940年开始招收高中毕业生入校,开办二年制的档案管理科;1946年迁回武昌	1946年迁回武昌	2
118	私立无锡国学专修学校	江苏无锡	1937	辗转于湖南长沙、湘乡和广西桂林等地;1939年在上海设立补习班;1944年学校又迁桂南蒙山、瑶山、平南、北流山围等地	1946年迁返无锡;1947年上海部分迁无锡合并	3
119	私立武昌华中大学	湖北武昌	1938	迁广西桂林;1939年迁云南大理	1946年4月,分批迁回武昌原址	2
120	私立武昌艺术专科学校	湖北武昌	1938	迁宜都;1939年春迁四川江津	1946年迁返武昌	2
121	私立武昌中华大学	湖北武昌	1938	迁宜昌,再迁重庆	1945年11月,迁回武汉	2
122	私立湘雅医学院	湖南长沙	1938	迁贵阳。1940年改为国立。1944年12月迁重庆	1945年迁回长沙	2
123	私立燕京大学	北平	1941	部分师生迁成都	1946年夏迁返北平	1

序号	校名	原址	首迁年份	迁移经过	复员时间地点	迁移次数
124	私立医药技术专门学校	湖北武汉	1938	1938 年迁重庆	1946 年迁回汉口	1
125	私立正则艺术专科学校	江苏丹阳	不详	全面抗战爆发后迁四川江津		1
126	私立之江大学	浙江杭州	1941	1941 年冬迁浙西金华，后迁闽西邵武；1943 年在贵阳设分校，后贵阳分校迁重庆；1945 年与东吴大学法学院、沪江大学合组法商工学院	抗战胜利后，之大工学院决定东归，东迁后高年级学生在上海复课，仅一、二级学生在杭州本校上课	2
127	私立之江文理学院	浙江杭州	1937	拟迁安徽屯溪未成，乃转迁上海，于 1938 年与圣约翰大学、沪江大学、东吴大学联合开课；1940 年扩充为私立之江大学；1941 年 12 月，迁金华，后迁福建邵武；1943 年在贵阳设立之江分校；1944 年在邵武部分结束，贵阳分校迁重庆；1945 年与沪江大学、东吴大学合组法商工学院	1946 年分别在沪、杭复校（一、二年级在杭州，三、四年级在上海），后沪校迁返杭州，并恢复私立之江大学名称	5
128	私立中法大学	北平	1939	1939 年理学院迁昆明；1941 年文学院迁昆明	1946 年夏迁返北平	1

序号	校名	原址	首迁年份	迁移经过	复员时间地点	迁移次数
129	苏皖联立临时政治学院	福建崇安	1942	迁福建三元;1943 年8 月,与江苏省教育学院合并,改称江苏省江苏学院	1946 年在徐州复校	1
130	云南省立云南大学	云南昆明	1940	1938 年 7 月,改为国立;1940 年理学院迁嵩明,工学院迁会泽,农学院迁呈贡	1944 年至 1946 年相继迁回昆明	1
131	浙江省立杭州蚕丝职业学校	浙江杭州	不详	全面抗战爆发后迁浙北临安;二迁浙西寿昌;三迁浙中新昌;四迁浙中山乘县;五迁返新昌;六迁浙中缙云	1956 年复校并更名为浙江省诸暨蚕桑学校	6
132	浙江省立医药专科学校	浙江杭州	1937	1937 年 11 月,迁浙西淳安;二迁浙中缙云;1938 年 1 月,迁浙东临海;1939 年迁浙中天台	1946 年复员迁回杭州	4
133	私立中华文化学院	广东坪石	1945	1942 年建于粤北坪石,后改名私立文化大学;1945 年初迁梅县	1945 年 8 月,迁至广州	1
134	中央国术体育专科学校	江苏南京	1937	1937 年,搬迁到湖南长沙杜家山中学,后来又经由广西桂林,取道越南,迁至昆明拓东路湖北公所;1940 年迁至四川北碚	1946 年迁往南京廖家巷 2 号续办	3

根据"我国原校址在东部、中部地区的高校,因躲避战乱而被

迫向西南、西北地区,中南、华东南部及本省市敌后地区的迁移"的
定义,共筛选出了 134 所符合条件的内迁高校,其中国立高校 47
所,省立高校 37 所,私立高校 50 所,涉及范围之广可见一斑。而迁
移次数在 2 次及以上的有 83 所,占高校总数的 61.9%,这也从总
体上反映了当时我国高校为维护文化命脉、维持教育事业所付出
的艰苦努力。

第二节　抗战时期高校内迁过程

一、高校内迁的三次高潮期

高校内迁运动始终伴随着中华民族抗日战争局势的变化,当
高校所在地一旦面临沦陷的危险时高校师生就不得不做出迁移的
决定。目前学界对高校内迁的不同时间阶段存在不同划分,学者
徐国利对抗战时期高校内迁运动进行了长期研究,他认为在战时
的内迁运动中实际上存在 3 个高潮期和局部若干小规模迁移期[1],
这一观点可从表 4-2 中得到验证,所谓 3 个高潮期即随着抗日战
争局势的发展,在 1937 年至 1945 年期间出现了 3 次国内东部高校
向中西部等战区后方迁移的高峰期,现简述如下。

表 4-2　抗战时期高校首次内迁时间统计

首迁年份	1931	1932	1937	1938	1939	1940	1941	1942	1943	1944	1945	不详	总计
学校数	1	1	59	31	5	2	4	8	2	9	4	8	134
占比百分比(%)	0.75	0.75	44.03	23.13	3.73	1.49	2.99	5.97	1.49	6.72	2.99	5.97	100

---

[1] 徐国利:《抗战时期高校内迁概述》,《天津师大学报》1996 年第 1 期,第 56—61 页。

（一）第一个高潮期：1937 年 7 月至 1938 年 11 月

第一个高潮期是开始于 1937 年七七事变，持续至 1938 年 11 月武汉、广州沦陷前后，整个过程约一年半的时间。这一时期，随着日本帝国主义的侵略，我国东部沿海和中部大城市相继沦陷，日本侵略者对沦陷地的教育和文化传承机构，特别是高等教育机构进行了长期的重点破坏。北平、天津、上海、南京、武汉、长沙、广州等地区均是我国高校较为集中的城市，也是当时我国高等教育较为发达的地区，因此，我国高等教育事业损失尤其惨重。据统计，至 1938 年 8 月底，我国 108 所高校中 91 所受到日军破坏，其中有 10 所高校遭完全毁坏，25 所被迫暂时停办。在这样的背景下国民政府通过颁布《战时内迁学校处置办法》①等文件着手推进高校内迁工作。但随着战争局势的变化，国民政府无力组织全部高校内迁，只得选定 3 个地点作为华北华东地区各高校的安置区，在 3 个地区组建临时大学。长沙、西安两地安置了华北主要国立高校，且分别组建了长沙临时大学（即后来的国立西南联合大学）和西安临时大学（即后来的国立西北联合大学）。由此，我国战区高校内迁运动正式开始。

据上表统计，这一时期内迁高校总计 91 所，占全部内迁高校的 67.4%。这一时期由于处于抗日战争战略防御阶段，我国军队在华北、华东、华南地区节节败退，同时沦陷地区多为当时我国高等教育中心地区，集中了我国绝大部分高校，因此这一时期实际是三大内迁时期中规模最大、迁移范围最广的阶段。这一时期内迁的主要是国立和公立高校。徐国利指出这次迁移高峰期实际伴随

---

① 中央教育科学研究所编：《中国现代教育大事记》，北京：教育科学出版社 1988 年版，第 372 页。

战局发展而由四次小高峰期组成,第一个小高峰是北平、天津失守之后,设在北平、天津、河北东部地区的高校陆续向南迁移。第二个小高峰是上海、南京、苏州、杭州沦陷之后,设校于此的大批高校相继向西、向南转移。第三个小高峰是武汉、长沙失陷前后,设址于当地的高校以及此前迁到该地区的华北、华东地区的高校陆续向西或向南进一步转移。第四个小高峰则是广州、福州被日军攻占后,广东、福建等省份沿海城市的高校向本省敌后内部山区进行转移。①

(二)第二个高潮期:1941 年 12 月至 1942 年 7 月

第二个高潮期始自 1941 年 12 月太平洋战争爆发,到 1942 年夏大约半年多时间。这一时期的高校内迁一方面是日军进一步扩大占领范围,使滞集在华东华南山区、农村等地的高校被迫迁移或再迁移。另一个主要原因是在太平洋战争爆发后美英对日宣战,日本侵入美英在华租界和香港地区,迫使避居其中的各高校或迁移或停办。根据上述统计,这一时期首次迁出高校有 14 所,另外还有再次迁移的高校,共计 20 余所。这一时期内迁高校以私立高校和教会大学为主,国立公立高校相对较少。

(三)第三个高潮期:1944 年 4 月至 1945 年 1 月

第三次高潮期始于 1944 年 4 月,止于 1945 年初的豫湘桂战役时期。豫湘桂战役中国民政府军队溃败,日军直接占领了河南、湖南、广西三省的大部分地区,同时还占领了广东、福建、湖北部分地区。与此同时,日军还进一步进军逼近贵阳,对整个西南地区形成

---

① 徐国利:《关于"抗战时期高校内迁"的几个问题》,《抗日战争研究》1998 年第 2 期,第122—139 页。

巨大威胁,于是导致了在定址于广西、贵州的一些高校以及此前迁入广西、贵州、湘西等地的高校不得不进一步内迁,向四川、重庆、贵州西北等地转移。同时,日军在1944年底对江西省中南部发动进攻,导致1945年初聚集在江西战时省会泰和的多所高校向赣中、赣南迁移。

二、高校内迁的五条路线

通过上述分析可以发现,抗战时期我国高校内迁的方向和路线依照所在高等教育中心不同有着很大差异,现概述如下:

1. 以北平、天津为中心的华北地区高校内迁主要路线有向西和西南两个方向,路线一是自北平、天津一路南下,经河南、湖北至湖南长沙,后自湖南分两路,一路经贵州直接进入云南昆明,另一路经广东走海路绕道越南再至云南,最为典型的是当时北京大学、清华大学和南开大学内迁组建西南联大;另一条则是南下至河南郑州后向西进入陕西,以北平大学、北平师范大学和北洋工学院在西安组建西北联大为典型。

2. 以南京、上海、杭州等地为中心的华东地区的高校内迁路线也主要有向西和西南两个方向,具体路线为:一是走水路沿长江西上,经武汉后直接入川渝,以中央大学为代表;二是走陆路经江西中南部入湖南,最终到达贵州、云南、四川等地,以浙江大学为典型代表;此外还有一路取向西南,迁往浙西、浙南或福建西北部的,以之江大学为典型。

3. 以广州为中心的华南地区高校内迁方向主要是向北和向西,具体路线为一是向省内北部和西部、西南部山区迁移,这一路涉及学校较多,如广东省立艺术专科学校等;二是经粤西迁入广西,甚至西迁至云南等地,后再迁回广东山区,如中山大学；三是由广州向南入香港避难，后迁往广东内陆，如私立岭南大学等。

4. 以武汉为中心的华中地区高校，以及包括当时临时迁入湖北的华北和华东地区高校，主要有向南、向西两个方向。具体路线包括：一是沿湘江南下，经广西、广东进入云南，如私立武昌华中大学等；二是沿长江向西进入鄂西，再西迁至四川和重庆，如私立武昌艺术专科学校等。

5. 另外还有以省内迁徙为主的高校，如湖南省的大多数高校则主要迁往湘西，如湖南大学；江西的大部分学校迁往赣中、赣南一带；福建省内的学校大多向西迁入闽西、闽中山区之中。

从总体上看，高校的内迁经过与战争局势走向基本一致，无论是时间还是空间都经历漫长而曲折的过程。华北、华东、华南、华中四大地区高校的内迁路线虽各有不同，但其目的地较为集中，西南以重庆、四川为主，西北以陕西为主，高校内迁在保护中华文化发展命脉的同时，也为西南、西北的欠发达地区带来了教育红利，对此后我国高等教育总体布局也产生了深远影响。

第五章　国立西南联合大学的内迁与改革

　　国立西南联合大学(西南联大)在特殊的历史时期取得了非凡的成就,培养了一大批享誉中外的知识精英,在教学、科研、服务社会等诸多方面均有建树。学者们从不同的角度诠释了这一骄人的业绩取得背后的原因,包括3个方面:特殊的历史时空与内迁过程促使了一种紧密的师生关系形成;充分地尊重学术研究和学生自治的自由;关注通才的培养,为学生之后的发展奠定了坚实的基础。除此之外,管理层对于教育管理权力的独特理解与适当放权,最终使得"八音合奏"。特殊的历史时空与内迁过程使得教师与学生之间形成了除却学习之外一种全新的命运共同体关系,这种交融的关系促使了师生、生校平等关系的形成;东西方教育理念融合则使管理层能够认识到通识教育的重要性,并付诸严格的教学管理与实施,通过帮助学生打好广博基础,进而精益求精,一方面为培养社会需要的"通才"做准备,一方面为学生今后在更高程度上的发展乃至成为"专才"奠定基础;从教育管理角度来看,不论是在学术研究还是自我管理方面,都给予师生充分的尊重与自由,促使师生能够有更大的空间施展自我。西南联大创造的奇迹,与其所处的独特时空、管理层独特的管理风格以及师生作为命运共同体的教学关系,有着不可分割的联系。

翻开 1946 年联大学生编印的《联大八年》仔细阅读,还能看到"奇迹"和"成就"的另一面,针对西南联大刻薄恶毒的批评与抱怨,并不鲜见。但是,对于历史上的"非凡"和"伟大",我们总要怀着客观的、辩证的心态来看待。正如有的学者所说:其实打开任何一所大学的"学生纪念册",就会发现:只要是在校生编的,大都是批评意见;如果是老校友编的,大都是温馨回忆。也许正因为西南联大早已不复存在,它才更值得后人追怀。我们对西南联大的认识,最好是基于对照阅读,方能见其真容颜与真性情。那些当年留下抱怨和批评的在校生,几十年后,当他们执笔撰写回忆录时必定是满口赞扬之声。[1] 此外,西南联大有其特殊性,以南渡始,以北归终,这个故事本身就很完整。早先是"南渡自应思往事,北归端恐待来生";后来又"国仇已雪南迁耻,家祭难忘北定诗"。起承转合之间,充满了戏剧性,但又未见抹不去的阴影。那些被迫关闭的大学,当事人壮志未酬,深感压抑;而西南联大则是以胜利者的姿态,主动解散,班师回朝,故壮志多过悲情。

第一节　从长沙临大到西南联大

一、组建长沙临时大学

1937 年 7 月 7 日,卢沟桥事变发生,7 月 30 日,平津陷落。8 月 28 日,国民政府教育部分别授函私立南开大学校长张伯苓、国立清华大学校长梅贻琦和国立北京大学校长蒋梦麟,任命 3 位校

---

[1] 西南联大《除夕副刊》主编:《联大八年》,北京:新星出版社 2010 年版,第 10 页。

长成为长沙临时大学筹备委员会委员,并合并组建长沙临时大学。9 月 10 日,国民政府教育部宣布国立长沙临时大学成立。10 月,经过长途跋涉的 1600 多名师生陆续抵达长沙。10 月 25 日,国立长沙临时大学开学。校本部位于长沙城东的韭菜园,租借了当时的圣经学院和涵德女校。11 月 1 日,国立长沙临时大学正式开课,后来这一天被定为国立西南联合大学的校庆日。这所临时大学囊括了清华、北大、南开 3 所大学原有的院系,设立了 17 个学系。据统计,截至当年 11 月 20 日,该校在校生共有 1452 人,其中清华学生 631 人、北大学生 342 人、南开学生 147 人、新招学生 114 人、借读生 218 人;教职员共有 148 人,其中清华 73 人。①

二、定名西南联合大学

一个学期之后,长沙也开始面临战争的威胁 1938 年 1 月,继续西迁的工作被列入日程。20 日,常委会作出“即日开始放寒假,下学期在昆明上课”的决定,要求师生 3 月 15 日前前往昆明报到。因此,1938 年 2 月,长沙临大开始迁徙昆明。2 月 19 日,师生在韭菜园的圣经学院召开了誓师大会,20 日正式开始西迁工作。师生们经过体检和选拔,由 284 名学生组成了 18 个小队,湖南省主席张治中委派黄师岳中将担任团长,另有 3 位军官分任参谋长和大队长,随团还配有炊事员和医生;教师辅导团共有 11 人,黄钰生、曾昭抡、李继侗、闻一多和袁复礼组成指导委员会,由黄钰生任主席。进入 4 月份以后,长沙临时大学走完了西迁活动的最后一程。4 月 2 日,国民政府教育部电令国立长沙临时大学改称为国立西南联合大学(National Southwestern Associated University),设文、理、

---

① 西南联大《除夕副刊》主编:《联大八年》,北京:新星出版社 2010 年版,第 20—108 页。

工、法商、师范 5 个院 26 个系，两个专修科，一个先修班。4 月 28
日，"湘黔滇旅行团"顺利抵达昆明。5 月 4 日，国立西南联合大学
正式开课。①

　　"湘黔滇旅行团"是中国知识分子第一次大规模地走出校
门与社会接触。出发前，学生甚至老师均不甚了解我国的西南
风土人情及人文历史。学校便把许多关于西南地区的图书资
料拆箱，让有兴趣的教师和学生自行翻阅学习。"湘黔滇旅行
团"每 10 人左右编成一队，队伍由队长负责。旅行途中或宿营
休息时，辅导团老师们结合当地的地理山川、民风民俗进行现
场教学。钱能欣结合沿途所见所闻整理成文，出版了《西南三
千五百里》，为后人了解这段历史留下了翔实可靠的文字记录。
闻一多指导学生收集民歌、研究地方语言，李继侗介绍云南农
村的情况，袁复礼则在湘黔一带讲述河流、地貌的构造和演变。
同学们兴趣盎然边走边学，老师们指点江山激扬文字，学习和
体验到了许多在课本上无法学到的知识和经验。此次旅行全
程共计 1750 公里，行程 68 天。

　　为了保存中华民族教育资源免遭毁灭，当时一大批优秀的教
授大师、学生齐聚昆明。他们的到来以及西南联合大学的落成，为
这四季如春的春城带来了生气，更可贵的是，从某种意义上讲，他
们带来了思想和文化的启蒙。西南联大的师生们透过内迁活动向
世人展示了"誓死不当亡国奴"的决心。这是世界高等教育史和中
国高等教育史上罕见的大迁徙，保存了经过几十年发展形成的宝
贵教育资源和高等教育文脉，培养了国家经济建设和战后恢复所

---

① 陈岱孙：《国立西南联合大学校史序》，西南联合大学北京校友会编：《国立西南联合大
　学校史》，北京：北京大学出版社 1996 年版，第 3 页。

需的精英人才,并促进了西南地区高等教育的发展,使得先进的科学技术和思想文化得以扩散和传播,使得西南地区经济社会封闭停滞的状态被打破。总而言之,"西南联大的内迁是在战时进行的一次大学文化和现代文明艰苦卓绝的长征"①。

第二节　通才教育与学生自治

一、西南联大的通才教育

为方便管理,尤其是协调三校的教育教学、师资队伍等资源,西南联大成立了由张伯苓、蒋梦麟、梅贻琦"三常要"及秘书主任杨振声组成的常务委员会。② 其中,蒋梦麟深受蔡元培的影响,对北大的通识教育精神最为了解,因而也成为西南联大通识教育的重要支持者。而在办学中,张、蒋二位校长实际上并不参与,因此也为主政的梅贻琦全面推行其通才培养的办学思想提供了极大便利。西南联大的通识教育思想源于西方,就连梅贻琦也承认"今日中国之大学教育,溯其源流,实自西洋移植而来"。同时,应"明明德"的要求,将大学的培养目标定义为培养适应社会并能够为社会做奉献的"新民"。③ 由此也逐渐使得通识通才教育思想在其任清华大学校长期间落地,并逐渐成为清华大学和西南联大的办学逻辑:打好广博基础,进而精益求精,一方面为成为"通才"做准备,一

---

① 黄志询:《忆黄子卿教授》,北京大学校友联络处编:《茄吹弦诵情弥切——国立西南联合大学五十周年纪念文集》,北京:中国文史出版社 1988 年版,第 247 页。

② 江渝:《西南联合大学成功联合之原因再析》,《天府新论》2011 年第 5 期,第 128—131 页。

③ 金以林:《近代中国大学研究》,北京:中央文献出版社 2000 年版,第 229 页。

方面为学生未来发展和成为"专才"奠定基础。①

　　梅贻琦认为，通识教育是通才培养的主要手段。首先，"通识"是为"一般生活之准备"，"通识"有"润身"和"自通于人"的功能，因此"通才为大"，偏重专科和专通并重都不可行。"通重于专"才符合教育规律。其次，大学任务"在通而不在专"，大学教育"最大的目的原在培植通才"，而不是"以（大学）四年之短期间"达到"通识之准备"和"专识之准备"兼具。因此，从事大学教育者，"诚能执通才之一原则"，坚持"才不通则身不得出"，则通才教育方能起效。梅贻琦还认为，大学在教育教学上应该坚持"通识为本"和"专识为末"理念，全面系统地实施通识教育。② 他指出，"通识之授受不足，为今日大学教育之一大通病"③，因此必须采取通识教育，对学生进行"知类通达"通识教育，方可培养"新民"④。基于通才培养的院系设置，通才教育理念更注重基础课程的学习。我们还可以从西南联大的院系设计中窥见梅贻琦通才培养的思想，"大学第一年不分院系，是根据通之原则者也"⑤。

　　西南联大在具体实践中，充分贯彻了这一思想，只设立了领域涵盖较大具有"大类培养"色彩的文、法商、理、工 4 个学科大类的

① 江渝：《西南联合大学成功联合之原因再析》，《天府新论》2011 年第 5 期，第 128—131 页。
② 许琦红：《论西南联大的大学精神及其启示》，《教育评论》2015 年第 7 期，第 141—144 页。
③ 梅贻琦：《工业化的前途与人才问题》，《中国的大学》，北京：北京理工大学出版社 2012 年版，第 182—190 页。
④ 郭屏藩：《南大被炸之追忆》，《南开大学校史资料选（1919—1949）》，天津：南开大学出版社 2003 年版，第 15 页。
⑤ 梅贻琦：《大学一解》，《中国的大学》，北京：北京理工大学出版社，2012 年，第 2—13 页。

学院和专属性较强的师范学院,并依据学科划分总计下设 26 个学系(其中包括师范学院的 7 个系)。西南联大重视通才造就,因而在下设的学系内,并不设立专业,仅设立了 2 个专修科,1 个先修班。根据社会需要和师资与设备情况,在四年级设置内容有所侧重的若干专业组,由学生自主选修学习。例如,土木系设有结构工程、水利工程、铁路道路工程和市政及卫生工程 4 个专业组;电机系设有电力和电讯 2 个专业组。机械系必修课程则侧重于动力工程。由于负担全院公共必修课的任务较重和设备条件原因,机械学系下面未再设置专业组,只在大四年级先后开设了 25 门任意选修课,供学生自行有所侧重地选修,以利于毕业后工作或继续深造。[①]

　　从学生入学与毕业情况来看,西南联大的通才教育对其毕业生成就的积极影响十分深远。早期西南联大的学生,都是北大、清华、南开的学生,综合素质高。1938 年后,由于报考联大的人数较多,且多属高分段学生,因而学生质量在全国范围内仍位列前茅。尽管战时交通困难,家庭经济情况困窘,西南联大的光环仍极大地吸引着全国各地的青年学生。有的学生宁愿放弃其他大学的学历,也要重新报考西南联大。也有仰慕联大的学术水平而转来的学生。据统计,从 1938 年至 1946 年,先后在西南联大就读的学生约 8000 人,毕业生 2500 余人,在极其艰苦的条件下,培养出大批杰出人才。其中,有许多是蜚声中外的一流科学家,包括李政道、杨振宁、邓稼先、赵九章、朱光亚等。1948 年中央研究院第一届 81 位院士,西南联大人占 26 名;院士里最年轻的 3

[①] 何水清:《我所亲历的西南联大本科教育》,《中国大学教学》2008 年第 10 期,第 17—26 页。

位,陈省身、许宝騄和华罗庚,均为西南联大教授或毕业生。首批入选美国国家科学院院士的 5 位华裔——陈省身、林家翘、杨振宁、李政道和吴健雄,除了吴健雄出自中央大学,前 4 人均为西南联大校友。[①] 新中国成立后,1955 年中国科学院自然科学学部委员中出身于西南联大的有 118 人,占学部委员总数 473 人的24.9%。[②]黄昆、刘东生、叶笃正 3 位获得国家最高科技奖;屠守锷、郭永怀、陈芳允、王希季、朱光亚、邓稼先 6 人是两弹一星元勋。

西南联大的通识教育能够深入贯彻实施的原因,与以下几点密不可分。

第一,对通识教育课程的倡导。梅贻琦指出"要造就通才……必须添有关通识的课程,而减少专攻技术的课程"。教务长潘光旦积极响应校长的倡导,并在教学安排中充分地贯彻这一思想。他主张"大学……前三年为普通教育或通识教育",因而课程理应按照这一部署进行安排。钱穆也认为"每一学院之课程,应以共同必修为原则,而以选课分修副之,更不必再为学系之分别"。通识教育思想对西南联大的课程安排产生了重要影响,也烘托了西南联大校园内通识教育的氛围。[③]

第二,学院层面主动推动通识教育。西南联大校友曾说:理学院院长吴有训主张学生知识面要广,要求学生多选外系的课程。如果学生选的全是物理系的课,他常不同意,要学生改选唐诗、逻辑等基础性的课程。化学系主任杨石先带头讲授基础课,为本系

[①] 阳荣威、梁建芬:《西南联大教育成就的历史情境分析》,《大学教育科学》2016 年第 3 期,第 19—85 页。

[②] 周发勤等:《西南联合大学的历史贡献》,《科学与研究》1990 年第 2 期,第 22 页。

[③] 北京大学、清华大学、南开大学、云南师范大学编:《国立西南联合大学史料》五(学生卷),昆明:云南教育出版社 1998 年版,第 500—540 页。

学生讲授"普通化学""高等有机化学""药物化学",为师范学院讲授"普通化学"。[1]

第三,教师群体对于通识教育的积极支持和主动践行,成为西南联大通识教育的一个亮点。[2] 教师群体在潜意识中形成了通识教育的"共识",并有效引导学生接受通识课程。由于教师群体对通识教育的认同度相对较高,使通识教育在西南联大得到了深入开展。闻一多希望学生读书、认真读书、有计划地读书,"广博"与"扎实"是对学生的基本学习要求,这既开阔学生眼界,也是"做学问的根底";他还认为,如果没有扎实的基础知识,仅就管窥蠡测之智来改造社会,"恐终于万言不值一杯水耳"。[3] 雷海宗也认为教育应该培养"通人",必须实施通识课程。[4] 西南联大通识教育意识较强的教师以美国和英国留学者较多,由此也为西南联大的通识教育提供了重要支持——179 名教授和副教授中,97 位留美,18 位留英。5 位院长全为美国博士,26 位系主任中有 20 位留美。

第四,西南联大对基础课的要求非常严格,并设有一年级学生课业指导委员会。一年级结束时,有些系规定,某一两门基础课,成绩达不到某个标准(70 分或 65 分不等)不能进入该系二年级。所有课程没有通过,按规定不能补考,必须重修。学校对基础课教学力量的配备也十分重视。大一、大二的基础课程,安排

---

① 高建国等:《西南联大课程设置中的通识教育》,《国家教育行政学院学报》2011 年第 7 期,第 58—62 页。

② 洪德铭:《西南联大的精神和办学特色(下)》,《高等教育研究》1997 年第 2 期,第8 页。

③ 刘顺文:《西南联大文人群的文化生活研究》,台湾政治大学硕士学位论文,2008 年,第 14—15 页。

④《教务会议呈常委会文》,杨东平主编:《大学精神》,上海:文汇出版社 2003 年版,第 82 页。

知名教授任课。教授严格要求学生学习,考试评分严格,不及格率很高①,如电机系的"电工原理"很难及格,不是所有学生都能够顺利完成低年级的基础课程随班升级。除理论要求,实践动手要求也很高。如化学系的定量分析试验,实验数据达不到一定精度,必须重做。虽然与理、工学院的训练方式不同,文、法学院主要利用大量的参考书、课外书,要求学生通过大量广博的阅读进行无止境地学术探索与追求。专业范围广,基础课程规定严,使得西南联大学生能够得到扎实的科学训练,强化应变能力,更有利于未来发展,经过再学习,还可以针对边缘学科、新学科进行学术研究。②

第五,西南联大实行学分制,以必修基础课程为主。国立西南联合大学的学分制基于其学制展开。除师范学院外,本科学制为四年,师范学院学制为五年(一年实习);师范专修科为三年;工学院的电讯专修科一年半结业,有短训班性质,后改为两年制。先修班招收高中毕业生,学习一年,主要是复习高中功课,成绩优秀者免试升入本科。各系有别,相差不多。总学分中大约三分之二是必修,三分之一是选修。第一年,不管文理法工各科系的学生,都是先修大一语文、大一英文、中国通史、逻辑学和一门自然科学共30个学分都是必修的,目的是为了打基础。作为一个大学毕业生需要具备扎实的文字功底、科学常识和正确的思维方法。学校实行学分制,规定学生在校必须学习4年(师范学院为5年),因此又称学年学分制。学生在4年中修满132学分(师范学院为156学

---

① 西南联合大学北京校友会编:《国立西南联合大学校史》,北京:北京大学出版社2006年版,第97—103页。

② 冯友兰:《怀念金岳霖先生》,《哲学研究》1986年第1期,第20—22页。

分,法商学院法律学系和工学院各系另有规定),党义、体育、军事训练及格,缴清规定之一切费用,经审查合格,方得毕业,并授予学士学位(毕业论文 2 学分,作为必修科目选习)。成绩计算采用百分制,以 60 分为及格。不及格的课程不得补考,不给学分,以零分计算。①

第六,西南联大通识课程充分继承和发扬了兼容并包的精神。这种包容的精神对于文法类基础学科极其重要。联大汇集教授专家于一堂,并充分发扬学术民主,使得它成为勇于自由探讨学术的论坛,不同学术主张的专家同台切磋。这种氛围不仅调动了教授任课的积极性,而且也使学生大开眼界,培养了学生的思辨能力。如中文系开设的中国文学专著选读从《诗经》《尚书》《楚辞》,直到若干家唐诗共 25 种;有的专著有两位教授先后或同时讲授,风格各异。再如外文系开设有国别文学史和断代文学史 11 种,各种类型的诗歌、小说、戏剧、散文 12 种,作家和作品研究 12 种。②

二、西南联大的学生自治

除了对通才教育的重视,给予学生最大程度自我管理的自由是西南联大办学的第二大特色。有关学生自治的记载,可以追溯到 1946 年西南联大学生出版社刊印的《联大八年》。1967 年长篇小说《未央歌》出版,北京校友会于 1984 年创办了《西南联大北京校友会简讯》,同一时代出版的《笳吹弦诵在春城》和《笳吹弦诵情弥切》,引领了 90 年代中国学者及读者的"西南联大学生生活之想

---

① 孙强:《消逝的大学承载的大学精神》,《华商报》,2012 年 9 月 11 日。

② 西南联合大学北京校友会编:《国立西南联合大学校史》,北京:北京大学出版社 2006 年版,第 57 页。

象"。西南联大教授的自述(如蒋梦麟的《西潮》、冯友兰的《三松堂自序》、钱穆的《师友杂忆》)、日记(如浦江清《西行日记》及《朱自清日记》《吴宓日记》),以及学生的追忆(如何炳棣的《读史阅世六十年》、许渊冲的《追忆似水年华》、何兆武的《上学记》),还有小说散文(如中文系学生汪曾祺的《泡茶馆》《跑警报》《沈从文先生在西南联大》《西南联大中文系》等散文,以及联大附中学生宗璞的长篇小说《南渡记》《东藏记》《西征记》)等都陆续进入了世人的阅读视野。而张曼菱总编导、总撰稿的《西南联大启示录》《西南联大人物访谈录》等音像制品让联大学生故事更为"声情并茂"。

　　规章制度是西南联大学生管理工作的基本保障,是学校教育管理系统中的一个主要分支,在实现目标的整个管理过程中,必须借助于具有很强管理功能的政策、法令和规章制度。合理健全的规章制度对实现整体的管理目标,完成教育教学任务,培养合格的人才有着重大的意义。西南联大在成立之初,就十分注重这方面的建设工作,在联大8年中,大到对学生管理的机构设置,小到学生补助津贴都有明文规定。西南联大设立训导处专门负责学生管理工作,该机构是西南联大常委会的下设机构。在训导处下又分设生活指导、军事管理、体育卫生三组。学生管理工作有专人负责,并且受到高度重视。当时联大学生很多是来自全国各地战区的流亡学生,经济十分困难。[①] 为此,联大于1938年7月6日专门制定了《西南联大关于战区学生救济方法暨名单的公函》,对救助贫困学生的方法进行明文规定,并把被救助学生的名单予以公布。[②] 同时针对贫困学生无法

---

① 王学珍、郭建荣编著:《北京大学史料》第3卷,北京:北京大学出版社2000年版,第91页。

② 洪德铭:《西南联大的精神和办学特色》(上),《高等教育研究》1997年第1期,第7页。

支付高额医药费用的情况,西南联大分别于 1938 年第 85 次常委会和 1939 年第 100 次常委会通过了《对于贫寒学生患急性或长期病患者补助或贷与方法》和《西南联大学生请求津贴医药费的方法》,使贫困学生就医得到了保障。对于大学生的自治机构及社团活动,西南联大也作出了相应的规定,《国立西南联合大学学生自治会章程》《西南联大学生课外团体作业规则》《西南联大学生会社管理规则》等条文的制定就很好地说明了这一点。《国立西南联合大学学生自治会章程》对自治会的宗旨、组成系统、运行操作等都有详细的规定。1939 年第 4 次校务会议通过的《西南联大学生会社管理规则》则对学生会社的种类、如何申请作出了详细说明。①

　　西南联大训导处的工作大纲规定"本校训导方法,注重积极的引导,行动的实践。对于学生之训练与管理,注重自治的启发,与同情的处置"。在不违反校规及法律的前提下,联大的学生管理主要是通过学生自治会、学生社团和学生自主活动来进行的。早在从长沙向昆明迁徙时期,联大成立的"湘黔滇旅行团"就十分注重培养学生的自治能力,小队长以下全由学生担任。到昆明后,学生的生活全由学生自己管理。甚至连学生伙食也由学生自己操办。他们自由组合、自己采买、雇厨师,一切均由学生负责。1939 年联大成立了学生自治会,以"促进学生自治,努力抗战、建国、工作,联系组织、协助学校当局共谋学校团体生活之健全为宗旨"。学生会的活动学校一般不干预。学生会的选举、领导人的产生及学生会内部开展的活动等均由学生自行组织。学生自治会成立后,其所做工作一方面维护学生利益,一方面又引导学生的发展。1939 年,

---

① 《国立西南联合大学史料》五(学生卷),昆明:云南教育出版社 1998 年版,第 612、618、624、629、657、659 页。

因为当时米价飙升,"本校同学二千余人嗷嗷待哺,目前已陷入空前绝境",联大学生自治会就此专门向常委会呈函《西南联大学生自治会呈函常委会请迅速解决同学生活困难》,代表广大学生向学校提出解决建议。1944年,联大学生自治会有感于当时学生"生活既处于风雨飘摇,伏案又岂得安心?"的情形,上书常委会,呼吁常委会拨给救济金。1946年5月,西南联大结束办学后,在内战不断扩大、南北交通受阻,国民党政府又难以提供运输保证的条件下,3个月内,胜利完成了艰巨复杂的人员、物资北迁任务,除靠各地校友支持外,主要还得力于广大同学进行的繁重的组织、管理工作,这也充分反映出学生自我管理、自我教育的才能。

西南联大时期,是学生社团最活跃的阶段。遵照教育部实施一年级学生导师制的规定,西南联大专门成立了大学一年级学生课业生活指导委员会。学生社团繁多,根据《国立西南联合大学学生会社管理规则》分类法,大致可分为学生自治类(学生自治会、级会,具体而言,国立西南联合大学有联大学生自治会,以及各院系学生自治会)、学术研究类(戏剧研究会、梭社、炔社等)、课外作业类(体育会、音乐会、演说辩论会、出版组织等)。[1] 后一类学生社团最多,具体而言,有冬青社、三青团青年剧社、联大壁报协会、联大壁报联合会、新诗社、剧艺社、阳光美术社、高声唱歌咏队、铁马体育会、悠悠体育会、南湖诗社、国立西南联合大学文聚社、国民剧社、神曲社、民主学习社等)、日常生活类(除夕社等)。按创设者分类,主要可分为三类:第一类为学生社团创办。例如:群社机关报《群声》、文艺刊物《腊月》、画刊《热风》、壁报《书评》;冬青社:壁报《冬青》,街头报《冬青》、《冬青文

---

[1] 西南联合大学北京校友会编:《国立西南联合大学校史》,北京:北京大学出版社2006年版,第15页。

抄》《冬青副刊》(《贵阳革命日报》);联大文艺社:壁报《文艺》《文艺新报》;国立西南联合大学文聚社:《文聚》;联大壁报联合会:《春雷》;联大壁报协会:《现实》;新诗社:《七月诗叶》。第二类社团多为院系或者班级创设。第三类主要由个人创办。

第三节　教授治校和"大师论"

一、大师在联大

梅贻琦曾言:"所谓大学者,非谓有大楼之谓也,有大师之谓也。"①根据《国立西南联合大学校史》记载,到 1946 年 7 月 31 日为止,先后在西南联大执教的教授共计 290 余人,副教授 48 人。西南联大集合了北大、清华、南开 3 所大学的教授。特别是专攻外国语言文学、哲学、政治学、经济学的名教授,无不具有深厚的国学造诣以及对本国国情较深入的了解。② 这些擅长文史哲研究的名教授,利用外国科学研究的方法和手段,处理中国传统的学科。比如,研究魏晋南北朝史和隋唐史的陈寅恪,探索中国哲学史的冯友兰。也有虽未曾出国留学,但学术造诣精深的教授。比如,罗常培不仅是中国音韵学专家,他对境外对中国的研究状况也相当了解。另外,在理工科方面,有中国近代若干基础学科和工程技术学科的开创者或奠基人,比如,饶毓泰、吴有训、叶企孙、黄子卿、孙云铸、袁复礼、吴大猷、施嘉炀、李辑祥等。还有一些年轻教授,如华罗庚、

---

① 梅贻琦:《中国的大学》,北京:北京理工大学出版社 2012 年版,第 1 页。
② 宋宇晟:《真实的西南联大生活:抢着读书、打伞睡觉、八百人从军……》,http://history.people.com.cn/n1/2018/0130/c372327-29795454.html,2018 年 1 月 30 日。

陈省身、王竹溪等。①

　　"从三位校长的年龄上看，他们基本上是 19 世纪末出生的人，大致比清华、南开初创的时间早 15 年左右，这决定了他们的小学和中学教育是传统的，而大学教育则是现代的。"谢泳说："从清华1909 年首次制度性派学生赴美国留学到抗战爆发，30 年代前受过完整西方教育的知识分子几乎全部回到中国，当时中国的社会结构尚比较适合他们生存，这批人除少数在政府做官外，绝大多数成为大学教授。"如果按年代来区分，当时的西南联大教授群体是由1930 年代前接受中西方教育的三代知识分子共同组成的。第一代是出生于 19 世纪末的一批人，以陈寅恪、傅斯年、刘文典、闻一多、朱自清等人为代表；第二代是 20 世纪初出生的一代人，如王力、唐兰、浦江清、钱端升、叶公超等；第三代则是 1910 年前后出生的钱钟书、费孝通、吴晗等人。这三代人的共同特点是他们在抗战前基本完成了学者的准备阶段，准备迎来自己学术上的丰收期。他们的年龄结构恰好是 50 岁、40 岁、30 岁，这样的学术团队结构是学术繁荣的最佳梯队样式，这可以使三代学人的知识、视野、研究形成互补。可以说，西南联大的知识分子群是中国现代知识分子的一个缩影，抗战前中国第一流的自然科学和人文科学学者主要都集中在西南联大。②

二、西南联大的"教授治校"

　　西南联大"教授治校"在教学方面有 3 个方面的体现：第一，自

---

① 西南联合大学北京校友会编：《国立西南联合大学校史》，北京：北京大学出版社 2006年版，第 20 页。

② 方靳、方群：《陈岱孙教授谈西南联大》，《云南文史资料选辑·西南联合大学建校五十周年纪念专辑》，昆明：云南人民出版社 1988 年版，第 6 页。

选教材;第二,自由授课;第三,自由开课和自由选课。除了可以自由进行教学活动之外,西南联大的学术氛围非常浓厚。由于教授们都各有优势,各有擅长,如若出现同一门课几个教授共同讲解的情况,学生也可以根据自己的兴趣来自由地选择教师。如果说教授们受益于这种教学自由,那么西南联大的《大学组织法》和《大学行政组织补充要点》,在某种程度上成为西南联大教授治校的法律依据。西南联大在具体的学校事务管理中,并未完全依照两个法令来制定学校的组织大纲,而是在组织大纲中赋予教授更多的权利。①

　　西南联大对于政府当局发出的有可能损害大学发展的种种要求敢于抵制,从而在一定程度上维护了大学的自治和学术自由。如1939年后,教育部三次下令,对全国所有大学的课程设置、课程内容、考核方式、教授聘任等作出硬性统一规定。联大教授会在呈文中对教育部的规定逐条予以批驳,"夫大学为最高学府,包罗万象,要当同归而殊途,一致而百虑,岂可以刻板文章,勒令从同"。明确表明态度"盖本校承北大、清华、南开三校之旧,一切设施均有成规,行之多年,纵不敢为极有成绩,亦可谓为尚无流弊,似不必轻易更张"。西南联大以原来的课程设置已取得成绩为由对当时教育当局的要求予以坚决拒绝。1939年《校务会议组织大纲》规定:"校务会议成员包括常务委员,常务委员会秘书主任,训导长,教务长,总务长,各学院院长,教授、副教授互选代表之十一人(每学院至少要有一个代表)。"另外,规定:"校务会议审议的事项包括:本大学预算和决算;大学学院学系的设立及废止;大学各种规程;建筑及其他项重要设备;校务改进事项;常务委员会交议事项。"校务会议明确教授参与的人数,并且教授的参与人数占校务会议的大

① 洪德铭:《西南联大的精神和办学特色(上)》,《高等教育研究》1997年第1期,第7页。

多数。这些规定给教授参加学校管理的权利和权限提供了制度上的保障。

　　民国政府颁布的《大学令》是中国建立现代大学制度的第一个法令，其中就明确规定了教授在治理学校中的作用。大学的评议会和教授会都是由教授组成，教授会是全校的最高权力机构，评议会相当于教授会的常委会或执行委员会，校务委员会只是处理日常事务的行政机构。① 西南联大因系战时的合组学校，没有设立评议会，评议会的职能大半由校务委员会取代，一部分由常委会承担。校务委员会主席由梅贻琦担任。西南联大的教务长、训导长、总务长、建设长也均由教授担任。② 西南联大教授治校具体举措主要体现在以下五个方面：教授专门委员会，有权力决定学生入学与毕业；教授成为塑造良好校风的中坚力量，与学生共同营造良好的师生关系；教授主导组织校园和管理学校，教学与管理双肩挑；教授授课自由与管理严格相辅相成，这保证了教学质量；教授凭借良好的学术等方面的影响力，为学校搭建与政府和社会的沟通桥梁。教授治校使得院处长以上领导在教授会、常委会、校务会议中只是普通成员。教授治校维护了学术的自由和独立。教授们为了保证学术尊严，他们设法摆脱来自非学术领域的干扰。教授治校也保证了规章制度更加追逐教育教学的规律，使其更利于学校发展。身在教学一线的教授们讨论制定的规章有利于促进学术的发展及学校学术地位的提高。③

---

① 张建奇等：《民国前期中国现代大学制度的确立》，《大学教育科学》2005 年第 6 期，第
　　63—65 页。

② 梅贻琦：《工业化的前途与人才问题》，《中国的大学》，北京：北京理工大学出版社，
　　2012 年，第 22—40 页。

③ 张曼菱编著：《西南联大人物访谈录》，昆明：云南教育出版社 2006 年版，第 43 页。

　　在乱世办学的时空背景下,教授治校堪称是西南联大辉煌成就的法宝之一,它已经成为渗透进西南联大骨子里的精神和风格。西南联大校园中最具影响力和执行力的是教授。因战乱而聚集于此的教授既具中国传统文化的深厚底蕴,又曾洗礼于欧美西学,他们堪称中国近现代十分优秀的、具备学术魅力的知识精英。他们既具有高度的责任感和担当,又对教授治校的模式与理念非常认同和推崇。他们的肩上担负着校园、文化、管理、教学、社会关系等各类事务,不仅担当着本职所蕴含的道义,还维系着这其中的具体运作。这使得教授与高校行政权力的关系自然融合。

　　有学者认为,西南联大的教师经过了自然的淘选,留下来的都是具有真风骨的真大师。这种风骨,使得教授治校在运行层面得以实现,也使得教授的个人学术魅力和精神,在学生之间得以辐射和升华。教授们在战争中执着于学术而不顾个人安危的事迹,给当时的联大学生留下了深刻的印象。① 不论是金岳霖的沉迷于写作而不顾警报的故事,还是诗人郑敏对西南联大的回忆。这些都体现了西南联大教育的一个最大特点,即学术投入度非常高。而学生对学者个人学术的崇拜,也激发了学生内心对某一专业的热情,启动了学生内在的动力机制,使他们愿意追随大师的脚步继续前行。

　　还有学者则将联大教授群体的文化性格作为一种理想化、类型化的主观建构,聚焦联大教授群体共有的核心特质和品质,认为联大教授群体文化性格的内涵主要包括:精英意识、忧患意识、自由求真精神、独立批判精神。② 自由、独立、批判是民国大学知识分

---

① 梅贻琦:《抗战期中之清华》,《教育通讯(汉口)》1939 年第 23 期,第 22—25 页。
② 施要威:《西南联大教授群体的文化性格与联大精神》,《高等教育研究》2017 年第 3
　　期,第 78—88 页。

子文化性格中的普适性精神元素；精英意识、忧患意识是民国大学知识分子文化性格中具有中国特色和时代印记的精神元素；传统与现代的碰撞交流为民国大学知识分子文化性格的生成提供了丰富的精神营养；以及学术与政治之间的张力造成了民国大学知识分子的心理冲突，也塑造了他们独特的精神品格和角色行为。

第四节　"八音合奏，终和且平"

一、三校优势互补

有学者认为，西南联大运行的三大基本权力——行政权力、学术权力、学生权力——之间良性互动与运转，是西南联大能够联合并发展的核心动力来源。在之前的论述中，我们探讨了西南联大的学生权力及学术权力，本节我们通过了解西南联大的行政权力，管窥冯友兰所言"八音合奏，终和且平"之奥秘。国立西南联合大学的行政机构设有"两会"，即：校务委员会和教授会。校务委员会是西南联大的权力管理机构，校长担任校务委员会的主席。因此，国立西南联合大学有三位校长担任校务委员会常委：张伯苓、蒋梦麟、梅贻琦。参加校务委员会的委员由教授会民主推荐、校长批准任命，校务委员会通过民主讨论议决全校重大事务。西南联大的权力配置基本沿袭了原三校的传统，待联合后又根据实际情况适当调整，形成了西南联大自有的管理模式。[①] 也有学者认为，西南联大所创造的高等教育史奇迹，与其制度、学人、文化所构成的管

[①] 王丽平：《西南联合大学师生关系的影响因素及启示》，《太原学院学报（社会科学版）》2019 年第 4 期，第 76—83 页。

理机制有关。制度的精细化设计及执行到位是关键，"三常委"的团队型领导和三校教职员间"通家"之好的传统是核心，以师生为主体的文化氛围的创设是基础。

其实，当时的西南联大在联合之初充满着矛盾与冲突。北大、清华和南开都是享有盛誉的大学，且有着不尽相同的历史背景与传统，也就增加了彼此间协调的难度，不少矛盾源此而生。三所背景不同、传统有异的大学联合在一起，其协调的难度可想而知。对此，蒋梦麟曾慨叹说："在动乱时期主持一所大学本来就是头痛的事，在战时主持大学校务自然更难，尤其是要三个个性不同历史各异的大学共同生活，而且三校各有思想不同的教授们，各人有各人的意见。"正是由于"各人有各人的意见"，龃龉也就在所难免了。为了缓和矛盾冲突，民主管理是当时最好的选择。从组织架构看，西南联大采取的是民主管理的架构，领导层是由三校校长共同组成的学校常委会，为决策机构，由蒋、张、梅三位校长轮流主持工作，称轮职常委会。凡学校重大问题决策均由常委会讨论决定，常委开会时教务长、院长等列席会议。三所大学的教学单位联合组成4个学院17个系。在院长职务的分配上也强调三校之间的均衡与民主——北大的冯友兰任文学院院长，南开的陈序经任法商学院院长，清华的吴有训任理学院院长。工学院为清华所独有，院长由清华人施嘉炀担任。高层领导职务也由三校分担：如清华的潘光旦任教务长。[1]

事实上，如果仔细研究西南联大"三常委"的治校方针，他们在核心理念上是差异性和契合性并存的。差异性通过其各自代表的

---

[1] 施要威：《民国时期大学知识分子的文化性格——以西南联大教授群体为中心的历史考察》，武汉：华中科技大学2017年版，第87—103页。

学校,在治校方式、制度执行等方面有着很大的不同。这种不同的特点使得抗战前三校有着各自的风格。另一方面,契合性则体现在他们对近代大学核心理念要素的共同认可。当然,这些核心理念要素也是战前三校皆为中国近代著名大学的基础前提。联大组合后,之所以三所有着不同风格的大学,能够风雨同舟,原因可以罗列许多,如"通家之好"的历史渊源、或如梅贻琦治校有方等。但是,应当看到联合的最主要原因来自"三常委"对近代大学核心理念理解的契合性远大于差异性,使得"三常委"能够在办学理念深层次上彼此理解与认同、包容与信任。这使得联大领导层避免了治校的多极化,管理上免除了混乱与分化,保证了联大的平稳成长。①

二、梅贻琦治校有方

西南联大对于"权者干权事,能者干能事"这一管理理念,有着独到而深刻的理解和执行。梅贻琦认为,校长不是官,西南联大常委也不是官,学校不是官府,官场习气不可进入学校。他以学校大局为重,对于国民政府的命令、指令和训令,有利于学校发展、有利于抗战的就执行;否则就变通执行,甚至进行抵制,以维护教育和学校的尊严。② 这种权能分开的模式,使西南联大相对独立,减少外来干扰,师生可以专心研究学术。

在许多重大的办学举措上,梅贻琦采取"吾从众"方针,认真听取教授、学生意见。他从不独断,让校务会议成为学校的决策机

---

① 李秀勤:《西南联大的大学精神及启示》,《河南教育(高教)》2018 年第 5 期,第 40—42 页。

② 梅贻琦:《大学一解》,《中国的大学》,北京:北京理工大学出版社 2012 年版,第 10—13 页。

构。教授们组成的聘任委员会成为除了常委会和校务会议之外，第三个参与学校行政管理的机构，负责全校教师的聘任工作。西南联大由于施行了民主治校，教授在学校中享有较高地位，这也调动了教授们的工作积极性。吴泽霖曾说："当时，所谓'教授治校'确曾有效地起到过'挡箭牌'的作用，它维护了纷乱政局下学校的独立自主，抵制了外来的政治压力，在一定程度上促进了内部团结。梅校长到校后，清醒地看到，在当时的清华，要把权力集中到校长一人身上，是行不通的。因而重大的校务都经教授会讨论。"①

　　这种人本主义教育管理思想，可以从梅贻琦在其《大学一解》述论中窥见一二。"当今中国的大学教育，追溯其源流的话，实际上自从西洋复制移植以来，顾及制度是一回事，而精神又是一回事，就制度来说，我们中国教育史中固然未曾见有形式相似之处，就精神来说，人类文明的经验大致都是相同的，因而有些是可以相同的。"②我们还可以从梅贻琦和潘光旦联合撰写的《工业教育与工业人才》一文了解这种管理思想的真谛："近代西洋从事于工业建设的人告诉我们，只靠技术人才，或只靠专家，是不足以成事的，组织人才的重要至少不在技术人才之下。"③首先明确管理即是组织人才，即人尽其才，接着讲明组织人才（即管理）的重要性，为了提高管理水平、管理效率，必须建章立制，以制度管理人，调动师生员工的积极性，在数量和质量上发挥最大的效益。这种中西合璧的教育管理思想在实践上结出了丰硕的果实，培养了一批国际学术

---

① 吴泽霖：《记教育家梅月涵先生》，http://www.luobinghui.com/myq/sp/200604/13262.html，2006 年 9 月 6 日。

② 梅贻琦：《大学一解》，《中国的大学》，北京：北京理工大学出版社 2012 年版，第 10—13 页。

③ 梅贻琦、潘光旦：《工业教育与工业人才》，《清华学报》1941 年第 1 期，第 1—4 页。

大师。①

第五节　刚毅坚卓与联大风骨

一、西南联大的校训

西南联大的校训是"刚毅坚卓"四字。"刚"指刚强、刚健。"毅"指毅力、志坚不拔。"坚"指坚定、坚强。"卓"指高而直、不平凡、卓越。"刚毅坚卓"是特定的时代精神与普遍的大学精神的结晶。②

这四字校训的定夺与公布也曾经历了一番风雨。1938 年 6 月,教育部要求各大学制订校歌校训并呈报。联大常委会聘请了冯友兰、朱自清、闻一多等教授组成校歌校训制作委员会,冯友兰为召集人。经意见征集和研究讨论,校训拟为"刚健笃实",后经常委会讨论改为"刚毅坚卓"。③ 国民政府教育部一面催促各大学限期上报校训,一面又要求各校以"忠孝仁爱,礼义廉耻"为统一校训。不过,西南联大没有照办,仍以"刚毅坚卓"为校训。1938 年 12 月 2 日,国立西南联合大学经第 95 次常务委员会议决以"刚毅坚卓"为校训,并周知布告。

"刚毅坚卓"要求国立西南联合大学培养的人才必须具备健全

---

① 姚丹编著:《西南联大历史情境中的文学活动》,南宁:广西师范大学出版社 2000 年版,第 20 页。

② 洪德铭:《西南联大的精神和办学特色(上)》,《高等教育研究》1997 年第 1 期,第 12 页。

③ 龙美光:《西南联大的校园文化》,中共云南党史网:http://www.ynds.yn.gov.cn/zhxx/201809/t20180929_801654.htm,2018 年 9 月 29 日。

的人格和高尚的情操，也代表着"一加一加一大于三"的精神不是简单形式上的合并，而是真正意义上的融合。这也激励了联大人艰苦求学，刻苦自励。联大师生的精神面貌与群体人格，也凭着这种精神和信念，支撑了联大师生在艰难困苦的日子里能够克服困难，继续办校治学。① 其实北大、清华、南开三校，原都有各自的校训。北大以"博学审问，慎思明辨"为校训。清华校训为"自强不息、厚德载物"。南开校训则是"允公允能"。"刚毅坚卓"四字校训继承、融合和发展了原三校的校训，赋予了西南联大一种特殊时代下特有的大学精神。②

二、联大风骨

西南联大"刚毅坚卓"的校训，不但融通了原三校的校训精神，而且在抗战时期表现了西南联大的培养目标、办学精神，也体现了自己的个性和作风。"刚毅坚卓"体现了西南联大希望学生能成为四个字中所包含的为人态度、处世品行、学习精神。西南联大在全面抗日战争时期，身体力行了校训"刚毅坚卓"的精神内核和价值追求。

1927—1937 年间，学术界以往"非西即中"的二元对立式的文化选择观，逐渐转变为在中国本土文化基础上有选择地吸收西方文化。九一八事变爆发后，民族危机进一步加深，民族意识不断加强。民族危机促使知识分子迫切地寻找民族文化认同和肯定。知识分子通过教育来维系民族文化血脉的意识日渐强烈。

---

① 《国立西南联合大学史料》（总览卷），昆明：云南教育出版社 1998 年版，第 247 页。
② 冯友兰：《国立西南联合大学纪念碑碑文》，《国立西南联合大学校史资料》，北京：北京大学出版社 1986 年版，第 134—135 页。金以林：《近代中国大学研究》，北京：中央文献出版社 2000 年版，第 266 页。

西南联大的主导型文化观也体现了这种意识层面的变化：坚持民族文化为主体，会通古今、中西文化；以文化救国、复兴民族；坚守民主、自由与正义。西南联大"刚毅坚卓"四字校训背后的文化选择就是在这种文化观的主导下展开的。①

既注重传统的"以德治校"，又倡导西方的人本主义管理，是西南联大教育管理工作的显著特点。而传统的重德修身成为学校师生内化的道德规范和自律的行为准则；西方的人本主义管理又成为学校组织管理人才、建章立制的理论基石。两者相互融合互补，成为联大管理的思想主线，自始至终贯彻于各项规章制度中。

联大联合的本身就是资源的重组整合，它通过团结协作，正确定位，强化目标管理以及采用开放式的管理风格，体现了联大"物尽其力，人尽其才"的管理特征，体现了联大人的风骨与特点。② 三校的团结协作的图景在冯友兰所撰写的《国立西南联合大学纪念碑文》中得以精彩体现："八年之久，合作无间，同无妨异，异不害同，五色交辉，相得益彰，八音合奏，终和且平。""终和且平"典出《诗经》"神之听之，终和且平"。三所名校有不同的历史，学风也各不相同，八年的时间，共同之处不妨碍相异的地方，相异之处对共同的地方也没有什么害处，五色相互交辉，相得益彰，八音合奏，和睦平安。西南联大这所名校培养人才之所以卓有成效，就在于集北大、清华、南开的教育管理经验于一体，创新发展，形成一套科学

---

① 袁祖望：《西南联大成就辉煌的教育逻辑》，《高等教育研究》2007 年第 3 期，第95—99页。蔡元培：《教育独立议》，杨东平编：《大学精神》，沈阳：辽海出版社 2000年版，第417 页。

② 浦虹、黄海涛：《西南联大教育思想探析》，《咸宁学院学报》2012 年第 6 期，第 213—215 页。

的管理模式,其特点就是团结协作、优势互补,共同发展。① 这使得西南联大能够善始善终,成为我国战时大学的一面旗帜,在中国教育史上留下了光辉的篇章。②

---

① 易社强编著:《西南联大:战争与革命中的中国大学》,北京:九州出版社 2012 年版,第 34—88 页。
② 易社强编著,饶佳荣翻译:《战争与革命中的西南联大》,台北:传记文学出版社 2005 年版,第 425 页。

第六章　国立西北联合大学的内迁与改革

西北联合大学是抗战时期国家延续华北地区高等教育文脉的重要分支。由北平大学、北平师范大学、北洋工学院和北平研究院等院校组建的西北联合大学,先后经历了西安临时大学、西北联合大学时段,并最终分立为西北五校,将教育的星星之火洒向了广袤的西北大地。

1937年,全面抗战爆发。为尽最大可能保存高等教育资源,9月10日,国民政府教育部决定,平津地区北平大学、北平师范大学、北洋工学院和北平研究院等院校西迁西安,并以此为基础组建西安临时大学。经过积极筹备,西安临时大学于10月18日成立,并在11月15日正式开学。西安临大在西安设3个校区办学,学校设有6个学院,包括23个系。校务管理采取委员会制,不设校长。教学活动仍沿袭原院系课程体系,结合抗战需要及地域特点进行了适当的调整。尽管西安临大从成立到南迁驻留西安的时间仅仅约6个月,但是通过广大师生扎根社会的教学实践活动,为古城西安注入了新鲜的血液,使其焕发出新的生机。

1938年3月,教育部令西安临时大学继续向陕甘一带进一步转移,并改称西北联合大学。过渭河、越秦岭、渡柴关、涉凤岭,全校师生历经千难万险,于 1938 年 4 月 4 日,全部安全抵达陕南汉中。

　　4 月 10 日,西北联大举行学校常务委员会议,决议正式启用"国立西北联合大学"校名。西北联大一边复课,一边积极开展抗日救国活动,提倡和宣传抗日救国成为这一时期办学的重要指导思想。由于受战时各种复杂情况的制约,教学工作基本沿袭战前及西安临大时期旧制,但学校通过开设"共同必修科"、加强思想道德教育、实行导师制、注重学生社会实践等举措进行了大量教育教学改革。特殊时期,学校高度重视爱国教育,不断激发学生的爱国热情,增强学生军事技能。同时,积极引导师生用所思、所学、所长广泛开展社会教育,服务抗战和地方发展需要。教师们也不忘开展学术研究,立足于战时的西北地区,在政治、经济、文化、地质等领域产出了一批有较大影响力的成果。然而,随着战事的发展,7 月,国民政府教育部要求西北联大农学院和工学院分立,农学院与国立西北农林专科学校合并组建国立西北农学院,工学院与东北大学工学院、焦作工学院合并组建国立西北工学院。① 次年 8 月,行政院决定将西北联大师范学院和医学院独立,分别设立国立西北师范学院和国立西北医学院。联大剩余的文理学院、法商学院等改组为国立西北大学。② 自此,西北联大一分为五,原西迁各院校也按照学系进行了分解。

---

① 王建领主编:《国立西北联合大学档案史料选编》,西安:西北大学出版社 2018 年版,第 32 页。

② 赵弘毅、程玲华主编:《西北大学大事记》,西安:西北大学出版社 2002 年版,第 177 页。

文化是大学办学的"根"与"魂"。"公诚勤朴"的校训是西北联大的文化缩影,尽管使用不到半年,但其既是对西迁前三所母体学校、西安临大、西北联大校风的高度概括,也是西北联大及未来分立院校发展的文化源头。从分立的五所院校来看,除了国立西北大学直接继承了"公诚勤朴"的校训之外,其他几所学校在继承原有校训价值追求的同时,根据各自学校的特点也提出了与"公诚勤朴"一脉相承的校训。

"西北联合大学"这一名称在历史进程中可以说是"昙花一现",但却是战时西北及华北文化、教育、政治等方面的一个高度缩影,为后来西北高等教育发展奠定了重要的基础,值得人们进一步研究。

第一节　从平津三校到西安临大

一、平津三校西迁

1937年七七事变之后,全面抗日战争爆发。山河破碎,国难当头,不少教育界的有识之士纷纷提出将战区学校内迁的号召。9月10日,国民政府教育部颁布了第16696号令:"以北平大学、北平师范大学、北洋工学院和北平研究院等院校为基干,设立西安临时大学。"①

10月11日,教育部颁布了《西安临时大学筹备委员会组织规程》,要求组建西安临时大学筹备委员会负责相关筹备工作,

---

① 西北大学西北联大研究所编:《西北联大史料汇编》,西安:西北大学出版社2012年版,第2页。

委员会主要任务是"校址勘定,经费之支配,院系之设置,师资之遴聘,学生之收纳,建筑物之筹置等"①。聘任时任教育部长王世杰为筹备委员会主席,北平大学校长徐诵明、北平师范大学校长李蒸、北洋工学院院长李书田、北平研究院副院长李书华、教育部特派员陈剑翛、教育部监察委员童冠贤、陕西省教育厅厅长周伯敏、东北大学校长臧启芳、西北农林专科学校校长辛树帜等9人为委员。② 10 月 18 日,在原平津四校的基础上,又加入了河北省立女子师范学院家政系,西安临时大学正式宣布成立,学校在西安分3 个校区进行办学。11 月 15 日,学校正式开学。西安临大筹备伊始,教育部规定三校学生自愿前往西安临大报到,学校规定 1938 年 1 月 10 日为学生到校的最后期限。③

二、规模庞大的西安临大

作为战时国民政府同时成立的两所临时大学之一,西安临大设有文理学院、工学院、法商学院、农学院、教育学院、医学院等 6 个学院,包括 23 个系。文理学院主要由北平师范大学文学院、理学院和北平大学女子文理学院组成,设有国文、外国语文学、历史学、数学、地理、物理、化学、生物 8 个系。工学院由北洋工学院和北平大学工学院组成,设有土木工程、矿冶工程、机械工程、电机工程、纺织工程、化学工程 6 个系。法商学院由北平大学法商学院组

---

① 《令西安临时大学筹备委员会:西安临时大学筹备委员会组织规程》,《西安临大校刊》1937 年第 1 期,第 1 页。

② 《聘为西安临时大学筹备委员会委由》(1937 年 9 月 2 日),中国第二历史档案馆藏教育部档案,五/2211,第 26 页。

③ 李义丹主编:《天津大学(北洋大学)校史简编》,天津:天津大学出版社 2002 年版,第40 页。

成，设有法律、政治经济学、商学 3 个系。农学院由北平大学农学院组成，设有农学、林学、农艺 3 个系。教育学院在北平师范大学和河北女子师范学院基础上成立，设有教育、体育、家政学 3 个系。医学院主要由北平大学医学院组成，不分系。据 1938 年 1 月 10 日出版的《西安临大校刊》第 4 期显示，当时全校共有教职员工 309 人，其中教授 106 人、副教授 6 人。[1]

据 1937 年 12 月公布的统计数据，截至 12 月 10 日，西安临大在校学生总数为 1472 人（含借读生 151 人），其中文理学院 439 人（含借读生 50 人），法商学院 279 人（含借读生 35 人），工学院 386 人（含借读生 18 人），农学院 133 人（含借读生 10 人），教育学院 149 人（含借读生 13 人），医学院 86 人（含借读生 25 人）。[2] 自学校筹备成立以来，先后两次招考新生共计 311 人，其中第一次 228 人，第二次 83 人。[3]

由于西安临大院系构成多元，学校不设校长，采取委员会制进行管理，由徐诵明、李蒸、李书田、陈剑翛任常委。"常务委员会下设秘书处、教务处、总务处。秘书处分设文书及出版两组。教务处分设注册、图书、军训三组。总务处分设斋务、庶务、会计三组，各设组长一人，组员若干人。"[4]建校初期学校将所有院系分为 3 个"院"，分别安置在 3 个校区开展办学活动：文理学院的外国语文系、历史系、国文和教育学院划为第一院，办学地点位于西安城隍庙后街工字四号警备司令部旧址；工学院 6 系，教育学院体育系，文理学院化学系、物理系、数学系划为第二院，办学地点位于小

---

①《本校教职员录》，《西安临大校刊》1938 年第 4 期，第 6 页。

②《本校学生数目统计》，《西安临大校刊》1937 年第 2 期，第 7—10 页。

③《本校学生数目统计》，《西安临大校刊》1937 年第 2 期，第 7—10 页。

④《西安临时大学概况》，《教育杂志》第 28 卷第 3 号，1938 年 3 月 10 日，第 106 页。

南门外东北大学校内（今西北大学校址）；农学院6系，法商学院3系，医学院，文理学院地理系、生物系，以及教育学院教育系划为第三院，位于北大街通济坊。①

三、非常时期之教育

西安临大在战火中诞生，在肩负战时教育使命的同时，抗日救亡、保家卫国也是师生面前的头等大事。正如《西安临大校刊》创刊号所言："凡所教学训遵之方，悉宜针对国难时艰，积极设施，以厉行非常时期之救亡教育。"②

当时西安临大的教学活动仍沿袭原学校课程体系进行设计，并根据抗战需要和学校组成特点进行了适当的调整。

> 仍参照原组成该大学之各校院旧课目酌为修改，以适应时势之需要，其性质相同者，则酌量合并，其性质特殊者，则仍予保留。法、商、农、医各院课程，沿平大之旧，惟极力减免重复科目，归并各系，至高年级得酌予分组，学生修习之学分，仍照旧办理。文理、教育各院课程，多沿师大之旧，仍分为（一）公共必修科，十六至三十六学分。其中又分修养类与专业类两类。（二）主科五十至六十学分，以供教授中等学校教科所需之教材与能力为主。（三）副科十六至二十四学分，以供给兼任初中教科所需之教材与能力为主。（四）自由选修科，八至十六学分，以研究高深学术为主。惟原平大女子文理学院、农学院。与原师大合并之各系，则酌量损益课目，以期各保持其原有精神。工学院为北洋及平大工学院所合组，除合并

---

① 姚远主编：《西北联大史料汇编》，西安：西北大学出版社2012年版，第25页。
②《本校布告》，《西安临大校刊》1937年第1期，第3页。

之系,其课程参照两院原订课程标准酌量修改,学生选习特殊训练,得减数学分外,其余课程均大体照旧,无所变动。①

学校课程体系主要由公共必修科、主科、副科及自由选修科组成。对于组成较为复杂的院系,课程设置上更加体现原学校的培养特色,针对工科教育,学校常委李书田指出,"办理工程教育者应率同教授学生从事一面生产一面教学之非常措施,'半工半教半读','自给自足自存',纵使经费停拨,仍能维持弦歌于不辍,延续工程教育于无穷"②。为进一步拓宽学生的知识面,学校逐步实施选修制,以促进学生在不同院系间选修课程,学校提出"本校课程,在可能范围内,应准各系学生互选,但以得本系系主任之许可者为准,不得自由乱选"③。

在学习传统课程之外,针对当时抗战形势需要,西安临大还积极开展学术活动和军事训练。1937 年年底制订的《本校学术讲演办法》中规定:

> 学术讲演在此非常时期,其讲演内容应注意(1)国防科学、文学与艺术;(2)战事有关之国际问题;(3)战时政治经济与社会情形;(4)非常时期教育;(5)西洋文化及历史、地理、资源各问题;(6)青年学生之修养问题。其他与抗战有关之重要问题可随时加入。④

在这一办法的指导下,西安临大各学院每个星期都会邀请各

---

① 《西安临时大学概况》,《教育杂志》第 28 卷第 3 号,1938 年 3 月 10 日,第 106 页。

② 《李书田,适应抗战时期之生产建制与工程教育》,《西安临大校刊》1937 年第 2 期,第 2 页。

③ 《准各系学生互选课程》,《西安临大校刊》1938 年第 6 期,第 6 页。

④ 《学校学术讲演办法》,《西安临大校刊》1938 年第 3 期,第 12 页。

界知名人士作与抗战相关的演讲,让学生做好准备以应对不时之需,树立起历史使命感与责任感。学生们还积极投身到抗日救亡的宣传活动中去,组织宣传队前往陕南开展宣传活动。校话剧团演出舞台剧《飞将军》和街头话剧《放下你的鞭子》,歌咏队经常深入民众演唱《义勇军进行曲》《松花江上》《大路歌》等歌曲,这些抗日救亡的宣传活动为民众树立了抗战必胜的信念。此外西安临大还"组织军事、政治、救护、技术各训练队,由学生报名参加。军事队44人授以较深之军事学识,救护队48人授以医药及实际救护知识与技能,政治队152人,授以政治理论宣传及训练民众方法及防毒防空常识,技术队396人,分军事测绘、军事工程、军事机械、军事电讯、军事化学各组,分别授以各该组应习之学识与技能"[1]。

尽管西安临大从成立到南迁驻留西安的时间仅有6个月,但其没有因"临时"二字而放弃应有之责任,也没有因为办学中遇到的各种困难而消极退缩。相反,广大师生扎根当地开展学习和实践活动,为这座古城注入了新鲜的血液,使其焕发出新的生机,为抗战胜利后西北高等教育总体布局和建设发展奠定了重要的基础。

第二节　西北联大的"立"与"分"

一、南迁汉中更名西北联大

1938年3月,日军占领风陵渡,潼关告急,西安屡遭日机轰炸。随着战局的扩大,按照行政院通过的《平津沪战区专科以上

---

[1]《西安临时大学概况》,《教育杂志》1938年第28卷第3号,第107页。

学校整理方案》，教育部随即要求："国立北平大学、国立北平师范大学及国立北洋工学院，现为发展西北高等教育，提高边省文化起见，拟令该院校逐渐向西北陕甘一代移布，并改成国立西北联合大学。"[1]

根据安排，1938 年 3 月 16 日，西安临大 1800 多名师生按照军事化编队，在大队长徐诵明的带领下，分 3 个中队，踏上了南迁之路。师生编队首先乘闷罐火车从西安沿建成不久的陇海线铁路至宝鸡，之后，编队继续沿川陕公路徒步前进，过渭河、越秦岭、渡柴关、涉凤岭，风餐露宿，历时半个多月。4 月 4 日，学校师生全部安全抵达陕南汉中。

4 月 3 日，教育部电令"陕西南郑专员署转国立西安临时大学，该校应改称国立西北联合大学"。接到教育部的命令后，西安临时大学便将具有战时过渡意味的"临时"大学更名为侧重于"联合"办学的"国立西北联合大学"。更名背后也反映了国民政府在面对持久抗战的背景下对联合办学整体性和长远性的考虑。

4 月 10 日，西北联大举行学校常务委员会议，决议正式启用"国立西北联合大学"校名。尽管名称上已实现了"联合"，但由于办学场地所限，学校仍然分布在四地办学，校本部及文理学院设在城固县城的考院和文庙，工学院设在七里寺和古路坝，医学院设在汉中市黄家塘，农学院设在勉县。

5 月 2 日，西北联大开学典礼在城固县隆重举行。正如在开学典礼上，校筹备委员会主席李书田所言："回忆这次迁移所费的一个月有余的长久时间，全校师生徒步近千里的路程……在我们

---

[1] 李永森、姚远主编：《西北大学史稿》上卷，西安：西北大学出版社 2002 年版，第 216 页。

学界，确是破天荒的大举动。"①西迁过程路途遥远、充满艰辛，西迁后办学活动的正常开展也面临巨大的挑战。由于当时情况危急，仓促西迁，各校的图书资料、教学设备、实验器材等物资都没有完全及时带走，再加上西北地区本就落后的教育环境，给联大的办学带来了极大的挑战。在这种环境下西北联大的师生并没有被困难所击退，而是更加顽强地与困难作斗争，扎根当地开展教育、研究、社会实践等活动，拉开了西北联大乃至西北高等教育发展的序幕。

二、"战时当作平时看"的办学活动

（一）办学思想

战时联合办学首先需要凝聚办学共识，继而才能营造良好氛围，为国家培养人才，为抗战积蓄力量。从当时学校领导层对西北联大办学定位的理解来看，不同成长背景的校领导对办学有不同的思考。校常委陈剑翛认为"本校现改名为国立西北联合大学，其意义一方面是要负起开发西北教育的使命，一方面是表示原由三校合组而成"②。作为出任过国民政府官员的他，理解当时国民政府对整个教育布局的考虑，推动西北地区教育的发展，而不是仅仅局限于办好某一所学校，也正是他的这一观点，预示着未来西北联大扎根西北大地办教育的开端。而另外一些校领导则更强调发挥教育的作用，以期振奋精神，培养栋梁，自强不息，救亡图存。如北平大学校长徐诵明认为："在抗战期间，最高学府学生应如何救国：不一定非拿枪到前线去才是救国，我们在后方研究科学增强抗战

---

① 《西北联大校刊》1938 年第 1 期，第 7 页。

② 《本校城固本部举行开学典礼志盛》，《西北联大校刊》1938 年第 1 期，第 10 页。

的力量,也一样是救国。"①这样的爱国情怀,也是西北联大自上而下许多师生所共有的。尽管从国民政府到学校决策层,对于学校办学定位有不同的理解和考虑,但西北联大在各组成院校的努力之下,仍然临危不乱,沿袭各自办学传统,一边复课,一边实践,一边积极开展抗日救国活动,努力肩负起开发西北的使命。其中通过知识文化抗日救国,积极为抗战服务是大家的共识,也成为这一时期办学的重要指导思想。

（二）人才培养

抗战时局的变化,无时无刻不在多个方面影响着教学的安定和学校的发展。尽管办学受到客观条件的限制,人才培养基本沿袭战前及西安临大时期旧制,但学校也对教学进行了一些改革。比如,学校颁布了《文理法三学院共同必修科目》,以加强学生"共同必修科"（可理解为通识课程）学习,其中要求：

> 查大学课程,除医学院外,向由各校自行规定,得因人地之宜,自由发展,惟以缺乏共同标准,遂致科目互异,程度不齐,未能发挥大学教育一贯之精神,而若干大学,分系过早,各系所设专门科目,又或流于繁琐,不能融会一科学术之要旨,亦非培养高深学术人材之道。本部有鉴于此爰有整理大学课程之举……邀请专家厘定大学各学院课程,以谋建立共同之标准……兹先将文理法三学院分院共同必修科目表,制就颁发,仰各校自本年度起,就一年级开始实行,并将实行情形具报备查。②

其中指出了当时人才培养过程中所存在的问题：由于西北联

---

① 李海阳：《抗战中的徐诵明》,陈海儒、高远主编：《热血书生上战场：西北联大与抗日战争》,西安：西北大学出版社2017年版,第83页。

② 《训令二：颁布文理法三学院共同必修科目》,《西北联大校刊》1938年第3期,第4页。

大各组成学校差异较大、缺乏统一的要求，所以导致科目、课程要求参差不齐。同时，由于人才培养过程中学生过早分系、专业，导致学生在培养过程中缺乏基本的知识基础，不能很好地将专业知识融会贯通。基于这些问题，学校首先统一各学院内部的课程标准，进而明确了不同学院学生在第一和第二学年需要修读的共同必修科目。作为战时背景下由多所院校组建的联合大学，这样的规范化、统一化的要求，无疑对保障当时学校人才培养质量具有重要意义。

为避免战时社会动荡对学生思想产生消极影响，国民政府教育部推行了导师制，以加强学生思想道德教育。教育部要求：

> 本部为矫正现行教育之偏于智识传授而忽于德育指导，及免除师生关系之日见疏远而渐趋于商业化起见，特参照我国师儒训导旧制及英国牛津、剑桥等大学办法，规定导师制，令中等以上学校遵行。①

为积极落实教育部要求，西北联大各院系分别根据各自实际情况制定了导师制度实施细则，"学生分组以院系年级为单位，每组学生由导师一人担任训导，其人数较多者，加聘导师一人。因本校各学院分设数处，每院以院长为主任导师（师范学院主任导师由本大学提请教育部选定聘用），常务委员主持各该院各系各组学生训导事宜"②。同时，学校还注重学生训练，改进学生团体生活，设立了训导处，下设导师委员会、军事训练组和斋务组，积极组织国语演说竞赛会、英语演说竞赛会、话剧表演、讨论会等活动。

---

① 《国民政府教育部训令》，《西北联大校刊》1938 年第 1 期，第 1 页。
② 《国立西北联合大学导师制实施情形》，姚远主编：《西北联大史料汇编》，西安：西北大学出版社 2012 年版，第 619 页。

　　值得一提的是,受当时红军长征胜利和延安抗大的影响,马克思主义思想在西北联大师生中的影响不断扩大。特别是法商学院在教学中结合抗日救亡的现实背景,给人文社会科学提出了一系列需要解决的问题。一些信奉马克思主义和社会主义学说的进步学者,引导学生理论联系实际,探索救国救民的真理,解决中华民族贫穷落后、受欺辱,国家腐败黑暗的问题,为抗日民族解放战争和新民主主义革命培育了一批可贵的人才。

　　这一时期,在艰苦的工作和生活条件下,学校仍坚持完善人才培养标准,组织学生社会实践。如家政系先后出台并完善了《家政系课程标准》,提出了明确的教学目的、训练方针、编制原则以及组织纲要。[①] 工科教师克服教学设备上的种种困难,设法坚持教学。在教学实践活动上,尽力根据陕南地区的条件进行安排。如矿冶系对安康行政区砂金矿和勉县煤矿区的地质情况进行了勘察,历史系考古委员会在城固县对张骞墓进行考古发掘,校历史学会对勉县开展了历史考察和考古调查,对汉中地区各县诸葛武侯遗迹进行了考察。[②]

　　(三)抗战救亡

　　抗日救亡以实现民族复兴是抗战时期学生学习的最高理想。从西北联大的前身西安临大开始,学校就在平时教育的基础上加入了关于国防、国际问题、社会政治经济、外国文化、素质修养等学术讲演内容[③],以期学生在特殊时期对学校以外、国家以外的世界有更加深入的了解。在日常教学活动过程中,学校高度重视激发

---

① 《家政系课程标准》,《西北联大校刊》1938 年第 2 期,第 12 页。

② 西北大学校史编写组编:《西北大学校史稿》,西安:西北大学出版社 1987 年版,第 61 页。

③ 《本校学术讲演办法》,《西安临大校刊》1938 年第 3 期,第 12 页。

学生的爱国热情和增强学生的军事技能,积极组织学生参加国民党教育当局组织的陕西省学生军训活动,并邀请许寿裳教授、李季谷教授等为青年学生讲授爱国主义故事,在锻炼其体魄的同时,也激发了学生的爱国主义热情。不仅仅局限于教育学生,教师们也积极进行抗战宣传,针对抗战时局分析国内外形势,发表学术文章和意见建议,比如在《西安临大校刊》和《西北联大校刊》中都不时涌现出对当时国内外时局具有深刻洞见的文章。用实际行动支持前方抗战也是西北联大师生抗战救亡的重要举措,1938 年 10 月,全校师生在校务委员会的倡议下,念前方将士浴血抗战、天寒衣单,发起募集棉背心运动,慰劳抗日战士。① 次年,西北联大抗敌后援大会在校内组织义卖献金、节约献金慰劳前方将士家属及伤兵,为前方将士募鞋袜,捐赠衣物,协助地方训练壮丁等活动,在本已艰苦的环境下为抗战前线贡献了自己的力量。此外对于校园以外的社会,学校还积极发挥自身优势,引导做好各类战时防护工作。1939 年 2 月,学校社会教育推行委员会成立防空防毒讲习班,在陕南向民众普及防空知识。这一系列活动的开展,增强了师生和当地民众抗日救亡的信念,为抗战提供后援力量具有积极意义。

（四）社会教育

尽管西北联大所在地汉中条件艰苦,但广大师生扎根这里,用所思、所学、所长广泛开展社会教育,服务抗战和地方发展需要。时任西北联大常委、原北平师范大学校长李蒸,就极力推动发挥联大教育优势开展社会教育,他提出办教育不仅要有狭义的教育,更要推动广义的社会教育。1938 年,遵照教育部关于《各级学校兼办社会教育办法》,学校结合西北地区和自身实际,成立了社会教育

---

① 《遵令扣薪捐助前方将士寒衣》,《西北联大校刊》1938 年第 6 期,第 19 页。

推行委员会,开展多种形式的社会教育活动。特别是从 1938 年 9 月起,全校在"培养人才与服务社会"的原则下,大力开办社会教育。根据学科专业的特点,文理学院负责开办了国语及注音符号讲习班、防空防毒讲习班、科学常识讲习班。法商学院、师范学院等也承担起相应的社会讲习班任务。各种讲习班利用暑假在陕南六县小学举行,由西北联大教授和毕业生中品学兼优者授课,这一活动不仅提高了陕南小学教师的业务文化水平,也丰富了教学内容,增强了学生的实践能力。[①] 为推进家事教育,训练家事技术人才及激发家事研究兴趣,社会教育推行委员会还成立了家事讲习班,设有衣服学、食物学、育儿学、家庭布置及管理、家庭卫生及看护、手工等科,由家政系同学讲授,招收曾经读书识字能作简单笔记的女性参加。[②] 西北联大这些社会教育实践活动在帮助社会解决现实问题的同时,也给当地注入了新的风尚,为西北联大师范教育长期扎根西北大地办学提供了不可或缺的实践基础。

(五)学术研究

抗战时期,教育部要求各高等院校的学术研究"除纯粹学问之探究外,应随时研究实际问题,以应社会国家之需要"[③]。西北联大教师的学术研究注重发挥当时学校的学科和专业特色,着眼于战时西北地区的社会实际,领域主要包括政治、经济、文化、地质等,为西北古老的华夏文明带来了现代化的视角。如国文系主任黎锦熙教授对地方志有着深入的研究,其立足联大驻地城固县,对县志进行了修编,发表近 10 篇论文,出版了对地方志系统的研究著

① 西北大学校史编写组编:《西北大学校史稿》,西安:西北大学出版社 1987 年版,第 62 页。
②《家事讲习班开课》,《西北联大校刊》1939 年第 15 期,第 15 页。
③《研究实际问题(训令二七,十一,十一)》,《西北联大校刊》1938 年第 7 期,第 5 页。

作——《方志今议》。这部著作问世 70 多年后，仍是国内地方志界编修当代地方志书的重要理论参考；法商学院教授尹文敬在 1939 年 3 月《时事新报》发表的《改良制与调整地方财政》一文，引起了经济界的重视；历史系教授陆懋德针对当地丰富的历史文化资源开展研究，发表了《汉中各县诸葛武侯遗迹考》等研究报告，其编写的《史学方法大纲》和《上古史》讲义曾获得当时政府学术著作奖；许兴凯教授发表了《抗战的经验与教训》和《近代民族主义之发展及吾人应有之认识》；考古学家、历史系黄文弼教授结合汉中张骞故里的文化基础发表了《张骞通西域路线图考》，并在西北地区开展大量考古研究工作；矿冶系教授郁士元结合对勉县地区的地质调查发表了《勉县煤矿区之地质》；体育系谢似颜教授发表了《民族主义与道德》。周国亭的《勉县考古纪实》，历史系的《发掘张骞墓前石刻报告书》，地质系的《勘查安康行政区砂金矿简要报告》等一批学术著作得以问世。不难发现，战争时期尽管各类教学、研究资源极其匮乏，但西北联大教师始终没有忘记用自身学问解决当地实际问题，在对西北古老华夏文明进行研究的同时，也对当地文化、社会等多个方面进行了启蒙。

三、五校分立

西北联大南迁办学后不久，便走到了新的路口。1938 年 6 月 29 日，距 4 月 3 日教育部下令设立西北联大不到 3 个月的时间，教育部的另一道电令让刚组建不久的西北联大拉开了分立的序幕：

> 该校农学院与西北农林专科学校合并改组为国立西北农学院，该校工学院与东北大学工学院、焦作工学院合并改组为国立西北工学院，业经行政院通过，下年度各该院教职员暂勿

续聘,详细办法候另令知照。①

　　按照教育部的要求,西北联大农学院和工学院先行从学校剥离,并与当时驻扎西北的其他几所高校合并组建新的院校。这一政令不仅意味着西北联大的解体,更意味着原西迁高校解体的开始。面对教育部这一要求,不少师生、校友都极力反对,并联名上书教育部,然而在行政命令面前这些呼声都显得无济于事。7 月 27 日,关于两院分立的指示文件《国立西北联合大学农学院与国立西北农林专科学校合并改组为国立西北农学院办法》和《国立西北联合大学工学院与国立东北大学工学院及私立焦作工学院合并改组为国立西北工学院办法》送达西北联大,此后西北联大的解体迈入实质化操作阶段。办法对新设立学校的系科设置、经费管理、学生教师构成、校产等多个方面进行了要求,但办学活动仍然在原校址进行。

　　1939 年 8 月 8 日,西北联大解体进程进一步加速。行政院决定将师范学院和医学院从联大剥离,分别设立为国立西北师范学院与国立西北医学院,同时将西北联大剩余部分改为国立西北大学。②

　　一系列强制行政命令发布,形式上让西北联大从联合走向了分立,但其实质却是彻底击碎了平津西迁高校的原有组织形式,让西迁师生战后复校的希望越发渺茫。但也恰恰是这一系列的分立之举,也让西迁高校扎根西北大地成为可能,正如西北大学教授姜琦在《西北学报》创刊号中评论的:

----

①《教育部致西北联大电》(1938 年 6 月 29 日),陕西省档案馆藏,国立西北大学档案,67/5/306,第 1 页。

② 赵弘毅、程玲华主编:《西北大学大事记》,西安:西北大学出版社 2002 年版,第 177 页。

教育部鉴于过去的教育政策之错误，使高等教育酿成那种畸形发展的状态，乃毅然下令改组西北联合大学，按其性质分类设立，并且一律改称为西北某大学某学院，使它们各化成为西北自身所有，永久存在的高等教育机关。①

至此，不管是政治因素的考量，还是建设西北的需要，抑或内部矛盾的激化，西北联大最终一分为五。

随着西北联大的分立，西北地区高等教育布局的基本雏形初步显现。在西北联合大学的"形式"解体中形成、分立的五所院校，学科专业优势集中、特点鲜明，对于战时促进西北地区发展，提高高等教育对抗战的支撑力，以及未来国家高等教育整体战略布局都有重要意义。下面就分立后的五所高校分而述之。

（一）国立西北工学院

1938 年 7 月，作为教育部首先要求独立办学的西北联大工学院，与东北大学工学院和私立焦作工学院共同组建国立西北工学院，学院初期仍然在城固县东南角的古路坝办学。作为西北联大中办学水平最高、办学影响力最大的工学院，它的独立意味着西北联大的重要组成部分被剥离，同时原北洋工学院的班底也彻底冠以"西北"字样，为扎根西北办工学教育迈出了实质性一步。7 月，国立西北工学院筹备委员会在城固成立，原西北联大委员会成员及教务长李书田、胡庶华、张贻惠，焦作工学院张清涟，东北大学王文华以及陕西省政府官员雷宝华等共同出任筹备委员，其中李书田为筹委会主任。经过近 3 个月的筹备，11 月 12 日国立西北工学院正式开学。学校成立之初设有土木工程系、矿冶工程系、机械工程系、电机工程系、化学工程系、纺织工程系、水利工程系、航空工

---

① 姜琦：《祝西北学会成立》，《西北学报》1941 年创刊号，第 1 页。

程系、工业管理学系、公共学科、七星寺分院等教学单位。"西北工学院因系四个有名的工学院组成,所以学系繁多,内容充实,教师阵容特别完整。"①学院形成了从专科到本科再到研究生教育的完整人才培养体系,师生共计4000余人。同时,学校还汇集了强大的师资阵容,各系都有知名教授,教授在整体师资队伍中占比在七成以上。国立西北工学院还以"严"字著称,独立之后立即结束了西北联大时期的成绩管理办法,针对学生考试提出了一门不及格可以补考,补考不及格留级等系列要求。国立西北工学院的设立延续了北洋工学院的优良传统,其永久扎根西北奠定了中国西北工科高等教育的基础。

（二）国立西北农学院

国立西北农学院由西北联大农学院（前身为北平大学农学院）、国立西北农林专科学校（西北第一所高等农业学府）、河南大学农学院（前身为河南省立农业专门学校）合并组建而成。学院筹备阶段,以西北农专校长辛树帜为筹委会主任,曾先后任北平大学农学院院长的曾济宽、周建侯为委员。经过筹备委员会的酝酿以及教育部的审定,学院最终设立了农学系、森林系、园艺系、畜牧兽医系、农业水利系和农业化学系等6个系,其中农学系细分农艺、植物病虫害、农业经济3个组。国立西北农学院的办学宗旨和课程设置主要侧重于两个方面,一是强调与西北地区实际情况相结合,围绕农林相关问题开展人才培养和学术研究,其二是注重学生实际动手能力的培养,强调学生解决实际问题的能力。在学生培养方面,学校设立之初即调整了课程体系,扩大基础课程的比例,

---

① 赖琏:《赖琏与教育抗战——赖琏回忆录〈烟云思往录〉摘编》,陈海儒、高远主编:《热血书生上战场:西北联大与抗日战争》,西安:西北大学出版社2017年版,第128页。

增加选修课的数量,以期让学生具备较为深厚的专业基础。科学研究方面,学校注重扎根西北大地开展研究,在农作物栽培、病虫害防治、农业经济调查等方面成果丰硕。学校还高度重视农业技术推广,通过生产指导,开展农村教育,指导农村合作社等方式提高当地农业技术利用水平。国立西北农学院的成立,为当时西北落后的农业现状注入了科学的力量,同时也奠定了西北地区农业教育人才培养和科学研究基础。①

（三）国立西北大学

"西北大学"的名称在西北联大到来之前就曾出现过,其名称最早可溯源至 1902 年的陕西大学堂,辛亥革命后,陕西都督张凤翔在原陕西高等学堂、陕西大学堂等学校基础上,积极筹建"关中大学",后更名为"西北大学"。因时局变化,西北大学先后多次中断办学。1939 年,国民政府将西北联大分立后剩下的所有院系组成国立西北大学,关于 9 月在城固开学。学校成立初期设有文学院、理学院和法学院,3 个学院下设 12 个系。后经历不断发展和并入新的学校,到抗战胜利时形成了 3 院 14 系的规模。其中,文学院设有中国文学系、外国语文学系、历史学系、边政学系、教育学系;理学院设有数学系、物理学系、化学系、生物学系、地质地理学系;法商学院设有法律学系、政治学系、经济学系、商学系。② 在教育部"通专并重"的要求下,学校各院系办学呈现出 3 个特点:一是注重国文和外国语等基础学科;二是注重自然、人等基础学科;三是注重实习和实践环节教学。在实际办学过程中,由于学校组成复杂,

①《为什么要纪念西北大学》,陈海儒、高远主编:《热血书生上战场西北联大与抗日战争》,西安:西北大学出版社 2017 年版,第 9 页。

②《为什么要纪念西北大学》,陈海儒、高远主编:《热血书生上战场西北联大与抗日战争》,西安:西北大学出版社 2017 年版,第 8 页。

办学条件艰苦,政治组织活跃,学校内部矛盾突出,城固时期先后经历了多任校长的更迭。直到抗战胜利后,校址从城固迁往西安,学校办学才趋于稳定。国立西北大学师生在异常艰苦的办学条件下仍然坚持努力学习,坚持结合当地实际开展研究工作,在法学、文学、经济学、历史学等领域成绩颇丰。

（四）国立西北师范学院

国立西北师范学院分立之初,学校仍然在陕西城固办学,地点与国立西北大学相邻。由于西北联大时期城固的几个学院在办学资源上均进行共享,尽管后期已分立办学,但受制于紧张的办学条件,在宿舍、教室和图书馆等资源上仍然共享,只是在管理体制、人员配置、师生管理等方面进行了独立安排。学院系别设置上,仍沿用西北联大师范学院系别设置安排。除了开展正常的师范教育之外,学院还成立了师范研究所、社会教育推行委员会等组织,研究所围绕抗战和地方需要开展研究,比如李建勋的"战时和战后教育研究",黎锦熙的《方志今议》等都具有较大影响力。社会教育推行委员会组织师生在当地广泛开展兵役法宣传、卫生及科技知识普及等社会服务,成效显著。1940 年,在综合考虑学校办学空间和陕甘地区国立大学布局的情况下,国民政府教育部命令学校由陕西城固迁至甘肃兰州。学校在李蒸院长的带领下进行了选址和兰州分院的筹备工作。1941 年 10 月 1 日,兰州分院正式成立,并开始招收新生。1942 年,教育部令兰州分院改为本院,城固本院改为分院,迁移速度逐年加快。1944 年学校正式完成迁至兰州的任务,结束了甘肃无国立大学的历史。① 国立西北师范学院扎根西北社会办教育,在加快推进西北中等教育、国民教育发展的同时,也为当

---

① 李永新:《国立西北师范学院全宗档案介绍》,《档案》1997 年 S1 期,第 39 页。

时教育落后的甘肃带去了新气象。

（五）国立西北医学院

国立西北医学院的前身是我国最早设立的国立医学校,远自民国以前,即已成立。其前身为"京师医学校""京师医科",后为北平大学医学院。与其他四校合并分立不同,北平大学医学院在整个内迁过程中并没有与其他学校合并,学校建制完整,建校之初学校校址仍然在汉中南郑城南及东南一带。抗战胜利后,西北各内迁院校均有复校的想法,但教育部鉴于西北的重要战略地位,计划在此设置一永久完备的医科大学,所以拒绝了国立西北医学院的复校要求。深感复校无望的北平大学校长徐诵明也因此返回教育部任职。1946 年 8 月 1 日,学校并入西北大学,成为国立西北大学医学院,并与西北大学一道由南郑迁回西安办学。① 与其他四所分立的院校不同,国立西北医学院可以说是一所小而精的学校。小是指学生规模小,抗战期间毕业学生仅 200 余人。精是指学院的师资水平较高,教授、副教授中很多是德国和日本留学归来的高级人才。国立西北医学院的设立让平津先进的医疗卫生教育永久留在了西北,培养了大批优秀医疗人才,同时也为西北地区人民的健康和医疗卫生事业的发展做出了突出贡献。

第三节　公诚勤朴为报国

"公诚勤朴"是西北联大的校训,1938 年 10 月,经西北联大第 45 次常委会通过。尽管"公诚勤朴"的校训使用不到半年西北联大

---

① 谭元珠:《医学院简史》,姚远主编:《西北联大史料汇编》,西安:西北大学出版社 2012 年版,第 659 页。

便解体,但其既是对西迁前三所母体学校、西安临大、西北联大校风的高度概括,也是西北联大及未来分立院校发展的精神延续。

一、天下为公,公以去私

"公"即天下为公,公以去私。在整个扎根西北办学过程中,全校师生心系家国,用实际行动全力支持抗战和西北建设。教职工积极响应学校"本校教职员一律以一个月薪金认购救国公债"的号召向前线捐款捐物。1937年10月至1938年2月,全校教职员缴纳第一期救国公债计国币共7655.44元。不仅如此,在卫生条件极其艰苦的环境下,教师仍然坚持教学一线,维持正常的教学秩序。据校医室统计,从1939年3月8日至29日的20天内全校教职员工百余人生病就诊人数为326人次、学生2179次[1],可见学习生活条件极为艰苦。但是,在爱国图存精神的激励下,大多数教师坚持留在穷乡僻壤,表现出不畏艰苦,不计报酬的爱国主义精神。

救亡图存,支持抗战是西北联大师生家国情怀的重要体现。除了积极发挥思想主阵地作用,努力宣传抗战、开展军事教育之外,广大教师还针对时势发表了许多有较大影响的抗战论著。如《适应抗战时期之生产建置与工程教育》(李书田)、《天津失陷之经过及现在之状况》(齐璧亭)、《战时最高学府学生应如何救国》(徐诵明)、《日本帝国主义与东三省》(许兴凯)、《中华民国二十七新年的希望与准备》(周泽书)、《战争与文化》(胡庶华),等等。同时,学校师生还积极投身社会建设,通过社会实践、文化宣传、社会教育、科学研究等活动为当地人民群众解决了许多实际问题。

"一寸山河一寸血、十万青年十万军",1944年,国民政府动员

---

[1]《本校教职员每月疾病治疗分科统计表》,《西北联大校刊》1939年第16期,第14页。

知识分子从军保家卫国。43岁的地质地理系"台柱子"——郁士元教授毅然投笔从戎，要求到前线杀敌，并被授予少将军衔，成为当时教授从军第一人。当时西北联大有300多名师生放下书本，穿上军装，走向抗战疆场，这些人中很多后来命运多舛，但他们对国家和人民的赤诚是发自内心的，永远值得铭记。

二、不诚无物，诚以去弱

"诚"即不诚无物，诚以去弱。在艰苦的条件下西北联大及其分立后的各校师生坦诚相待，互相信任，患难与共，共同进步，充分体现出师生之间的"诚"。

在向汉中迁徙中，行军干粮购买困难，运输笨重，"为学生减轻负担着想"，学校取消由"学生购置总运"和由"学生分带"的办法，决定"由学校总办"。[①] 因为西安临大、西北联大包括后来分立的各校，在西安、汉中一带办学，离延安很近，学校内部也有进步学生组织民主活动，常有学生被抓捕和关押。王凤岗、袁敦礼等先生都曾数次出面担保和营救被捕学生，这些教师对学生的爱护和照顾是毫不保留的，并且是细致入微的，这也反映了当时亲密的师生关系。在城固办学时期，因校舍不敷使用，众多教职员租不到房子，西北大学校长刘季洪遂将自己的租用房"分为同事四人居住，本人全家住一间，且仅有一面有窗"[②]，西北联大及其子体各校的学生则彼此"踏着不分你我的情谊生存并生活"。走下讲台后，不少教师每天还得在豆油灯光下工作至深夜，或认真备课，或批改作业。[③]

---

① 《膳食委员会报告》，《西北联大校刊》1938年第1期，第66页。

② 《教育系自本校迁移以来所经办之重要事项》，《西北联大校刊》1938年第1期，第16—19页。

③ 罗章龙：《罗章龙回忆录》（下），美国溪流出版社2005年版，第782页。

1939 年，为追随迁往西北的母校北平师范大学，正在协和医院深造的汪堃，考虑到后方落后的教学条件，想方设法买了一套生理教学仪器从北平奔赴陕西。他带着妻女由塘沽乘船至香港，从越南到昆明，又经贵阳和重庆，一路颠沛流离，千里迢迢来到陕西，其困难程度可想而知。当他带着弥足珍贵的一套设备到达城固时，所有的师生都流下了泪水。[①]

三、勤奋敬业，勤以开源

"勤"即勤奋敬业，勤以开源。在有限的条件下，西北联大师生不求享受，勤奋敬业，有条不紊地开展各项教学和学习工作。西安临大时期，学校特别规定第一学期"延至二十七年（1938）二月底"，"除二十七年（1938）元旦停课一日外，所有年假寒假，均不放假云"[②]。即使是在日军逼近潼关，西安临大准备南迁之前，学校"依然坚持着镇定的态度，完成上学期的学业"[③]。迁至汉中后，尽管办学条件更加艰苦，甚至常遭敌机轰炸，但是西北联大师生并未气馁。不少教师在豆油灯下工作至深夜，北平研究院史学研究所编辑吴世昌在受聘西北联大讲师后，"他为了备好课，常常工作到深夜，人越来越瘦，但他仍是很关心国家大事，总认为我们的国家有希望"[④]。"坝上长夜"是师生们勤奋学习，救国兴邦的真实写照。曾在国立西北工学院就读后成为两院院士的师昌绪曾回忆道："西北工学院除陕西汉中城固县古路坝天主教堂校址外，还在不远处

---

① 刘基、丁虎生：《西北师大轶事》，沈阳：辽海出版社 2001 年版，第 206 页。

②《学期延长》，《西安临大校刊》1937 年第 2 期，第 5 页。

③《本校城固本部举行开学典礼志盛》，《西北联大校刊》1938 年第 1 期，第 10 页。

④ 严伯昇：《怀念世昌》，《海宁文史资料》第 27 辑，海宁市政协文史资料研究委员会 1987 年编印。

的七星寺设立了分院。同学们怀着救亡抗日的心情学习，卧薪尝胆、分秒必争，苦读之风盛行。"①为了充分利用有限的资源，学生借助蜡烛和煤油灯，晚上轮流学习，有的同学常常因为学习几周甚至几个月间不到一面，为此在古路坝有了"坝上长夜、七星灯火"的美誉，以形容学生勤奋刻苦的学习状态。

四、质朴务实，朴以节流

"朴"即质朴务实，朴以节流。从平津三校西迁，到南迁汉中，他们的生活学习无不体现了全校师生质朴务实的品质。当时办学条件十分简陋，处于一种战时流亡教育状态，"工学院刚到城固县境内古路坝教堂办学时，学生白天借用教堂上课，晚上就在教堂楼上睡通铺；后来学校改建了一些临时住房，学生才有了专用的宿舍，但依然是十几个人甚至几十个人的大通间"②。"学校西迁以来，图书、仪器损失殆尽"③，学校缺少必要的教学设备，经费也极端困难，晚自习没有电，没有图书馆，更没有体育场。教师上课经常没有粉笔，更谈不上实验设备和条件，"经费支配多用于薪给及办公费两项，更无余款可供图书仪器之购置"④。"面对这些问题师生们更是自力更生，学生用以裂化桐油制造汽油点灯照明，甚至自制了部分教学用具，这些成品，虽然不免粗笨和简陋，

① 李家俊：《西北联大与"兴学强国"精神》，《光明日报》，2012 年 1 月 9 日。

② 李永森、姚远主编：《西北大学史稿》上卷，西安：西北大学出版社 2002 年版，第234 页。

③《教育系自本校迁移以来所经办之重要事项》，《西北联大校刊》1938 年第 1 期，第17 页。

④《教育部训令》(1940 年 9 月 25 日)，西北师范大学校史资料编研组：《国立西北师范学院史料摘编》(上)，北京：中国文史出版社 2014 年版，第 319 页。

但都很适用。"①面对抗战期间飞涨的物价,教师不畏艰苦,靠微薄的薪金和"米贴"维持最低限度的生活。虽然教育部规定"抗战期间薪俸七折"(1938年国民政府教育部训令),教授们仍尽力地搞好教学,并仍然坚守在陕南偏僻山乡。就在这种困难条件下,广大师生仍能安贫乐道,以苦为乐,严谨治学,刻苦学习。

在当时全国上下经济异常困难的情况下,学校尽可能缩减不必要的开支,还曾颁布了《节约运动案》,其中规定:

> 为使节约运动趋于具体化,特规定办法如下:甲,关于个人方面:(1)本校教职员或学生均应停止互相宴请,如招待外来宾客及彼此相约聚谈时,亦须联合数人做东,或邀便餐;(2)凡本校教员学生婚丧寿庆以不宴客为原则或以茶会代替酒席,送礼以联合赠送现金为原则,其数目为每人五角至二元止;(3)新制衣服必须用国货材料;(4)以节约所得,贡献国家或投资生产事业;(5)积极提倡储金。乙,关于公务方面:(1)各项纸张均用国产,学校内部通知均用便条,不用信笺;(2)购置公用物品,应采评价或询价手续,并尽量购用国货;(3)各院处组室自行拟具节省及简化手续办法送常委核定施行。②

五、"公诚勤朴"的传承

对于一所大学的精神,外化于物,内化于心。尽管随着西北联大的解体,"公诚勤朴"已失去了它原有的意义。但是,从分立的五所院校来看,除了国立西北大学直接继承了"公诚勤朴"之外,其他

---

① 赵松声:《抗战中的西北大学》,《学生之友》1942年第4卷第2期,36—37页。

② 《西北联合大学便函、公告:为41次常会议决节约运动具体办法函请查照、布告知照》(1938年9月24日),陕西省档案馆藏,国立西北大学档案,67/5/443,第2页。

几所学校在继承原有校训价值追求的同时,根据自己的特点也提出了与"公诚勤朴"一脉相承的校训。比如,国立西北工学院的"公诚勇毅",国立西北农学院的"诚朴勇毅",无论这些学校在发展过程中如何更迭、迁移,延续而来的校训一直伴随它们乘风破浪。西北联大的"立与分"是西北地区高等教育重新布局的开端,"公诚勤朴"这一饱含爱国主义情怀的校训,也随着各校的发展在西北地区生根发芽、开花结果。

第七章　国立中央大学的内迁与改革

　　国立中央大学源自 1902 年筹建的三江师范学堂,1905 年改名为两江优级师范学堂,1911 年停办。1914 年在两江优级师范学堂原址重建南京高等师范学校,并于 1915 年开学。1921 年,在近代著名教育家郭秉文的倡导下,以南高师为基础组建国立东南大学,成为当时国内仅有的两所综合性国立大学之一。1927 年与江苏省境内 8 所专科以上学校合组成国立第四中山大学,1928 年更名为江苏大学,同年定名为国立中央大学。1937 年后,在校长罗家伦的主持下,迁址四川重庆、成都等地继续办学,称为重庆中央大学。1946 年东还南京,11 月 1 日,复员后的中央大学在南京开学,设有理、工、医、农、文、法、师范 7 个学院,43 个系科,26 个研究所。1949 年南京解放后,国立中央大学更名为国立南京大学,次年定名南京大学。1952 年院系调整中,原南京大学调整出部分院系与创办于 1888 年的金陵大学等校合并,携原中央大学档案迁址原金陵大学鼓楼校址;调整出的其他院系相继独立发展成为现在的东南大学、南京农业大学、南京师范大学、河海大学、南京林业大学、西北工业大学、第四军医大学、华东政法大学、江南大学、江苏大学、南京工业大学等。

　　国立中央大学是民国时期名副其实的全国最高学府，其规模之大、学科之全、教授阵容之强，均居全国各大学之首。1942 年和 1943 年教育部两次遴选出的 45 名部聘教授中，有 13 位来自中央大学。全面抗战初期全国大学名校联考的统一招生中，考生总数的三分之二将中央大学作为第一志愿来填报。

　　1937 年内迁重庆等地，至 1946 年复校南京，这九年无疑成为国立中央大学办学史中浓墨重彩的一笔。回溯这段历史无法不提及时任校长罗家伦。他在中央大学经历易长风潮之际，于 1932 年 8 月 26 日受命就任国立中央大学校长之职，易长风波遂告平息。罗家伦之于中央大学的意义，用"掌中央大学之舵"来形容绝不为过。

　　他在就任初期，就对中央大学的发展表明自己的见解，并多次在理念和实践中予以推进。他认为中央大学的定位在于创立有机体的民族文化，成为中华民族复兴的参谋本部。故欲完成中央大学之使命，必循"安定、充实、发展"3 个时期推进。他通过延聘名师、扩充学科、调整设置、改善办学条件等措施为中央大学的稳定发展奠定了基础。随之，罗家伦校长提出"万人大学"和"首都大学"的建设规划。1934 年，他认为恰逢中大发展的好时机，另辟中华门外约七公里处的石子岗一带 8000 亩土地为中央大学新校址，预计于 1938 年秋落成，但由于日军侵华而终止，这也成了他的"玫瑰色的甜梦"，故而留下希望"于抗战胜利以后，每个爱护中大的人，是一定要把它实现的"的文化遗嘱。如今高等教育扩招与大学城的建设，也能体现出罗家伦校长看待大学发展的前瞻性与判断力。

　　作为参加"庐山谈话"，收悉消息较早的大学校长，罗家伦返校后立即督工赶制大小木箱，为迁校做准备，同时着手迁校地点的考量，最终选择较为安全且轮船可以直达的四川重庆为新校址。选定之后,一方面先行派人前往重庆松林坡营建新校,另一方面有序组织中大师生及图书、资料、仪器、设备等的转移,一举西迁,成为当时复课最早的国立大学,还涌现出王酉亭为代表的带领"动物大军"西迁重庆、创造中大"鸡犬不留"奇迹的苏武式人物。重庆办学期间,以中大为首的各类学校的学生们,在夜晚的读书灯光——"沙坪学灯",成为当时有名的"陪都八景"之一。

当然,罗家伦的远见卓识还表现在他对高等教育功能定位和大学精神的见解中。主持中央大学之初,他将中大的目标设定为普法战争前的德国柏林大学。全面抗战爆发后,他多次强调中央大学抗日的对象,就是敌人的东京帝国大学,因而大学参与抗战的最佳方式就是立足本校,办好大学,发展学术,实行文化抗战。继而,他在"全面抗战论"的基础上,在《中央大学之使命》中对建立"有机体的民族文化"进行了系统和完整的阐释。中大抗战时期办学的"六字方略"(安定、充实、发展)和"四字校训"(诚、朴、雄、伟)均来自校长罗家伦的精准判断,"诚朴雄伟"至今仍作为南京大学校训的重要组成部分,被南大人所铭记。

本章通过教育叙事的形式,将罗家伦执掌中大的这段时期进行解读,以时间为序,分别通过"玫瑰色的甜梦"首都大学迁至陪都重庆、动物西迁与沙坪学灯、罗家伦的文化抗战记、"炸弹下长大"的中央大学进行解读。

第一节　"万人大学"计划夭折

一、安定,充实,发展

罗家伦上任于中大易长风潮之际。

在清华时,罗家伦就注重教师的选聘。1932 年,他就任国立中央大学校长后整顿校务的第一步就是延聘教师。当时,各大学和研究机构之间,对人才的争夺十分激烈,且由于素来的"北大清华派"与"东大南高派"的论争,使出身北大而执掌中大的罗家伦一开始就面临着挑战。在"安定"方面,他对原本于中央大学工作的优良教师都极力挽留。在他的努力恳请下,很多教师都留下来继续为中大服务。在"充实"与"发展"方面,教师力量的补充必不可少,因此,罗家伦用人之道主要有两点:尊重老教授,同时提携青年学者。

> 1933 年中大仅理学院就新聘了 10 余位著名学者担任教授,如留美的数学博士孙光远和曾远荣,化学博士庄长恭,生物博士孙宗彭;留日的物理博士罗宗洛;留学法国、受业于居里夫人的物理博士施士元,地理博士胡焕庸和王益崖等以及前清华大学教授胡坤陞、两广地质调查所所长朱庭祜和早在南高师就任过教授的张其昀等。另有德籍物理、化学教授各 1人。此外,在此前后被罗家伦选聘为教授的还有:经济学家马寅初,艺术大师徐悲鸿,诗人、美学家宗白华,农学家梁希、金善宝,天文学家张钰哲,医学家蔡翘,建筑学家刘敦桢和杨廷宝等。在此期间,先后被聘任为"三长"和各院院长的著名教授有孙本文、张广舆、陈剑修、查谦、汪东、李善堂、李学清、庄长恭、孙光远、戴修骏、马洗繁、郑晓沧、艾伟、蔡无忌、邹树文、周仁、卢恩绪、戚寿南等。①

从上述中央大学的师资名单中确实可见人才济济之貌。

---

① 谢泳、智效民等著,陈远编:《逝去的大学》,北京:同心出版社 2005 年版,第 87—88 页。

此外，罗家伦在学术人才的培养上也颇有新意。他聘请新教授的标准为：不请只有虚名而无学术上进空间的所谓"名教授"；重在选聘具有良好学术基础和学术志趣、愿意继续做研究工作的年轻学者。因此他提出"要大学好，必先要师资好，为青年择师必须破除一切情面，一切顾虑，以至公至正之心，凭着学术的标准去执行"①。为了培养这样的学术人才，罗家伦坚持"凡可请其专任者，莫不请其专"②的用人原则，以求其心无二用，专心授课。"自1932—1935年，中央大学的兼任教授由最初的111人下降到1935年的34人。"③"1934年，专任教师的课目已占四分之三，确保了师资队伍的稳定和教学质量的提高。"④虽然梅贻琦校长在主持西南联大的具体实践中也要求教师专任，但明确"专任"为教师选聘之标准的，是时任国立中大校长罗家伦。

国民党内许多党政要人曾向罗家伦这位"同僚"推荐教师人选，罗家伦均以学术不达标为由予以拒绝得罪不少人，以致中大西迁后的办学经费、设备增添和聘请新教授方面都受到一定影响。蒋介石曾问教育部部长王世杰"为何许多人常讲罗家伦的坏话？"王世杰回答："罗志希做大学校长之时，政府中和党中许多人向他推荐教职员，倘若资格不合，他不管是什么人，都不接受，因此得罪了不少人。"⑤罗家伦自己也曾在辞职前言道："聘人是我最留心的一件事。我抚躬自问，不曾把教学地位做过一个人情，纵然因此得

---

① 智效民：《八位大学校长》，武汉：长江文艺出版社2006年版，第138—145页。

② 钟叔河、朱纯编：《过去的大学》，北京：同心出版社2011年版，第227页。

③《罗家伦先生文存》第1册，台北：近代中国出版社1976年版，第530—531页。

④ 谢泳、智效民等著，陈远编：《逝去的大学》，北京：同心出版社2005年版，第95页。

⑤ 王世杰：《我对罗先生三点特别的感想》，《传记文学》（台北）1977年第1期。

罪人也是不管的。"①

　　在提高教师地位和待遇方面,罗家伦也尽心尽力,通过制度来保障教师利益。他在中央大学任校长时,即便经费吃紧、时有短缺的情况下,也是极力维持定期发薪,绝不拖欠,即使挪用其他款项,也毫不含糊。②

二、"甜梦"破碎

　　上升之初,罗家伦提出"安定、充实、发展"六字治校方针。他认为,首先要创造一个"安定"的教学环境,再进行师资、课程、设备诸方面的"充实",以求得学校的"发展"。罗家伦设想,每个阶段大约需 3 年时间,奋斗 10 年,中央大学会有一个崭新的面貌。

　　在安定方面,罗家伦的改革可谓是大刀阔斧。罗校长认为,学生爱国必须通过学术救国来实现,目前的任务就是"忍辱负重"。③ 为了扭转当时中大的学风,罗家伦陆续采取一系列措施,被学生形象调侃为"闹学潮就开除""锁校门主义""把学校搬到郊外"(指寻觅新校址)。④ 具体措施上,重新设置训导委员会加以严格管理。"一九三三年的中央大学,可说是风平浪静,不像前几年的干戈扰攘了。"⑤"一方面是学校里一切规则加严,考试加紧,使学生不得不多花些时间去读书,去做实验,同时另一方面,现在的学生也有一种新的认识和觉悟,知道闹学潮是于自己没有益处的,

----

① 《罗家伦先生文存》第 6 册,台北:近代中国出版社 1988 年版,第 98 页。
② 钟叔河、朱纯编:《过去的大学》,武汉:长江文艺出版社 2005 年版,第 226—231 页。
③ 《罗家伦先生文存》第 5 册,台北:近代中国出版社 1989 年版,第 321—326 页。
④ 雅言:《学生的风气》,《大学生言论》,1934 年 4 月 1 日。
⑤ 德良:《一九三三年的中央大学》,《大学生言论》,1934 年 8 月 1 日。

还是着实多读点书有用，所以中大的空气严肃而平静，换句话说已成了一个极好的研究学问的环境。"①"社会上有许多人认为中央大学最易闹风潮，学生是没有多少时间读书的，他们这种议论以过去的事实相印证，我们是不能否认的。但是不足一年来，中大的风气完全改变，大家都是埋头在图书馆和实验室，到讲台上去宣读提案。"②可以说，在罗家伦时期的中大，回到学术之中的目标是达到了。

在充实和发展方面，罗家伦始终关心教师的延聘和学生的扩充问题。但当时的中央大学建在南京市中心，市井嘈杂，地域逼仄，校园只有三百亩，已无发展余地。1934年，罗家伦亲自勘察，几经论证，在南京城外两江三山环抱之处，选定南郊石子岗一带为中大新校址，打算建造能容纳5000至10000名学生的首都大学。他的设想得到了蒋介石的首肯，国民党四中全会通过了关于中大新校址的提案，建筑费暂定240万元，并训令行政院自1934年，按月拨付迁校建筑费8万元。罗家伦征得石子岗8000亩土地，悬赏5000元，在全国进行图案设计招标③，计划1938年新校区完工。然而，新校区刚刚开工建设即遭遇日军大规模侵华，数月之内，上海、南京相继沦陷，罗家伦另建中大新校区的蓝图化为泡影，"万人大学"的图景永远地成为罗家伦的一个"玫瑰色的甜梦"。

---

① 高山:《给准备投考中央大学者》,《生路》,1937年6月1日,第17页。

② 高山:《给准备投考中央大学者》,《生路》,1937年6月1日,第17页。

③ 谢泳、智效民等著，陈远编:《逝去的大学》,北京:同心出版社2005年版,第96—97页。

第二节　首都大学迁址陪都

一、未雨绸缪

"日本军方曾公布数字,从战争开始到南京沦陷,日机曾袭击南京达 50 多次,出动的飞机超过 800 架,投弹 160 多吨。"①1937 年 8 月 15 日至 26 日,日军飞机空袭南京,多架飞机连续三次向中央大学投弹,图书馆、实验学校、教师住宅连遭轰炸,毁坏严重。中央大学校长罗家伦向教育部报告:

　　窃查 8 月 19 日下午 6 时许,敌机进袭首都投掷炸弹。本校计共落弹七枚:一(枚)在图书馆后身,距离建筑仅丈许,一(枚)在牙医学校后身,二(枚)在大礼堂后身,一(枚)在建造中之牙医院与科学院馆之间,一(枚)在女生宿舍中部,一(枚)在无机化学教室东边。二十六日夜,本校附属实验学校又着一弹。事后检查计损失:(一) 牙科学校(原昆虫局平房)全部震塌;(二) 女生健身房局部震毁;(三) 无机化学教室着火被焚;(四) 女生宿舍旧平房大部分炸毁;(五) 大礼堂后墙炸穿数处,礼台部分全毁;(六) 实验学校办公用平房炸毁两边,女生宿舍亦毁;(七) 此外如图书馆、大礼堂、科学馆南高院、生物馆以及实验学校各处教室之门窗玻璃、隔间木壁多被震毁;(八) 本校校工死一人,建筑牙医院之厂方工人死五人。至于内部设备除化学教室内尚有一部分普通仪器药品,临时不及

① [澳]哈罗德·约翰·廷珀利著,马庆平等译:《侵华日军暴行录》,北京:新华出版社 1986 年版,第 111 页。

抢救外,因事前早有准备,所有重要图书仪器文卷成绩等项,均已转运,故损失甚微。①

9月25日下午本校中山院又中敌弹一枚,该建筑西北角被其炸毁墙壁,完全震塌、损失较重,将来修复颇为困难。所幸原在内办公人员已先一日转移三牌楼农学院内办公。②

卢沟桥事变后,蒋介石发表庐山谈话,罗家伦参加完谈话会后旋即返回南京,开始督工日夜赶制大小木箱,并准备中央大学迁校事宜。这时中大师生员工的看法是不一致的。有人认为中日军队在上海作战,胜负尚未见分晓;有人听说德国驻华大使陶德曼正在进行调停,也许这场战争将会像1932年"一·二八"战争那样迅速结束;还有人以陶德曼的哥哥"陶德快"——即"逃得快"的意思——来讥讽罗家伦校长的举动。③ 1937年11月中旬,上海沦陷,南京危在旦夕,1937年11月20日国民政府发布《迁都宣言》,动员南京各机关、企业包括大中学校,向内地迁徙。这时,师生员工们才终于认识到罗校长的敏锐洞见。

二、重庆复学

中央大学的大礼堂是1931年新建的国民会议会场,目标极其显著。1937年8月15日,日机首次空袭南京,便是以中大礼堂为轰炸目标。历史不会忘记,正是8年后的这一天日本天皇宣布无条件投降。8月19日日军再次空袭南京时,集中轰炸大礼堂,投弹

①《中央大学校长呈报该校8月19日、26日先后被炸损失情形》,中国第二历史档案馆藏,国民政府教育部档案,全5,卷5287。
②《中央大学校长呈报该校8月19日、26日先后被炸损失情形》,中国第二历史档案馆藏,国民政府教育部档案,全5,卷5287。
③ 陆艺:《抗战初期中央大学内迁"鸡犬不留"》,《档案与建设》2010年第10期,第41页。

7枚,致7名校工死亡。两次空袭后,罗家伦迅速决定,提出两条迁校原则:一、迁至新校址之处,一定能轮运抵达;二、迁至新校址之地,在整个抗战时期绝无再作第二次迁校之必要。[①] 师生一致认为符合上述两条件的迁校地址,唯有四川重庆。罗家伦校长当机立断,他命中大法学院院长马洗繁和经济系主任吴干二人率队前去重庆勘察校址,自己则与民生公司经理卢作孚洽谈轮运图书、仪器入川的事宜。爱国实业家卢作孚慨然应允,愿无偿装运中大图书仪器等至重庆,对大型部件甚至割开仓位进行装载。彼时,又接到重庆勘察人员来电,重庆大学愿将濒临嘉陵江之松林坡空地借与中大营建校舍。罗校长立即派人携款赶赴重庆,营建简易平房,同时,对中大的教师、新生旧生发出通知:一律于10月10日前,至汉口中大办事处报到。这样,10月中旬,中大文、理、法、农、工、医、教育7个学院的新老学生约1500余人,教职工1000余人,加之家属共计4000余人,由汉口乘船分批抵达重庆。[②]

罗家伦在组织全校师生员工撤离南京时,指挥他们将学校的图书、资料、仪器、设备等全部装入早就做好的大木箱内,送上民生公司的轮船,顺长江水路撤往重庆。其中包括航空机械系用于教学的3架飞机和医学院用于教学解剖用的24具尸体,以及农学院的部分教学用动物。这些教学所用动物都是优良品种的家禽家畜,或是学校师生多年耗尽心血培育所得,或是国家花重金从国外引进。因数量多,每个动物品种只能迁走1对。[③] 中大师生这才明白罗校长在一年前赶制大量木箱的用意,更加佩服他的远见。

---

① 刘敬坤:《八年抗战中的中央大学》,《炎黄春秋》2002年第5期,第74页。
② 刘敬坤:《八年抗战中的中央大学》,《炎黄春秋》2002年第5期,第74页。
③ 陆艺:《抗战初期中央大学内迁"鸡犬不留"》,《档案与建设》2010年第10期,第41页。

时值南北各国立大学都在迁移之中，饱尝艰辛，损失严重。而中央大学一举西迁重庆，1937 年 11 月就已经在重庆正式复课了，成为抗战中教学从未中断，损失最小，秩序最稳定的大学。西迁后的中大分 4 个部分：重庆沙坪坝本部、柏溪分校、成都医学院和贵阳实验学校。其中沙坪坝本部松林坡，仅是一个小山丘，紧邻重庆大学，占地不足 200 亩。为了能保证中大迅速复课，整个校舍工程，仅用了 42 天时间，就建起了一排排低矮的教室和简陋的宿舍。入川后第二年，学生人数激增，罗家伦又争取到沿嘉陵江而上的柏溪建立分校（此地本无名字，罗家伦因此地有山有水而称之为"柏溪"），突击两个月，建起 44 幢校舍。1941 年罗家伦在离开中大时的告别演说中，曾乐观地说：

> 造化的安排，真是富于讽刺性。我在南京没有造成大规模的新校址，但这点领至局部而未完的余款，竟使我在兵荒马乱的年头，在重庆沙坪坝和柏溪两处造成两个小规模的新校舍，使数千青年，没有耽误学业，真可以说"失之东隅，收之桑榆"。[①]

第三节　动物西迁与沙坪学灯

在校长罗家伦的规划下，中央大学西迁时留下了"鸡犬不留"的迁徙场景。抵达重庆恢复办学后，中大又以孜孜不倦的教学氛围形成"沙坪学灯"，被称为"陪都八景"之一。

---

① 谢泳、智效民等著，陈远编：《逝去的大学》，北京：同心出版社 2005 年版，第 97—98 页。

一、漫漫动物西迁路

由于迁校用船舱位异常吃紧,无法包船包舱,学校决定,学生和老师及家属采取化整为零的办法,各自设法购买船票,分散而行。人的迁移虽然艰辛,但进展还算顺利,最后一批学生到达重庆是 1937 年 11 月中旬。搬迁最难的要算学校的各种"家当",有极笨重的,也有很精密的,可以说能搬的都搬了,共装了近 2000 箱东西。

1937 年 12 月 1 日,南京保卫战打响。次日,唯一一道拱卫京畿的水屏障——江阴要塞失守。此时的罗家伦尚未离开南京,他最后一次到中央大学四牌楼校本部和马道街农学院等处作巡视检查,见全校人员与设备财产都已撤之一空,十分高兴。只有农学院牧场供教学实验用的良种家禽家畜鸡、鸭、猪、犬、牛、羊等,只撤走了少部分,尚留下许多,无法运走。罗家伦百般无奈之下,只能宣布由牧场职工自行处理,或吃、或卖、或带回家中均可,只要不落入日军手中就行。学校给畜牧场场长王酉亭和吴谦、曹占庭、袁为民 3 位技工等每人发了遣散费。但王酉亭却和大家一起做出了一个几乎不可能实现的决定:把剩下的动物带到重庆!

1937 年 12 月 9 日,南京城的东、南、西三面已被日军包围,只有北面这能通过长江出城。这天一大早,王酉亭等带人到城西北的三汊河江边高价雇了四条大木船驶至下关,畜牧场职工除少数人回家外,其他男女职工全部出动,把鸡笼、兔笼置于乳牛背上,分羊群、猪群、牛群三队赶出挹江门,至江边上船。木船在枪炮声中迅速驶过长江,动物大军在浦口登陆。一上岸,王酉亭及其他工友就带着动物沿浦镇至合肥的公路一刻不停前行,日夜兼程。第二天,即 12 月 10 日,日军对南京城发起总攻。13 日南京沦陷。灭绝人性的日军开始了长达6周的大屠杀。南京城破时，动物大军已行至离南京有百十里的路上，到当年年底就过了合肥，算是进入了安全地带。合肥失守后，"动物大军"终于在1938年春节赶到豫皖两省交界的叶家集镇，王酉亭致电重庆中央大学告知近况。接到电报后罗家伦惊喜交集，他没想到，这些良种动物，还有希望失而复得。他急电汇款至叶家集邮局转交，并电告"大军"不可再去武汉，须沿大别山北麓公路西行，过平汉路，再沿桐柏山南麓迳趋宜昌。1938年，这支西迁的"动物大军"一直在赶路。这支队伍前有几人"导航"，牛马开道，猪羊等"殿后"；队伍行进时，两侧各随"警卫"多人，以防动物中有越轨行为或相互撕咬；后有押队三四人，并兼收容掉队者。王酉亭身背双筒猎枪，手推自行车，时而引导，时而督促。天寒地冻3000里，失去了一些不耐寒的小动物，也迎来了新的希望——两只小牛犊。动物西迁路上虽是颠沛流离，却也故事不断。

1938年11月上旬，"动物大军"在耗时近一年、跨越半个中国、行程4000多里后抵达湖北宜昌。宜昌交通部门的负责人已获悉情况，甚为感动，同意挤出舱位并不收运费，输运"大军"至重庆。那是一个黄昏，重庆街头的难民潮里出现一支奇怪的队伍，澳洲老马背着美国火鸡，英国约克夏猪扛着北京肥鸭，荷兰牛驮着长毛兔……至此，历时近一年的国立中央大学的西迁全部完成。

罗家伦看到四位历经风霜险难、蓬头垢面、衣衫褴褛的职工师傅与他们率领的动物大军，顿时泪流满面。中央大学及附中、附小师生和家属近万人闻讯，全部从教室和家属区里拥出来，排成两行队列热烈鼓掌，就像欢迎从前线出征归来的将士一般。此情此景，盛况空前。罗家伦在《抗战时期中大的迁校》一文中写道：

这些牲口长途跋涉，已经是风尘仆仆了。赶牛的王酉亭先生和三个技工,更是须发蓬松,好像苏武塞外归来一般。我的感情振动得不可言状,就像看见牛羊亦几乎看见亲人一样,要向前去和它们拥抱。①

因此,中央大学的内迁彻底干净,连一鸡一鸭也没留给日军。几年后,南开大学校长张伯苓感慨道,抗战时期有两个大学"鸡犬不留",南开大学的"鸡犬不留",是被日本人的飞机投弹全炸死了;而中央大学的"鸡犬不留",却是中大员工历尽艰辛将其全部搬到了重庆。②

二、沙坪学子苦读灯

1937年11月1日,由南京迁来的中央大学在重庆沙坪坝的松林坡正式开学。入夜,如馒头状的松林坡上,灯光闪烁,为沙坪坝增添一道新的景观。中大、重大、南开中学以及中央工业学校等夜晚的读书灯光——"沙坪学灯",成为当时有名的"陪都八景"之一。所谓"沙坪学灯",反映的是战乱背景下莘莘学子的学习热情:每天清晨,无论是靠嘉陵江边的马路,还是松林坡上,到处可以听到琅琅读书声;学校各院系成立了众多的科技组织,研究地质、化学、物理,探讨电子、雷达;各种社团纷立争鸣;学生宿舍、食堂的墙上,常有学术报告和壁报讲演的通知,也有学生讲演比赛,歌咏演唱会,还有马思聪小提琴演奏等。中大在南京时,全校学生总数1500多人;迁渝后,招生逐年增多,1942年中大招生1600名。到了1945年,中大已发展成为8院37系,共开822门课程,有4000余名学生

---

① 刘敬坤:《八年抗战中的中央大学》,《炎黄春秋》2002年第5期,第75页。
② 张守涛:《先生归来:南京民国老大学那些人和事儿》,南京:江苏凤凰文艺出版社2015年版,网易云阅读:http://yuedu.163.com/book_reader。

和近千名教师的庞大规模,是国际上所公认学术水平较高的中国五大名牌大学之一。①

罗家伦为鼓舞学生们不畏艰苦、坚持抗战的意志,每周末对学生作一次关于时局等问题的讲话,后来他将这些讲稿汇集成册,取名《论新人生观》。因国民政府各要员及社会名流多移居重庆,他还常邀这些要员或名流到中大讲演。1941 年至 1945 年的 4 年多时间里,学校共进行了 200 多次讲演:周恩来、郭沫若、孙科、翁文灏、于右任、朱家骅、朱光潜等都到中大作过演讲,当然演讲最多的还是中央大学各系的专家教授。到 1939 年底,中大在重庆已完全恢复正常的教学秩序,并设置研究院,下设理科、法科、农科、工科 4 个研究所;教育学院改为师范学院,新设国文、英文、数学、理化、博物、史地、公民训育等系;工学院增设航空工程系与水利工程系;农学院增设畜牧兽医专修科;医学院增设六年制牙科;法学院设社会学系;并于研究院增设文科研究所与医学院的医学研究所。任职中大的名教授不胜枚举,这样多学科的庞大的师资阵容,当时在国内可以算是首屈一指。在罗家伦的引领下,抗战时期的中央大学不仅没有因战争环境削减发展实力,反而向充实、扩展与提高的道路上更迈进了一步。

重庆沙坪坝时期的中大学生被形容为"艰苦朴素"。当时曾流传着对迁川大学生的"四坝"评说:"洋里洋气的华西坝,土里土气的古城坝,土洋结合的夏坝,艰苦朴素的沙坪坝。"②说的就是艰苦条件之下的中央大学学生心无旁骛,学习劲头更加旺盛。在中大,占座位、抢借图书司空见惯,尤其是教授们指定的必读原文参考书

---

① 邓朝伦:《"沙坪学灯"里的中央大学》,《重庆与世界》2000 年第 4 期,第 49 页。

② 郑体思、陆云苏:《抗战时期迁川的国立中央大学》,新华网:http://www.cq.xinhuanet.com,2005 年 7 月 28 日。

更加成了"抢"的重点目标。学生们几乎每晚都要"抢座位、抢参考书、抢灯光"①。其主食是霉变掺杂的"平价米",米中有砂石、稗子、鼠粪等杂物,同学们称其为"八宝饭";住宿环境冬冷夏热,蚊子臭虫络绎不绝。重庆作为国民政府的战时陪都,日军的轰炸自然频繁至极,即使到了抗战中后期,日军也经常用一两架飞机轮番空袭重庆,市民称之为"疲劳轰炸"。中大师生面对这种"骚扰"已经习以为常,学会了从容应对,譬如,有时上课就改在凌晨和晚上,考试一般会出几套题目以备用。战争反而激起了师生团结一致的抗战决心和从容乐观的抗日情绪。

第四节　罗家伦力倡文化抗战

一、"我们的大学要比敌人的大学好"

在战初关于高等教育方针的争论中,中央大学校长罗家伦曾提出"平时作战时看,战时作平时看"的观点,这一思想被蒋介石吸收并确立为战时高等教育发展的基调。罗家伦在这一思想的基础上,进一步提出了"各以敌国的士农工商各业做对象"的全面抗战论:

> 近代国家的打仗,要全国的士农工商各业,都加紧工作,各以敌国的士农工商各业做对象,和他们竞赛,而且要在每个竞赛里都能得优胜。如能做到这步,战争没有不胜之理……我们的小学要比敌人的小学好,我们的中学要比敌人的中学

---

① 郑体思、陆云苏:《抗战时期迁川的国立中央大学》,新华网:http://www.cq.
xinhuanet.com,2005 - 07 - 28。

好,我们的大学要比敌人的大学好,我们的研究工作要比敌人的研究工作好。学生和学生比,教员和教员比,校长和校长比。比不上就得加倍努力。①

罗家伦主持中央政治学校时,把法国政治学校的水准当作目标;主持清华大学时,以力追美国普林斯顿大学的水准为目标;主持中央大学之初,目标设定在普法战争前的德国柏林大学水准。抗战爆发后,他在多次讲演中均强调:"中央大学抗日的对象,就是敌人的东京帝国大学。"②面对日军对中央大学的野蛮轰炸,罗家伦坚定地表示:"寇能毁之,我能复之。"③所以,大学参与抗战的最佳方式就是立足本校,办好大学,发展学术。接着,罗家伦又在全面抗战论的基础上,提出建设"有机体的民族文化"的主张。

二、"建立有机体的民族文化"

1932 年 9 月 1 日,罗家伦在给行政院的报告中称:"家伦潜思默察,认为办理中央大学,应以形成有机的民族文化为理想,使国立大学与民族生存发生密切不可分解之关系。"④这是其首次提出办中央大学应建立有机体的民族文化。9 月中旬,他在中央大学毕业同学会上演讲时,再次提出"提高学术创新有机体的民族文化",他认为:

> 中国今日之危机,不仅是政治社会之窳败,其最要者,乃

①《罗家伦先生文存》第 1 册,台北:近代中国出版社 1976 年版,第 587 页。
②《罗家伦先生文存》第 1 册,台北:近代中国出版社 1976 年版,第 601 页。
③《罗家伦先生文存》第 5 册,台北:近代中国出版社 1988 年版,第 689 页。
④《中大校长罗家伦今日接事》,《申报》,1932 年 9 月 3 日,第 17 页。

在缺乏一种有机的民族文化,以振起整个的民族精神。而民族文化之寄托,当然以国立大学为重要。……国立大学必须担负造成民族文化之使命,为民族求生存,使国家学术得以永久发展,俾民族精神得充分振发。此种使命,中央大学当然须担负起来。[1]

10 月 17 日,在任职中央大学第一次全校大会——"总理纪念周"上,罗家伦发表长篇演说——《中央大学之使命》,对建立"有机体的民族文化"进行了系统和完整的说明。他强调:

> 我们设在首都的国立大学,当然对于民族和国家,应尽到特殊的使命,然后办理大学才有意义。这种使命,我觉得就是为中国建立有机体的民族文化。[2]

罗家伦曾经指出,中国以往的教育方针存在的最大问题在于"抄了旁人的现成制度和方法,就整个儿抛弃自家固有的制度和特点",而且"不只是制度上的抄袭,就是在思想上也是抄袭他人的"[3]。抄袭的结果是"抄袭人家的愈多,愈觉得杂乱无章,弄得全国的教育,成了一个大混乱的状态"[4]。而"要建设一个国家的教育,必须先明白国家和民族的特殊环境与特殊需要,明白他的特殊的历史背景"[5]。"教育政策与制度,是要观察中国民族实际情形,国际现势,与历史的演化而确定的。完全是自己民族的产物,不是

---

① 《罗家伦先生文存》第 5 册,台北:近代中国出版社 1988 年版,第 231—235 页。

② 罗家伦:《中央大学之使命》,《国立中央大学日刊》(第 820 号),1932 年 10 月 20 日,第 61 页。

③ 《罗家伦先生文存》第 6 册,台北:近代中国出版社 1988 年版,第 591—593 页。

④ 《罗家伦先生文存》第 6 册,台北:近代中国出版社 1988 年版,第 596 页。

⑤ 《罗家伦先生文存》第 6 册,台北:近代中国出版社 1988 年版,第 590 页。

人家的东西；是创造的，而不是抄袭的。"①在他眼里，造成当时中国之危机最重要的原因在于缺乏一种有机体的民族文化来振奋民族精神，而承担这一重大使命的应当是国立大学尤其是国立中央大学。

> 我们愿意中央大学作抗日战争的参谋部，而不愿意作抗日的宣传大队，因为后者是人人都能够做到的事，而前者是国立大学应担负的使命。②

罗家伦对"有机体的民族文化"的定义是，必须大家具有复兴中华民族的共同意识，必须使各部分文化的努力在这个共同的意识之下，互相协调。③　至于如何建立"有机体的民族文化"，他提出了3点：

第一，要树立学术"整个性"之观念。"学术是人类文化最高的造诣，文化是多方面的，也是整个的。所以学术为研究便利起见，不妨分门别类，以求专精；为适应时代需要起见，也不妨略分缓急，以符需要。但是学术终究是整个的，必须同时并进，才能相得益彰。"④

第二，要注重大学的课程设置。"今后大学的课程设置应当分别认清学术的本体和环境的需要，使课程的组织成为精密系统的有机体，务必使大学教育与民族生存发生紧密联系。"⑤

第三，要使每一个民族成员在学问上、道德上一致努力。"使

---

① 《罗家伦先生文存》第6册，台北：近代中国出版社1988年版，第597页。

② 罗家伦：《文化教育与青年—大战到了备战时期》，北京：商务印书馆1943年版，第131页。

③ 冯夏根、胡旭华：《注重学术服务民族——论罗家伦的大学理念》，《现代大学教育》2009年第1期，第72页。

④ 《罗家伦先生文存》第11册，台北：近代中国出版社1988年版，第430—431页。

⑤ 《罗家伦先生文存》第5册，台北：近代中国出版社1988年版，第370—371页。

本身臻于健全,以担负各部门的工作,并且谋彼此的配合与协调,使整个国家民族成为一个有机体……我们今后的教育便以造成有机体的民族文化为目的,亦即我们今后教育的重心所在。"①

　　罗家伦眼里的"有机体的民族文化"是关于大学使命的问题,即创造一种新的精神,养成一种新的学风,以达到一个大学对于民族的使命,从而以大学文化带动社会文化。也就是"进步的文化"的确切含义:"一个民族如果没有这种有机体的民族文化,决不能确立一个中心而凝结焉,所以我特别提出创立有机体的民族文化为本大学的使命而热烈诚恳的希望大家为民族生存前途而努力。"②罗家伦认为:"中国的出路在现代化。我们建国要建立现代的国家,这是不移不易的真理。但是要建立现代的国家,必须国人有现代的观念。二十年来我不断向着这个方面努力。"他的"有机体的民族文化"理论,反映出国立大学的双重使命:既要承担引进西方科技为国家的现代化建设服务,同时也要担负起民族文化认同的重任。罗家伦明确主张以民族为本位的教育宗旨,切合了中国当时抗日救亡的现实需要,具有历史的合理性。从某种角度来说,罗家伦是以一个政治家的风格来办理中央大学,如同马克斯·韦伯所论政治家的决定性的三大素质——"激情、责任感和恰如其分的判断力"③。虽然他的有机体的民族文化观过分夸大了学术和教育的作用,但从实践上看,正是罗家伦完成了中央大学的中央化,如其所言:"我常勉励中大同学,做人处世,必

---

① 《罗家伦先生文存》第 6 册,台北:近代中国出版社 1988 年版,第 168—169 页。

② 罗家伦:《中央大学之使命》,《国立中央大学日刊》(第 820 号),1932 年 10 月 20 日,第 63 页。

③ 马克斯·韦伯著,冯克利译:《学术与政治》,北京:生活·读书·新知三联书店 1999 年版,第 100 页。

持一种'泱泱大风'的气度。我认为如此,才是'中央'的气度。"①

三、"诚朴雄伟"新学风

广义上的大学文化包括大学精神、办学理念和校园文化。②其中,大学精神是大学文化的灵魂,它是大学文化主体长期实践,经过历史的积淀、选择、凝练、发展而成,高度成熟并为大学成员一致认同的深层次的主体文化。独具特色的大学精神逐步凝练成学校独有的风格、气质与传统,成为一所大学的社会品格——鲁迅先生称之为"校格"。③ 大学之所以为大学,首先在于精神层面上,大学代表了一种精神的存在,是追求文明进步的精神殿堂。雅斯贝尔斯曾将"生命的精神交往"作为大学的基本任务,哈佛大学的"以真理为友"、耶鲁大学的"捍卫学术自由"、芝加哥大学的"崇尚求实"等,都显示了各所大学的品格与特色。中华民族的崛起很大程度上与大学尤其是综合性大学的发展程度有关,抗战时期的国立大学于整个国家和民族振兴的意义则更加重大。而大学的发展,归根结底是大学精神的确定与弘扬。其建构意义不仅体现在大学精神是对内创设积极向上的大学氛围,从而影响广大师生的价值选择、人格塑造、行为模式、思维方式和道德情感;同时,对外表现为大学整体层面的价值选择、理想追求与精神风貌,从而引领社会文化方向。

校训是大学精神的核心体现。校训是反映大学理想和人才培养目标的一种训诫,体现了大学对学生的一种期望和要求。校训

---

① 罗家伦:《中央大学的回顾与前瞻》,重庆:国立中央大学 1941 年版,第 67 页。
② 田径、李荫榕:《论大学文化的多重维度——大学精神、办学理念、校园文化及其关系》,《教育探索》2008 年第 2 期,第 23 页。
③《大学文化的核心——大学精神》,《哈工大报》,2008 年 7 月 2 日。

表达了各个大学的办学思想和精神追求,体现出各自的校园文化特色,起到了统一思想、凝聚力量、鼓舞精神、规范行为、指导办学的重要作用。校训也是最能直接体现大学理念的一种方式,是大学精神的具体化。同校训一样发挥凝聚作用、表达大学精神的还有校歌、校徽等体现学校精神的不同载体。仅以抗战时期著名的几所国立大学校训为例:老北大校训"兼容并包,思想自由",是"循世界各大学通例"并"食而化之"的结果;清华校训"自强不息,厚德载物",出自《周易大传》;南开校训"允公允能,日新月异",源自《礼记》和《诗经》的思想;西南联大以"刚毅坚卓"为训,高度概括和集中体现了西南联大的时代特征和人格风骨;中央大学校训"诚朴雄伟",其中的"诚"出自《孟子》之"诚者,天之道也;思诚者,人之道也";浙江大学的"求是",出自《汉书》,即"修学好古,实事求是"。由此可见,近代中国国立大学的精神并非纯粹意义上的源自西方,其真正源头还是根植在中国传统的文化积淀中。抗战时期的国立大学精神与校训来源于当时那批中西兼通、具有独立自主意识的大学校长和学人们对中西文化的融合与创新。相比联大的"刚毅坚卓",中央大学的校训显得更为具体。罗家伦掌舵中大提出的"六字方略"和"四字校训"广为流传。

"六字方略"即"安定、充实、发展",是罗家伦为中大发展制定的 3 个时期的规划:

> 第一个时期为安定时期,必须安定而后可以养成学术之风尚,而后可于安定中求进步;第二个时期为充实时期,力求人才之集中,与设备之增进;第三个时期为发展时期,按预定之计划为大规模之建设,使其成为近代之大学。[1]

---

[1] 罗家伦:《中大校长罗家伦今日接事—罗家伦致行政院的报告》,《申报》,1932 年 9 月 3 日,第 17 页。

罗家伦在 1941 年辞去中央大学校长之前的演讲中,回忆说:"回想我来中大之时,正值一大紊乱时期。所以我当时宣布治校方针,计分'安定''充实''发展'三个时期。我心里打算,每个时期约三年。"①为完成"六字方略"之使命,又积极倡导"四字校训"。罗家伦解释:"诚"即对学问要有诚意,不以为升官发财的途径,不作无目的的散漫动作,坚定地守着认定的目标走去;"朴"即质朴和朴实,力避纤巧浮华,反对拿学问做门面;"雄"即大雄无畏,有雄厚之气魄,以改变中华民族自南宋以来的柔弱萎靡的颓风;"伟"即伟大崇高,力避门户之见。1937 年,他亲自作词校歌:

> 国学堂堂,名士跄跄,励学敦行,斯付举世所属望。诚朴雄伟见学风,雍容肃穆在修养。器识为先,真理是尚,完成民族复兴大业,增加人类知识总量,进取、发扬,担负此责任在双肩上。

南京大学目前的校歌是南京高等师范学校时期的校歌,由当时的校长江谦作词、由有"西方乐理传入中国第一人"之称的李叔同谱曲,是南大历史上最老的校歌。由罗家伦校长作词、唐学咏谱曲的中大校歌壮阔澎湃,是南大诚朴雄伟的精神气魄的忠实记录,也是抗战时期国立中央大学的精神回响。罗家伦校长对中大学子的期待,对中大发展的期许,正如校歌歌词所言:励学敦行以文化抗战,诚朴雄伟为民族复兴,中央大学应以成为世界属望的一流大学,中大学子应以促进人类文明进步为己任!

---

① 罗家伦:《中央大学的回顾与前瞻》,重庆:国立中央大学 1941 年版,第 74 页。

第五节　"炸弹下长大"的中央大学

一、大学教育与民族生存紧密联系

"非对症下药提倡实际问题之研究与解决不可"[①]，国立中央大学校长罗家伦主张要对全国人才之需要、学术技能之训练及其支配之用途做统筹规划，而这个规划必须顾及国家、社会的需要，这就可以在一定程度上避免学校教育与社会实际需要严重脱节的弊病，也能有效地解决青年学生失业的问题。这样，就必须注重大学的课程设置，"今后大学的课程设置应当分别认清学术的本体和环境的需要，使课程的组织成为精密系统的有机体，务必使大学教育与民族生存发生紧密联系"[②]。罗家伦的这种构想，虽然由于战时经济拮据、人力物力都十分匮乏而难以真正实现，但他却是既着眼于当前的当日救亡，又注意到了战后国家复兴的实际需要。

罗家伦还重视根据国家需要和学科发展趋势，整理中大原有的学系和增添新的学系，以完备中大的学科体系及课程设置。如鉴于国难深重，而国内航空事业近于空白，他力邀毕业于麻省理工学院机械科的罗荣安回国，来中大创办自动工程研究班，培养我国最早一批航空工业专门人才，并于1938年成立了国内第一个航空工程系。中大还先后恢复或添设了心理学系、化学工程组和畜牧兽医专修科等。[③] 1938年还将教育学院改为师范学院，同时在该

---

① 《罗家伦先生文存》第6册，台北：近代中国出版社1988年版，第595页。

② 《罗家伦先生文存》第5册，台北：近代中国出版社1988年版，第370—371页。

③ 钟叔河、朱纯编：《过去的大学》，武汉：长江文艺出版社2005年版，第226—231页。

院增设了国文、英语、史地、公民教育等 7 个系。至 1941 年罗家伦
离校时,中央大学设有 7 个学院(文、理、法、工、农、医、师范),1 个
研究院,56 个系科,9 个研究部,1 个专科学校,1 个附属中学,以及
医院、农场、工厂等一系列下属单位。① 由于学科设置的基本取向
比较贴近国计民生的实际需求,因而至 1941 年中期在校大学生数
和全校开设的课程种类分别由抗战开始时的 1072 人和 524 种增长
到 3153 人和 829 种。②

　　中大的继任校长顾毓琇任职时间虽仅有一年,但在中央大学
厉行革新,推行工程教育,有力地推进了大学发展与服务社会的
同频共振。他不仅在繁忙的公务之余,为工科研究所开设了“交
通电网分析课”,为电机工程系开设了“电工教学”课,还推行了一
系列改革措施:增设文科研究所中国文学部,法科研究所法律学
部,师范科研究所教育学部,增设农科研究所农业经济学部及文
科研究所外国语文学部,农科研究所增设畜牧兽医医学部,理科
研究所增设化学工程组及农业化学组,鉴于“国内通晓俄国语文
人才甚为缺乏”,增设俄文专修科一班。③ 与此同时,他还大刀阔
斧地对有关系科进行削减合并,从而大大节省了人力和物力。到
了 1945 年,中大拥有文、理、法、师范、工、农、医 7 个学院,43 个系
科,23 个研究所;拥有教授 236 人,副教授 54 人,人数远远超过当
时的西南联大。正因如此,当时,大后方各国立中学和一些著名学
校的高中应届毕业生,第一志愿报考中央大学的考生占到考生总

---

① 张晓唯:《喟叹一声罗家伦》,《书屋》,2005 年第 3 期,第 13—18 页。

② 张晓唯:《喟叹一声罗家伦》,《书屋》,2005 年第 3 期,第 13—18 页。

③ 谢长法:《留美学生顾毓琇的教育思想与实践》,《徐州师范大学学报(哲学社会科学
　 版)》2009 年第 11 期,第 12 页。

数的一半以上。①

二、学术演讲与课外活动异常活跃

在头顶敌机炸弹，生活条件非常艰苦的环境中，国立中央大学的学术活动仍广泛持久，校内常以院系或院会、系会的名义来主办各种学术活动，也常有一些跨院系的讲演，如由教育系许恪士教授发起组织的"沙磁区星期日学术演讲会"。该会自1941年4月举办第1次演讲到1945年5月结束，前后长达4年，共进行了200余次演讲，讲演内容涉及国际形势、国内政治经济、科学技术、文教卫生、思想品德修养等。讲演者不限于中大的知名专家和教授，也邀请社会各界名流人士主讲。据不完全统计，在165次演讲中，有半数以上是在中大校内举行，师生反映亦佳，甚受欢迎。②

在中大柏溪分校举办的学术演讲，有方东美讲《中西文化上之几个对比》、工学院院长杨家瑜讲《世界大战与工业建设》、电机系主任陈章讲《工程师与工业化》、许恪士讲《从话说天下事说到我们青年当前的责任》与《太平洋战局之分析与战后处置日本问题》、教育系胡家健讲《大学精神》、艺术系陈之佛讲《美育与科学》等。此外，分校还曾举办有"青年学生升学讲座"，由各学科知名教授分别讲演各专题，并请心理系肖孝荣教授讲《考试与考试心理》，龚启昌教授讲《如何选择院系》等，这对于刚刚进入大一的新生来说，是大有裨益的。

而在松林坡大礼堂和其他地点的学术演讲，涉及范围更广泛，

---

① 谢长法：《留美学生顾毓琇的教育思想与实践》，《徐州师范大学学报（哲学社会科学版）》2009年第11期，第13页。

② 郑体思、陆云苏：《抗战时期迁川的国立中央大学》，重庆抗战历史资料库：http://www.cq.xinhuanet.com/subject/2005/kz60/lsda.htm，2005-7-28。

学术性也更强。如罗家伦校长讲《二十二年之回忆》，顾毓琇校长讲《战时中国工业之新发现》，历史系主任缪凤林讲《历史的教训与国家的前途》《战斗至上论——从国史证明战斗至上为历史的真理》，气象系主任黄厦干讲《气象事业与国计民生》，常任侠教授讲《近三十年中国文学之变迁》等。中大还邀请了校外专家和社会名流来校举办学术讲演，如请周恩来讲《第二期抗战形势》，邓颖超和李德全讲《妇女与抗战》，孙科讲《抗战国策之再认识》，翁文灏讲《科学思想为近代进步之基础》，美国驻华大使讲《动荡中的国际形势》，朱家骅讲《国际形势的演进》，张伯苓讲《九一八的感想》，叶元龙讲《物价问题》，卫生署长讲《国民营养问题》，美学家朱光潜讲《谦虚与自尊》，化学家高济宇教授讲《化学战争》，郭沫若讲《二期抗战中国青年应有之努力》，冯玉祥讲《抗战建国》等。这些演讲内容深入浅出，普及性较强，因而每次演讲都被挤得水泄不通。

中大师生们的课外活动也很丰富，不仅门类多，而且项目广。如戏剧方面分话剧和京剧；音乐方面有歌咏、口琴和国乐；美术方面有绘画与雕刻；新闻出版有沙坪新闻、中大校刊、太公报和各类壁报；体育分为各种球类、田径与武术，等等。

学校的课外戏剧活动颇多。校本部组织有平（京）剧社，多次在各种集会上表演，或应邀去电台广播。校内还组织有万岁剧社、春秋剧社、风云剧社、南友剧社和戏剧学会等，先后演出的剧目有《清宫外史》《雷雨》《家》等，还有萧伯纳的《巧克力兵》等英文剧。最为普及而频繁的活动是课外音乐会。如全校性的伶伦歌咏团，与重大合组的嘉陵歌咏团，与其他大学合组的联合歌咏团（中大、重大、政大、音乐院、艺专），以及各院、系的歌咏队等。这些歌咏团队，经常组织正规的音乐会，演唱曲目既包括抗战歌曲的大合唱，也有民歌合唱、世界名曲合唱。特别值得一提的是以弘扬民族乐器为宗旨的白雪国乐社,该社社员过百,分布在中大各院系,自愿组织,每周排练。1943 年至 1946 年,乐社曾在沙坪坝青年馆公开举办"国乐演奏会",听众爆满,掌声不绝。

美术方面,在艺术系师生组建的嘉陵美术会的推动下,每年均组织画展,有集体综合性的,有艺术系师生个人的画展,还有建筑系和其他业余爱好者的画展。张贴的各种壁报,各院系同学都可以投稿。在内容上可以分为文艺、诗歌、新闻和政论;文字上分为中英文;制作上分手抄和油印。其中的"太公报"——主办方以超过《大公报》为追求——的手抄新闻刊,版面紧凑,标题醒目,着重报道全校各院系的新闻和学生课外活动的动态,公开征集稿件,因此定期出版,也颇受欢迎。中大同学们还主编了《大学新闻周刊》《国立中央大学校刊》《交流》等多种刊物,并联合重大、中央工校、省川教院、国立药专等校同学,创办了《沙磁文化杂志》,曾向社会上公开发行。

课外的体育活动因受场地限制,虽然在球类、田径等方面难以满足学生需求,但在器械运动、武术运动方面仍然很是活跃。能够经常持久进行课外体育锻炼的主要项目是单双杠、太极拳和环绕松林坡马路的跑步、竞走等。1943 年春,全校男女同学还组织整队从校本部出发,爬歌乐山、林园的活动。

第六节　发起成立九三学社

九三学社是我国重要的民主党派之一。其建立与发展的过程与国立中央大学密不可分。

一、自发组成"自然科学座谈会"

中央大学的教授们，一方面以文化抗战为目标，竭尽全力从事教学与科研，并服务当地；另一方面，关于中国出路在哪里的思索从未间断，对于时局变化和发展的关注从未停歇。

机缘巧合之下，农学院教授梁希读到一份《新华日报》，之后每日必读，甚至到了"饭可一日不吃，《新华日报》不能一日不读"的地步。[①] 因理学院教授潘菽的胞兄潘梓年是新华社社长，潘菽、梁希等人就常去新华社听抗战形势报告，借阅进步书刊，与新华社建立了经常性联系。之后金善宝、干铎、李士豪、涂长望等教授陆续加入，甚至吸引了邻校重庆大学的谢立惠等教授和附近工厂的人员。大家渐渐形成了通过座谈会形式，讨论自然科学与抗战的关系，自发形成了"自然科学座谈会"。座谈会每两周进行一次，成员保密，有时中共南方局负责人周恩来、董必武、章汉夫、潘梓年也会参与，自然科学座谈会成员开始学习唯物辩证法和自然辩证法。

经周恩来提议，《新华日报·自然科学》副刊由自然科学座谈会推举 5 位成员负责编辑，编者之一是梁希。梁希曾在副刊上发表《用唯物辩证法观察森林》一文。他在文中阐释："依照自然界规律，正在腐朽的旧枝叶，早晚是要消灭的，它不过是一时苟延残喘，做最后之挣扎罢了。所以，林学家要认识树木本身的内在矛盾，把它揭露出来，应该留的留，应该剪的剪，此中没有调和妥协之可能。"[②]周恩来认为这篇文章是自然科学联系实际的良好开端，并称

---

① 梁希语：《中国林业的杰出开拓者——梁希》，北京：中国林业出版社 1997 年版，第 40 页。

② 梁希：《用唯物辩证法观察森林》，《梁希文集》，北京：中国林业出版社 1983 年版，第 94 页。

梁希是"实干家"。

1941年1月1日,国民党政府制造了震惊中外的"皖南事变"。自然科学座谈会的成员得知后义愤填膺,拍案而起,公开谴责蒋介石集团消极抗战、破坏团结的阴谋。据该年《新华日报》载:"梁金先生各捐赠抗日战士寒服款一百元。"①这里的"梁金"就是梁希和金善宝。随着形势的急转直下,国统区充斥着白色恐怖,自然科学座谈会被迫走向低谷,从人数渐少到不定期聚会直至慢慢停止活动。但是,大家对自然科学座谈会的使命产生了深刻的思考:如果仅仅依靠中央大学这一地和自然科学座谈会这少数人的活动,知识分子抗战救国的夙愿难以实现,因此必须扩大范围走向社会、团结更多力量,开创新局面。

二、发起组织"民主科学座谈会"

1944年下半年,日军对我国大西南地区发动新的进攻,桂林失陷,川黔吃紧。重庆科技界、文教界的民主人士既焦虑又担忧,便常常聚集一地相互探讨、交流看法。9月国民参政会召开,中共代表林伯渠提出"废除国民党一党专政,召开各党派会议,成立民主联合政府"的主张,得到全国人民的广泛响应,同时也给国统区的民主运动指明了方向。

两个月后,重庆部分科技文教界人士如许德珩、潘菽、梁希、张西曼、黎锦熙、涂长望、黄国璋等,发起组织了"民主科学座谈会",主张"团结民主,抗战到底",发扬五四精神,为实现人民民主与发展人民科学而奋斗。经周恩来、潘梓年授意,自然科学座谈会的部

---

① 《从"自然科学座谈会"到"九三学社"》,南京大学网站:http://webplus.nju.edu.cn/_s249/3d/b0/c4535a277936/page.psp.

分成员，由潘菽介绍，先后以个人身份参加民主科学座谈会，构成了该会的主体。民主科学座谈会活动地点开始主要在许德珩、劳君展夫妇家，有时也去督邮街广东酒家或别的地方聚会，中央大学教授潘菽、梁希、金善宝、涂长望、干铎、何鲁等是常客。潘菽将重庆大学教授税西恒介绍加入，税西恒同时也是重庆自来水公司总工程师，于是考虑到安全和便利因素，民主科学座谈会后来的活动地点由许家迁到自来水公司。

1945 年 8 月 15 日，日本天皇宣布无条件投降，9 月 2 日在投降书上正式签字。民主科学座谈会于 9 月 3 日这一天在重庆举行庆祝会，为纪念这一光辉的日子，"民主科学座谈会"正式更名为"九三座谈会"。

三、"九三座谈会"定名"九三学社"

1945 年 8 月 28 日，毛泽东、周恩来、王若飞等中共代表团赴重庆谈判，得到了山城人民热烈欢迎。

毛泽东、周恩来等在张治中将军公馆会见中央大学进步教授代表，应邀出席的有梁希、潘菽、金善宝、熊子容、涂长望、干铎、谢立惠、李士豪等。九三座谈会成员就战后中国时局、国共和谈、中国前途和命运等问题向毛泽东请教。毛泽东一一答复，解释共产党在抗战胜利后的路线方针政策。金善宝用"毛先生是吃惯小米的，到这里来吃大米是不习惯的"表示对毛泽东安全的担忧，并暗示毛泽东早作归计。毛泽东在会见结束时用"在爱国、民主、和平方面，我们的心是相通的"来表达对九三座谈会成员们的感谢。

9 月 12 日，毛泽东专门安排在红岩村八路军办事处会见九三座谈会的负责人许德珩、劳君展夫妇，并以延安红枣、小米等土特产相赠。毛泽东明确建议：九三座谈会应办成永久性的政治组织。

当许氏夫妇担心座谈会人数太少时,毛泽东说:人数不少,即使人数少也不要紧,你们都是有影响的代表人物,经常在报纸上发表意见和看法,不是也起很大作用吗?①　在毛泽东的鼓励和推动、周恩来的指导和协助下,九三座谈会于次年2月成立了"九三学社筹备会"。1946年5月4日,九三学社在重庆正式成立。"九三"是抗战胜利的日子,有政治性;"学社"有明显的学术性,以利于团结广大知识分子参加进来。新中国成立以后,九三学社成为接受中国共产党领导的、同中国共产党通力合作的亲密友党,是中国特色社会主义参政党。

---

① 九三学社中央研究室编:《九三学社简史》,北京:学苑出版社1998年版,第40页。

第八章　国立浙江大学的内迁与改革

　　全面抗战时期是浙江大学校史上重要的发展时期,在此阶段由著名地理气象学家竺可桢任校长。七七事变后,在竺可桢的领导下,国立浙江大学全校师生于 11 月 11 日至 13 日分三批离开杭州,开始了长达两年多的内迁。始于浙江杭州,历经江西、湖南、广西、福建、广东、贵州 7 省,总行程超过 2600 公里。其间曾四易校址,一迁浙西天目山、建德,二迁赣中吉安、泰和,三迁桂北宜山,最终落户红色革命老区贵州遵义湄潭,在湄潭获得了相对稳定的七年办学时光。西迁之中,浙江大学坚持办学,坚持科研,为中华民族保存和壮大了民主和科学的火种,这一令世人瞩目的壮举被彭真同志称为"一支文军"的长征。[①] 内迁流亡并没有削弱国立浙江大学,反而像滚雪球一般发展壮大,国立浙江大学从文理、工、农 3 学院 16 系的地方性大学,发展成拥有文、理、工、农、医、师范、法 7 学院 30 系,数学、生物、化工、农经、史地 5 个研究所的全国性综合型大学。抗战迁徙途中,每学期实际上课大约在 18 周左右,也就

---

① 《一支"文军"的长征——抗日战争时期浙江大学西迁的故事》,浙江大学求是新闻网: http://www. news. zju. edu. cn,2019 年 2 月 1 日。

是几乎没有中断过上课。抗战时期的浙江大学被英国剑桥大学的李约瑟博士誉为"东方的剑桥"。抗战时期任教或求学于浙江大学,后来成为中国科学院、中国工程院院士的师生人数达 50 余人。战时的浙江大学在教学和科研呈现出一派欣欣向荣的景象,创造了中国近代高等教育史上的奇迹。

在人才培养方面,竺可桢校长提出,一所学校"决不仅是造就多少专家工程师、医生",应该是"养成公忠坚毅,能担当大任,主持风气,转移国运的领导人才"。浙大于 1937 年在浙西天目山首开"导师制"先河;竺可桢提倡培养学生要文理并重,尤其要重视通才教育;学生要具备自主学习和独立思考的能力;重视体育和美育教育,帮助学生全面均衡发展。

在师资队伍建设方面,竺可桢掌校期间,一是以礼延聘教授,没有门户派别之见,各类人才,兼容并蓄。二是大力引进学术造诣高的知名学者。三是提前锁定有相当潜力的青年学者。四是充分信任教师,学校采用"教授治校、民主办学"的方针。竭尽全力,千方百计,充实本校师资队伍。

竺可桢校长于 1936 年临危受命,被学生称为"浙大保姆"的他,更是爱生如子。西迁时代,战火纷飞,民生凋敝,多少学子跟随浙大流亡迁徙,学校就是他们的家,竺可桢校长就像家长一样保护着他们。

求是精神源远流长。1938 年迁至广西宜山的浙江大学,在第19 次校务会议上决定将"求是"二字作为浙江大学的校训。从此,求是精神成为浙江大学精神文化的核心。所谓求是精神,一是无论条件多艰苦始终坚持正常的教学秩序,艰苦奋斗。二是坚持科学研究,求真务实。三是竭尽知能,造福地方。四是读书不忘爱国,共赴国难。竺可桢崇尚科学与民主,倡导实事求是,艰苦奋斗的精神和严谨踏实的校风,使得浙江大学不断发展壮大。

浙江大学的前身为光绪二十三年(1897 年)设立的求是中西书院,书院地处杭州市蒲场巷普慈寺,1901 年 11 月改称浙江求是大学堂,1902 年 1 月改称浙江大学堂,1904 年 1 月改称浙江高等学堂,1912 年 1 月更名为浙江高等学校,而后停止招生。1911 年 3 月,浙江中等工业学堂成立,1912 年 3 月改称浙江公立中等工业学校。1920 年秋,浙江省立甲种工业学校升格为浙江公立工业专门学校,工专从原来的机械、染织二科改为电气机械科和应用化学科(后又改为电机工程科和化学工程科)。1910 年 9 月,成立农业教员讲习所,1912 年更名为浙江中等农业学堂,1913 年更名为浙江省立甲种农业学校,1924 年升格为浙江公立农业专门学校,设农艺、森林、园艺、蚕桑、农业社会五科。1927 年 8 月,改浙江公立工业专门学校为工学院,浙江公立农业专门学校为农学院,并筹建文理学院,增设中文、外文、哲学、数学、物理、化学、心理、史地与政治、体育、军事 10 门,另设医药预备科,在原校址成立国立第三中山大学。1928 年,按照大学区组织条例,全国设立大学区,并以所在省份或特别区之名命名,4 月 1 日更名浙江大学。1928 年 7 月 1 日起,升格为国立浙江大学,设工、农、文理 3 个学院。至 1936 年,国立浙江大学设有文理、工、农 3 个学院 16 个学系。

第一节　"文军"长征

一、四次迁徙

1937 年八一三淞沪战役后,日本进攻上海,8 月 14 日,侵占台湾的日本木更津航空大队首炸杭州,日军在上海至杭州、上海至南京的铁路沿线进行频繁地轰炸。大中小学纷纷疏散、停办或内迁，浙大在日机轰炸中坚持了3个月。11月5日，日军在全公亭登陆，此地距离杭州100多公里。为使学校教学能够继续进行，师生能够安全，浙大专门成立了"特种教育执行委员会"，并在该委员会的主持下积极筹划西迁事宜。与其他学校相比，浙大没有搬迁到中部大城市，一方面避免给重庆、武汉等城市造成资源紧张；另一方面搬到僻静的乡村，能够使得内迁后的大学与中国内地的开发相结合，有利于保持一个相对稳定的治学环境，更利于教学和科研，教书育人，培养更多的学生。随着西迁，浙江大学在浙西、赣南、桂北、黔北的乡村和山区，一路播撒现代科学文化的种子，更多内地学子接受高等教育，开启内地民智。浙江大学的生源原来主要来自苏、浙、皖，随着办学地点的变更，生源扩大到江西、福建、广东、广西、贵州、四川等省，也面向全国各地招收流亡学生，逐渐发展成为一所全国性的大学。

一迁浙西天目山、建德县城。为使一年级新生能安心学习，竺可桢校长亲自实地考察浙江天目山禅院寺，租借禅源寺部分屋舍，作为教学和生活用房，于1937年9月20日开学，将一年级新生暂时安排到远离城市的天目山禅源寺上课，天目山一年级分校办了3个月，于11月底全部到达建德与大部队会合。在天目山从9月20日至10月30日，因警报而不能上课的时间达到16%，但浙大师生在日机的轰炸下，仍坚持上课3个月。建德县城距离杭州西南约240公里，地处山区，经济相对落后。浙大师生连夜乘船于11月15日全部到达建德，同时搬运图书仪器。19日复课，虽然条件艰苦，但教学却丝毫不松懈，两个月后结束了一学期的课程。建德县城没有报纸，抗战方面的消息传播相当延缓。浙大情报委员会在此出版《浙大日报》，张贴在街头，以期唤醒民众。少数热血青年，离开课堂,走向前线。此时,战火仍在继续扩大,日军占领上海后步步向南推进,12月24日,杭州陷落,浙江省政府离开杭州迁往浙江南部,此前浙江省教育厅已宣布省立学校疏散,因此,浙大附设高工、高农两校不得不忍痛遣散。竺可桢意识到建德不是久留之地,便亲自赴赣考察校址。竺校长考察后即刻召开特种教育委员会,"决定提早迁赴吉安。因照原拟寒假中迁往,如是则学生课业无妨碍而吉安方面之房屋亦可从容预备……故不得不先迁也,即派人赴玉山接洽车辆,以便定期停课"①。

再迁江西吉安和泰和。杭州沦陷后建德县城内警报日多,浙江大学全校师生再度踏上征程。这是最困难的一段旅程,但组织井然有序。家属妇女和女同学先行,教职员工继后。男同学分队行动,每队都有导师带队。沿途接洽舟车,准备食宿,以及运送图书仪器和行李物品,都有专人负责。首批师生到达金华,正遇上日军轰炸,风雨天,金华市民逃避一空,师生无处膳宿。一部分师生在风雨中集结,攀登难民车或兵车,坐敞篷车的学生,因车小人多,无法躺下睡觉,只得把腿裹在被子里,忍着寒冷和饥饿,背靠背闭目养神,夜间结霜,全身冻僵麻木。从建德到吉安,行程752公里,耗时25天,战时紧张,浙赣铁路客货车已停运,大部分学生沿铁路步行,数日未得安睡,学生倒卧于干草中即呼呼入睡,平均每天行程30公里。押送图书仪器的师生,在风雨中将校产图书仪器装上30多艘民船运送金华玉山,而后全校师生乘火车到江西樟树,再乘舟至吉安。这一路极尽颠沛流离,所幸人员物资都无损。师生到达吉安,正值吉安乡村师范和吉安中学两所学校放寒假期间,学校就借用这些校舍进行期终复习和期末考试。稍作休整后,继续南

---

① 《竺可桢日记》,北京:人民出版社1984年版,第180页。

迁,分水陆两路南行 40 余公里,于 1938 年 3 月来到泰和县以西 2.5 公里的上田村。上田村偏居乡野,毫无战事景象,浙大即落脚于大原书院、华阳书院、乡绅的藏书楼和宗祠,数百学生的教室、宿舍、教职工的住宅则分散在乡村各处。同学黎明即起,朝阳之下,漫山遍野,书声不绝。各院开设的实验和课业因要补足之前所缺数目,都比从前增多,无论师生工友一律都自觉延长工作时间。大环境如此纷乱急迫,小环境却有条不紊。1938 年夏,九江失守,战火蔓延到赣北,浙江大学被迫第三次迁徙。在竺可桢校长赴桂北勘察再次搬迁校址之际,竺可桢校长的夫人张侠魂女士和次子竺衡相继病逝泰和。

三迁桂北宜山。浙大决定学生每人发 20 元路费津贴,教职工中月工资在 30 元以下有眷属的发津贴 40 元,押运图书仪器的师生路费由学校支付,每天津贴膳食费 1.5 元。1938 年 8 月 13 日,首批教职工离开了生活半年的泰和,出发前往广西宜山。8 月 19 日,图书仪器装船起运,沿水道赣粤间入桂,受学校委托负责押运图书、仪器的教授、校工和 20 名学生,将 26 吨计 300 件行李装船起运,沿赣江逆流而上,上游水浅,师生时而帮船夫拉纤,时而推船。船行两月,方至广东曲江。此时,广州突告陷落,浙大货船遭空袭,遇触礁,险象群生,经过无数磨难,才将全部图书仪器运至宜山。另有 400 余件图书仪器,于夏日启运,翌年春天方抵宜山。8 月 30 日,教职工启程,途径赣州、大庚、南雄、韶关、茶陵、衡阳、桂林等地,9 月 15 日,首批女生出发。① 经过 40 多天长途跋涉,师生们于 1938 年 10 月底陆续到达广西宜山。11 月 1 日,开始上课。他们以当地原工读学校、文庙、会馆等为办公场所和教室,另搭盖草屋为

---

① 李曙白、李燕南等编著:《西迁浙大》,杭州:浙江大学出版社 2007 年版,第 4 页。

临时教室和学生宿舍。宜山地处桂北,环山急流,气候恶劣,宜山昔称"蛮烟瘴雨"之乡,浙大师生在此经受了生死考验。一是疟疾传染,两个月中,患病者达 146 人,其中恶性疟疾占 77%,三分之一的学生感染此病,有的学生、教职工家属甚至丧失生命;二是敌机轰炸,1939 年 2 月 5 日,18 架敌机投弹 118 枚轰炸浙大校舍[①],二年级全体学生的物资被炸得一无所有,迁校所带的唯一一架钢琴也被炸毁,师生及家属中有两名学生、一名校工轻伤,幸无伤及生命,但物质上遭到很大损失。1939 年底,南宁失陷,宜山天天警报长鸣,浙大在宜山办学一年后,被迫作第四次搬迁。师生们的吃穿住行极为艰难,甚至在吃方面实行"蜻蜓点水"和"逢六进一"制,在这种情况下,师生们仍勤奋教学,各年级的课时安排都按原定计划完成,各项实验也不放松。史地、化学、教育、园艺等系师生还根据地方实际进行考察研究,写成研究报告。在迁离宜山之前,特在文庙《宜山县城城池图》碑旁,立《国立浙江大学宜山学舍记》石碑,由竺可桢校长亲自撰写碑文,以留作永久纪念。1938 年 8 月,浙大增设师范学院,设有国文、英语、教育、史地、数学、理化等学系。次年8 月,分文理学院为文学院和理学院。文学院设中文、外文、教育、史地等学系;理学院设数学、物理、化学、生物等系。同年,设文科研究所史地学部,理科研究所数学部,另设史地教育研究室。工学院的机械、化工两系各开设双班。5 月,农艺系农业化学组扩展成农业化学系。

四迁贵州遵义湄潭。对于第四次的迁校地址,竺可桢四处考察,综合多方面条件,决定落脚于贵州遵义湄潭。遵义地处黔北交通要道,北通重庆,有娄山屏障,南接贵阳,有乌江天险,名山胜水,

---

① 马嘶:《1937 年中国知识界》,北京:北京图书馆出版社 2005 年版,第 186 页。

雄踞要冲,辖区面积 3 万余平方公里,浙大也因此得以在相对安静的黔北山区,赢得了七年的宝贵发展时间。遵义当地政府对浙大的到来表示非常欢迎,协助解决物资运输、经费、校舍、口粮等问题。1940 年 1 月 9 日,浙大接到教育部同意后正式全面迁校,时值隆冬,浙大师生顶着恶劣风雪天气赶路并协助学校搬运图书、设备仪器。到达遵义后的 2 月即开始上课,5 月湄潭分部校舍落成,12月永兴分部可接纳学生。2 月 9 日,一年级和先修班学生 361 人在青岩分校开课,2 月 22 日,其他年级学生在遵义开课。1940 年底大体安定下来,总体布局是:遵义设校本部,有文学院、工学院、师范学院文科组,湄潭设有校分部,有理学院、农学院、师范学院理科组,湄潭永兴另设一年级(此前一年级暂设贵阳青岩),1939 年 4 月始设于浙江龙泉的分校,其学生读过一年级后,也转到遵义、湄潭继续学业。校舍分布在遵义县城和湄潭县城,多用祠堂、中小学、会馆等作为校舍,教授们大多租用民房作住宅,分散在城内各处。遵义时期,毕业生人数合计为 1857 人。[①] 1941 年 8 月,设工科研究所化工学部。次年 7 月成立研究院。8 月,增设理科研究所生物学部,农科研究所经济学部。1944 年 8 月,工学院增设航空系,1945年 8 月,增设法学院,设法律系,1946 年 8 月,设医学院。遵义时期,国立浙江大学还开始了研究生教育。1941 年 9 月,文科研究所史地部、理科研究所数学部和工科研究所化学工程学部招收研究生 17 名。1942 年 7 月,在 3 个研究所学部的基础上成立了国立浙江大学研究生院,著名冰川学家施雅风于 1944 年在国立浙江大学取得硕士学位。

[①] 陈遵平、林茂前主编:《浙江大学西迁遵义办学 77 周年纪念文集》,重庆:西南交通大学出版社 2018 年版,第 5 页。

二、多地办学

在浙大西迁之后,部分处于沦陷区的浙、闽、皖、赣以及沪等地的青年学生,不能接受到高等教育,因此,1939 年 1 月,浙大提请教育部在浙东设先修班。同年 4 月,教育部复电,准浙大在浙赣闽之间开设分校,专招一年级新生,并开设大学先修班,其他学校来浙大借读学生也一一登记收读。2 月,郑晓沧和陈训慈赴浙江筹办设立龙泉分校,招收文、理、工、农四院一年级新生,录取正取生 120 名,备取生 30 名,并设置大学先修班,同年 10 月 1 日开学。1942 年,分校增设师范学院,使东南各省的中学毕业生有入学机会,学生于一年级学习结束后,至校本部升入二年级。此时,浙大的招生范围已经同时覆盖东南和西南地区。龙泉分校设分校主任一人,下设教务、总务、训导三处及会计室、军训总队。教务处设注册、出版两组及图书馆,总务处设文书、出纳、庶务三组,训导处设医务、体育卫生、生活指导三组。分校成立校务委员会,并设招生、物价查报、贷金审查、经济审察、物资审查、应变等委员会,分校共设 5 个学院,下设中文系、外文系;数理系;机电系、化工系、土木系;农艺系、农经系和师范五年制国文系、外语系及专科国文科、数学科。分校实行导师制,以 10—13 名学生为一组,每组有一位导师。分校第一任主任为陈训慈,第二任为郑晓沧,最后一任为路季讷。

从 1937 年 9 月至 1942 年 2 月,国立浙江大学经过两年半时间的搬迁,并没有在战乱中解体或削弱,而是像滚雪球一样地不断壮大。在遵义湄潭 7 年相对稳定的办学时间,保存和培植了大批的文化力量。浙大在全面抗战初期由杭州西迁时,仅有文理、工、农 3 学院 16 学系。抗战胜利后的 1946 年,国立浙江大学共有 7 学院 27 学系、4 个研究所 5 学部、1 个研究室(史地教育研究室),1 所分校(龙泉分校设 8 学系),2 个先修班及 1 所附属中学。另有 11 所工场,300 余亩农场。

第二节　培养转移国运的领导人才

竺可桢执掌浙大后提出:"大概办理教育事业,第一须明白过去的历史,第二应了解目前的环境。办中国的大学,当然要知道中国的历史,才能养成有用的人才,同时也必须根据本国的形势,审查世界的潮流,所养成的人才才能合乎今日的需要。"明确提出了扎根中国大地办教育,向国际看齐的办学方针,继而提出了浙大的学生要"自觉所负使命的重大,努力于学业、道德、体格各方面的修养,而尤须于缜密深沉的思考习惯"。较早地提出了培养"学业""道德""体格"全面发展并具有独立思考能力的人才的培养目标。

1938 年 11 月 1 日,在广西宜山开学仪式上竺可桢指出,一所学校"决不仅是造就多少专家工程师、医生",而是"养成公忠坚毅,能担当大任,主持风气,转移国运的领导人才"。1936 年 2 月 4 日,竺可桢在对一年级新生的讲话中指出,"将来的领袖"所不可缺乏的条件,不仅"求得了一点专门的知识就足够,必须具有清醒而富有理智的头脑,明辨是非而不徇利害的气概,深思远虑,不肯盲从的习惯,而同时还要有健全的体格,肯吃苦耐劳,牺牲自己,努力为公的精神"。学生不但要学习欧美的科学技术,还要有科学的头脑,才能促进近代科学文明的产生和发展。他要求学生德智体美全面发展。

一、力倡导师制

国立浙江大学大胆借鉴西方大学模式,在国内首开试行导师制之先河。上任伊始竺可桢就指出:"目前我国大学里有一种极坏的现象,就是教师在校上课,退了学堂以后就与学生分手不见面,这种教而不训的制度,急应改良。"他强调,中国古代的教育一向很重视德育,书院为甚,以熏陶学生的品格为首要,在书院里,师生之间互相切磋,关系密切。"只要看《朱子全集》《王阳明语录》,就可以晓得宋明两代的大师,谆谆勉人以做人之道。"①1937 年,竺可桢在天目山办学时曾说:"自从我国创设学校以来已逾卅年,这卅年当中,在设备和师资方面,不能不算有进步,但是有个最大的缺点,就是学校没有顾到学生品格的修养。其上焉者,教师传授他们的学问即算了事;下焉者,则以授课为营业。在这种制度下,决不能造成优良的教育。""天目山是个小地方,诸位老师和同学统在一起,导师制的实行,就没有十分的困难。以我个人所晓实行导师制的,浙江大学要算第一个。""我们行导师制,是为了要每个大学生明了他的责任。为的是希望诸位将来能做社会上各业的领袖。在这国难严重的时候,我们更希望有百折不挠坚强刚果的大学生,来领导民众,做社会的砥柱。所以诸君到大学里来,万勿存心只要懂得一点专门技术,以为日后谋生的地步,就算满足。"②竺可桢指出:"英国大学如剑桥大学、牛津大学均用导师制,师生之间,接触很多。在美国,最近七八年来,有几个有名的大学里,如耶鲁、哈佛,

---

① 张彬:《倡言求实培育英才:浙江大学校长竺可桢》,济南:山东教育出版社 2004 年版,第 48—300 页。
② 竺可桢:《大学生之责任》,《国立浙江大学校刊》,1938 年。

也慢慢通行导师制了。从哈佛大学历年校长报告,我们可以晓得该校实行了导师制后,学生成绩比以前优越。"为更好地培养学生的品格,竺可桢决定试行导师制,即一个导师带学生,既对学生进行专业学问辅导,又对学生的生活、道德行为进行引导。"要晓得最好的训导是以身作则,这个理论,无论古代的学府、书院,今日之新式大学,统可以应用。"①导师制在天目山被首推,西迁泰和时普遍推行,到广西宜山后拟出更具体的执行办法。1940年秋,费巩教授出任训导长,指出导师的任务不是为了监督学生思想,而是积极培养他们成为有人格、有骨气、有抱负、有见识的人,将来可以担当重任,经得起打击,不会被恶势力所同化。在实行导师制时,学生可以自由选择导师。

二、推行通才教育

竺可桢认为大学教育应该兼顾通才教育与专业教育,但通才教育是基础,专业教育应建立在通才教育的基础上,文理并重,打牢知识结构的基础。初到浙大履职,他发现一年级分系科设置专业课程,而中外历史、地理、国文等基础课无教授讲课,这让竺可桢感觉非常不妥当。竺可桢认为大学教育主要是为学生开辟治学起到启发和引导作用,不宜过早分设系科,在一年级即接受专业教育,学生视野狭隘,所学仅限于本学科的知识,不利于学生今后更长远的发展。竺可桢认为"若侧重应用科学,而置纯科学、人文科学于不顾,这是谋食而不谋道的办法"②,他到任后即建议筹建史地

---

① 张彬:《倡言求实培育英才:浙江大学校长竺可桢》,济南:山东教育出版社2004年版,第48—300页。

② 《竺可桢》编辑组编:《竺可桢传》,北京:科学出版社1990年版,第7—89页。

学系和中国文学系,史地学系当年就成立,聘任王驾吾、祝文白两位教授来浙大,增强中文的师资力量。在他的推动下,浙大成立公共科目课程分配委员会,由郑晓沧、胡刚复、李寿恒、苏步青、吴福桢5人为委员,这一重要措施有力地推动了通才教育的实施。竺可桢还力主教授宿儒给一年级学生上课,把最优的师资派到教学一线,增加通识教育课程,鼓励学生跨专业选课,"大学一二年级中,工院自宜打定数理良好基础,文法等院自宜重视文学、经济以及中外历史,以备专精。虽然彼此不可偏废,仍宜互相切磋,不限院系,庶几智识广博,而兴趣亦可盎然"①。此举目的是沟通文理,使学生能够文理兼修,一方面拓宽学生的学科视野,到高年级开展专业学习的时候,能达到举一反三,触类旁通,融会贯通之效。另一方面培养学生多方面的兴趣,广博而扎实的文理基础,学科知识的融通,培养批判性思维,培养复合型人才。在一系列教学改革后,学生基础拓宽,知识面拓广,"理工科学生经常选修唐诗宋词,并且进行创作,文学院学生也有选修微积分、地学通论和物理等课程,院与院、系与系的联系增多了,加强了横向交往"②。

三、贯通学习与研究

浙江大学各院系针对高年级学生,开设专门的学术研讨课,专门研讨本领域的学术前沿和研究动向,由师生轮番主讲,本校新的研究成果也随时进行专题介绍。课堂上有讲有问,师生间反复讨论,力辩真理,这样既能督促学生独立钻研,也开阔了研究视野,很

---

① 傅国涌:《竺可桢一校长生涯十三年》,《教育论坛》2006年第2期,第59页。

② 张彬:《倡言求实培育英才:浙江大学校长竺可桢》,济南:山东教育出版社2004年版,第48—300页。

受师生欢迎。各科十分重视生产实践与科学实验。各系都有自己的资料室和实验室，师生养成勤于实验之风，仪器不多时，白天晚上分批做实验，学校的实验室、研究室达62个，还有实验工场和农场，实验条件总是有保证的，学校对于教学设施的重视远远胜过生活设施。当时，印刷和纸张都很困难，但学校还尽力保证各种定期和不定期刊物的出版。其中定期的如《浙江大学季刊》等10种，《化工通讯》等不定期21种，《校刊》等其他刊物4种，为师生提供了发表科学研究成果的平台。为了提高教学质量，学校充分保证教学和实验时间，保证一切为教学工作服务。西迁时每到一地，稍事安顿，就开始上课，能开的实验都开出。全校员工和教学人员一样加班加点，支持教学，弥补迁徙中损失的时间，缩短寒暑假也要补足教学课时，考试并不因迁徙而降低标准。

四、重视体育美育

竺可桢认为大学培养的学生，不仅要拥有广博的知识面，还要具备高尚的品格、强健的体魄，成为德、智、体、美全面发展的有用人才。因此，他掌校期间力纠以往弊端，坚持德智并重、教训合一的方针。学校礼聘毕业于美国斯普林菲尔德学校的国际奥委会裁判舒鸿教授来校全面主持体育工作，设体育组，负责对学生进行体育训练。体育不及格不能毕业，游泳是体育课必须及格的项目，规定学生必须游完50米方可及格。学生们都勤学苦练，下功夫学游泳。西迁途中，泰和、宜山等地都及时开辟了游泳场，竺可桢校长常常带头参加游泳。遵义、湄潭、永兴三处都利用河流划定了游泳池，学校师生都热爱游泳以锻炼身体。永兴分部每天做早操，由体育教师领操，并每天考勤记缺旷。竺校长认为健全的体格是大学教育的目标之一，提出大学培养的人才不可少的四项条件是：肯牺

牲自己努力为国，以天下为己任的精神；清醒而富有理智的头脑和
深思熟虑、不肯盲从的习惯；明辨是非而不徇利害的气概；健全的
体格。由此，浙江大学是第一个在中国大学推行体育课不及格不
得毕业制度的学校。在遵义时，一名土木系的大四毕业生，体育科
目未及格，根据学校规定，此生不得毕业，该生百般求情，学校毫不
动摇，最后让这名学生再补修 3 个月体育，3 个月后，考核合格，才
让他毕业离校。

　　除体育外，浙江大学还十分重视美育，丰子恺先生是著名画
家，从 1939 年 3 月至 1942 年 11 月任教于浙大，开设艺术教育、艺
术欣赏等课程，深受学生欢迎，许多没有选修他课程的学生都来旁
听，常常是教室坐满了，后面站满了，外面也挤满了学生，只闻其声
不见其人，名副其实的"听课"了。不少人精于音乐和绘画，在抗日
宣传与文娱活动中大显身手。

　　　　一个大学最重要的使命，就是在于能使每个毕业生孕育
　　　着一种潜力。可令其于离开校门之后，在他的学问、技术、品
　　　行、事业各方面发扬光大，既日新，日日新，又日新。[1]

　　浙大西迁时期的学生中后来成为两院院士的共有 27 位（按姓
氏笔画排序）：毛汉礼（海洋水文物理学家）、叶笃正（气象学家）、朱
祖祥（土壤化学家）、池志强（药理学家）、杜庆华（力学专家）、李政
道（物理学家）、谷超豪（数学家）、张友尚（生物化学家）、张直中（雷
达工程学专家）、陈吉余（河口海岸学家）、陈述彭（地理学、地图学、
遥感应用学专家）、胡济民（核物理学家）、侯虞钧（化学工程学家）、
施教耐（植物生理学家）、施雅风（地理学和冰川学家）、施履吉（细

---

[1] 竺可桢：《大学生与抗战建国》，《国立浙江大学校刊》（复刊），第 100 期特大号。

胞生物学家）、姚鑫（实验生物学、肿瘤生物学家）、钱人元（化学家）、徐承恩（炼油工艺专家）、徐僖（高分子材料科学家）、郭可信（物理冶金、晶体学家）、黄文虎（机械动力学与振动专家）、程开甲（理论物理学家）、程民德（函数论学家）、谢义炳（气象学家）、谢学锦（勘查地球化学家）、戴立信（有机化学家）。

第三节　校长竺可桢：“甘当浙大保姆”

竺可桢（1890—1974），字藕舫，出生于浙江绍兴东关镇。中国科学院院士，中国共产党党员，中国近代气象学家、地理学家、教育家。1909 年，考入唐山路矿学堂学习土木工程，翌年，考取第二期“庚款公费生”赴美学习，1913 年夏天取得伊利诺依大学农学学士学位，1913 至 1918 年于哈佛大学学习气象学，1918 年获博士学位。在美国留学期间，竺可桢参与组织和发起成立中国最早的科技学术团体——中国科学社，并成为中坚力量。他认为：“以科学之方法，研察吾国民族，夫起膏肓，箴废疾，壮心胆，励志节，悉今日之急务！”1918 年回国执教于武昌高等师范学校，1920 至 1925 年任职于南京高等师范学校和东南大学，趁筹办东南大学之际，创办了地学系。竺可桢是首个在我国高等学校讲授近代地理学的教授，他编写的《地学通论》讲义，是中国最早的近代地理学教科书。1925 年，他任上海商务印书馆编辑，1926 年任职于私立南开大学，1927 年再任国立第四中山大学①地学系主任，同年应新成立的中央研究院聘请，在南京筹建气象研究所，并担任第一任所长，开创

---

① 1927 年国民政府成立，蔡元培任大学院院长，试行大学区制，东南大学更名为国立第四中山大学。

了中国现代气象事业，奠定了我国气象研究的基础。竺可桢开创了我国区域气候研究的先河，1924年发起组织了中国气象学会。1949年后，致力于中国科学院的筹建和领导工作，长期担任中国科学技术协会副主席，中国气象学会理事长，中国地理学会理事长，中国科学院生物学、地学部主任，综合考察委员会主任，编译出版委员会主任，自然科学史委员会主任等职。中国近现代大批有影响有成就的气象学家、地理学家，大多直接或间接受过他的培养和熏陶。他是中国近代地理学的奠基人，是中国近代气象学的奠基人，是中国物候学的创始者，在气候变迁、物候、农业气候、自然区划和科学史等领域有杰出的贡献。

1936年4月至1949年5月，竺可桢担任国立浙江大学校长，历时13年。处于风雨中的国立浙江大学正是在竺可桢校长的领导下，筚路蓝缕，弦歌不辍，得以保留、发展、壮大。为了纪念竺可桢校长在科学上和教育事业上所作出的卓越贡献，全国成立了"竺可桢研究会"，对他的生平事迹进行广泛深入研究。中国科学院设立了"竺可桢野外科学考察奖"。浙江大学设立了"竺可桢奖学金"，奖励品学兼优的同学。浙江大学于90周年校庆之际，在图书馆大楼前，树立了竺可桢校长的铜像，供后人敬仰和怀念。

一、临危受命

1935年底到1936年初，国立浙江大学爆发了"驱郭运动"，一批教授纷纷离开浙大，一时间，这所著名大学即将分崩离析，危在旦夕。浙大师生希望一位爱国、正义又有崇高学术威望的教授执掌浙大，经陈布雷推荐，1936年4月，在浙大危难之际，竺可桢毅然出长浙大，他向当局提出了3个条件：一是财政须源源接济；二是用人校长有全权，不受政党干涉；三是时间以半年为限。陈布雷表示,除第三点外均可接受,但补充说"大学中训育方面,党部不能没有人在内"。担任浙江大学校长虽并非竺可桢初衷,因为他更热爱的是气象事业,曾一再表示希望能辞去大学校长的繁重职务,但没有适当人选。入长浙大以后,竺可桢很快进入角色,他有着高度的责任心,不能眼看学校颠沛流离,学生无所归依,时局迫使他连任国立浙江大学校长达 13 年之久。并在后来的十余年当中,为这所大学的发展,竭尽所能费尽心血。在他的领导下,浙江大学著名教授云集,学术研究空前活跃,优秀人才辈出。

二、教师灵魂说

竺可桢在就职演说中,曾阐明了教师之于大学发展的意义:"一个学校实施教育的要素,最重要的不外乎教授的人选、图书仪器等设备和校舍建筑。这三者之中,教授人才的充实,最为重要。教授是大学的灵魂,一个大学学风的优劣,全视教授人选为转移。"[①]"不过要荟萃一群好的教授,不是短时间所能办到,而必须相当的岁月,尤其学校有安定的环境。因为教授在校有相当的年份,方能渐渐实现其研究计划,发挥其教育效能;而且对学校感情日增,甚至到终身不愿离开的程度,这才对学术教育能有较大的贡献。"[②]竺可桢在引进人才方面有以下四个特点。

一是没有门户之见,只要是专业学者,一律引进,不计派别。竺可桢认为教师之于大学的重要性在于:"教授是大学的灵魂,一个大学学风的优劣,全视教授人选为转移。假使大学里有许多教授以研究学问为毕生事业,以教育后进为无上职责,自然会养成良

---

① 竺可桢:《大学教育之主要方针》,《国立浙江大学校刊》,第 248 期。
② 竺可桢:《大学教育之主要方针》,《国立浙江大学校刊》,第 248 期。

好的学风,不断地培植出博学敦行的学者。"①竺可桢刚到浙大时,不少教授对其存有疑虑,因不满竺可桢从东南大学带来的一批同事和学生,如胡刚复、梅光迪、王琎、张其昀等。后来事实证明,竺可桢同样重用浙大原有名师,如钱宝琮、郑晓沧、苏步青、陈建功、贝时璋、张绍忠、蔡邦华、吴耕民等,同时还将因"驱郭运动"而离校的张绍忠、束星北、何增禄等教授请了回来。束星北因个性太强,曾当面冲撞过蒋介石,一些教授因束星北先生性子急躁,脾气不好,几次与人争吵,几乎要动手打人而要求开除或辞退他,竺校长以"我们是用他的学问,又不是用他的脾气,脾气不好可令其改正"②为由而拒绝辞退。再如在聘请农学院院长一职上,竺可桢先是聘请在东南大学时的学生兼同事吴福桢担任,经过短期任用以后,觉得吴不适合担任行政领导,决定改由与其素无渊源关系的卢守耕担任。教授费巩,开教务会时,曾当面冷嘲热讽竺校长,竺可桢不予计较。而后,竺可桢不顾"只有党员才能担任训导长"的规定,认定费巩"资格极好,于学问、道德、才能为学生钦仰而能教课",请非国民党员的他做训导长。③ 这正是竺可桢任人唯贤的具体体现。

二是在选拔时注重学术造诣深厚的专门学者。竺可桢校长想方设法地争聘当时国内外第一流的学者,"决将竭诚尽力,豁然大公,以礼增聘国内专门的学者,以充实本校的教授"④。不拘一格与

---

① 竺可桢:《大学教育之主要方针》,《浙大日刊》,1936 年 4 月 25 日。

② 戟锋:《竺可桢教育思想的特色探析》,《教育文化论坛》2010 年第 6 期,第 98 页。

③《竺可桢"浙大保姆"》,浙江大学求是新闻网:http://www.news.zju.edu.cn/2007/1107/c1127a101677/page.htm,2019 年 2 月 10 日。

④ 竺可桢:《大学教育之主要方针》,杨东平:《大学精神》,上海:文汇出版社 2003 年版,第 30 页。

任人唯贤是竺可桢的用人风格。"能长时期任教更好，短时期讲学也争取，甚至过路的、私人探访的他也要争取请他们做些学术报告或演讲。"①李四光、马一浮、马寅初、梅贻琦、柳翼谋等著名学者都曾到过浙大讲学或演讲。竺可桢出任浙大校长不久，有人向他推荐被"杭州视为瑰宝"的马一浮先生，于是竺可桢两次上门亲访，请马先生到浙大，另多次托人邀请，且答应了马先生的诸多要求。两年以后，马先生带着许多书逃难，在竺可桢的帮助下来到浙大授课。竺可桢对于真才实学之人的追求可谓是达到了求贤若渴的地步。

三是看中有相当潜质的青年学者。"要发展一个大学，最重要的是能物色前途有望的青年"②，竺可桢重视学术造诣深厚的著名学者，更加看重相当潜质的青年学者。在竺可桢的罗致下，当时浙大聚集了一大批资质年轻、学问突出的中青年教授，如束星北、张肇骞等。尤其是 1937 年秋，当时的生物学术新星——谈家桢在美国获博士学位后决定回国发展，因他毕业于苏州东吴大学（教会学校），想进国立大学任职，在当时可是非常不容易的一件事，经胡刚复推荐后，这位年仅 28 岁的留学生被破格以每月 300 大洋的高薪聘为生物系正教授。③

四是充分信任教师，学校采用"教授治校、民主办学"的治学方针。竺可桢担任校长后，进一步理顺了学校的管理体制。于 1940年正式通过了《国立浙江大学组织大纲》，并得到了教育部的指令准予备案，明确了"教授治校、民主办学"的治学方针。根据《国立

① 王玉如：《竺可桢在浙大》，黄秉维编：《纪念科学家竺可桢论文集》，北京：科学普及出版社 1982 年版，第 28 页。

② 吕锡恩：《从竺可桢日记感受大科学家的精神》，《科学时报》，2002 年 2 月 26 日。

③ 谈家桢：《哲人云亡遗风水存——纪念竺可桢先生诞生百周年》，贵州省遵义地区地方志编纂委员会编：《浙江大学在遵义》，杭州：浙江大学出版社 1990 年版，第 307 页。

浙江大学组织大纲》①,不同岗位的学校管理者所处行政级别不同,担负的管理职责也不同。校长通过各学制组织和行政组织"综理全校校务";同时设立各会议及委员会组织,处理相关校务;校长与各院系、与各院院长、各系主任各负其责;各学制组织、行政组织、各会议与委员会组织的负责人由教授担任。② 学校不设副校长,学校最高行政机构是校务委员会,学校的大政方针均由校务会开会决定。校务会由教务长、总务长、训导长、分部主任、各院院长和选举产生的教授组成,教务、总务、训导三长由教授担任,另民主选举若干教师和学生代表参加。校务会议一般每月一次,讨论学校发展之重大事宜,审议经费预算,讨论困难时期学校应办事务及实施办法等。校务会议设常务委员会,每周举行一次,讨论学校日常事务,实行专项管理,专任负责;同时,根据需要成立特设委员会。浙大西迁时,特设特种教育委员会,每次迁徙,都成立迁校委员会,每到一处,均由校舍支配委员会和建筑委员会负责安置和筹建事宜。

浙大有一批学术造诣拔尖、管理能力突出的教授分任院、系领导,高水平的管理团队形成了高效的教书育人环境。在浙大,张绍忠教授任物理系主任、教务长达十年之久,直至 1947 年在任内病逝。而训导长一职,一定是由深受学生爱戴,获得学生信任的教授担任,如聘任非国民党员的费巩,这在当时是违反了教育部的规定的。另有物理学家胡刚复担任理学院院长,教育家郑晓沧担任教育系主任、师范学院院长、龙泉分校主任,研究生院院长等职。

西迁时期的浙江大学,在竺可桢的主持下,集聚众多名师,在

---

① 张淑锵、蓝蕾主编:《浙大史料》(1897—1949),杭州:浙江大学出版社 2017 年版,第308 页。

② 王玉芝主编:《求是之光——浙江大学文化研究》,北京:高等教育出版社 2011 年版,第 172 页。

这期间执教或就读于浙江大学的师生中，后来成为中国科学院、中国工程院院士的人数达 50 余人，创造了中国高等教育史上的一大奇迹。[①] 西迁时曾经教于浙大，后来成为两院院士的教师共有 27 位（按姓氏笔画排序）：王序（化学家）、王淦昌（核物理学家）、王葆仁（化学家）、贝时璋（细胞学家）、卢鹤绂（核物理学家）、冯新德（化学家）、任美锷（地貌学、海洋地质学家）、向达（中西交通史和敦煌学专家）、刘恢先（结构工程与地震工程专家）、苏元复（化学工程学家）、苏步青（数学家）、吴征铠（化学家）、吴浩青（化学家）、张肇骞（植物学家）、陈建功（数学家）、罗宗洛（植物生理学家）、竺可桢（气象学家、地理学家和教育家）、钱令希（工程力学家）、钱钟韩（热工自动化学家）、徐芝纶（工程力学家）、涂长望（气象学家）、谈家桢（遗传学家）、黄秉维（地理学家、综合自然地理学家）、梁守磐（航空工程学专家）、蔡邦华（昆虫学家）、蔡金涛（电讯工程学家）、谭其镶（历史地理学家）。

据不完全统计，在浙大西迁时期任教过的著名学者还有（按姓氏笔画排序）：丁绪贤（分析化学家）、幺枕生（气象学家）、马一浮（理学家、佛学家、翻译家、诗人、书法家）、丰子恺（散文家、漫画家、翻译家）、王国松（电机工程学家）、王驾吾（文史学家）、王琎（化学家、化学史学家）、王庸（地理学史家）、毛路真（数学家）、方重（英语语言文学家）、卢守耕（教育家）、叶良辅（地质学家）、田德望（翻译家）、朱庭祜（地质学家、地质教育家）、孙宗彭（生物学家和药理学家）、严仁赓（经济学家、教育家）、李寿恒（化学工程家）、李絜非（历史学家）、李熙谋（教育家）、杨士林（有机化学家）、杨耀德（电机工程学家）、束星北（物理学家）、吴钟伟（土木工程学家）、吴耕民（园艺学家）、何增禄（物理

学家、教育家)、沈思岩(声乐教育家)、张其昀(地理学家、历史学家、教育家)、张绍忠(物理学家)、张荫麟(史学家)、陈乐素(宋史专家)、陈立(心理学家、教育家)、陈训慈(历史学家)、陈鸿逵(植物病理学家)、陈嘉(英语言文学家)、范绪箕(力学家、航空教育家)、罗登义(农业生物化学家)、周厚复(化学家)、郑晓沧(教育家、翻译家)、孟宪承(教育家)、胡刚复(物理学家)、柯元恒(机械工程学家)、祝汝佐(农业昆虫学家)、费巩、贺昌群(历史学家)、夏承焘(词学家)、顾谷宜(历史学家)、钱宝琮(数学史家)、钱基博(古文学家)、钱穆(史学家、国学家)、徐震锷(语言学家)、郭斌和(语言文学家)、黄尊生(世界语学者)、黄翼(现代心理学家)、萧王璋(语言文学家)、梅光迪(西洋文学家)、梁庆椿(农业经济学家)、董聿茂(动物学家)、储润科(化学教书)、舒鸿(体育教育家)、雷沛鸿(教育家)、蔡堡(生物学家、动物学家)、缪钺(历史学家、文学史家)、潘承圻(分析化学家、造纸专家)、潘渊(心理学家)等。

三、爱生如子

浙大西迁时代,战火纷飞,民生凋敝,众多学子跟随浙大流亡迁徙,学校就是他们的家,竺可桢就像家长一样保护着他的学生。

学校数次搬迁,环境困顿,交通困难,在艰辛的旅途中,有时连打地铺的地方都没有,竺可桢校长遇到如此难堪境遇,连忙将自己的床铺让给学生,自己则钻进汽车里蜷缩过夜。

竺校长具有强烈的爱国心和正义感。1940年毅然请崇尚民主、关心学生生活的费巩教授为训导长,以代替原先由国民党委派的一个反动训导长,批准学生自治会成立《生活壁报》,以保障学生言论自由(1945年,费巩被国民党秘密逮捕杀害后,《生活壁报》改名为《费巩壁报》)。

1941 年底到 1942 年初，在大后方爆发了"倒孔"学生运动，西南联大学生首先上街游行，浙大学生闻讯后便积极响应，决定于 1942 年 1 月 16 日在遵义发起"倒孔"游行。1 月 15 日晚 12 点后，校长办公室秘书赶到竺可桢住所，告诉竺校长学生准备游行一事。竺可桢认为孔祥熙及孔氏家族的所作所为早已为全国民众所痛恨，学生行动无可厚非，但是，竺可桢不赞成学生上街，一旦学生上街游行，势必遭到军警干预，后果不堪设想。第二天一大早，竺可桢赶到学校，先是召集教授开会，商讨如何劝说学生，同时派人前往专员公署，希望当局派军警维持秩序，不要和学生发生冲突。7 点半，他又亲自到学生集合的何家巷大院，劝说学生放弃游行。在劝说无效的情况下，竺可桢亲自步行到步兵学校，与步校教育长和遵义警备司令部的张卓交涉，请他帮忙，避免军警与学生发生冲突。当学生冲出学校，竺校长又走在游行队伍最前面，对学生说："你们父母把你们交给我们学校进行培养教育，我对你们的生命安全是负有责任的。如果你们一定要去游行，我带你们去，但是一定要有纪律。"①浙大的游行队伍沿街而行，一路高呼口号，顺利进行，学生毫发无损。而竺可桢后来却因此遭到当局的非难，认为他怂恿学生上街游行。教育部和蒋介石侍从室接连发出密电追问，蒋介石本人也大为震怒，发出特急"俭电"，称"浙大学风不良，内部分子复杂"，令步校政治部对浙大的学生行动"秘密监察"。

从 1942 年倒孔运动起直至 1949 年新中国成立，每一次浙大师生被捕，竺可桢竭尽全力，奔走营救，不遗余力，决不袖手旁观，有不少人是由他亲自从狱中接回学校的。②

---

① 李曙白、李燕南等编著：《西迁浙大》，杭州：浙江大学出版社 2007 年版，第 17 页。
② 《竺可桢文集》，北京：科学出版社 1979 年版，第 6 页。

1949 年 3 月 6 日,适逢竺可桢 60 寿辰,竺可桢一再劝阻祝寿活动,表示礼物一概不收,开会一律不到,还在《浙大日刊》上专门刊登:"现值海内鼎沸,同室操戈,民生凋敝,已至极点。学校经费拮据,赖举债度日,同人月所入不足以温饱,同学赖公费以维持菜根淡饭,以致老弱者疾病丛生,死亡相继;幼壮者营养缺乏,发育堪虞。值此之际,马齿加长,徒增悲悯,尚何庆祝之足云。"①然而,师生们出于内心的敬仰和感激,由学生自治会出面,召开了祝寿晚会,献上锦旗,上书:"浙大保姆"。学生自治会编印《求是桥》一书,书中写道:"春天再来的时候,我们以无比的快乐来庆贺竺可桢校长六旬诞辰。竺校长在浙大最混乱的时候受命来校,十三年来,经历了十四年抗战的几度播迁、复员的工作,及胜利后四年艰苦的生活。浙大在他的领导下,没有遭到损害,反而更加茁强了。在多次的民主运动中,为了真理,为了同学们的安全,竺校长曾不辞辛劳地为我们奔走,替我们说话。尤其是近年内,由于'戡乱'所招致的直接后果,学校经费几濒绝境,师生员工生活益形艰难,竺校长更不辞辛苦,四处为我们设法张罗。因此,这一次的祝寿,全校师生工友没有一个人不是发衷心的感谢和热诚。"②

第四节　弘扬"求是"精神

一、确定"求是"校训

"求是"作为浙江大学的校训之缘由可追溯到浙江大学前

---

① 李曙白、李燕南等编著:《西迁浙大》,杭州:浙江大学出版社 2007 年版,第 15 页。
② 浙江大学自治会编:《求是桥》,1941 年 4 月 1 日,藏于浙江大学校史陈列室。

身——求是书院。经时任太守林启上下奔波与运筹，求是书院于1897年5月21日正式开学，林启为总办（校长），这是浙江省第一所国人自办的新式高等学堂。"求是"，意为"修学好古，实事求是"，源于《汉书·河间献王传》。颜师古注为"务得事实，每求必真"。求是书院倡导"务求实学，存是去非"。1938年迁校广西宜山的浙江大学，在第19次校务会议上决定将"求是"二字作为浙江大学的校训，并邀请马一浮撰写了校歌的歌词。竺可桢在多次演讲中提到："求是精神"是一种"排万难，冒百死以求真知"的精神。他在《科学之方法与精神》一文中将科学家应具备的态度归纳为："一是不盲从，不附和，一以理智为依归。如遇横逆之境遇，则不屈不挠，不畏强御，只问是非，不计利害。二是虚怀若谷，不武断，不蛮横。三是专心一致，实事求是，不作无病之呻吟，严谨整饬，毫不苟且。"[1]并阐明"求是精神首先是科学精神，但同时又是牺牲精神、奋斗精神、革命精神"[2]。

科学精神就是求真，要"只问是非，不计利害"。这就是说只求真理，不管个人的利害。求是的路径，《中庸》说得最好，就是"博学之，审问之，慎思之，明辨之，笃行之"。单是博学、审问还不够，必须深思熟虑，自出心裁、独著只眼，来研辨是非得失。[3]

二、弦歌不辍，以苦为乐

西迁期间，时任教务长的张绍忠教授与胡刚复教授经常奔波

---

[1] 朱清时主编，余音编：《现代大学校长文丛·竺可桢卷》，合肥：安徽教育出版社2015年版，第214页。

[2] 任少波、罗卫东主编：《抗战文军——抗日战争时期的国立浙江大学》，杭州：浙江大学出版社，2017年，第180页。

[3] 竺可桢：《求是精神与牺牲精神》，1936年2月4日对一年级新生的讲话。

在迁徙的最前线,勘测迁校地址和路线,每到一处,师生安顿休息,他们立马考虑安置教室和实验场所,力争尽早开学。

浙大西迁过程中经常遭受敌机轰炸,虽一直处于颠沛流离的流亡状态,但也挡不住浙大师生一心向学的心。浙大师生在宜山的生活非常艰苦,既受疟疾威胁,又遭炮火轰炸,吃穿住行都很困难,但师生们以苦为乐,教学活动照常进行,各年级的课时安排,都按照原计划完成。据统计,当时各学期的实际上课日数,均超过了教育部的规定要求。学术探讨更是开展得有声有色,各系经常每周举行一两次学术讨论,每个系的教师和高年级学生都必须出席,各人轮流作报告。各位教授,包括校长、系主任也经常被邀请作报告。每到一处,就地复课。在艰难的搬迁中,机电系的师生冒着生命危险把实验仪器设备运送到目的地,每到一处,立即开箱调试查验。此外,实验课也同时开出,从不耽误,在战时流亡办学中,仍保持正常的实验教学,这在全国高校中是不多见的。学校搬到建德,有一次上课时,有学生问章用先生:"如果警报响了,老百姓都躲飞机去了,我们还上课吗?"章先生回答:"怎么不上课? 照上不误,我们走到哪儿,课就上到哪儿。"学生又问:"那么,黑板挂在哪里呢?""没有地方挂,就挂在我的胸前!"在广西宜山,一听到空袭警报,正在上课的师生们抱着讲义课本就往防空洞跑,敌机过去,再回到教室照常上课。一天之中来回跑几次是常有的事,大家都习惯了,有学生打趣说,这就是我们的课间锻炼了。王淦昌教授的岩洞课堂就是一个鲜活的例子。当时的生活都非常艰苦,教授们都要靠着红薯蘸盐巴过日子,这就有了"菜农"苏步青和"牧羊人"王淦昌的传奇往事。当时,浙江大学还开设一门"物理讨论课",分甲乙两种,物理讨论乙由束星北和王淦昌轮流主持,两位大师就物理学最前沿的研究课题和动向作报告,很受学生们欢迎,李政道每课必到,深受启迪。①

三、坚持科学,求真务实

英国科学史专家李约瑟博士于 1944 年 4 月和 10 月先后两次访问浙江大学,他对浙江大学在战火中坚持办学,学术空气之浓厚,师生科研水平之高,十分惊叹。他在《科学的前哨》中写道:

　　在湄潭,研究工作是很活跃的。生物系正在进行着腔肠动物生殖作用的诱导现象和昆虫的内分泌素等研究。这里关于甲虫类瓢虫所有奇异的色彩因素的遗传方面的工作,在美国已经引起很大兴趣。在化学方面阵容很强,较有名的工作有磺胺类药剂的衍化物的研究(有几种已经被证明具有促进植物生长的功效)。在物理方面,因为限于仪器,工作侧重于理论的研究,如原子核物理学、几何光学等,水平显然是很高的。这里还有一个杰出的数学研究所。

　　具有广大试验场地的农科研究所,也正进行着很多工作。该所发现本地所产的一种野蔷薇的果实(即刺梨)里,含有多量维生素 C,并在枣子里找到了维生素 P。该所又在研究贵州著名的茅台酒所用的酒曲。这种酒曲除酵母菌之外,还包括特地配入的药材不下 28 种之多。其中有些能促进糖化作用,其他大概是在阻止微生物的侵入。这种秘方是一件特异的例证,显示一种方法根据几个世纪经验的工作,竟然能在没有消毒设备的乡村情形下,确定若干良好的结果。这一点甚至有军事上的重要性,因为一部分供盟国军用卡车在中国路面上应用的动力酒精,是从传统方法制成的烧酒送到中央蒸酒厂

---

① 李曙白、李燕南等编著:《西迁浙大》,杭州:浙江大学出版社 2007 年版,第 61 页。

蒸馏而得的。土壤方面,进行着的氢离子浓度的研究和土中微量元素如镍、锌等的研究。特别注重对茶、豆、蔬菜等作物的关系。

1945年10月27日,李约瑟在英国《自然》杂志上发表《贵州和广西的科学》中记载:"在重庆与贵阳之间一个叫遵义的小城市里,可以找到浙江大学,是中国最好的四所大学之一","在湄潭可以看到科学研究活动的一派繁忙景象,在那里,不仅有世界第一流的地理气象学家竺可桢教授,还有世界上第一流的陈建功、苏步青教授以及原子能物理专家卢鹤绂、王淦昌教授,他们是中国科学事业发展的希望……这里是东方剑桥。"①

浙江大学在抗战时期不仅坚持办学八年,还取得了大量的科研成果,部分研究成果达到了世界先进水平。在极其困难的条件下所开展的科学研究水平之高和学术风气之浓厚,令来华考察的李约瑟赞叹。如竺可桢关于二十八宿起源的研究,王淦昌的中微子研究,谈家桢的遗传学研究,贝时璋的细胞重建研究,被誉为"东方第一个几何学家"的苏步青的微分几何研究和陈建功的三角函数论研究开创了"陈苏学派",植物生理学中微量元素研究(罗宗洛),量子力学研究(卢鹤绂与王谟显),电工数学研究(王国松),中国煤炭研究(李寿恒),黄翼的物理心理学研究,束星北教授关于相对论的研究,周厚复教授的《有机化学中的新电子学说》,陈立的智力测试与人格测试研究,卢守耕的稻作学,吴耕民的果树学,蔡邦华的昆虫学,罗登义等在农业科学方面的研究,吴定良的各族颅骨与体骨的比较,著名史学家张荫麟的《中国史

---

① Joseph Needham, "Science in Kweichow and Kuangsi", in *Nature*, Oct. 27, 1945, Vol. 156.

纲》,张其昀的历史地理,谭其骧的中国历史地理学和《播镇杨保
考》,等等。还有一批对地方贡献巨大的研究成果,如史地研究所
对遵义开展了实地考察,编纂《遵义新志》,新志为地学著作,特别
注重地图的测绘,这对当地工农业的开发,具有实际意义。在该
书"土地利用"一章,以 1940 年陆地测量局出版的五万分之一地
形图为蓝本,根据实地考察资料,将耕地、森林、荒地、道路、房屋
的分部,均填绘成图,并加以解释和建议。这种土地利用图的绘
制,在当时国内尚属首次。其中关于遵义农业改良的若干结论,
均实事求是,可作为遵义地方建设的准绳。史地研究所师生于
1941 年发现的遵义团溪锰矿,成为战时重庆钢铁厂所需锰原料
的主要供应地,这对西南地区的工业建设有重大价值。

抗战期间,国立浙江大学学术研究的空气空前繁荣,出版的
学术刊物较战前有很大增加,出版了《史地杂志》《国命旬刊》等
10 种定期刊物,还有《史地教育研究室丛刊》《工院丛刊》《电机工
程》《化工通讯》等 20 余种不定期刊物,或刊登国际、国内最新的
研究前沿动态,或供师生发表最新的学术研究成果,或探讨时事
政治动向。

四、竭尽知能,造福地方

在遵义办学期间,竺可桢校长强调:"昔王阳明先生至龙场一
年,其影响所及,风化文物,莫不因而改善进步。阳明先生之弟子,
率能笃践师说,影响亦宏。浙大来此,尚有多年之逗留,吾人自当
法步先贤,于所在地之种种设施,革革兴兴,尽心竭力以赴。时际
非常,吾人之责任尤重! 无论精神物质,两不可忽。文化之推进,
职责之所在,固应重视;物质环境之改善,关系民生至切,亦须注
意。例如开辟荒地,使耕地加多;改良种植方法,使产量增加;避免

破坏,减少消费,成效可与增加生产相埒。其间接直接,积极消极,与抗建有裨益者,均为大学所当顾及而努力。"①因此,竺可桢明确提出了大学要为地方服务的要求,十分注重将大学的科研与当地开发结合起来。

早在江西泰和办学期间,浙大师生便为当地民众做了3件好事:一是修建防洪大坝以防水患。浙大与地方政府商定,由浙大土木系的师生测量设计,历时两个月,土方、涵洞、水闸等工程全面完成。防洪堤东起泰和县城,西至梁家村,全长15里,人称"浙大堤",江边另设一码头,"浙大码头"一称沿用至今,此后,上田村一带未再遭水灾。二是创设澄江小学,由浙大学生兼任教师,提升了当地小学的师资水平,一方面使播迁流离的教职工子弟受到教育,另一方面乡村儿童也受到优良教育。浙大再迁时,澄江小学留在当地继续开展教育活动。三是开辟沙村垦殖场,浙大与江西省政府商定在沙村附近的荒田600亩,组织抗战期间的流亡农民在此移垦荒田,建立垦殖场,由土木系学生勘定、测绘,农学院教授和学生具体指导和管理,共安置了140名战区难民,垦荒耕种,集体经营。

抗战时期在杭州文澜阁的一部36000多册的四库全书因经费问题流落在浙江富阳,浙大西迁至江西后,竺校长征得教育部同意后,决定派人协助转运,转经五省,历经5000里,移至贵州地母洞,使139箱古代文化瑰宝得到妥善保存,这是对中华民族文化传承的巨大贡献。

浙江大学迁到遵义后,发现当地信息相当闭塞,人民群众对现代化科学技术一无所知,于是决定开放实验室、电工试验馆展出发

---

① 《浙江大学之使命》,《国立浙江大学校刊》(复刊),第53期,1940年8月3日。

电、照明、电焊、电报、电话等设备，当地中等学校师生、群众纷纷驻足参观，叹为观止。土木方面的拉力压力多项实验，也引起群众极大的兴趣。

浙江大学农学院先后在遵义和湄潭两地，开展农业相关应用研究服务当地农业发展。如水稻育种和胡麻杂交（卢守耕），豆薯各部的杀虫（杨守珍），土壤酸度试剂（彭谦与朱祖祥），营养学（罗登义），白木耳栽培（陈鸿逵与杨新美），茶树病虫害（葛起新），中国桑虫（祝汝佐），柞蚕寄生蝇（夏振铎），蚕丝增长（王福山），柞蚕卵物理性状等研究（郑薆），农学院在湄潭试制的红茶"湄红"，至20世纪80年代仍享有盛誉。遵义普遍种植的胜利油菜，具有经济价值的蚕桑、马铃薯和番茄等，都是当年浙大师生帮助引入、研究和试验成功的。吴文棫主持浙大化工肥皂厂制作的肥皂，采用当地的原料，配方简单实际。因而，湄潭有"浙江大学科学活动中心"之称。

当时遵义存在严重的吸食鸦片现象，浙大通过举行义演等形式宣讲鸦片的危害，并募集费用筹建戒烟所，供给当地烟民免费戒烟，将有助风化之责视为己任。[1] 在遵义，浙大师生为当地人民改善落后的社会风气，传播现代和科学文化做出了很大贡献。这也是竺可桢"大学教育与内地开发相结合"办学宗旨的具体体现。

五、读书不忘爱国，共赴国难

浙大学生在"读书不忘抗战，读书不忘爱国"思想的影响下，宣传抗日救国的思想，利用课余时间开展各种各样的抗日救亡宣传

---

① 张玥:《抗战时期国立大学校长的治校方略研究》，南京:南京大学出版社2017年版，第56页。

活动和备战工作。正如校长竺可桢所述的大学要成为"海上灯塔，社会民心"①。

早在杭州期间，浙大就联合杭州各教育单位出版《抗敌导报》，每五日出一期。文学院教师撰文主编《国命旬刊》，宣传抗战的意义。学生出版《每日壁报》《抗敌三日刊》和《浙大学生战时特刊》，并开展多次募捐、救济、慰劳、义演、宣传等活动。

因建德、泰和相对偏僻，消息闭塞，没有报刊及时传播时政消息。为改变这种情况，浙大组织了情报委员会，出版《浙大日报》。由学生和职员二人收听、记录、编写、刻印，并在当地出售，深受当地群众欢迎。竺校长特为《浙大日报》增刊撰写了《百期纪念感言》："《浙大日报》是在中华民国全面抗战以后出世的，是在我们浙江大学颠沛流离中产生的，《浙大日报》之所以刊印，并不是偶然，而是适应环境的需要。我们学校一迁建德，再迁泰和，建德与泰和统是没有日报的地方，而在全民族热烈抗战的时候，前方战场的消息，国际形势的变态，我们全校人士，刻刻关怀，莫不以先睹先知为快。所以学校虽在困苦颠沛之中，而《浙大日报》呱呱坠地之后，不但能继续维持，而竟能逐渐扩充篇幅，在极短时期以内，给我们以精确的消息……《浙大日报》不但给我们以最近的新闻，而且时时促进我们的自省……"

在搬迁至广西宜山时，有20名学生自发组织了步行团，以鲁迅名著《呐喊》命名为"呐喊步行团"。竺可桢对学生这一行动十分支持，在出发前赠送学生地图、指南针，以示鼓励，并勉励学生沿途采访考察民情，宣传抗日，锻炼体质。这是20世纪30年代末大学生将课堂教学与社会实践相结合的一种实践探索。步行团于9月

① 张彬、龚大华：《竺可桢的大学理念》，《浙江教育学院学报》2007年第2期，第2—6页。

中旬出发,沿途访问各县商会,参与各地欢送征兵宣传大会,与其他剧团开座谈会,还登台演出,宣传抗日,对赣西北、湘西和桂北的民俗和人民的疾苦有了深切的体验。步行团历时 40 余日,行程千里,终于到达目的地广西宜山。[①]

宜山期间,师生们虽然生活困苦,但爱国的宣传活动十分活跃,师生们数次举行义卖活动,并将义卖所得捐献抗日。竺校长将夫人所藏珍贵物品捐献义卖,浙大学生排练《自由魂》等戏剧,以义演所得,作为抗日宣传活动之用。同学们还组织战地服务团,到宾阳、武鸣至南丹前线,设站救护伤员,并沿途宣传、歌咏。

西迁至遵义湄潭后,随着抗战形势的变化,浙大师生也先后多次组织捐资抗战。在学生会的发起下,浙大全体师生、家属积极开展给前方将士募捐活动,竺可桢校长带头捐献结婚戒指,用以制作劳军物资。1944 年 12 月 3 日,十三军和九军奔赴前线路经遵义,师生们早上 5 点就起床,将募集来的 16 万元买包子、香烟及生活用品送给每个战士。浙大学生两次组织战地服务团奔赴前线,直接参加抗日。独山失守后,学校还一度配置了武器,准备与当地民众一道打游击,武装护校。相继成立了许多进步团体,浙大的黑白文艺社自 1940 年起在遵义、湄潭开展活动,在湄潭设立了小型的图书室,成立了读书会等组织。黑白文艺社内设文艺、哲学、政治经济等学习小组,学习马列主义和其他进步著作,经常举行座谈会、讨论会,它是浙大影响最大、人数最多的一个进步组织。学校广泛开展各种各样的抗日文艺活动,浙大学生建立了许多进步文艺团体组织,如浙大剧团、塔外画社、质与能自

---

① 毛正棠、徐有智编著:《中国浙江大学》,长沙:湖南教育出版社 1990 年版,第 42—43 页。

然科学社等①,排演抗日话剧,上街演讲和开展歌咏活动等,推动抗日救亡活动持久深入地开展。

从 1937 年 9 月至 1940 年 2 月,浙大师生踏着红军长征的足迹,胜利结束了"文军"的长征。浙大德文教师米歇尔(F. Michael)亲自参与了浙大的西迁,他在《前进中之浙江大学》一文中写道:

> 此行使本校离开一个有约商埠,而再回到中国怀抱中。此为昔曾酝酿于抗战之前,今得新的刺激之一种运动的象征:回到中国自己的昔日文化中,以求自中国历史和文化里面,获得复兴的必要力量。……所有这些工作,给予大学教职员以新的经验和新的观念。当然对于学生们,也同为一种经验,他们有许多是来自大都市中,于他们未来此目击之前,他们对此,一无所知。长征使他们是比较成熟了。他们于经行之中,得见乡郊之美,得知乡民困难和问题之所自,他们得观感于战事经历中之惨痛,他们且曾置身于艰危之中。由之,遂增长同舟共济的精神,以至原有的男女同学之间的关系,亦与前异。共同的灾难的精力,使大学变成一个大家庭。校中经费窘迫,教职员工薪俸大打折扣,然皆视为抗战必有的结果,乐于接收,曾无怨怼。②

与抗战时期其他学校不同,浙江大学并没有搬迁到武汉、重庆等大城市,避免形成内迁大学过于集中于大城市。大城市资源紧张而又目标明显,而选择搬迁至那些从未接触高等教育

---

① 陈遵平、林茂前主编:《浙江大学西迁遵义办学 77 周年纪念文集》,重庆:西南大学出版社 2018 年版,第 98 页。

② 米歇尔:《前进中之浙江大学》,载英文《亚细亚》杂志,1939 年 1 月,译文载于《国立浙江大学校刊》(复刊),第 15 期,1939 年 3 月 13 日。

的城镇,乃至乡村山区,可以传播科学文化,开启民智。浙江大学随着战事的发展,分四次逐步向西南搬迁,最终在黔北山区落脚,找到了相对稳定的治学环境,赢得了宝贵的七年发展时间。一方面,保护了学校师生,培养新中国建设的后备力量。另一方面,通过两年多的搬迁,在浙西、赣中、桂北、黔北的乡间农村,传播现代科学与文化,使得当地得以文明教化。另外,浙江大学的生源从苏、浙、闽为主,逐步发展为浙、闽、赣、湘、桂、穗、桂、黔等省,甚至招收全国各地的流亡学生,从一所只设工、农、文理 3 个学院的地方性大学发展成为文、理、工、农、医等多学科的全国性综合大学。

至 1948 年,国立浙江大学共有 7 个学院、30 个学系、10 个研究所。其中,文学院设有中国文学系、外国语言学系、史地学系、教育学系、哲学系、人类学系 6 学系,中文和史地 2 研究所,另设史地教育研究所;理学院设有数学系、物理系、化学系、生物系、药学系 5 学系及数学、物理、化学、生物 4 研究所;工学院设有电机工程学系、化学工程学系、机械工程学系、航空工程学系、土木工程学系 5 学系及 1 个化工研究所;农学院设有农艺学系、园艺学系、农业化学系、植物病虫害学系、蚕桑学系、农业经济系、森林学系 7 学系及 1 个农经研究所;师范学院设有教育学系、国文系、史地学系、英语系、数学系、理化 6 学系及国文、数学 2 个专修科和教育研究所;法学院设有法律学系;医学院不分系。①

西迁过程中,浙大师生人数不但没少,还有所增加。据 1937年 10 月统计,有学生 633 人,随校西迁学生共 460 人。至 1941 年6 月,在校大学生 1486 人,研究生 13 人,先修班学生 40 人。1946

---

① 毛正棠、徐有智编著:《中国浙江大学》,长沙:湖南教育出版社 1990 年版,第 69 页。

年 10 月,在校大学生 2243 人。1941 年 6 月,教师 210 人,职员 165
人。1944 年,全校教职工人数 420 人,其中教授、副教授 144 人,讲
师 38 人,助教 110 人。至 1946 年,教授、副教授、讲师共 201 人,助
教 108 人,职员 136 人。

第九章　战时公立院校的内迁与改革

　　1937 年 7 月 7 日，日军发动了全面侵华战争，占领我国大片国土，对我国高校校园肆意轰炸，占据校园，给原本不发达的我国高等教育带来空前浩劫。战时，国民政府不得不开始考虑高等教育的存亡问题。在"战时须作平时看"总方针的指导下，1937 年 8 月 11 日，南京国民政府行政院召开会议，专门讨论高校的搬迁，教育部颁布了《总动员时督导教育工作办法纲领》，8 月 19 日发布了《战区内学校处置办法》，9 月 29 日，国民政府教育部下发《战事发生前后教育部对各级学校措置总说明》（以下简称《总说明》），对各级学校办学等相关问题作了细致部署。全面抗战之前，中国的高校大多集中在华北、华东、华南工商业相对发达的沿海沿江城市，公立高校在《总说明》的指导下，迁徙主要有以下特征。平津公立高校迁往西北、西南两个方向：陕西、云南，如西北联大和西南联大。江苏、浙江、上海一带公立高校则是向西、西南两个方向转移，有三类：一是跟着国民政府入重庆、四川一带，如中央大学、复旦大学等，二是往江西、湖南、云贵川一带搬迁，如同济大学、浙江大学等，三是进入浙西、浙南或者闽西北，如暨南大学等。广州等华南地区公立高校的迁移路线相对分散，也有两类：一是北进粤北山区，或向西、西南进入粤西或粤西南山区,如广州艺专等,二是自粤西进入广西和云南,如中山大学和广州省立教育学院等;广西高校多在本省迁徙,1944年豫湘桂战役后迁至贵州,如省立广西大学等。华中地区的公立高校,包括1937年内迁至湖北者,在后面的迁徙中主要向西转移。西迁鄂西、万县、重庆和四川省腹地,如武汉大学等。湖南的公立高校多数迁往湘西,如湖南大学等。福建公立高校大多向西进入闽中、闽西山区。江西的公立高校主要去往赣中和赣南一带。抗战时期没有削弱我国的高等教育,国立大学反而有所增加,公立院校教员数和学生数也较战前有显著增加。抗战期间,在日军的侵略下,我国90%以上的高校不同程度地遭受到人员伤亡和财产损失。

本章以战前已成立的13所国立大学、抗战中成立的16所国立大学、抗战后成立的6所国立大学和部分其他公立院校(省立独立学院、公立专科学校等)为主体,描述抗战时期这部分高校的迁徙路线、办学状况、改革与发展。分为以下几类:一类是扎根内陆,潜心独立办学,如迁至沙坪坝的中央大学、偏安遵义办学的浙江大学等;一类是几家高校合并重组,联合办学,如北京大学、清华大学、南开大学,共同组建西南联合大学,北平大学、北平师范大学和北洋工学院共同组建西北联合大学,还有上海地区十几所专科学校共同组建了东南联合大学。一类是私立大学转国立,如复旦大学、厦门大学等。相当一部分西北、西南高校因为东南一带高校内迁,带来了丰富的师资,借助强大的师资力量,一跃而成为当时的著名大学,如四川大学、重庆大学等;而其中又有一部分省立大学升格为国立大学,如湖南大学、河南大学、重庆大学、山西大学、贵州大学、广西大学、云南大学等;还有在抗战期间新成立的国立大学,如国立中正大学、国立英士大学,英士大学于抗战结束后结束了办学使命;还有的大学在颠沛流离的迁徙过程中,损失过大,不得不停办,如山东大学和安徽大学。

第一节　公立大学的内迁与改革

1931 年九一八事变以后,东北大学迁至北平,成了第一个因战争原因搬迁的学校。1937 年七七事变之后,平津首先沦陷,8 月 13 日日本海陆空军进攻上海,8 月 14 日,驻扎台湾的日本木更津航空大队轰炸杭州,淞沪沦为战区,京(即南京)沪杭沿线敌机肆虐,大中小学疏散、停办或向内地搬迁。1937 年 11 月 5 日,以蔡元培等 102 人为代表的中国文化教育名流,联合发表声明:"北自北平、南自广州、东至上海、西迄江西,我国教育机关被日方破坏者,大学、专门学校有二十三处,中学、小学则不可胜数⋯⋯诚所谓中国三十年建设之不足,而日本一日毁之有余也⋯⋯日人之蓄意破坏,殆即以其为教育机关而毁坏之,且毁坏之使其不能复兴。"[1]全面抗日战争序幕拉开,我国高等教育开始了长达 8 年的流亡办学道路。

一、部署公立高校内迁

1937 年 8 月 11 日,南京国民政府行政院召开会议,专门讨论高校的搬迁,教育部颁布的《总动员时督导教育工作办法纲领》,规定了非战区院校收容流亡学子的问题。8 月 19 日发布了《战区内学校处置办法》,规定了四类安排:战区院校可由非战区院校接纳学生,维持课务或短期休课,迁校或暂时关闭。9 月 29 日,

---

[1] 高平叔编:《蔡元培全集》第 7 卷,北京:中华书局 1989 年版,第 191 页。

国民政府教育部下发《战事发生前后教育部对各级学校措置总说明》①，对迁校的相关问题作了细致部署。规定各校学生因战争关系，可在性质相同学校暂时借读。公立学校应尽量收容借读生。总说明对相关学校的措置进行了详细指导。

对于平津专科以上学校的措置是："平津专科以上学校教职员学生为数极众，非借读办法可完全救济。本部为使优良教授得以继续服务，并使学生完成学业，且隐为内地高等教育扩大规模起见，业经呈奉蒋院长核准，先在长沙、西安等处设立临时大学各一所，近已分别成立筹备委员会，派员分赴长沙、西安积极筹备，期能早日开学。并定就平津各院校原有经费划拨一部分充当各临时大学经常费。所开办费亦经商得管理中英庚款董事会同意协助五十万元。关于校舍，业经觅定暂时需用之房屋。至于图书仪器，则除利用平津各院校业经迁出之设备外，并正一面另行设法补充。"

对于沪上专科以上学校的措置是：（1）凡可在租界内开班者，仍应设法开学；（2）各校对于相同及相关系科，认为彼此宜于联合开班者，可联合开班，其经费之分担由相关学校商定；（3）由上海市社会局克日约集公私立校长商定详细办法，并酌量组织国立各校院联合办事处和私立各校院联合办事处，以利彼此协商与合作；（4）要求公私立院校能开学者呈报开学计划和每月最低经费，以凭核发补助经费。鉴于上海已成为战区，教育部还决定：令准国立同济大学迁往浙江金华，业已觅定校舍，不久即可开课。

对于其他比较危险地区内各级学校之迁移，国民政府教育部

---

① 《战事发生前后教育部对各级学校措置总说明》，中国第二历史档案馆编：《中华民国史档案资料汇编》第 5 辑第 2 编，"教育"（1），南京：江苏古籍出版社 1997 年版，第 2—4 页。

的安排是："倘因已受或易受敌人袭击不便开课,应设法在比较安全之县区或乡村布置开课。且应于开课前完成最低限度之避难设备,而尤注重于房屋倒塌、火灾及机关枪扫射等普通危险。"该文件还对高中以上学校战时训练、学生战时参加服务办法和战区教职员及学生之登记与救济规定了若干办法与措施。

二、各类公立学校的整体分布

战前,中国的高校大多集中在华北、华东、华南的工商业相对发达的沿海沿江城市,根据中国民国档案资料汇编的《全国公私立大学、独立学院、专科学校一览表》(1936)①,可知除贵州、宁夏和青海无设立高校的记载,中国高等院校公立院校的分布情况如下:

表 9-1　全国公立院校一览表(1936)②

地区	大学	独立学院	专科学校
北平	国立 4 所:国立北京大学、国立清华大学、国立北平大学、国立北平师范大学		3所:国立北平艺术专科学校、公立北平税务学校和北平市立体育专科学校
天津		国立 1 所:天津北洋工学院 省立 3 所:河北工业学院、河北女子师范学院、河北法商学院	1 所:省立河北水产专科学校

---

① 《中华民国史档案资料汇编》第 5 辑第 1 编,"教育"(1),南京:江苏古籍出版社 1997 年版,第 300—323 页。

② 侯德础:《抗日战争时期中国高校内迁史略》,成都:四川教育出版社 2001 年版,第 32—35 页。

续表

地区	大学	独立学院	专科学校
上海	国立3所:国立同济大学、国立暨南大学、国立交通大学	国立3所:国立上海商学院、国立上海医学院、中法国立工学院	3所:国立上海音乐专科学校、吴淞商船专科学校(1933年前称交通部吴淞商船专科学校)、上海兽医专科学校
南京①	国立1所:国立中央大学		2所:国立牙医专科学校和中央国术体育专科学校
无锡		省立1所:省立江苏教育学院	
广州	国立1所:国立中山大学 省立1所:勷勤大学	国立1所:国立广东法科学院	
杭州	国立1所:国立浙江大学		2所:国立杭州艺术专科学校、省立浙江医学专科学校
安庆	省立1所:省立安徽大学		
山东	国立1所:国立山东大学		1所:省立山东医学专科学校
武汉	国立1所:国立武汉大学	省立1所:省立湖北教育学院	
长沙	省立1所:省立湖南大学		
南昌			3所:江西省立工业专科学校、江西省立农艺专科学校、江西医学专科学校

---

① 注:除国民党党政军系统的院校外。

续表

地区	大学	独立学院	专科学校
太原	省立 1 所:省立山西大学		2 所:省立山西工业专科学校、省立山西农业专科学校
阳曲			1 所:省立山西商业专科学校
保定		省立 2 所:省立河北农学院、省立河北医学院	
开封	省立 1 所:河南大学		1 所:省立河南水利工程专科学校
梧州	省立 1 所:广西大学		
南宁			1 所:广西省立师专
成都	国立 1 所:国立四川大学		
重庆	省立 1 所:省立重庆大学		
昆明	省立 1 所:省立云南大学		
兰州		1 所:省立甘肃学院	
武功			1 所:国立西北农林专科学校

三、全面抗战前后公立高校办学状况对比

（一）全面抗战前后我国公立高校数量对比

到抗战胜利的 1945 学年度,公立高校增至 87 所(国立 56 所、

省立 31 所),其中大学 22 所(国立 22 所)、独立学院 29 所(国立 17 所、省立 12 所),专科学校 36 所(国立 17 所、省立 19 所)。公立高校总数较全面抗战前净增加 32 所,增幅 58.2%,增量最大的是国立高校,净增 30 所,增幅 115.4%,其中国立大学增加 9 所,增幅为 69.3%,国立独立学院增加 12 所,增幅达 240%,国立专科学校增加 9 所,增幅达 112.5%。[1] 说明抗战期间,中国高等教育不但没有瓦解,而且在艰难的战争环境中坚持并发展壮大。整体而言,独立学院和专科院校相对于大学增幅更大,体现了战时情况下人才培养短平快的特征。

（二）全面抗战前后公立高校教员数量和学生数量对比

1936 学年度,我国国立高校共有教师 2872 人,省立 1524 人;到 1945 学年度,我国国立高校共有教师 7090 人,省立 982 人,国立高校教师净增 4218 人,增幅达 147%,省立高校教师减少了 542 人,减幅达 36%。[2] 全面抗战前后公立高校学生数量对比发现,1936 学年度,国立高校共有学生 13882 人,省立 7376 人,到 1945 学年度,我国国立高校共有学生 47575 人,省立 6918 人。国立院校的学生净增 33693 人,增幅为 243%,省立院校学生减少 458 人,减幅为 6%。[3] 抗战期间,我国高等教育的规模较战前有一定的扩大,印证了国民政府对高等教育"战时须作平时看"的原则,对应了国民政府将省立、私立大学、独立学院改国立的导向。

---

[1]《抗战前后高等教育对比表》(1) 校数,中国第二历史档案馆编:《中华民国史档案资料汇编》第 5 辑第 2 编"教育"(1),南京:江苏古籍出版社 1997 年,第 790 页。

[2]《抗战前后高等教育对比表》(3) 教员数,中国第二历史档案馆编:《中华民国史档案资料汇编》第 5 辑第 2 编"教育"(1),南京:江苏古籍出版社 1997 年,第 792 页。

[3]《抗战前后高等教育对比表》(5) 学生数,中国第二历史档案馆编:《中华民国史档案资料汇编》第 5 辑第 2 编"教育"(1),南京:江苏古籍出版社 1997 年,第 794 页。

四、抗战期间公立高校的经济损失

抗战期间,在日军暴力的摧残下,我国90％以上的高校不同程度地遭受到人员伤亡和财产损失。根据国民政府教育部1939年4月编制的《抗战以来公私立专科以上学校财产损失统计表》,在不足2年的时间里,日本的侵华战争就给我国高等教育事业造成巨大损失[①]:

国立各校死伤50人,财产损失36527231元。国立各校财产损失见表9－2。

表9－2　国立各高校财产损失表

校名	损失
中央大学 (含牙医专科学校)	死6人,财产损失按呈报数为3383400元
北平大学	财产损失按呈报数为1922317元
北京大学	校舍价值及呈报数为1628515元
清华大学	财产损失按呈报数为6050000元
北平师范大学	校产价值及呈报数为1502871元
武汉大学	校舍价值2875937元
中山大学	死伤失踪12人,校舍价值及呈报数为6217828元
山东大学	财产损失按呈报数为3611663元
暨南大学	死伤2人,校舍价值为413000元
浙江大学	财产损失按呈报数为1560000元

[①] 有东北大学、北平艺专等15校损失不详。《教育部编报的抗战以来公私立专科以上学校财产损失统计表》,中国第二历史档案馆编:《中华民国史档案资料汇编》第5辑第2编"教育"(1),南京:江苏古籍出版社1997年版,第372—377页。

校名	损失
交通大学	校舍价值为 2369650 元
同济大学	财产损失按呈报数为 1480000 元
湖南大学	死伤 30 人,财产损失按呈报数为 700000 元
厦门大学	财产损失按呈报数为 1288202 元
上海商学院	财产损失按呈报数为 183066 元
北洋工学院	校舍价值为 629063 元
中正医学院	财产损失按呈报数为 1200 元
杭州艺术专科学校	校舍价值及呈报数为 81030 元
音乐专科学校	校舍价值 158975 元
吴淞商船专科学校	财产损失按呈报数为 290700 元
中央国术馆体育专科学校	财产损失按呈报数为 179814 元

省市立各高校死伤 8 人,财产损失达 6177468 元。省市立各高校财产损失见表 9-3。

表 9-3　省市立各高校财产损失表

校名	损失
安徽大学	校舍价值 170000 元
河南大学	财产损失按呈报数为 1600000 元
省立某大学	校舍价值 366770 元
省立某大学	校舍价值 951837 元
江苏医政学院	校舍价值 325106 元
江苏教育学院	校舍价值及呈报损失数为 249678 元
河北工业学院	财产损失按呈报数为 800000 元
河北女子师范学院	财产损失按呈报数为 696000 元

续表

校名	损失
河北农学院	校舍价值为 152353 元
河北医学院	校舍价值为 186930 元
浙江医学专科学校	校舍价值为 138982 元
山西农业专科学校	校舍价值为 14587 元
山西工业专科学校	校舍价值及呈报数为 163950 元
江西医学专科学校	死伤 8 人，财产损失按呈报数为 50000 元
河南水利工程专科学校	校舍价值为 45530 元
山东医学专科学校	校舍价值为 143470 元
江苏制丝专科学校	校舍价值为 64051 元
广东省立体育专科学校	校舍价值为 58022 元

第二节　原有国立大学的内迁与改革

一、内迁概况

1937 年 8 月 15 日至 26 日，日军飞机空袭南京，多架飞机连续三次向中央大学投弹，国立中央大学在罗家伦校长的主持下于 10 月开始西迁重庆，并于 11 月正式复课。1937 年 7 月 29 日凌晨，私立南开大学受到日军炮火袭击。平津地区告急，平津高校纷纷内迁，北京大学、清华大学和南开大学等校奉命迁往长沙，三校图书、设备未来得及迁移，损失惨重，在北大蒋梦麟、清华梅贻琦和南开张伯苓三位校长的带领下，起初迁校至长沙，组建长沙临时大学，后迁昆明，更名为国立西南联合大学（南开大学成为国立西南联大组成部分，1946 年迁回天津，改为国立南开大学），1938 年 5 月开课。与此同时，北平大学、北平师范大学和北洋工学院迁往西安，组建西安临时大学，于 1937 年 11 月开学，1938 年学校迁往陕西的城固、南郑等地，更名为国立西北联合大学，一年后解体。至 1938 年底，平汉、东部沿海地区的大片国土沦陷，未入敌手之地成为战区，国立大学纷纷内迁。中山大学迁云南澂江，武汉大学迁四川乐山，同济大学迁云南昆明，中央大学迁往重庆，交通大学和暨南大学则在上海沦陷之时迁入外国租界。国立浙江大学 1937 年 11 月开始西迁，从浙江的天目山和建德，到江西的吉安和泰和，再到广西的宜山，最后落脚贵州的遵义湄潭，史称"文军长征"。山东大学则因损失过重，被迫停办。全面抗战前已成立的国立大学共有 13 所，在抗战中几易校址，坚持办学，弦歌不辍，在炸弹下成长，人才辈出，在战火中书写中国高等教育的悲壮战歌。

表 9-4 原有国立大学一览表①(1937 年以前)

大学名	国立时间(年)	1937 年时的校长
国立北京大学	1912	蒋梦麟
国立中山大学	1926	邹鲁
国立暨南大学	1927	何炳松
国立北平大学	1927	徐诵明
国立同济大学	1927	翁之龙
国立清华大学	1928	梅贻琦
国立中央大学	1928	罗家伦
国立浙江大学	1928	竺可桢
国立武汉大学	1928	王星拱
国立北平师范大学	1929	李蒸
国立山东大学	1932	停办,无

---

① 学校按建校时间排序,时间相同者则按区域归类。

大学名	国立时间（年）	1937 年时的校长
国立四川大学	1931	张颐
国立交通大学	1928	黎照寰

二、十三校分述

1. 国立北京大学

1937 年 8 月 25 日，北大校园遭日本宪兵强占，北大校具、图书、仪器损失达 60 万法币。北京大学南迁长沙，与清华大学、南开大学组建长沙临时大学，设文、理、工、法商 4 个学院，17 个学系，三校校长蒋梦麟、梅贻琦、张伯苓为常务委员，共主校务。10 月 25 日开学。1938 年 2 月 20 日，长沙临时大学约 300 名师生组成的"湘黔滇旅行团"启程，经过 3500 里长途跋涉到达目的地，闻一多等教授，参加了湘黔滇旅行团，并走完了全程。师生于 4 月 28 日到达云南昆明①，改称国立西南联合大学。增设师范学院，共 5 学院 26 个学系，2 个专修科，1 个先修班。原来的北大各系与清华大学、南开大学的相关系合并，融合到文、理、法 3 个学院中。此外，北大设有自己的办事处，办理自身事务。1939 年夏，北京大学研究院恢复招收研究生，直属北大系统，不受联大领导，到抗战后期，共设文、理、法 3 个研究所、12 个学部。1946 年 10 月，北京大学复员北平，合并了北平临时大学的一部分，增加了医、农、工学院，共 6 个学院 35 个系，2 个专修科，1946 年，学生总数为 3420 人。②

---

① 吴征镒：《长征日记——由长沙到昆明》，西南联大《除夕副刊》主编：《联大八年》，北京：新星出版社 2013 年版，第 22 页。
② 季啸风主编：《中国高等学校的变迁》，上海：华东师范大学出版社 1992 年版，第 7 页。

2. 国立中山大学

从 1937 年 8 月 31 日起,国立中山大学石牌校本部和文明路校区被日军轰炸多次。在邹鲁校长的领导下,中山大学开始考察迁校地址,筹备迁校事宜。1937 年夏,广东法科学院并入中山大学法学院,1938 年夏,广州省立勷勤大学工学院并入中山大学工学院。1938 年 10 月 21 日,日军攻占广州,中山大学决定迁校,先经罗定,复迁往云南澄江,在澄江度过了两年。1940 年 8 月,中山大学在许崇清代校长的主持下,从云南澄江迁往广东省北部的东昌县坪石镇,1941 年复课。坪石时期,国立中山大学设有文、法、理、农、工、医、师范 7 大学院 33 系及研究院和先修班。中大师生在坪石度过了四年时光。1945 年 1 月,日本侵略者进犯粤北,中山大学被迫分为三部分,分别迁往粤东梅县、连县、仁化。研究院、文学院、理学院、医学院、先修班以及师范学院附中的部分师生在梅县,工学院、法学院、师范学院、农学院等在梅县附近的兴宁、蕉岭、龙川、五华等地复课。迁往连县的师生则在连县成立分教处,研究院、文学院、理学院、法学院、工学院、师范学院、先修班的部分师生在连县三江镇分别部署。没有迁到连县和梅县的部分师生,留在怀化组成怀化办事处。同年 8 月,中山大学迁回广州石牌等原址复课。不能忘记的是,全面抗日战争爆发后,中大的广大师生积极投身于各种团体组织的抗日活动之中,先后成立了御侮救亡工作团(后改名为抗敌后援工作团)、战地服务团、随军服务团和抗日先锋队等组织。前后 7 年,颠沛流离,几度迁徙,三易校址,一走就是离乡背井整整七年。在这漫漫征途上,中大帮助当地人民解决实际生产问题,给当地人民带来了文明开化的风气,人民也在潜移默化之中改造了青年学生的趣味。两者相辅相成，真正走出了扎根中国办学的大学气象。[①]

3. 国立暨南大学

1937 年八一三淞沪战事发生，暨南大学真如校区地处战区，被日军炮火夷为瓦砾场。学校奉令迁入上海公共租界继续办学，时间长达四年多[②]，在暨南大学校史上称为"孤岛"办学时期。"孤岛"期间，学校居无定所，颠沛流离，1941 年夏在福建建阳设立了分校，10 月招文、理、商 3 院 9 系新生 240 人，11 月开学。1941 年 12 月 8 日，日军攻入租界，在第一面日本旗帜经过校门时，老师们即宣布下课（校史称"最后一课"），内迁闽北建阳。1942 年 6 月迁闽完毕，中学部仍留在上海，改名南光中学。1943 年，东南联合大学的文、理、商 3 院并入暨南大学。"建阳虽地理位置偏僻，但学校崇尚开明办学、自由研究以及何炳松校长的学者风度，吸引了许多著名学者到暨大任教。尽管战时办学条件艰苦，但暨南大学教学制度健全、管理严格，师生教学和学习热情高涨。师生还开展了艰苦卓绝的抗日救亡的民主运动和争取民主自由的爱国斗争，被誉为'爱国救亡的民主堡垒'。"[③]1946 年 6 月，迁回上海，共有 4 院 17 系 1 学组，另设先修班、南洋研究馆，学生 1300 多人。新中国成立后，被并入复旦大学、上海交通大学等。1958 年在广州重建。

4. 国立北平大学

七七事变后，北平大学迁至西安，与北平师范大学、北洋工学院于 9 月 10 日组成西安临时大学。1938 年 3 月 16 日，西安临时

---

① 吕雅璐：《抗战烽火中的中山大学》，广州：中山大学出版社 2017 年版，第 87 页。

② 中国教育报刊社组编，暨南大学撰稿：《漫游中国大学——暨南大学》，重庆：重庆大学出版社 2008 年版，第 23 页。

③ 中国教育报刊社组编，暨南大学撰稿：《漫游中国大学——暨南大学》，重庆：重庆大学出版社 2008 年版，第 24 页。

大学迁至陕西汉中,校本部设在城固县城,1938 年 4 月 3 日,更名为国立西北联合大学。3 个月后,国立西北联合大学撤销,联大工学院和国立北洋工学院、东北大学工学院、焦作工学院合并,成立国立西北工学院;联大农学院与国立西北农林专科学校合并,成立国立西北农学院;教育学院改称为国立西北师范学院。国立西北联合大学拆分为国立西北大学、国立西北师范学院、国立西北工学院、国立西北医学院、国立西北农学院五个独立院校。1946 年,西北工学院大部分师生在天津复校,复名为国立北洋大学;焦作工学院在河南洛阳复校;东北大学工学院则迁回东北,复员东北大学;其余力量留在陕西,为国立西北大学。

5. 国立同济大学

原设吴淞的国立同济大学,抗战期间举校六迁,时任校长翁之龙亲自率领全体师生跋涉千里,辗转流亡于沪、浙、赣、桂、云、川等地。一迁沪市,早在淞沪抗战前夕,同济大学就撤离吴淞至上海市内,沪战一起,吴淞校舍惨遭日机轰炸,全校建筑设备沦为废墟。二迁浙江金华,1937 年 9 月迁至浙江金华,然而,在金华尚未能全面开展教学工作,日军又轰炸金华。三迁江西赣州,同年 11 月迁至江西赣州,在赣州度过一个学期,战局又有变化。四迁广西贺县八步镇,1938 年 7 月,全校师生步行至八步,又从赣州步行到桂林。到桂林后,沿漓江乘木船经阳朔至平乐,前后花了两个月时间,开课月余,天天跑警报躲空袭。五迁云南昆明,因当时昆明避难高校甚多,当地的容纳已趋饱和,同济大学在一年后,又开始迁徙。六迁四川南溪李庄。在李庄,也是频受敌机扰乱,设于宜宾的医学院,遭到日机空袭十多次。[1] 在李庄宜宾的

① 余子侠:《抗战时期高校内迁及其历史意义》,《近代史研究》1997 年第 4 期,第169 页。

五年,同济大学各方面发展达到了鼎盛时期,共有医、工、理、法和新生院及四所附属学校,在校生 2000 人。抗战结束后,迁回上海。

6. 国立清华大学

1937 年 7 月 29 号下午,日军到清华园横行,9 月中旬,日军宪兵强行占领校园,大量图书仪器设备等统统被搜刮殆尽,校舍损失约合 350 万元。清华大学南迁至长沙,与北京大学、南开大学组建长沙临时大学,长沙临大设文、理、工、法商 4 个学院,17个学系,10 月 25 日开学。1938 年 2 月 20 日,约 300 名师生组成的"湘黔滇旅行团"启程,经过 3500 里长途跋涉,师生于 4 月 28日到达云南昆明①,改称国立西南联合大学,1938 年 5 月正式开学,"联大设有文、法、理、工和师范 5 个学院 26 个系,2 个专修科和 1 个先修班,联大不设校长,由北大、清华、南开三校校长和联大秘书主任组成常务委员会,常委梅贻琦主持校务"②。此一时期,清华既是联大的一个重要组成部分,又单设了清华大学办事处,负责处理有关清华事宜,如清华基金的使用。还设有清华研究院,设文科、理科、法学 3 个研究所共 12 个学部,以及清华特种研究所,后者设农业、航空、无线电、金属、国情普查等 5 个研究所,只进行专门研究,不招收研究生。1946 年复员北平清华园,清华园在北平沦陷期间,沦为日军军营和伤兵医院,学校遭受了空前的洗劫和严重的破坏。经过极大努力,校园才慢慢有了生机,院系较战前有很大增加,共有文、法、理、工、农 5 个学院 26 个

---

① 吴征镒:《长征日记——由长沙到昆明》,西南联大《除夕副刊》主编:《联大八年》,北京:新星出版社 2013 年版,第 22 页。

② 吴征镒:《长征日记——由长沙到昆明》,西南联大《除夕副刊》主编:《联大八年》,北京:新星出版社 2013 年版,第 22 页。

学系和 1 个先修班,学生总数2300余人。[1]

7. 国立中央大学

1937 年 8 月 15 日,国立中央大学遭日机轰炸,图书馆和实验中学均被毁,8 月 19 日,敌机再炸南京,中大礼堂和牙医专科学校均遭破坏,6 名校工遇难,总计财产损失 383400 元。1937 年 10 月,在日军飞机的持续轰炸和炮火的不断蔓延中,在校长罗家伦的规划带领下,国立中央大学从南京西迁至重庆沙坪坝,医学院、农学院、畜牧兽医系和牙医专科学校迁往成都华西坝,成为内迁最迅速、最完整的学校。国立中央大学的师生携带着大量仪器、书籍,甚至还有飞机和教学用的解剖尸体、家禽等物长途跋涉,却未有一丝损耗。罗家伦校长著有《炸弹下长大的中央大学——从迁校到发展》描述了中大西迁经过,及到重庆如何扩展为 4 个校区,如何办学等。抗战时期,中央大学分重庆、成都和贵阳三地办学,并在重庆另建有柏溪分校。抗战期间先后出任中大校长的有罗家伦、顾孟余、蒋介石、顾毓琇。抗战期间教育学院改为师范学院、扩充医学院,新增水利工程、航空工程、社会学、农业经济、气象、边政 6 系,创设俄文专修科,创立研究院。至 1945 年,中央大学共有 7 个学院 43 系(科组)、7 个研究所 23 学部,学科齐全,师资力量雄厚。此外,中央大学实验中学,被日军轰炸后,先是迁至安徽屯溪,又迁至长沙,最后内迁至贵阳。因与重庆校本部相距甚远,交通不畅,于师范学院实习不便,1941 年实验中学划归贵阳市属,中央大学另觅重庆市青木关 14 中学为附属中学。[2] 中大由战前在南京时的

---

[1] 季啸风主编:《中国高等学校的变迁》,上海:华东师范大学出版社 1992 年版,第 20 页。

[2] 王德滋主编:《南京大学百年史》,南京:南京大学出版社 2002 年版,第 193—241 页。

1500余名学生,发展到具有 7 学院 37 系、3500 多学生的大学,成为国内系科完备的国际上公认的学术水平较高的大学。1946 年 5 月,中央大学复员南京。

8. 国立浙江大学

七七事变后,在校长竺可桢的领导下,国立浙江大学全校师生于 11 月 11 日至 13 日分三批离开杭州,开始了两年多的搬迁历程。从浙江杭州出发后,浙大师生的脚步遍及江西、湖南、广西、福建、广东、贵州 7 省,总行程超过 2600 公里。有两年的时间处于颠沛流离的办学状态,被彭真同志称为"一支文军"的长征。[①] 至抗战胜利前夕,浙大共有 6 学院、25 系、4 研究所 5 学部、1 研究室(史地教育研究室),1 分校(龙泉分校设 8 学系),2 先修班及 1 所附属中学。另有工场 11 所,农场有地 300 余亩。1946 年 10 月,在校大学生 2243 人。流亡并没有削弱浙江大学,从工、农、文理 3 个学院,发展成为文、理、工、农、医、师范等多学科的综合性大学,创造了中国近代高等教育史上的奇迹。抗战迁徙途中"虽迭经搬迁,而每学期实际上课之周数,平均在十八星期左右,若加缴费注册选课等时日计之,则近二十星期矣"[②],也就是没有中断过上课。浙大办学业绩突出,被当时来华的英国剑桥大学生物学家李约瑟博士誉为"东方的剑桥"。在这期间任教或求学于浙江大学,后来成为中国科学院、中国工程院院士的师生人数达 50 余人,还有李政道这位诺贝尔物理学奖获得者,创造了中国高等教育史的一大奇迹。

---

① 《一支"文军"的长征——抗日战争时期浙江大学西迁的故事》,浙江大学求是新闻网: http://www.news.zju.edu.cn,2019 年 2 月 1 日。

② 孙祥治:《抗战以来的国立浙江大学》,《教育杂志》,1940 年,第三十一卷第一号,第 8—10 页。

9. 国立武汉大学

1938 年 2 月,国立武汉大学迁往四川乐山,勘定文庙、龙神祠、三清宫、李公祠、三育学校、进德女校、露济寺、观斗山等房屋为校舍,校本部和文、法学院设在文庙,工学院设在三育学校,理学院设在李公祠,印刷厂设在三清宫,实习工厂设在观斗山,其余均为宿舍,9 月 1 日,新老生同时开课。乐山时期,农艺系并入中央大学,增设了矿冶系,将哲学教育系改为哲学系。1939 年 1 月,开办机械专修科,附属在工学院。1942 年增设了文科研究所(内设历史学部和中国文学部)和理科研究所(内设数学部、物理学部、化学部、生物学部),原先的法科研究所内又增设政治学部,工学研究所内增设电机工程学部,至此,学校发展成为一所具有文、理、法、工 4 学院 15 个系 4 个研究所的大学,研究所的发展和壮大又为培养研究生创造了条件。[①]　西迁乐山 8 年,是武汉大学历史上最为艰难的时期却也是办学成果最多的时期,学生数从千余人增加至 1946 年的 3000 人。8 年间,武大培养出了 12 位知名院士。抗战胜利后,1946 年 6 月,武汉大学复员武昌珞珈山,武汉大学共设文、法、理、工、农、医 6 院 20 系,以及 8 个研究所,校园占地 3000 亩,附属农、林场 5500 余亩。

10. 国立北平师范大学

1937 年 9 月 10 日,国民政府教育部决定将北平大学、北平师范大学、北洋工学院和北平研究院等院校迁至西安,组建西安临时大学,于 11 月 15 日正式开课(北平研究院因故未加入)。这一时期,增设了家政系,天津河北省立女子师范学院的一部分并入教育

---

① 涂上飙、刘昕:《抗战烽火中的武汉大学》,郑州:河南大学出版社 2015 年版,第 210 页。

学院。因战事推进,1938 年 3 月 16 日,西安临大师生迁移至汉中,4 月 3 日,西安临时大学更名为国立西北联合大学,教育学院改称师范学院,设国文、英语、史地、数学、理化、教育、体育、家政 8 个系及劳作专修科,又设立师范研究所。1939 年 8 月,国立西北联合大学再次改组,国立西北师范学院独立建校,校址在城固,增加了公民训育系和博物系,全院共 10 系 1 科,各系学制 5 年,负责陕西、河南、甘肃、宁夏、青海五省区的师范教育,致力于培养西北地区的初等与中等教育师资。1940 年 4 月,西北师院迁往甘肃兰州,原甘肃省立甘肃学院之文史、教育两系并入,并以其院址作为西北师院之院址。[①] 这时,学院又增设国文、史地、理化、国语、体育 5 个专修科和劳作师资训练班、优良小学教师训练班与先修班,共有学生 1010 人,并有附中、附小和附属师范部等。1946 年春,学校师生部分迁回北平,复员后,学院设"国文、英语、历史、地理、数学、物理、化学、博物、教育、体育、音乐、家政等 12 个系和 1 个劳作专修科,共有学生 1059 人"[②]。1949 年复用北京师范大学原名。

11. 国立山东大学

1937 年 11 月,战火烧到山东省内,日军占领青岛,将国立山东大学校舍据为海军司令部,除能用家具外,图书仪器等一应物品全部焚烧殆尽。山大被迫由青岛迁往安庆,安定未定,再迁四川万县。在万县复课不久,1938 年 2 月 23 日,教育部令"将国立山东大学暂行停办"。学生大部转入国立中央大学,个别转入其他大学。"校产暂交国立中央图书馆、国立中央大学、国立中央工业职业学

---

① 张强:《重塑格局:抗战时期的北平师范大学与西北高等教育》,《山东高等教育》2016 年第 8 期,第 33 页。

② 季啸风主编:《中国高等学校的变迁》,上海:华东师范大学出版社 1992 年版,第 89 页。

校保管使用"。停办前,国立山东大学设有文理、工、农 3 学院 8 系 2 部,文理学院设中国文学系、外国文学系、数学系、物理系、化学系、生物系 6 学系,工学院设土木工程系、机械工程 2 学系,农学院设研究部与推广部 2 部。1946 年迁回青岛原址,恢复校名,赵太侔任校长。设文、理、工、农、医 5 学院 14 学系,文学院有中国文学、外国文学 2 系,理学院设数学系、物理系、化学系、动物学系、植物学系、地质矿物学系 6 系,工学院设土木工程学系、机械工程学系、电机工程学系 3 系,农学院设农艺学系、园艺学系、水产系 3 系,医学院不分系,另设 1 个大学先修班和高级护士学校。[①]

12. 国立四川大学

1936 年国立四川大学成立了"国立四川大学国难教育委员会",各学院制定"国难"教育计划,在部分课程中增加关于战时内容,增设《战时经济》等课程。1939 年底,国立四川大学南迁峨眉继续办学,1937 年试办研究生班,1941 年正式招收研究生。1941 年 11 月设立文科研究所和理科研究所,专管研究生培养,1941 年 8 月恢复师范学院。1943 年 3 月,国立四川大学迁返成都,学生人数占全省高校学生总数的三分之二以上。1944 年秋航空工程系、土木水利系招生,1945 年秋机械电机系招生,理学院扩建为理工学院,1947 年理工学院分设为理学院和工学院,1947 年接收兵工署 50 工厂成都分厂,工学院迁入正式建立并同时组建了国立四川大学实验工厂。1944 年起,国立四川大学利用在南校场的校舍办起了夜大部和先修班,学生一度达到 2000 余人,主要接纳沦陷区流离到大后方来的失业、失学青年,为公务

---

① 山东大学校史编写组编:《山东大学校史(1901—1966)》,济南:山东大学出版社 1986 年版,第 155 页。

人员进修提供方便,为当时全国推行夜间成人教育之始。1946年拥有文、法、理、工、农、师范6学院25系。抗战期间,许多著名学者受聘到校任教,作为大后方的国立四川大学在相对安定的环境中不断发展,成为"全国仅存之完整的最高学府"和"西南培育人才之枢纽"。① 1943年学校由市中心正式迁到望江楼附近。

13. 国立交通大学

1937年交通大学由交通部移交教育部,改称国立交通大学。该校战前即为3部分,上海为本部,此外,还有唐山校(唐山工程学院)和北平校(北平铁道管理学院)。上海本部的3系土木工程、电机工程、机械工程合并为工学院,科学学院改称理学院。1937年,交大总部迁往上海法租界组织私立南洋大学,1940年,重庆小龙坎设交大分校,8月正式成立,设机械、电机两个班。1942年8月,分校扩建为九龙坡的交大本部,增设土木、航空、运输管理3系,将重庆分校改称总校。1943年增设工业管理、财务管理2个系,8月,重庆商船专科学校并入交大,增设造船系及航海、轮机、商船驾驶3个专修科,同年,增设电信研究所,招收大学电机系或物理系毕业生为研究生,授予硕士学位。1945年增设电讯管理系。这时,重庆交大共有9系3个专修科和1个研究所。1946年5月,复员上海,恢复工学院、理学院、管理学院三院制。② "唐山校(唐山工程学院)于1938年1月在湖南湘潭复校。1938年3月,北平校(北平铁道管理学院)暂行并入交通大学唐山工程学院。5月,学校迁往湖南湘乡杨家滩。随后,交通大学唐山工程学院举校再次被迫西迁。

---

① 谢和平主编:《世纪弦歌,百年传响:四川大学校史展》,成都:四川大学出版社2007年版,第104—109页。

② 季啸风主编:《中国高等学校的变迁》,上海:华东师范大学出版社1992年版,第390页。

1939年,学校在贵州平越古城(今福泉市)复课。1942年1月,组建国立交通大学贵州分校,下设唐山工程学院和北平铁道管理学院。1944年11月,日军攻占贵州独山,国立交通大学贵州分校再次迁校到四川璧山办学。1946年8月,国立交通大学贵州分校更名为国立唐山工学院,迁返唐山原址办学。1946年唐山校返唐山复员时改称国立唐山工程学院、北平校返北平复员时改称国立北平铁道管理学院。"[1]

第三节　抗战中所建国立大学的内迁与改革

在中华民国政府颁布的《总动员时督导教育工作办法纲领》和《战时各级教育实施方案纲要》等教育政策的指导下,此一时期的高校国立化有了新的特征,大学整体上在搬迁流转中获得了相对长足的发展,东南部沿海地区高校的内迁,带来了雄厚的师资和先进的经验,带动了一批西南、西北省立高校乘势而起,一大批省立高校纷纷国立。全面抗战时期及战后复员阶段设立的国立大学特别多,战时新设或改为国立的大学有16所,抗战胜利后新设或改为国立的大学有6所。

一、内迁概况

全面抗战时期新设或改为国立大学的有16所,其中省立升格为国立者有7所,分别为国立东北大学、国立湖南大学、国立云南大学、国立广西大学、国立河南大学、国立重庆大学、国立山西大学;私立改

---

[1]《校史沿革》,西南交通大学校史网:http://freshman.swjtu.edu.cn/bksrk/xxgk/xswh.htm,2020年3月15日。

为国立者有 2 所,分别为国立厦门大学和国立复旦大学;新成立 7
所,为国立中正大学、国立贵州大学、国立西北大学、国立西南联合大
学、国立西北联合大学、国立东南联合大学、国立英士大学,其中联合
办学有 3 所,后 5 所大学分别在抗战中和抗战后结束使命。

表 9‒5　抗战中建立的国立大学①

大学名	国立时间(年)	时任校长
国立东北大学	1937.5	臧启芳
国立厦门大学	1937.7	萨本栋
国立湖南大学	1937.7	皮宗石
国立西南联合大学	1938.4	委员会
国立西北联合大学	1938.4	委员会
国立云南大学	1938.7	熊庆来
国立西北大学	1939.8	胡庶华
国立广西大学	1939.8	黄旭初
国立中正大学	1940.10	胡先骕
国立复旦大学	1941.9	钱新之
国立东南联合大学	1942.1	何炳松
国立河南大学	1942.3	刘季洪
国立贵州大学	1942.7	张廷休
国立重庆大学	1942.12	胡庶华
国立山西大学	1943.4	王录勋
国立英士大学	1943.4	许绍棣

① 学校排序按照建校时间。其中国立西南联合大学分两个阶段:长沙临时大学和国立
西南联合大学,合并为一所大学介绍。国立西北联合大学分为两个阶段:西安临时大
学、西北联合大学,合并为一所大学介绍。

二、十六校分述

1. 国立东北大学

东北大学于 1923 年春创建于沈阳，至 1931 年已发展为拥有文、法、理、工、教育五学院的综合型大学。九一八事变后，"抗战中第一所流亡大学"东北大学被迫背井离乡，先后迁徙北平、开封、西安、四川三台等地。一迁北平。学校于 1931 年 11 月在北平复课。二迁西安、开封。1936 年 2 月，该校工学院和补习班因政局变动而迁至西安，成立西安分校。1937 年 1 月，受西安事变影响，南京国民政府委派臧启芳为代校长。省立东北大学迁到开封，5 月，省立改为国立，臧启芳到西安接收西安分校。6 月，开封学生迁来西安，集中办学。三迁川北三台。1938 年 3 月，日军轰炸西安，国立东北大学被迫再度迁校至四川三台，"赁县旧试院和草堂寺及县属联立高中之一部分校舍，工学院迁出并入国立西北工学院，保留文、理、法、商学科"[1]。东北大学在川北三台度过了珍贵的八年时光，当时一批名师齐集国立东北大学，著名学者金毓黻先生筹备成立了"东北史地经济研究室"，1942 年更名为文科研究所，开展研究生教育，研究生毕业给予硕士学位。三台期间编印刊物《东北集刊》《志林》，刊登师生论文。"学术研究欣欣向荣，学生活动蓬勃开展，学校同道两旁一直延伸到大门口的壁报贴满了学生的创作，以宣传抗日，抨击腐朽政治，揭露社会黑暗。"[2]创办"学声""黑土地"等进步学生社团。1946 年，国立东北大学从川北三台返回沈阳复校原校址。

---

[1] 东北大学校史馆：http://dwww.neu.edu.cn/2186/list.htm，2020 年 3 月 20 日。
[2] 东北大学校史馆：http://dwww.neu.edu.cn/2186/list.htm，2020 年 3 月 20 日。

2. 国立厦门大学

1937 年 7 月 1 日，私立厦门大学改为国立厦门大学，7 月 6 日，教育部任命萨本栋为厦大校长。1937 年 9 月，日军袭击厦门，厦门大学被迫暂迁鼓浪屿开课。1937 年 12 月 20 日，厦大正式停课，"24 日开始向长汀进发。历经 20 天，800 里，1938 年 1 月 17 日，学校在长汀复课，在校生数仅 196 人"①，设有文、理、商 3 学院 9 系。1940 年秋创设了机电工程学系，1940 年 10 月，福建大学法学院并入厦门大学。在长汀期间，教授和副教授全力上课。1938 年厦门大学学生救国服务团编辑出版旬刊《唯力》。1939 年旅汀毕业同学会自发组织创办了《厦门通讯》，记录了特定时期厦门大学的办学全貌。厦大参与创办了《汀江日报》，厦门大学教育学会组织了战时教育工作推行委员会，拟订出《战时民众训练课程纲要》，指导民众教育。② 抗战胜利时，厦大已设有文、理、工、法、商 5 个学院 15 个系，在校学生 401 人。③ 抗战期间，培养出 12 名院士。1946 年，学校迁回厦门，在原有院系基础上，增设海洋系、国际贸易系和法律系司法组，并设新生学院于鼓浪屿。

3. 国立湖南大学

1937 年 7 月 7 日，省立湖南大学更名为国立湖南大学。1938 年，侵华日军逼近湖南，轰炸了校园，湖大损失惨重，学校决定迁往湘西辰溪。1939 年 4 月 11 日至 1941 年 10 月 29 日，日军轰炸了辰溪龙头脑等地 22 次，湖南大学辰溪分校受到重创。1941 年文学

① 洪永宏编著：《厦门大学校史（1921—1949）》，厦门：厦门大学出版社 1990 年版，第 171 页。

② 洪永宏编著：《厦门大学校史（1921—1949）》，厦门：厦门大学出版社 1990 年版，第 171 页。

③ 石慧霞：《抗战烽火中的厦门大学》，郑州：河南大学出版社 2015 年版，第 127 页。

院增设法律系,并改院名为文法学院,1942 年创办工科研究所矿冶学部,招收研究生。1943 年,增设水利工程系和外国语言文学系。1945 年,成立法学院;并增设史学系、化学系和矿冶专修科。1944 年,湖大爆发"驱李护校"运动,这是一次自发的、进步学生民主运动。首任校长皮宗石,学校"下设教务、训导、总务三处,教务处下设注册、出版二组及图书馆,训导处下设生活指导、体育卫生、军事管理三组,总务处下设文书、庶务、出纳三组,另设会计室。校长、教务长、训导长、总务长、会计主任、各院系院长、系主任及若干教授代表组成校务委员会,商讨学校重大事项"[①]。另外,还成立专门的委员会,研究和处理专门工作。1945 年复员长沙岳麓山。复校后的国立湖南大学有文、理、农、工、法、商 6 个学院 1 个先修班,商学院于 1946 年 5 月接办国立商学院后成立,国立商学院前身为江苏省立银行专科学校,全面抗战爆发后内迁湖南。[②]

4. 国立西南联合大学

1937 年七七事变后,清华大学与北京大学、南开大学奉命迁至长沙,组建长沙临时大学,设文、理、工、法商 4 个学院,17 个学系,10 月 25 日开学。1938 年 2 月 20 日,约 300 名师生组成的"湘黔滇旅行团"启程,经过 3500 里长途跋涉,"师生于 4 月 28 日到达云南昆明,改称国立西南联合大学(简称西南联大),1938 年 5 月正式开学,联大设有文、法、理、工和师范 5 个学院 26 个系,2 个专修科和 1 个先修班,在校生约 3000 人,是当时国内规模最大的高等学校(之——编者注)。联大不设校长,由北大、清华、南开三校校长和联

---

① 湖南大学校史编委会编:《湖南大学校史:公元 976—2000》,长沙:湖南大学出版社 2003 年版,第 214 页。

② 湖南大学校史编委会编:《湖南大学校史:公元 976—2000》,长沙:湖南大学出版社 2003 年版,第 214—217 页。

大秘书主任组成常务委员会,常委梅贻琦主持校务"①。联大于
1946年5月4日举行结业典礼,7月31日宣布结束,三校迁回原址
复课,师范学院留昆明独立设院,现为云南师范大学。联大师生在
极其艰苦的条件下,发扬三校优良传统,同舟共济,坚持教学和科
研,培养了一大批杰出人才,取得了重大的科研成果。据西南联合
大学北京校友会编《国立西南联合大学校史》称:"9年之中,先后在
联大执教的教授290余人,副教授48人,前后在校生约8000人,毕
业生有3800人。"②

5. 国立西北联合大学

七七事变后,国立北平大学、国立北平师范大学、国立北洋工
学院及河北女子师范学院一部,迁往西安,组成西安临时大学。北
平大学校长徐诵明,北平师范大学校长李蒸,北洋工学院院长李书
田,教育部特派员陈剑翛为常务委员。11月在西安正式开课。先
后到校学生1472人,全校设6院23系。文理学院设国文、历史、外
国语文、数学、物理、化学、生物、地理8系,法商学院设法律、政治
经济、商学3系,教育学院设教育、体育、家政3系,农学院设农学、
林学、农业化学3系,工学院设土木工程、矿冶工程、机械工程、电
机工程、化学工程、纺织工程6系,医学院不分系。1938年3月,西
安临时大学迁至陕西汉中城固。4月,改名为国立西北联合大学,
校址城固,并在古路坝、汉中、沔县设分校。7月,学校的工学院与
东北大学工学院、焦作工学院合并,建立国立西北工学院,校址定
在古路坝。农学院与国立西北农林专科学校合并,在武功建立国

① 吴征镒:《长征日记——由长沙到昆明》,西南联大《除夕副刊》主编:《联大八年》,
　　北京:新星出版社2013年版,第22页。

② 西南联合大学北京校友会编:《国立西南联合大学校史》,北京:北京大学出版社1996
　　年版,第2页。

立西北农学院。教育学院改名为师范学院校址,设在城固,增设国文、英语、史地、理化、博物、数学、公民训育 7 个系和劳作专修科。胡庶华任校长。1939 年 8 月,国立西北联合大学撤销,成立国立西北大学、国立西北师范学院、国立西北工学院、国立西北医学院、国立西北农学院 5 所独立国立院校。

6. 国立云南大学

省立云南大学于 1938 年 7 月 1 日更名为国立云南大学,1937 年,熊庆来出任云南大学校长,长校至 1949 年。熊庆来在接受云南大学校长职务之前向云南省政府主席龙云提出了办好云南大学的条件:"云南大学必由省立大学改为国立大学;云南大学教员的工资水平须提高到国立大学职员的工资水平;校务、行政省政府不加干预;校长有招聘、解聘教员之权;学生入学须经考试录取,不得凭条子介绍。"龙云毫不犹豫地答应了熊庆来教授提出的这些条件。熊庆来接受了龙云的聘请,担任云南大学校长。从此,云南大学揭开快速发展的新篇章。[①] 抗战时期,许多高校纷纷南迁到昆明,如西南联合大学等,许多著名教授、专家、学者亦随学校前来昆明。这时的昆明群英荟萃,云大趁机聘请不少南下的著名教授兼课,如梅贻琦、蒋梦麟、陈省身等都在文理学院授课,如庄圻泰讲"复变数函数",陈省身讲"偏微分方程"。有时联大学生也来旁听,那时还有不少外校学生到云大寄读。1939 年,日军开始空袭昆明市,空袭初期,学校仍然坚持上课,学生一听到空袭警报,就立即四处疏散。由于敌机空袭越来越频繁,学生不能正常上课,学校就把上课时间改在夜晚,白天则让同学自行疏散躲警报。学校对敌机

[①] 孙晓明:《梅贻琦与熊庆来的情谊》,云南大学校史网:http://xsw.ynu.edu.cn/info/1003/1102.htm,2020 年 3 月 20 日。

空袭做了防备,如为了保护会泽院,便用树枝盖在楼顶上,墙壁上涂抹墨绿颜色的涂料,派保卫人员夜夜值班,为使学生空袭时迅速疏散到城外,学校在后面开了一道后门,以便迅速完全地疏散。1941 年 12 月 8 日(夏威夷时间是 7 日),珍珠港事件后,日军更加疯狂侵略我国领土,同时占领了东南亚一些国家。为了控制中国的大后方,日军从云南边城腾冲等进攻。腾冲、龙陵一带失陷,日本侵略军威逼保山,大批华侨从国外投奔祖国,昆明局势吃紧,居民惶恐,会泽院在昆明这座城市显得目标格外大,势必遭到轰炸,因此部分院系迁往滇东北地区。数学系即搬到东川,只留少数师生在校守护校舍。1940 年 10 月 13 日、1941 年 5 月 12 日,学校两次被炸,会泽院东侧楼顶被击穿,至公堂、学生宿舍、澄农馆等多处被炸。抗战期间,学校一边坚持上课,一边也组织学生参加抗战。九一八事变后,学生组织了义勇军,进行军事训练。有的学生奔赴前线,与抗日军民并肩作战,女同学也被组织起来参加救护队,救治伤员。[1] 20 世纪 40 年代,国立云南大学已成为拥有文、法、理、工、农 5 个学院 18 个系的综合性大学。

7. 国立西北大学

1939 年 8 月,西北联合大学一分为五,文理学院和法商学院组建为国立西北大学,胡庶华任校长。西北大学把文理学院分为文学院和理学院,文学院设中国文学系、外国语文学系、历史学系,理学院设数学系、物理系、化学系、生物系、地质地理学系,法商学院设法律系、政治系、经济系、商学系。9 月正式开学,共有学生 851 人。1946 年 5 月,西北大学全部从陕南迁回西安,当年,国立西北医学院并入西北

---

[1] 刘兴育:《炸弹下的课堂》,云南大学校史网:http://xsw.ynu.edu.cn/info/1003/1078.htm,2020 年 3 月 20 日。

大学,更名为国立西北大学医学院,共设 4 院 15 系,文学院增设教育系,理学院将地质地理分为地质系、地理系,法商学院增设边政系,医学院不分系,此时,在校生有 1600 余人。[①]

8. 国立广西大学

"1936 年 6 月,广西省政府决定改组广西大学,由省主席黄旭初兼任校长,将省立师范专科学校并为广西大学的文法学院,省立医学院并为广西大学医学院,初设本部南宁,将理、工两学院并为理工学院,农学院设于梧州。1936 年 10 月,校本部及文法学院迁往桂林。"[②]1938 年理工学院迁至桂林,农学院迁至柳州沙塘,省立广西大学改组完毕,进入了学校发展的桂林时期。改组后的广西大学设有文法、医学、理工、农学 4 个学院 11 个系科,办学规模迅速扩大,成为一所综合性大学。1938 年 2 月,著名法学家、被誉为"法坛巨擘"的白鹏飞出任校长,学校延聘了一批名师,师资力量迅速壮大。学校面向全国招生,并收容了大批战区转学的学生。这一时期,学校相继设立了植物研究所、经济研究所、广西农林实验区和广西农事实验场,科学研究成绩斐然。随着办学规模的扩大,名师大家聚集,战区转学来校就读的学生剧增,理工学院的学生于 1939 年春首先发起了"国立运动",很快得到了文法学院和农学院学生的支持以及社会名流的支持与赞助。在全校师生的推动下,广西省政府报请民国政府教育部,要求将广西大学由省立改为国立。1939 年 8 月,省立广西大学更名为国立广西大学,马君武为校长。马君武校长除续聘原省立广西大学教

---

① 季啸风主编:《中国高等学校的变迁》,上海:华东师范大学出版社 1992 年版,第 1026 页。

②《风雨历程》:广西大学官网:http://www.gxu.edu.cn/info/1014/18792.htm,2020 年 3 月 20 日。

授外，又新聘一批教授，当时，竺可桢、李四光、李达、陈望道、王力、刘仙洲、陈寅恪、盛成、陈焕庸、千家驹、施汝为、卢鹤绂、纪育沣、文圣常等一大批著名教授到校任教，学校师资盛极一时，成为在国内有较大影响的综合性大学。马君武校长去世后，行政院于1940年8月任命雷沛鸿为广西大学校长，雷沛鸿提出："要配合战时之需要，努力培养各种人才，以充实抗战之力量。"1941年，文法学院改为法商学院，商科将会计、银行两专修科合并为会计银行系。1941年，国民党当局因不满进步师生的民主运动，委派高阳任校长，以加强对学校的控制，武装占领学校达一年之久，气氛极度紧张。至1942年底，便由李运华接替了高阳的校长职务。1945年8月，抗战胜利后，学校迁回广西，部分进步学生力主学校迁回梧州，发起了校史上非常著名的"返梧运动"，最终在桂林将军桥和良丰校区重建。

9. 国立中正大学①

1940年10月，国立中正大学在泰和杏岭成立，校名以蒋介石之名命名，是江西第一所国立综合性大学。赣籍学者胡先骕被任命为首任校长，先后设立文、法、理、工、农5个学院，23个系，30多个专业，另设行政管理、师范、税务、土木工程等专修科。中正大学成立后，很快就成为当时国内知名度极高的国立大学。招收全国各地学生。学校初创于战时环境，物质条件很差，却能声誉鹊起，实得益于第一任校长胡先骕和继任校长肖蘧始终坚持"要办一流大学，首先要有一流师资"的正确思路和做法。当国家、民族处于生死存亡之际，学校的民族忧患意识、爱国主义热情就骤然高涨。

---

① 南昌大学网上校史馆：http://xsg. ncu. edu. cn/xshm/1c20993c2e5d41bd90549-bea84316a0b. htm，2020年3月20日。

在日军侵占到赣中腹地时，教授姚显微先生首先义然愤起，发动组织"中正大学抗日战地服务团"，随后学校师生群起响应。胡先骕校长对此坚决支持，并发表《中正大学组织战地服务团之意义》一文。1942 年 6 月 13 日战地服务团成立，姚显微教授任团长，胡先骕校长为名誉团长。1942 年 8 月，学校在赣县龙岭设立分校，名为"国立中正大学龙岭分校"，亦称"赣县分校"。1945 年 11 月，学校开始迁回南昌，以西郊望城岗原国民党军政部营房为校址。1949 年 9 月，"国立中正大学"更名为"国立南昌大学"。

　　10. 国立复旦大学

　　1937 年 8 月 13 日以后，复旦一分为二，校本部先迁庐山，复迁重庆。留沪师生在英租界赁中一信托大楼为临时校址，成立复旦大学补习部，新闻、生物系停办，共设 4 院 11 系，学生 410 人，曾三迁校址，最后至赫德路 574 号上课。1941 年 12 月 8 日，日军进占租界，复旦坚持"三不"原则："不向敌伪注册、不受敌伪津贴、不受敌伪干涉"，在极端困难的条件下，坚持到抗战胜利，当时泸校师生已达 700 余人。内迁重庆之复旦，由钱新之代理校长，在副校长吴南轩的主持下，于 1938 年 2 月择定嘉陵江畔北碚对岸之夏坝为校址，初设文、理、法、商 4 院 16 系，学生 500 余人，是年秋季增加史地、数理、统计 3 系。1940 年夏，吴南轩代理校长，同年秋，增设农学院，下设农艺、园艺两系及垦殖、茶叶两个专修科。至此，在渝复旦，有文、理、法、商、农 5 院 22 系，师生 2000 余人。1941 年秋，复旦大学由私立改为国立，吴南轩为校长。1943 年，章益为校长。抗战胜利后，重庆的国立复旦大学于 1946 年春全部迁回上海江湾旧址，与上海补习部合并，仍称国立复旦大学，章益继续担任校长。增设了合作系和统专、银专、狱专等部分系科，全校共设 5 院 19 系，师生共 3000 余人。①

11. 国立东南联合大学

抗战期间,上海有 20 多所专科以上的学校未迁出,它们在沦陷区处于水深火热之中。1942 年 1 月,国民政府教育部决定将未在内地设立分校的上海 20 多所专科以上学校全部合并,在浙江境内成立国立东南联合大学,由时任暨南大学校长何炳松负责东南联大的筹建工作。8 月下旬,东南联大招收新生 86 名,其中先修班 38 名。连同上海内迁学生 145 名,全校共有学生 231 名。1943 年 6 月 21 日,东南联大的文、理、商三学院和先修班并入暨南大学,法学院和艺术专修科并入国立英士大学,至此,国立东南联合大学结束办学使命,仅存续 1 年 5 个月。

12. 国立河南大学

1937 年 12 月,省立河南大学撤离开封。一迁鸡公山。1938 年 3 月,农学院和医学院首批迁往豫西镇平,文学院、理学院、法学院及校本部迁往鸡公山。二迁豫西镇平。1938 年 10 月,校长王广庆将在鸡公山的文、理、法学院也迁至豫西镇平,以期在镇平安定扩充。此时,河南大学畜牧系与西北农专、西北联大农学院组建国立西北农学院。三迁嵩县、潭头。1939 年 5 月,河南大学迁往嵩县。医学院迁到嵩县城内,校本部及文、理、农三院均到潭头②,在此,河南大学度过了六年相对稳定的宝贵教学时光。1939 年,法学院并入文学院,医学院分前后两部,畜牧系并入国立西北农学院。到潭头后,文学院设文史、教育、经济 3 系,理学院设数理、化学、生物 3 系,农学院设农艺、森

---

① 季啸风主编:《中国高等学校的变迁》,上海:华东师范大学出版社 1992 年版,第 375 页。

② 河南大学校史馆:http://xs.henu.edu.cn/,2020 年 3 月 20 日。

林、园艺3系，医学院仍分2部。1942年3月19日，省立河南大学改为国立河南大学。四迁荆紫关、西安、汉中等地。1944年，日军轰炸了潭头校区，河南大学师生不得不再次流亡，医学院暂迁西安，11月在荆紫关复课。五迁宝鸡。随着战事的推进，"1945年4月，河南大学被迫西迁，暂居宝鸡附近的石羊庙、卧龙寺、姬家殿等地"①，于6月1日复课。在潭头期间，河南大学还创办了多所学校，如七七中学、农民夜校、简易师范等各级各类学校，对不同的人群进行不同的教育，使得潭头穷苦百姓及子女有了入学求知的机会。河南大学大力推广社会教育，利用一切形式宣传科学知识，推广新的生产技术，提高了粮食和棉花等农作物的产量，促进了当地经济的发展。医学院师生以嵩县县城周边地区和潭头为基地，为百姓诊病治病，宣传卫生知识。② 抗战胜利后，河南大学回归开封，接办省立医科专门学校。

13. 国立贵州大学

1940年春，贵州省参议会向国民政府提出设立贵州大学提案，经获准首先成立国立贵州农工学院，"择定贵筑县花溪镇南为院址。3月成立先修班，8月招考农林、农化、农经、土木、矿冶、机电6个系一年级新生"③，12月开学。1942年7月，国立贵州大学成立，"于农工学院外增设文理、法商两学院，分中文、外语、史社、数理、化学、政经、法律等系"④，任命张廷休为国立贵州大学校长。1943年8月，农工学院分为农学院和工学院，"工学院各系二年级以上

---

① 陈宁宁：《抗战烽火中的河南大学》，郑州：河南大学出版社2015年版，第97页。

② 陈宁宁：《抗战烽火中的河南大学》，郑州：河南大学出版社2015年版，第97—98页。

③ 季啸风主编：《中国高等学校的变迁》，上海：华东师范大学出版社1992年版，第968页。

④ 季啸风主编：《中国高等学校的变迁》，上海：华东师范大学出版社1992年版，第968页。

学生全部迁往安顺,将安顺实用职业学校改组为附属工业职业学校"①,同年,法商学院增设工商管理系,土木工程系下设卫生工程组。1944 年 7 月设立文科研究所,工学院机电工程学系增设电机专修科。是年冬,日军逼近黔南,学校"疏散至遵义。1945 年春,学校迁回原址上课,工学院同时迁回花溪"②,当年夏,史社系改为历史系,农林系改为农艺系。1946 年理学院增设地质学系。到 1948 年,学校共有文理、法商、农、工 4 学院 16 系,1 个机电专修科、1 个大学先修班和文科研究所,及 1 所附属工业职业学校。③

14. 国立重庆大学

重庆大学创办于 1929 年,校址最初设在重庆市菜园坝,1933 年迁至重庆市沙坪坝嘉陵江畔,1935 年,被批准为四川省立重庆大学。因全面抗战爆发沦陷区大学陆续内迁,重庆为大后方,许多学者和流亡学生纷纷来到重庆,一时间学校师资队伍得以增强,学生踊跃报考。1938 年 6 月胡庶华辞去校长职务,叶元龙出任校长,新建商学院及下属 3 系,将工学院的电机系分为机械和电机两系,将土木系分为土木和建筑两系。1941 年 7 月叶元龙辞职,当局强制任命蒋介石的秘书梁颖文代理校长,激起师生反对,发生了下令解散重大和逮捕学生的事件。同年 9 月,恢复重庆大学,由张洪沅任校长。1942 年 12 月,更名为国立重庆大学,拥有文、理、工、商、法、医等 6 个学院。周恩来及夫人邓颖超曾于 1938 年和 1946 年两次

① 季啸风主编:《中国高等学校的变迁》,上海:华东师范大学出版社 1992 年版,第968 页。

② 季啸风主编:《中国高等学校的变迁》,上海:华东师范大学出版社 1992 年版,第968 页。

③ 季啸风主编:《中国高等学校的变迁》,上海:华东师范大学出版社 1992 年版,第968 页。

到重庆大学为学生运动作专题演讲，对重庆大学和重庆市的学生运动产生了重要影响。抗战期间，陪都重庆屡遭日机轰炸，在极端条件下，重庆大学师生坚持教学科研活动，在教学上实行导师制，注重开设新课，在科研方面取得远距离电波传送、川产绝缘体、真空制监机等成果，并成功研制首台国产雷达，积极参加抗日救亡爱国民主运动。1945 年抗战胜利时，重庆大学有理、工、商 3 学院 12 系和 2 个专修科，在校生数 1527 人。①

　　15. 国立山西大学②

　　1937 年 8 月，太原战事吃紧，省立山西大学奉命转移，将法学院迁平遥，理工学院迁临汾，文学院迁运城。9 月各学院陆续开课。11 月，日军占领太原，学校停课，师生人员解散，图书仪器档案交由当地政府保管。部分山大师生与毕业生留在山西，参加了牺盟会、决死队、战动总会，投入到轰轰烈烈的抗日救亡运动中。山西大学停办两年后于 1939 年 12 月在陕西省三原县复校，阎锡山任校长，学校设文、法、工 3 个学院。1940 年 3 月，"山西私立川至医学专科学校并入山西大学，改为医学专修科。1940 年 10 月，山西大学师生迁移至陕西省宜川秋林镇虎啸沟。1943 年 1 月迁克难坡，1943 年 4 月，山西大学改省立为国立"③，10 月，又从克难坡迁回虎啸沟，并在克难坡建立工学院分院。此时，山西大学聘请校内外名教授进行演讲，并办有各类刊物与壁报，期刊如《虎啸》等，壁报如《灯塔》《经济学报》《法律学报》《史话》《机电学报》《笔垒》《照明弹》《医报》《正风》等。校内建有各类文娱团体，如晋南剧社、国乐团、国剧

---

① 季啸风主编：《中国高等学校的变迁》，上海：华东师范大学出版社 1992 年版，第889 页。

② 郭贵春、倪生唐编著：《山西大学百年校史》，北京：中华书局 2002 年版，第 68—80 页。

③ 郭贵春、倪生唐编著：《山西大学百年校史》，北京：中华书局 2002 年版，第 68—80 页。

社、晋中剧社、话剧团等。学校多次组织为前方抗日将士捐款的活动,通过丰富的活动对学生进行抗战与校史教育。1946 年 3 月,学校从陕西韩城迁回太原侯家巷,徐士瑚被任命为校长。

16. 国立英士大学

全面抗战爆发后,中国高等院校纷纷内迁,东南地区出现大量的失学青年,"为救济东南战地失学青年,同时为国家作育人才计,为适应国家当前需要计"[1],1938 年 11 月,浙江省政府决定筹建浙江省立战时大学。1939 年 5 月,为纪念陈英士(即陈其美),改称浙江省立英士大学。10 月,浙江省立英士大学正式成立,学校共分 4 处,设农学院、工学院和医学院 3 学院,校本部设于丽水县城省立中学内。学校不设校长,由校务委员会实施管理,并由浙江省教育厅厅长许绍棣兼任主任委员。抗战期间,该校被迫多次迁徙,一迁农学院至松阳,二迁云和,三迁泰顺司前镇,1945 年 11 月转入永嘉。1943 年 4 月,英士大学升格为"国立",成为浙江省第二所国立大学,且是抗战期间浙江省内唯一的国立高校。改为国立后,学校的管理制度由委员制改为校长制,杜佐周任校长。英士大学工学院独立为"国立北洋工学院",并委任陈荩民为代理校长。6 月,东南联合大学法学院与艺术专修科并入英士大学。至抗战胜利前,英士大学有农、工、医、法 4 院,3 个专修科和 1 个先修班,在校生899 人[2],学生遍及浙、皖、苏、赣各省,国立英士大学培养了大批人才,如中科院院士张嗣瀛,中国工程院院士陈清如、刘大钧等。1946 年 3 月迁至金华,1949 年被裁撤并入浙江大学。

抗战结束后,内迁高校纷纷回迁原址复课,有学校从联合办学中

① 蒋径诩:《浙江英士大学概况》,《浙江政治》1940 年第 9 期,第 110—111 页。

② 柳滔:《抗日战争时期的英士大学》,《浙江档案》2018 年第 8 期,第 45—47 页。

独立,有学校从私立变为国立,有学校根据办学环境和教育部办学标准,彻底改变了办学性质。其中1946年成立的国立大学有6所,分别为国立南开大学、国立北洋大学、国立安徽大学、国立兰州大学、国立政治大学和国立长春大学。其中独立学院升格为大学有2所,分别为国立北洋大学和国立兰州大学;省立转国立有1所,为国立安徽大学;新成立有2所,分别为国立政治大学和国立长春大学;私立转国立有1所,为国立南开大学。抗战后建立的国立大学见表9-5。

表9-5 抗战后建立的国立大学

大学名	国立时间(年)	时任校长
国立南开大学	1946	张伯苓
国立北洋大学	1946	李书田
国立安徽大学	1946	陶因
国立兰州大学	1946	辛树帜
国立政治大学	1946	蒋介石
国立长春大学	1946	黄如今

第四节 其他院校的内迁与改革

抗战期间除了国立大学外,根据国民政府教育部的指导意见,独立学院和专科院校也纷纷进行了迁移,各公办院校或独立艰难迁徙,或两两合并重组,或并入大学,在长途跋涉中艰难地于夹缝中谋生存。

一、独立学院与专科学校

1928年,蔡元培在杭州创办了我国第一所高等艺术学府——国

立艺术院,林风眠任院长,先后设立了绘画、雕塑、图案、音乐 4 系,
1931 年改名为国立杭州艺术专科学校。全面抗战爆发后北平艺专始
迁庐山牯岭,南京沦陷后溯江而上,经汉口至湖南沅陵,与杭州艺专
合并,更名国立艺术专科学校,同时将音乐系并入中央音乐学院,由
腾固任校长。1939 年 1 月,国立艺专经贵阳迁抵昆明,借用昆华中学
和昆华小学校舍复校,增设建筑系,一年后将建筑系并入西迁的国立
中山大学,不久又迁呈贡县江安村。1941 年迁四川璧山,1943 年最
后迁至重庆磐溪。① 抗日战争结束后,国立北平艺术专科学校与国
立杭州艺术专科学校分别在原址复校,国立杭州艺术专科学校延用
国立艺术专科学校校名,潘天寿任校长。② 抗战期间,国立艺专组成
了"抗敌宣传车",成立国防剧社、艺专剧社,举行星期戏剧座谈会,以
戏剧为宣传武器,贴出宣传画,演出话剧、街头剧,一方面积极宣传抗
日,另一方面为抗日募集资金,开展抗日救亡工作。

　　国立戏剧专科学校于 1935 年 10 月 18 日在南京创办,原名戏
剧学校,直属国民党中央宣传部,抗战军兴时正巡回公演至长沙,
于是就地开学。1938 年 2 月,迁重庆上清寺,赁民房为校舍。1939
年 4 月,再迁川南江安县。1940 年夏,更名为国立戏剧专科学校,
隶属国民政府教育部高等教育司,下设话剧科、乐剧科和高职科 3
科。话剧科第一、二届是两年制,第三届至第五届是三年制,第六
届至十二届改为五年制。乐剧科和高职科均为三年制,针对国民
统治时期"毕业即失业"的情况,在第二、三学年时设国文、英语、音

---

① 虚室:《抗战以来的国立艺专》,《教育杂志》第 31 卷第 1 号,第 56 页;常云平:《试论抗
　　战时期内迁重庆的高等院校》,《西南师范大学学报(哲社版)》1997 年第 6 期,第 45—
　　50 页。

② 中国人民政治协商会议西南地区文史资料协作会议编著:《抗战时期内迁西南的高等
　　学校》,贵州:贵州民族出版社 1988 年版,第 111 页。

乐舞蹈等课程,以在必要时,可担任中小学语文、英语、音乐、图画等课程的教学。[1] 1945 年 7 月,又奉令迁往重庆北碚。[2] 1949 年后,与其他艺专合并为"中央戏剧学院"。

南京还有几所专科学校内迁西南地区:国立药学专科学校,1937 年 3 月于南京丁家桥中央大学园艺场开始筹建,工程未竣,8 月即迁汉口四维路 86 号,1938 年 2 月再迁重庆,借四川省立教育学校校舍复课,1940 年春,在歌乐山购民田 40 余亩自建校舍。[3] 蒙藏学校,其专修部随中央政治学校先迁牯岭,1937 年 12 月经武汉,历长沙、常德、沅陵到芷江,借荷花池小学复课,1938 年 6 月又经黔入蜀,安顿于重庆巴县界石场。[4] 国立中央工业职业学校,1937 年 11 月迁宜昌,1938 年 1 月又迁万县,随后再迁重庆,同年夏天在沙坪坝石门坎购地 200 余亩复校。[5] 国立牙医专科学校,原附设于中央大学,随中大医学院内迁成都,借华西大学校舍行课。中央国术馆体育专科学校,初迁长沙,改名国术体育专科学校,复经桂林、龙州、河内抵达昆明。1940 年底,又迁重庆北碚。

国立上海医学院,淞沪战役后,因才完成的新院舍地处战线,乃迁回海格路旧舍。1939 年夏,将医科一、二、三年级和药学专科暂留上海,医科四、五、六各级迁往昆明白龙潭,1940 年夏再迁重庆歌乐山。上海师生在 1941 年 12 月太平洋战争爆发后陆续到渝。[6]

<hr />

① 中国人民政治协商会议西南地区文史资料协作会议编著:《抗战时期内迁西南的高等学校》,贵州:贵州民族出版社 1988 年版,第 340—346 页。
②《第二次中国教育年鉴》第 5 编,上海:商务印书馆 1948 年版,第 257 页。
③《第二次中国教育年鉴》第 5 编,上海:商务印书馆 1948 年版,第 258 页。
④《第二次中国教育年鉴》第 5 编,上海:商务印书馆 1948 年版,第 264 页。
⑤《第二次中国教育年鉴》第 5 编,上海:商务印书馆 1948 年版,第 266 页。
⑥《第二次中国教育年鉴》第 5 编,上海:商务印书馆 1948 年版,第 199 页。

国立吴淞商船专科学校,战时房舍、图书、仪器全毁,1939 年夏,内迁师生在渝复校,改名重庆商船专科学校,租江顺轮为临时校舍,后在将被溅澜溪自建校舍。①

　　江苏省立医政学院,原设镇江,1937 年 11 月迁湘西沅陵,与南通医科学院合并,改为江苏医学院,不久迁贵阳,1939 年迁渝,购北碚医院为院址。原设无锡的江苏省立教育学院,1937 年 11 月迁长沙,1938 年 1 月再迁桂林,在七星岩建校舍数十间。1941 年 7 月因经费困难,暂停办,师生相率入川,8 月,教育部以该院师生为基础,成立社会教育学院。② 江苏省立蚕丝专科学校,原设苏州,抗战后西迁,1938 年夏在四川乐山苏溪复校。③

　　国立中正医学院设于南昌,1937 年冬一迁永新,1939 年 1 月再迁昆明城外白龙潭,次年 8 月三迁贵州镇宁,1941 年 8 月,四返江西永新,1944 年夏长沙失守,赣西告急,五迁赣南塘江圩。同年冬,敌军进犯赣南,不得已六迁福建长汀。④ 江西还有几所公办专科学校,主要在本省境内移动。江西省立工业专科学校,原设南昌书院街,全面抗战爆发后,其土木及应用化学两专业迁南昌附近黄诚寺,高级机械科迁萍乡安源,1938 年举校迁赣县,次年再迁于都上营村。⑤ 江西省立医学专科学校,1937 年冬由南昌疏散至赣西新余,1938 年 7 月再迁赣县,1939 年 6 月因躲避轰炸移往赣南南康,1940 年 12 月又返回赣县,1945 年 1 月又迁云都,因当地盗匪猖

①《第二次中国教育年鉴》第 5 编,上海:商务印书馆 1948 年版,第 261 页。

②《第二次中国教育年鉴》第 5 编,上海:商务印书馆 1948 年版,第 215 页。

③《第二次中国教育年鉴》第 5 编,上海:商务印书馆 1948 年版,第 273—274 页。

④《第二次中国教育年鉴》第 5 编,上海:商务印书馆 1948 年版,第 202 页。

⑤《第二次中国教育年鉴》第 5 编,上海:商务印书馆 1948 年版,第 275 页。

獗,3 月再移宁都。① 江西省立兽医专科学校,系 1938 年 11 月由原江西兽医人员养成所和专修科改建,设于南昌。1939 年 3 月迁吉安,1945 年 1 月迁泰和,再迁赣南吉水白沙。② 江西省立体育专科学校,前身为设于南昌介石公园之体育师范班,1937 年 8 月因躲警报而迁至距城 30 华里的莲塘,九江失陷后迁吉安横江渡,1940 年秋再迁泰和,1942 年秋更名为江西省立体育专科学校,1944 年敌逼永新时还一度避往永丰及附近六都王村。③

　　华南方面,广州省立勷勤商学院,1938 年广州沦陷前夕初迁广西融县,后又在粤南遂溪、信宜辗转流离。④ 广州省立教育学院,1937 年 10 月迁广西梧州,次迁藤县。1939 年 8 月又迁回粤北乳源侯公渡。同年冬粤北第一次会战,乃四迁连县东陂。1942 年春五迁曲江仁和。1944 年夏,敌军发动豫湘桂战役,重返连县东陂,随后七迁粤西罗定。⑤ 被时任教育部部长陈立夫断为是抗战中迁校次数最多的高校的广州省立文理学院,1938 年 10 月迁广西梧州,旋因该地空袭频仍,再迁桂东南之藤县。嗣后西江吃紧,又迁桂北融县。1939 年 8 月回迁粤北乳源侯公渡,其后五迁连县东陂,六迁曲江仁和,1944 年夏再回连县东陂,并八迁粤西罗定。⑥ 南宁的广西军医学校 1939 年 4 月改称广西医药专科学校,11 月改为广西省立医学院,于 1938 年一迁桂西田阳,1940 年

---

① 《第二次中国教育年鉴》第 5 编,上海:商务印书馆 1948 年版,第 275 页。

② 《第二次中国教育年鉴》第 5 编,上海:商务印书馆 1948 年版,第 277—278 页。

③ 《第二次中国教育年鉴》第 5 编,上海:商务印书馆 1948 年版,第 278—279 页。

④ 《第二次中国教育年鉴》第 5 编,上海:商务印书馆 1948 年版,第 225 页。

⑤ 《第二次中国教育年鉴》第 5 编,上海:商务印书馆 1948 年版,第 226 页。

⑥ 林砺儒:《抗战以来的广东省立文理学院》,《教育杂志》1941 年第 30 卷第 1 号,第 49 页。

二迁桂林，1944 年夏分路三迁桂东昭平、贺县、融县和桂北三江。[1]

1941 年 12 月太平洋战争爆发，日军进驻租界，原先偏安于租界的各校不得不相继内迁。因公办院校大部分已西迁，这一时间段涉及的内迁学校主要是私立院校，在此不作赘述。

随着战事的推进，在 1944 年 4 月至 12 月豫湘桂战役中，豫湘桂三省的大部分和粤闽鄂等省的部分地区相继沦陷，又引发高校往陕西、四川、黔北再迁。其中部分规模较小的内迁院校因为经费的匮乏，几度迁徙，难以安身。

二、内迁院校的演化

抗战期间，内迁院校不光发展自身，还根据西北西南地区实际情况，帮助各地新建学校，在此，将内迁院校师生所办的院校，也一并归入内迁院校之列。如，平民教育会于 1930 年成立的"乡村建设育才院"，在抗战中，于四川巴县歇马场升格为独立学院，称为乡村建设学院。内迁至四川的江苏省立教育学院在 1941 年 8 月，协助当地成立了社会教育学院。[2] 这类院校有 40 余所（含私立）。

抗战时期大学西迁对中华民族的发展有着深远的战略影响。国立北京大学校长蒋梦麟在《西潮》中这样说道：

> 学术机构由沿海迁到内地，对中国内地的发展未来有很大的影响，大群知识分子来到内地各城市以后，对内地人民的观念思想自然发生潜移默化的作用。在另一方面，一向生活

---

[1]《第二次中国教育年鉴》第 5 编，上海：商务印书馆 1948 年版，第 227 页。

[2] 侯德础、张勤：《高校内迁与战时西南的科技文化事业》，《抗日战争研究》1998 年第 2期，第 102—118 页。

在沿海的教员和学生,对国家的了解原来只限于居住的地域,现在也有机会亲自接触内地的实际情况,使他们对于幅员辽阔的整个国家的情形有了较真切的了解……大学迁移内地,加上公私营工业和熟练工人、工程师、专家和经理人员的内移,的确有着划时代的意义。在战后的一段时间里,西方影响一向无法到达的内地省份,经过这一次民族的大迁徙,未来开发的机会已远较以前为佳。①

---

① 蒋梦麟:《西潮》,香港:世界书局 1971 年版,第 234—235 页。转引自陈平原:《抗战烽火中的中国大学》,北京:北京大学出版社 2015 年版,第 63 页。

第十章　战时私立大学的内迁与改革

　　全面抗日战争爆发后，我国高等教育快速发展的进程被打断。占据中国高校半壁江山的私立大学，同公办高校一样面临严重的生存危机。由于办学经费匮乏，国人自办私立高校的境遇更加惨烈。教会大学因其与西方基督教组织的密切联系，战时的发展处境相对较好。

　　抗战期间，为求得生存与发展，部分国人自办的私立高校，如厦门大学、复旦大学、南开大学、大夏大学、武昌中华大学、光华大学、中国大学等纷纷申请改为国立，然而仅有个别学校成功。七七事变爆发前夕，已成功申改为国立大学的厦门大学，在校长萨本栋的带领下，历尽艰辛、搬迁闽西，得以在山城古镇长汀继续办学。在战时艰苦的办学条件下，萨本栋校长呕心沥血，尽心擘画，竭力克服教学设施设备短缺的困难，较快地恢复了正常教学秩序；多方招揽名师，壮大师资队伍；调整院系设置，提升办学实力；完善内部治理，提升工作效率；发扬勤俭作风，与师生携手攻克战时困苦。萨本栋校长多措并举的改革使得学校实力大大提升，"名震一时，载誉海内外"。全面抗战爆发之初，私立复旦大学、大夏大学、大同大学、光华大学曾组成联合大学迁移内地，因经费问题大同大学、光华大学先后退出联大。复旦大学、大夏大学虽作为联大一部、二部主体，先后西迁，但由于战乱未能合校，联大随后解体。最终，复旦大学经庐山辗转至重庆复课，大夏大学迁至贵州贵阳。迁校耗费了巨大的财力，致使内迁私立高校面临严峻的生存危机。复旦、大夏内迁不久即开始谋求改为国立。复旦大学于1942年获得教育部批准，改为国立后的复旦大学脱离经济窘境，在北碚夏坝励精图治，延揽名师、专注教学与科研，发展势头渐好。而大夏大学则因保留校名等问题多次发生"国立化"风波，最终未能改成国立大学。大夏大学虽因经费问题几经波折，但在以国民党元老王伯群为首的校方当局多方奔走求助下，勉强渡过了每次危机，学校的发展渐趋稳定，学院系科、学生规模都有所发展。我国私立高校大量聚集在华北、华东和东南地区，这些高校绝大部分选择了内迁，尽管条件异常艰苦，物资和经费匮乏，但它们都克服重重困难、奋力谋求生存与发展，为战时高等教育的发展做出了积极贡献。

教会大学与欧美基督教国家的密切联系使其在战争来临时可以寻求西方国家的庇护，然而，这既是其幸运，亦是其不幸。全面抗战爆发之后，位于中东部地区的许多教会大学选择了内迁，如金陵大学、金陵女子文理学院、华中大学、齐鲁大学等，位于北京、天津、上海、广州的部分私立高校，如燕京大学、辅仁大学、天津工商学院、圣约翰大学、沪江大学、岭南大学等，企图通过寻求治外法权的庇护坚持留守办学，没有及时内迁造成极大被动，尤其是1941年珍珠港事件爆发之后有的大学不得不仓促迁校。战时的教会大学，基于基督教会的纽带关系，多采用联合协作的方式共克时艰、坚持办学，华西坝教会五大学联合办学的图景即是其生动写照。战时教会大学保存了我国高等教育的优质资源，特别是在公立高校绝大部分迁至大后方的情况下，留守的教会大学为沦陷区青年提供了宝贵的学习机会。教会大学一向重视女子教育和医学教育,战争的特殊环境促进了女子教育和医学教育的发展,而教会大学广泛开展的社会服务工作也为抗战提供了重要支援。

第一节　国人自办私立高校的变革与发展

鸦片战争以后,我国门户洞开,西方列强接踵而至,民族深陷危机。国人努力探索各种御侮强国之道,近代新式教育逐渐兴起。清末新政的实施催生了我国第一批新式私立高等学堂。中华民国成立以后,北洋政府颁布了一系列关于高等学校的法令法规,创办私立大学得到法律认可。民族资本主义的发展促使民间兴起了创办私立高等学校的浪潮。南京国民政府对私立高等学校进行进一步整顿,"尤其是将教会大学正式纳入国家教育行政体系",私立高等学校发展由此进入规范、快速发展时期。截止到 1936 年,全国有私立大学 20 所,私立独立学院 22 所,私立专科学校 11 所,私立高等院校计 53 所。[1] 1937 年 7 月,全面抗战爆发后,日军蓄意破坏我国文化教育机构,高等院校损失惨重,当年全国的私立高等院校比 1936 年减少了 6 所。[2]

七七事变爆发伊始,国民政府对战争严峻形势估计不足,是战是和举棋不定,华北地区多所高校遭到残酷轰炸,师生伤亡、校产损毁惨重,整体局势陷入被动。8 月平津地区陷落以后,国民政府正式宣布抗战,教育部迅速对战时各级教育进行了调整和安排。

---

① 熊明安:《中华民国教育史》,重庆:重庆出版社 1990 年版,第 371—372 页。
② 周楠、李永芳:《民国时期私立高等学校述论》,《安徽大学学报》2008 年第 5 期,第 116 页。

大部分私立高校响应政策要求,纷纷开始向大后方转移。然而,由于国民政府对于公立、私立高校内迁资助的差异性政策,使得部分学校迁移未果①,部分私立大学因为战时经费短缺等问题申请改为国立大学。相较于公立大学有政府资金的支持、教会大学有国际基督教组织的援助,国人自办私立大学则陷入孤立无援的境地,生存面临严峻挑战。尽管如此,国人自办私立大学以艰苦卓绝的奋斗意志和不服输的抗争精神在恶劣的战时环境中求得了生存与发展。

一、私立申改国立,奋力谋求生存与发展

办学经费是大学赖以生存、发展的基本保障,对于私立大学尤是如此。民国时期,国人自办大学的教育经费主要依靠学生学费、个人投资和社会捐赠。抗战期间,国人家破人亡、流离失所,财产损失惨重,私立大学的经费来源几乎断绝,国家对于私立大学的资助则是杯水车薪。为求得生存,不少私立大学先后向国民政府递交了改为国立大学的申请。早在 1927 年,同济大学即改为国立大学。全面抗战爆发前后,厦门大学、复旦大学、南开大学先后成功改为国立大学,大夏大学、武昌中华大学、光华大学、中国大学等私立大学也曾递交改国立申请,但因种种原因而未被批准。

（一）厦门大学申改国立,搬迁闽西

私立厦门大学由爱国华侨商人陈嘉庚创办于 1921 年,成立以后其办学经费基本依靠陈嘉庚的资助。然而 1924 年、1927 年爆发的两次学潮给厦大发展造成了很大冲击,不少师生出走,内部矛盾

---

① 韩戌:《抗日时期的国民政府教育部与上海留守高校》,《抗日战争研究》2018 年第 2 期,第 30 页。

频发。1929 年开始,陈氏家族的生意受到经济危机的影响,能给予厦大的捐赠越来越少,厦大陷入经济困境。1937 年七七事变爆发前夕,陈嘉庚的企业被迫收盘,对于厦大他深感遗憾,"厦集二校虽可维持现状,然无进展希望,而诸项添置亦付缺如,未免误及青年。若政府肯接受厦大,余得专力集美,岂不两俱有益"。于是他写信给教育部和福建省政府,提出自愿无条件将厦门大学改为国立。很快,国民政府教育部批复同意,并任命萨本栋为校长接收学校。

萨本栋(1902—1949),字亚栋,福建闽侯人,蒙古族。先前毕业于北京清华学校,后赴美修习机电工程和物理学,获斯坦福大学工学学位和麻省理工学院理学博士学位。1928 年载誉回国,应叶企孙邀请在清华大学物理系任教。原本计划在专业领域深入开展教学、科学研究工作的萨本栋,在被委任厦门大学校长时,叹于陈嘉庚先生毁家兴学、无私奉献的精神,出于对家乡福建的挂怀和对祖国教育事业的关心,毅然接受委任。

1937 年 7 月 6 日,萨本栋受命出任厦门大学校长,翌日卢沟桥事变爆发。民族危急关头,萨本栋尽快整装南下,接收厦门大学的校务、校产。8 月 13 日淞沪战争爆发,东南沿海地区面临日军炮火威胁。9 月初日军的军舰就开始炮击厦门。形势危急,萨本栋校长组织将图书资料、仪器设备等迅速装箱,以防万一。为保全校师生安全,他果断决定将厦大暂时迁往鼓浪屿,在闽南职业学校和华英中学借得部分场地和校舍,维持短时的教学活动。10 月,经与政府有关方面商定,萨本栋校长决定组织厦大内迁闽粤赣交界处的山城长汀。12 月 20 日,全校停课,在他的精心筹划和指挥下,开始有步骤、有秩序、分批次地搬迁。由于前期准备充分、师生上下齐心协力,不足一月厦大搬迁任务便顺利完成。

长汀地处偏僻山区,条件简陋、环境艰苦。萨本栋校长即是在此开始了他与国立厦门大学休戚与共、风雨同舟的八年不解之缘。迁校之初，无校舍、无经费、无充分师资，百事待举。① 萨校长迎难而上、精心擘画，在长汀竭力克服教学设施设备短缺困难、保证基本教学，延聘知名教授、扩充师资队伍，调整院系设置、增强办学实力，完善治理体系、提升工作效率，发扬勤俭作风、同师生患难与共。

　　首先是添置教学设施，恢复正常教学秩序。初到长汀，最迫切需要完善的是基础教学设施。萨校长将当地政府分拨资助的公共房屋进行修缮调整，并尽可能多地向群众租借房屋场地：租用长汀饭店和附近民房为教职员宿舍；借用专员公署，修整文庙祠堂为图书馆、实验室；在北山之麓等处建设新校舍，挖修防空洞，满足了战时教学工作所需基本条件。② 由于迁校之前准备充分，厦大的图书资料保存较为完备，但由于抗战时期社会动荡又地处偏僻山区，最新的书刊杂志难以供应，萨校长设法从英、法、美等地订购书刊，"各种设备，凡最低限度之必需者，皆足敷应用名，尤以120余种之西方杂志，始终能源源寄到，供诸位师生参考浏览，此恐为内地任何大学所不及"③。当时的长汀还无电灯，晚上一片漆黑，光晕如豆的青油灯完全无法满足广大师生工作、学习的需要。萨校长凭借自己电机工程的专业知识，因陋就简，和学校的工科助教、仪器管理员一起将学校分配给他的专用小汽车上的发动机拆下，改装成照明发动机，并指挥铺设电路、安装电灯，为全校提供了照明用电。如此这般，教学设施逐步添置，全校教学秩序恢复正常。

---

① 孙敦恒：《萨本栋与抗战时期的厦门大学》，《抗日战争研究》1993年第7期，第137页。
② 朱水涌：《厦大往事》，厦门：厦门大学出版社2011年版，第119页。
③ 许乔榛、林鸿禧编：《萨本栋文集》，厦门：厦门大学出版社1995年版，第244页。

其次是多方招揽名师,壮大师资队伍。迁汀之后,由于地处偏僻,发展落后,加上教师的待遇低,师资匮乏成为厦大的一大难题。萨本栋校长为此煞费苦心,"从他到厦大的第一天起,就想方设法延聘名师来校执教以充实教师队伍"①。他曾致信南开大学校长张伯苓请其协助充实师资,多次向自己的老师、同学和朋友求援,亲自拜访知名学者教授。抗战时期被其延聘的教授有李宗池、刘汝强、肖传信、黄开禄、傅鹰、卢嘉锡、朱家忻、高梦能、叶明升、黄文炜、张煦、杜佐周、谢玉铭、汪德耀、李笠、王敬立、陈德恒、林镕、李琼池、施蛰存、吴士栋、冯定璋、朱宝训、谷霁光等几十人。这批学者、教授使得厦大的教学质量在抗战的艰苦岁月里有了保障,对学校规模的扩大和教育事业的发展起到推动作用。

再次是调整院系设置,提升办学实力。长汀期间,为满足国家抗战和自身发展需要,厦大增设、扩充或撤销了一些院系,系科设置逐渐合理。1937 年改国立大学之初,法律系奉命撤销,后法商学院改为商学院,下设经济、商业二系。为满足战时国家对土木建筑、机械、电机、航空等方面人才的需要,萨本栋校长四处奔波,先后于 1937 年创办土木工程系,归属理学院。1940 年增办机电工程系,将理学院扩充为理工学院。1944 年筹办航空工程系、水产研究室(由理工学院院长汪德耀负责筹办)。1940 年夏,福建大学法学院并入厦门大学。1941 年厦大 20 周年校庆时,学校已下设四学院,分别为文学院、理工学院、商学院、法学院,合计 13个系。私立厦大时期以文、理两科为主,战时厦大增加工、商两科后,学科设置日臻完善,综合实力不断提升。

---

① 孙敦恒:《萨本栋与抗战时期的厦门大学》,《抗日战争研究》1993 年第 7 期,第141 页。

还包括完善内部治理，提升工作效率。接管厦门大学以后，萨本栋校长依照《大学组织法》对校内行政管理体系进行了调整，校长之下设教务长、训导长、总务长，原决策机构校董会被撤销，代之以校务会议制度。萨校长效仿母校清华大学，推行"教授治校"，学校的许多常设委员会，如招生委员会、奖学金及免费生审查委员会、保管款审核委员会、战区学生贷金委员会、校舍建筑委员会、日用品委员会、集会典礼委员会、学生用书划购委员会等等，委员都是从教职员中评定。为确保学校各项事务能及时有效落实，部门办事能够通力合作、有章可循，萨校长组织制定了《国立厦门大学章程》《国立厦门大学教务通则》《国立厦门大学训导纲要》等一系列规章制度，并以身示范，带头严格执行。萨校长改革后的厦大，决策注重发扬民主，行政机构得以精简、工作效率得以提升，内部治理日渐规范。

同时又力倡勤俭，共克时艰。抗战时期，物价飞涨，教师待遇实则骤降，许多学生交不起学费，学校办学经费难以及时足额到账，全校师生的生活较为困苦。萨校长倡导师生发扬勤俭朴素的作风，勉励学生"自奉应节约，工作应紧张，但不可伤及营养或害及卫生"，并为贫寒学生四处筹谋，"萨校长对于大时代的儿女，那些穷苦的学生，除了维持过去巨额的公费补助外，还无时无刻不在设法取得更多的外助和同情"①。在国家经费未按时下拨、教师工资不能及时发放的情况下，萨校长决定按薪金数量分成给教职员预支薪水，教授和职员们至少可按六成支取，但要求"校长薪俸按三成五支取"。萨校长身先士卒，克己奉公。在他的带领下，厦大师

---

① 《厦大通讯》卷 2 第 3、4 期，1940 年 4 月 20 日。转引自孙敦恒：《萨本栋与抗战时期的厦门大学》，《抗日战争研究》1993 年第 7 期，第 138 页。

生安于困苦,团结奋斗,共赴时艰,专注教学和科研,学术氛围十分浓烈。

在萨本栋校长的苦心经营下,厦门大学学科完备,师资力量雄厚,学生学业成绩不断提高,毕业生得到各界好评,学校总体实力大大提升。作为抗战时期我国东南地区唯一高等学府,"名震一时,载誉海内外",被美国地质地理学家葛德石氏称为"加尔各答以东之第一大学"①。

(二)复旦、大夏的合离与发展

1937 年八一三事变爆发以后,教育部指令上海高校"于其辖境内或辖境外比较安全之地区,择定若干原有学校,即速尽量扩充或布置简单临时校舍"。部分高校申请内迁,部分则搬入西方租界内。1937 年 9 月,复旦大学、大夏大学、大同大学、光华大学四所私立大学联合呈请教育部,希望组成联合大学迁移内地,教育部批准迁移。后由于迁移经费问题,大同大学、光华大学相继退出联大。复旦大学和大夏大学遂遵教育部令组成复旦大夏第一联合大学内迁。联大一部以复旦大学为主体,迁往江西庐山,联大二部以大夏大学为主体,前往贵州贵阳。11 月,联大一部借庐山牯岭部分场地复课。12 月首都南京沦陷,庐山告急,联大一部决定溯江西上经重庆赴贵阳与联大二部合并。12 月底抵达重庆时,闻悉贵阳校舍无着落,校方决定留渝办学,随后联大一部"在重庆北碚选定永久校址,征地建校,拓荒创业"。1938 年 2 月,联合大学在贵阳召开联席会议,鉴于两部异地办学,虽有联大之名,实为各自独立的学校,决定解体联大、恢复迁校之前原有校名——重庆部复名复旦大学,贵

_____

① 《厦大通讯》卷 6 第 3 期,1944 年 3 月 31 日。转引自孙敦恒:《萨本栋与抗战时期的厦门大学》,《抗日战争研究》1993 年第 7 期,第 145 页。

阳部复名大夏大学。

1938 年春,因种种原因未能西迁、滞留上海的复旦师生多次向老校长李登辉求助,希望能够复课学习。在校友帮助下,李登辉校长与留沪教师租借英国租界场地成功复课,并于 3 月以"复旦大学沪校"向教育部呈文备案。后吴南轩赴沪,经商议将复旦大学沪校改称"复旦大学上海补习部"。1939 年 9 月,大夏大学少量在沪不能随迁的师生也于上海静安寺路(今南京西路)重华新村设立大夏大学沪校。

初迁重庆北碚的私立复旦大学,立足夏坝复校。然而由于迁校运动耗费了大量资金,随校迁徙的学生也几乎无力承担学费,新建校舍、教师薪资、学生生活补助及日常教学都需要大笔经费,学校经济陷入窘境。尽管校方领导层四处奔走求援,终也无济于事。为免学校走向绝境,1938 年 4 月起,渝校副校长吴南轩、校董于右任等人多次商议谋求复旦改为国立,但因沪校李登辉校长、校董等人顾忌改国立后发展受到制约,而后政府补助金又增加至 15 万元,改国立之事便暂且搁置。不久,法币贬值、物价飞涨,复旦改国立之事再起。1941 年 11 月底,渝校校董商议同意申请改为国立,后获教育部批准。1942 年 1 月起私立复旦大学正式改为国立。改为国立后的复旦大学脱离经济窘境,延揽名师,专注教学与科研,发展势头渐好。在吴南轩(1942 年 1 月至 1943 年 1 月在任)、章益(1943 年 2 月至 1949 年 5 月在任)两任校长的领导下,复旦的院系由 1937 年迁校前文、理、法、商 4 个学院 17 个系科发展成 1946 年东返时文、理、农、法、商 5 个学院 27 个系科[1],学校规模有所扩大,办学水平亦有所提升。

1942 年复旦改为国立以后,沪校复旦大学上海补习部因战争

[1] 李能芳:《抗日时期复旦大学办学研究》,西南大学硕士论文,2010 年,第 15 页。

形势恶劣一度停办，不久又得以复课。在李登辉校长的领导下，复旦坚持"不向敌伪注册、不受敌伪津贴、不受敌伪干涉"的"三不"原则，艰难办学，直至抗战胜利。[①] 汪伪政权曾试图将留沪的大夏大学、光华大学、圣约翰大学和复旦大学组成私立联合大学，复旦大学依照"三不"原则表示坚决抵制，"内部组织行政深愿不受干涉"，"倘不获当局谅解，无殊完全令其停办"，其他大学亦联合抵制，最终汪伪私立联合大学设想不了了之。

大夏大学最初是由出走厦门大学的部分师生于1924年，在国民党元老王伯群的资助下在上海创办的。大夏大学，意指光大华夏，并有源出厦大之意。王伯群利用其深厚的政治关系和社会关系，邀请多名政商界人士组成大夏大学董事会，并由自己担任校董会会长。在王伯群的支持下，大夏大学发展迅速，影响日巨，被誉为"东方哥伦比亚大学"。

淞沪战争爆发后，大夏大学主体作为复旦大夏联合大学二部迁往贵州贵阳。至贵阳以后，大夏大学面临同复旦大学一样的窘境——经济困难与日俱增，校内申改国立之意渐起。1939年1月，大夏大学正式向教育部递交申请，希望在保留校名的基础上改为国立大学。全面抗战爆发后，因经费短缺，许多私立、省立大学申请改国立，掀起抗战后高校申改国立的小高潮。教育部对大夏大学的申请未给予及时回复。鉴于贵州省政府呈请设立国立贵州大学，出于对全国教育通盘规划的考量，3月份教育部部长陈立夫以大夏大学更名国立贵州大学为条件同意改立申请。"私立大学创办筚路蓝缕，至为艰难，对师生而言，校名不仅是简单的

---

① 复旦大学校史编写组编：《复旦大学志》第1卷，上海：复旦大学出版社1985年版，第157—158页。

名号,更代表着品牌、传承与学统,维系着万千校友的情感,师生普遍对'名'非常重视"①,大夏师生和校友听闻此消息,完全无法接受更名条件,表示强烈抗议。6月,大夏重提改国立事宜,并就校名做出妥协,贵州和上海两部都改国立但保留校名,或贵州部分改国立、上海部分维持私立且由教育部资助开办经费。这次改国立申请因陈立夫未兑现对上海分校师生的资助再次流产。1940年6月,经济危机迫使大夏校方放弃所有条件,由王伯群校长再次致函陈立夫改为国立,而陈立夫予以坚决拒绝。1942年,大夏校方动用军政部部长何应钦等人的力量,经由行政院会议直接提交"拟私立大夏大学改为国立贵州大学整顿办法请核实由"案,行政院通过提案,要求以大夏大学为基础,并入贵州工学院,改成拥有文学、理学、法学、商学、农学、工学6院至为完备的国立贵州大学。然而,大夏的师生、部分校董校友闻讯之后并不买账,各地校友对更名之事亦坚决抵制。王伯群校长不得不安抚师生和校友,并再次动用政治力量与政府当局进行协商。最后大夏大学得以保留私立身份,并获得每年72万余元的经费补助。大夏大学改国立风波就此结束。

　　大夏大学虽因经费问题几经波折,但在校方当局的多方奔走求助下,多次渡过了危机。学校的发展趋于稳定,学院系科、学生规模都有所发展。沦陷区内的沪校师生尽管处在日敌的威胁之下,但仍能"不读日文,与南京伪政权无丝毫瓜葛"②,在恶劣的环境中保持独立。

---

① 韩戍:《抗战时期的部校之争与政学关系——以私立大夏大学改国立风波为中心的研究》,《近代史研究》2016年第1期,第128页。

② 张德龙主编:《大夏大学建校七十周年纪念》,上海:大夏大学校友会1994年印,第51页。

1944 年 11 月,随着战火的蔓延,日军逼近贵州,贵阳危急。大夏大学不得不组织二次迁移,尚卧病在床的王伯群校长惊闻敌军临近,不顾病体,"一面安排提前考试放假,一面打算将大夏迁到川黔边境的赤水",然而心力交瘁,于 12 月病故。为维持学校大局,校董会推欧元怀为校长主持迁校赤水。迁校车辆计十余辆,取道茅台,历时 3 个月终抵赤水。大夏得到赤水各界人士的支持,以文昌宫大庙为校本部,借赤水中学、博文中学等校部分场地作为校舍,短暂休整之后便正式上课。

经过抗战期间的惨淡经营,私立大夏大学院系几经调整,招生规模不断扩大,至 1946 年回迁上海前,拥有文学院、理学院、商学院和法学院 4 个学院计 11 个学系。

二、内迁或留守,民族危亡下的艰难抉择

除了以上几所谋求改制国立的私立高校,沿海及其他地区的国人自办私立高校在日军轰炸、民族危亡的形势下,同样面临是内迁或是留守的艰难选择。选址内迁则举校流离,长途迁徙、师生困顿、校产受损,或未能免敌机的轰炸;留守则会处在敌军炮火的直接威胁之下,面临被日军干涉、随时被停办的危机。尽管各地区战争形势不一,各地私立高校均再三思量,如何才能做出相对有利的选择。

(一)华北地区的私立高校

平津地区为私立高等学校集中地之一。卢沟桥事变爆发前夕,北平的私立高校有中国学院(后改名为中国大学)、北平民国学院、朝阳学院、法政大学、中法大学、平民大学、东方大学、孔教大学、畿辅大学、文化大学、北平戏曲专科学校等 10 余所,天津最知名的私立大学即为张伯苓主政的南开大学。日本侵

华炮火骤起，平津地区的高校损毁最为严重，因而绝大多数高校选择西迁，向湖南、四川、重庆等地转移。较为知名的学校如蔡元培曾任校长的民国学院迁往湖南乡宁，有"司法界的保姆"之称的朝阳大学，几经辗转先后迁往湖南长沙、四川成都和重庆。①

中国学院、中法大学留守在北平。中法大学在日军占领区坚守爱国立场，不屈从日方、不用日文、不挂日本国旗，苦苦支撑，于1939年被日伪勒令停办。中国学院校长何其巩最初拟将学校迁至泰安，后因战事变化未果。南京国民政府令其继续在北平办学以"尽量收容东北青年，免入歧途"。中国学院初名"国民大学"，是由孙中山、宋教仁等爱国先贤于1912年创办，办学模式效仿日本早稻田大学，旨在培养"模范国民"。私立大学办学最棘手的就是经费问题，在战时的沦陷区办学，政府资助难以到达，财政困境雪上加霜。何其巩校长为此多方筹措，在校内带领师生厉行节俭，向各处银行借款借贷，同时组织校友募捐，宁可忍饥挨冻，也不接受日伪政府的资助。北平沦陷之初，日伪即想接管中国学院。何其巩为免学校解散、停办遭遇，坚持"中国人办中国大学的原则"，不接受奴化教育，以其"复杂的社会关系和高超的政治手腕，纵横捭阖，与敌伪周旋"②，全面抗战八年间维系了学校办学的独立性，实为不易。何其巩领导下的中国学院是国人自办大学在沦陷区成功独立办学的典型。沦陷期间，何其巩校长延聘了大批来自平津被迫停办高校且"坚持民族气节、不为敌用、不与日伪合作"的爱国学者来

---

① 熊先觉、徐葵主编：《法学摇篮朝阳大学》，北京：北京燕山出版社1997年版，第14页。

② 陈瑜：《中国大学研究（1912—1949）》，北京大学硕士论文，2013年，第29页。

中国大学任教，并扩充班级、增加学生名额，不断收容来自沦陷地区的失学青年。尽管经济拮据，中国学院的校务并没有停滞，在何校长多方募捐、艰苦经营下，购置用具、充实图书、修整校园、增建宿舍等一一进行。学校的学科建制也进一步充实调整——在文、法学院基础上增加了工学院。燕京大学国学系主任于力在其杂文《人鬼杂居的北平》中曾提到，"城内另一个私立大学，是中国学院。经过校长何其巩氏努力整顿的结果，学校地位，蒸蒸日上了"。鉴于学院建制已符合教育部对大学的设置要求，1943 年 5 月，中国大学校董会议决"恢复中国大学体制"并呈请国民政府备案。抗战期间，中国大学师生上下一心，坚持民族气节，与日伪不断斗争，并积极推进学校事业发展，为国家在华北沦陷区保存了高等教育有生力量。

（二）华东地区的私立高校

上海地区的私立高校最为密集，全面抗战爆发前有复旦大学、大夏大学、光华大学、大同大学、持志学院、上海法学院、上海法政学院、正风文学院、同德医学院、东南医学院、上海美术学校、新华艺术学校、群治大学、两江女子体育专科学校、中法大学药学专科、雷士德工学院、新中国医学院、新中国大学、立信会计专科学校等20 余所。七七事变以后，上海不少私立大学开始考虑学校迁留问题。如前文所述，较为知名的 4 所私立大学复旦、大夏、大同、光华希望组成联合大学迁移内地，后大同、光华因无力筹措搬迁费用而退出，复旦大夏组成联合大学西迁。退出联大的大同大学，在八一三事变后搬入法租界，借用中国无线电工程学校和位育小学继续上课。大同大学虽因无经济实力转移至后方，但师生上下团结一心，在立达学社和学校董事会的支持下，坚守上海孤岛办学直至抗战胜利。《三十年之上海教育》这样评价大同大学："该校办理，处处经济,绝不浪费。教员刻苦耐劳,精神贯注,学生朴素好学……尤为可贵。"

1937 年 11 月,光华大学的校舍全部被日军炸毁,教室、实验室、体育馆、教职员宿舍也不幸中弹损毁,光华校方不得不再次考虑内迁问题,校长张寿镛与学校董事会商议决定将学校一部分迁往四川成都,聘请原商学院院长谢霖为光华大学副校长入川组建光华大学成都分部。上海本部部分为避免向日伪登记,不再公开招生,1941 年底对外将文学院改为"诚正文学社",理学院和商学院改为"格致理商学社",附属中学改为"壬午补习班"。入川后的光华大学部,在谢霖的组织下租赁成都新南门内王家坝街房屋为临时校址,于 1938 年 3 月正式开课。然而,同其他内迁的私立大学一样,光华财政拮据、举步维艰。尽管张寿镛校长竭力寻求国民政府资助,结果并不如意,所补资金杯水车薪、远不能满足需要。光华不得不开始寻求四川地方帮助,校方逐步增聘四川政商两界的实力派担任校董或驻川常务校董,然后向他们募捐,筹款建设新校。新校区建成之后,学校日常开支经费无以为继,光华蓉部几乎每月借贷度日。为节约用度,主事校长谢霖在校身兼数职却不拿薪水,仅支取授课的课时费。光华沪蓉两校多次向教育部呈请资助,等来的却是消极支持。光华入不敷出,1940 年再次申请资助时却因被指控共产党员在校内"活动猖獗",[1] 陷入停办风波。后经校方周旋,教育部收回停办成命,命光华"暂缓招生、切实整理"。1941 年底太平洋战争爆发以后,通货膨胀极为严重,原本就财政入不敷出的光华,不得不按涨价后的标准调整学费,不料却因此引发校内一

---

[1] 韩戍:《时代变动下的私立大学——光华大学研究(1925—1951)》,华东师范大学博士论文,2016 年,第 173—174 页。

场"意味深长"的学潮。学潮爆发以后,谢霖被迫卸任。随后四川地方势力接管光华,直至抗战胜利。①

　　在沪的其他私立高校,全面抗战爆发后大多迁入上海公共租界和法租界。淞沪战争爆发,上海战时环境恶劣,部分学校先后择址迁校。如上海法学院、上海法政学院 1942 年迁往安徽屯溪,正风文学院 1943 年在江西复课。部分学校难以为继不得不停办,如持志学院、雷士德工学院。还有部分规模较小的大学选择像大同大学一样努力坚持在沪办学,如同德医学院、东南医学院。

　　江苏境内有私立南通学院、无锡国学专门学校和苏州美术专科学校。南通学院设有医科、农科、纺科,1937 年 8 月校园遭到敌军轰炸,被迫停课。南通医科及附属医院迁往扬州,1938 年 2 月南通学院附属医院被国民政府军政府正式命名为第七重伤医院,投入抗战第一线。南通学院的农科和纺科在多方支持下于 1938 年 9 月在上海复课,后又迁往重庆。全面抗战爆发后,无锡国学专门学校师生在古稀之年的老校长唐文治率领下举校内迁。11 月,先迁长沙,后迁湘乡,到 1938 年 2 月,又迁桂林。1938 年春,应沦陷区旧有学生之请,无锡国专在上海设立分校"补习部"。② 苏州美术专科学校师生则辗转前往上海、宜兴等地设校,坚持教学。

　　(三)东南地区的私立高校

　　广州作为中国近代高等教育的发源地之一,也聚集了一批私立高校。1936 年,孙逸仙博士医学院、夏葛医科学院先后并入岭南

----

① 韩成:《抗战时期内迁高校的地方化——以光华大学成都分部为例》,《抗日战争研究》2014 年第 3 期,第 106—115 页。

② 胡子远:《唐文治与无锡国学专修学校——纪念唐文治先生诞生一百四十周年》,《苏州大学学报》2005 年第 2 期,第 83 页。

大学。① 全面抗战爆发前夕，广州尚有私立广东国民大学、广州大学、光华医学院、广州法学院、光汉中医专科学院、广州音乐学院等。② 广州距离香港较近，抗战爆发以后，几所较为知名的私立大学如广州国民大学、广州大学、光华医学院，一面着手学校搬迁事宜，一面在香港设立临时授课处。规模较小的学校如光汉中医专科学院则在广东境内选址搬迁。广州法学院、广州音乐学院在广州沦陷后停止招生。值得欣慰的是，抗战期间中华文化学院、南方商业学校两所私立大学先后在广州成立。

因广东地处边陲，广东国民大学、广州大学等几所大学多在省内选址搬迁，路途虽不遥远，但因广东几年间数遭侵袭，各校不得不多次迁徙，私立广东国民大学、广州大学尤甚。广州沦陷后，广东国民大学先迁校于开平县，1941 年迁往曲江，1944 年再迁至罗定太平圩，后又迁罗定县泗纶、上泷、篛小等乡。1945 年广州国民大学再迁至阳春县春湾镇，"师生在战火纷飞中转徙流离，生活极不安定，教学亦极为困难"。全面抗日战争爆发之初，广州大学坚持在原址上课，鉴于"学生随家庭避往香港的日多"，乃在九龙元洲街设广州大学临时授课处，学生多达 300 余人。10 月，广州沦陷后，广州大学"校长陈炳权坚持中国大学校印不离国土，率领广州本部学生先迁往开平县沙塱乡，再迁往中山县湾仔，最后迁往台山县，借用宁阳铁路公司的房屋坚持上课"③。1941 年 12 月，香港沦陷后，广州大学复迁于韶关上窑村。1944 年起日军多次侵袭粤北，

---

① 《广州近百年教育史料》，广州文史网：http://www. gzzxws. gov. cn，2019 年 1 月 21 日。

② 秦国柱：《私立大学之梦——民办高教的过去・现状・未来》，厦门：鹭江出版社 2000 年版，第 42 页。

③ 胡芸：《民国时期的私立广州大学》，广州大学硕士论文，2006 年，第 17 页。

广州大学先后于罗定、连平、兴宁多地辗转。

第二节　教会大学的变革与发展

中国的教会大学起源于 19 世纪,大多是在外国传教士早期创办的中、小学堂或书院基础上发展、改组、合并而来。教会大学最初创办的主要目的是借由学校传播基督教教义和西方文明,然而在中国近代民族主义运动蓬勃发展的背景下,教会大学不得已逐渐将重心转移到教育活动、转移到为中国社会"服务"上,也因此获得部分国人的认可而得以发展。20 世纪 20 年代的"非基督教运动""收回教育权运动",迫使教会交出大学的管理权,并"开始在中国政府立案,教学和行政管理的大部分职务也由中国人担任"①,由此教会大学在中国开始进入黄金发展时期。至抗战前夕,教会大学已有 25 所②,其中"16 所被公认为高等学校的教会学校招收了占全中国大学生总数的 10％到 15％的学生"③。

抗日战争全面爆发以后,华北、华东、华南等地教会大学结合实际情况纷纷开始组织内迁或寻求国际庇护。

一、教会大学的迁移情况

教会大学与欧美基督教国家的密切联系使其在战争来临时可

---

① [美]杰西·格·卢茨著,曾钜生译:《中国教会大学史》,杭州:浙江教育出版社 1987 年版,第 2—3 页。

② 王运来:《江苏高等教育的早期现代化》,北京:人民出版社 2001 年版,第 222—223 页。

③ [美]杰西·格·卢茨著,曾钜生译:《中国教会大学史》,杭州:浙江教育出版社 1987 年版,第 2—3 页。

以寻求西方国家的庇护。1941 年珍珠港事件爆发以后，西方国家卷入太平洋战争，在租界寻求庇护的教会大学不得不再次考虑迁校问题。战时的教会大学可以分为三类，抗战初期迁移的教会大学，珍珠港事件后迁移的教会大学，北平、上海等地坚持留守的教会大学。

（一）全面抗战初期迁移的教会大学

1937 年全面抗战爆发后，华东地区的金陵大学、金陵女子文理学院、东吴大学生物系及华北的齐鲁大学医学院内迁至成都华西协合大学。山西的铭贤学院经由山西运城、河南、陕西迁至四川内陆。位于武昌的华中大学在 1938 年秋开始向西南迁移，最初搬至广西桂林，后又搬至昆明西部的西州。华南地区的岭南大学、华南女子文理学院、福建协和大学，在日军的军事行动下也被迫于 1938 年开始迁移，岭南大学搬迁至香港，华南女子文理学院迁往福建北部的南平，福建协和大学搬至福建省内地的邵武县。搬迁之路坎坷而漫长，不少学校几经周折、多次搬迁。金陵大学在南京告急形势下被教育部紧急通知停课西迁，而当时所预定船只都已被政府征用，陈裕光校长临危不惧，从容组织借调车辆、船只，分三批完成历时百天、历程数千里的西迁旅程。[①] 华南女子文理学院在搬迁过程中，士兵企图强征学校船只，一度扣留了船夫，王世静院长亲自与当地驻军交涉才使船夫得以释放，完成搬迁。[②]

（二）珍珠港事件后内迁的教会大学

1937 年至 1941 年间，北平的燕京大学、辅仁大学，天津的天津

---

① 王运来：《诚真勤仁　光裕金陵——金陵大学校长陈裕光》，济南：山东教育出版社 2004 年版，第 74 页。

② ［美］杰西·格·卢茨著，曾钜生译：《中国教会大学史》，杭州：浙江教育出版社 1987 年版，第 350 页。

工商学院在寻求治外法权的保护下，留守华北。圣约翰大学、沪江大学在上海公共租界内坚持开展教学工作，苏州的东吴大学（除去内迁的生物系）、杭州的之江大学的师生在被迫放弃原校园之后，前往上海与圣约翰大学、沪江大学组成上海基督教协作大学。震旦大学、上海女子医学院在法租界内继续办学。[①]

珍珠港事件爆发以后，西方租界失去保护作用，留守在沦陷区的教会大学被迫解散，有的选择内迁，有的转入地下教学，有的甚至被迫停办。1941 年 12 月日军解散了燕京大学，并逮捕了校长司徒雷登。燕京大学师生被迫离校逃往成都，加入了华西协合大学。1942 年东吴大学法学院教师在重庆成立一所法律夜校，沪江大学在重庆的学校代表与其合办开设商业课程。沪江大学的生物班在成都继续办学，其他师生则在上海与其他大学组织了地下临时学校"沪江学院"。之江大学和在沪东吴大学教师联合开办华东大学，千方百计坚持上课。[②] 上海女子医学院于 1942 年不得已停办。1941 年以后，大部分教会大学迁入国民党统治地区。

（三）北平、上海等地坚持留守的教会大学

太平洋战争爆发后，平津沪仍有教会大学不惧战火，坚持留守，如北平的辅仁大学、天津的天津工商学院、上海的圣约翰大学和震旦大学等。其中，北平的辅仁大学是由罗马天主教会委派德国圣言会主办，罗马教皇驻华代表和辅仁大学的教务长均为德国人。太平洋战争爆发后，辅仁大学由教会的德国人出面，与日伪协

---

① 韩成：《抗日时期的国民政府教育部与上海留守高校》，《抗日战争研究》2018 年第 2
　　期，第 29—30 页。

② ［美］杰西·格·卢茨著，曾钜生译：《中国教会大学史》，杭州：浙江教育出版社
　　1987 年版，第 350—351 页。

商周璇,使得辅仁大学各科课程继续采用原有教材,学生不必受日伪奴化教育。因此,辅仁大学成为沦陷区内被重庆国民政府承认的为数不多的大学之一。沦陷区内的失学青年为免受日本奴化教育、获得中国政府承认的合法文凭,不顾高昂学费纷纷报考辅仁大学。这一时期,辅仁大学招揽了一批知名学者充实师资,只招男生的传统也被打破,学校不断发展壮大。①

二、战争环境下的应对与变革

抗战时期的中国,危机四伏,敌机的轰炸随时可能出现。无论是经过长途跋涉迁至西南内陆的教会大学,还是留守在原址或就近寻求治外法权庇护的教会大学,都面临着艰苦的办学环境,长期的战乱在一定程度上也影响了师生工作、学习的士气。尽管如此,所有的教会大学都竭尽全力维持教学工作的正常进行。现以抗战时期因联合办学而负盛名的教会大学"华西坝五校"为例,扫描艰难抗战期间教会大学的变革与发展。

全面抗战爆发后,四川成为西南聚集高校最多的地区②,仅位于成都华西坝的华西协合大学就先后接纳了多所内迁而来的高校,包括中央大学医学院、金陵大学、金陵女子文理学院、齐鲁大学、燕京大学、东吴大学生物系、北京协和医学院护士专科学校等。③ 华西协合大学成立于 1910 年 3 月,是由美国、英国、加拿大等国基督教会联合创办,初设文理两科,后不断发展,至抗战前已

---

① 金以林:《近代中国大学研究》,北京:中央文献出版社 2002 年版,第295—296 页。

② 苏智良等编著:《去大后方:中国抗战内迁实录》,上海:上海人民出版社 2005 年版,第240 页。

③ 张丽萍编著:《相思华西坝:华西协合大学》,石家庄:河北教育出版社 2004 年版,第109 页。

成为医牙为主、文理并重的综合性大学，尤其以医科、牙科见长，在国内享有盛誉。全面抗战爆发后，中东部地区高校遭受重创，纷纷内迁寻求生存与发展。民族危难之际，华西协合大学大开校门，对前来的高校慷慨施以援手。

金陵大学是率先迁至华西坝的教会大学。金陵大学位于国民政府首都南京，是在早期美国基督教创办的三所书院——汇文书院、基督书院和益智书院合并基础上发展而来。1910 年金大成立之初教学仅以宗教、医学和文科为主，经后续的系科调整和发展，1930 年后逐渐形成了"三院嵯峨，文理与农林"的基本格局。1937 年八一三事变爆发后，日军开始轰炸南京，在宁高校纷纷内迁。对于是否内迁，金大内部意见不一。由于美国在中国享有"治外法权"，可以寻求美国大使馆保护，所以不少西方籍教师不赞同迁校。而起初国民政府的态度也模棱两可，甚至认为为安定人心，还需要留几所大学在首都撑场面。① 因而，1937 年 10 月，金大正常开学。而时任校长的陈裕光为防不测，则自 8 月起便开始同华西协合大学校方联系，筹谋迁校事宜，并将贵重仪器、书籍等设施物品提前打包，将教职工及家属人口登记备案，雇佣好西迁用的船只。开学三周后，南京形势危急，教育部紧急通知金大立即闭校停课、准备西迁。幸得陈校长未雨绸缪，虽预定船只已被征用，但仍从容调整、有序西迁，历尽挫折，成功入坝，并在华西协合大学的协助下于次年 3 月顺利复学。

金陵女子文理学院原名金陵女子大学（简称金女大），1915 年由美国基督教会联合创建，校址初设南京绣花巷，后将金陵大学附

---

① 王运来：《诚真勤仁　光裕金陵——金陵大学校长陈裕光》，济南：山东教育出版社
　2004 年版，第 73—74 页。

近的随园定为永久校址，1930 年 12 月立案照准后更改校名（仍简称金女大）。全面抗战爆发后，金陵女子文理学院与金陵大学面临同样的危急形势。校长吴贻芳就如何应对战争局势、坚持办学等问题组织校方开会讨论，最终决定以有教会大学友校所在的武昌、上海、成都三个城市作为抗战时期的办学中心，实行分散教学。然而，武昌和上海办学中心维持的时间都很短。在武昌办学中心，1937 年 9 月金女大在华中大学的支持和协作下开始上课，然而战争形势急转直下，日军自 9 月开始轰炸武昌，武昌形势渐危。在维持 3 个月之后，武汉办学中心不得不停办，于 12 月开始迁往成都华西坝。上海是淞沪会战的主战场，局势更加动荡，金女大之所以考虑将上海作为一个办学中心是因为聚集在上海的教会大学较多、可以提供援助，也可寻求西方租界的护佑。1937 年 10 月，金女大上海临时办学总部成立，并正式复学。上海办学中心的教学条件艰苦，尽管可以借用圣约翰大学、沪江大学等校的教学资源，但办学仍旧十分困难，加之上海聚集的高校较多，足以满足该地区高等教育需要，金女大校方于 1938 年 3 月停止上海办学事宜，迁往成都。

　　齐鲁大学又称山东基督教大学，位于山东济南，肇始于 1864 年，初名登州文会馆 1917 年定名齐鲁大学，由美国、英国、等国的多个基督教会组织联合开办。齐鲁大学是以医科见长的综合性大学，办学实力雄厚，号称"华北第一学府"，和燕京大学并称"南齐北燕"。1937 年全面抗战爆发后，齐鲁大学最初仍是按原秋季学期教学计划正常开学，随着战火的蔓延，济南局势不断恶化。10 月，日军火力不断推进，直逼济南。危急时刻，华西协合大学向齐鲁大学医学院发出了邀请，表示可以提供部分宿舍、教学设备，双方可以合作办学。于是，齐大近 70 名师生便率先迁往成都，在华西坝继续开展教学,而济南校部不得不暂时停课。11月底,日军攻破济南,不久便进驻齐鲁大学占领了校园。1938年秋,关于齐大济南部是否复课的问题被提上议程,对此管理层内部发生了严重分歧。齐大虽然根据国民政府要求进行了立案,校长改由华人担任,但由于基督教会组织仍是齐大的主要经济来源,校方管理层中的西方势力在学校重大事务的决策中仍有重要的发言权。大部分西方籍教职工认为齐大应该留在济南复学,而以校长刘书铭为代表的中国教职工和在蓉师生认为,济南部师生应该迁往华西协合大学与在蓉师生汇合,重新开课。尽管西方籍教师反对,刘书铭校长仍在华西坝积极筹备建立新校舍、召集教师进行复学,努力“使齐鲁作为一个独立的单位与华西协合大学合作”[1]。而在济南部的教师为了表示抗议,仍坚持要求在济南复课,因而在全面抗战前期齐鲁大学出现济南和成都双部办学的局面,然而济南部终因1941年太平洋战争爆发而不得不再次停止办学。

　　燕京大学是最后一所迁往华西坝的教会大学。燕京大学是1919年在美、英两国基督教会创办的3所教会大学合并基础上建立起来的,校址位于北平。燕大起步虽晚,但在司徒雷登校长的带领下发展迅速,1929年即建立起文、理、法3个学院,近20个系。全面抗战爆发后的1937—1941年间,燕京大学通过寻求治外法权的保护在北平坚持办学。由于日本忌惮美国政府,燕京大学多次利用美国大使馆渠道抗议日本人的不合理要求,燕京大学因此获得相对安稳的办学环境。作为华北少有的坚持办学的高校,燕京大学三年间得到快速的发展,学生人数从“通常的800人增加到

---

① 〔美〕杰西·格·卢茨著,曾钜生译:《中国教会大学史》,杭州:浙江教育出版社1987年版,第348页。

1941 年的 1146 人"①。1941 年底太平洋战争爆发后,日美关系迅速恶化,很快日军便包围了燕京大学并逮捕了司徒雷登校长等多名师生员工,强征燕大校园做疗养院使用。燕大校友强烈要求复校,在后方继续办学,而华西坝合作办学的四大教会学校也向燕大发出邀请。经商议,燕大董事会最终决定迁往华西坝复校。相比其他几所教会大学,由于校产被日军霸占,燕京大学是唯一"裸迁"的大学,即仅有师生从各地分散前往,几乎无任何图书设备。

东道主华西协合大学作为华西坝仅有的一所大学,尽管校园面积广阔,教室、宿舍、图书馆、实验室等设施设备齐全,但对于同时接纳多所高校的师生员工仍有很大困难。金陵大学、金陵女子文理学院、齐鲁大学、燕京大学陆续到达后,五校便开始团结协作,互通有无,实行联合办学策略。由于五所大学均为知名教会大学,联合办学后使得华西坝名声大噪,被誉为"华西坝教会五大学",这一发展时期也被称为"五大学联合时期"②。面对外部严峻的战争形势和内部艰苦的办学条件,五大学采取了一系列举措竭力维持正常的教学秩序,于民族危亡之际求得生存与发展。

首先是开展校际联合治理,共商共议,营造和谐育人环境。早在 20 世纪 20 年代,为应对中国官办高等教育迅速发展带来的严峻挑战,中国基督教教育界人士即开始着手推动中国基督教高等教育的合作运动,以期通过"集中资源、避免不必要的重复和相互竞争、把中国基督教高等教育事业视为一个整体事业进行统一规划和管理",提高基督教高等教育的竞争力。1919 年由各基督教大学校长组成的

---

① [美]杰西·格·卢茨著,曾钜生译:《中国教会大学史》,杭州:浙江教育出版社 1987 年版,第 346 页。

② 《华西坝五大学:抗日战争时期的中国教育"天堂"》,澎湃·方志四川:http://www.thepaper.cn/news Detail_forward_549/294,2020 年 1 月 11 日。

中国基督教大学协会成立,商讨各大学共同面临的问题。1932 年,之江大学、金陵大学、燕京大学、齐鲁大学、福建协和大学、华西协合大学、岭南大学、华中大学、东吴大学、金陵女子文理学院 10 所教会大学在北美的基督教托事部代表齐聚纽约,宣布成立中国基督教大学校董联合会。联合会以"以合作的方式,促进中国基督教高等教育的利益"为宗旨,主要工作职责为事务管理、发展规划、联合筹款。国际、国内教会大学联合机构的成立,密切了教会大学之间的联系,也为抗战期间教会大学的深度合作提供了便利和借鉴。

　　全面抗日战争爆发后,教会大学同官办高校一样面临着严重的生存危机,联合互助成为教会大学求生存的有效手段。金陵大学、金陵女子文理学院、齐鲁大学、燕京大学陆续迁入华西坝后,会同华西协合大学开展了全方位、各领域的合作。在学校管理上,华西坝五校即借鉴国际机构合作经验,实行校际联合治理。1938 年3 月,几所教会大学建立联席会议制度,即由各校校长和业务相关负责人召开会议商讨联合办学过程中面临的共性问题,如招生考试、课程教学、财政、师资、校历制定、学生活动等。联席会议分为校长联席会议和各级联席会议,其中,五校校长联席会议是"五校间联系和合作上的最高决策机构",每周召开一次,"协商关于行政、财政、教职员待遇及有关公共事宜";有教务协会,由"教务长、注册主任会商关于授课安排、招生考试等问题";同样亦有训导协会,"磋商关于学校训导事宜"等。可以说,"经过各校当局不断研讨协商,并确定举行各种定期的会议随时磋商,基本上做到了协调一致而又能各抒所长"①。联席会议制度既充分尊重了各校的特

---

① 华西校史编委会编著:《华西医科大学校史(1910—1985)》,成都:四川教育出版社1996 年版,第 66 页。

点、保持了各校之间的独立性，又充分发扬了民主作风，营造了各校之间互助互爱、精诚团结的和谐氛围。

其次是拓展办学空间，共享基础设施，保障办学基本条件。为帮助千里跋涉而来的兄弟院校尽快稳定局面、复课复学，华西协合大学一面尽量压缩本校教职工和学生的住宿及生活用地，将部分校舍和房屋挪出借与内迁大学，一面通过改造、新建等多种途径拓展教学、办公、实验实训场地与内迁大学共享，"大家因地制宜，把华西坝原有的校舍和设备的功能都发挥到了极致……师生们挤在地下室里以节约空间，在教学楼的两头装上隔板，变成了窗明几净的办公室，在阁楼上装上老虎窗权且充作实验室"①。与此同时，华西协合大学还将学校可用空置土地借与内迁高校，供他们搭建房舍解决基本办学条件问题。内迁高校除向华西协合大学寻求帮助外，也想尽其他办法努力保障基本的办学条件。金陵大学校史中曾记载，1939 年 6 月金大"借得地皮三处，进行较大规模的建设"，其中两处来自华西协合大学，合计约 10 亩，建得草屋近 50 间，另一处是来源于成都新村委员会，共计 16 亩，建成学生和教职工宿舍房 17 座，使办学的基本条件得以保障。金女大初到华西坝时，师生均借宿在华西协合大学的宿舍中，后来在教育部和四川省及华西协合大学的支持下，在华西坝先后建立了教学楼、宿舍、琴房和小型体育馆，并购置了一些教学设备。② 齐鲁大学率先到达华西坝的近 70 名师生，男生全部借宿在华西协合大学，女生散宿在城中租房和教职工家中。随着 1938 年秋济南部大量师生的迁入，华大

---

① 苏智良等编著：《去大后方：中国抗战内迁实录》，上海：上海人民出版社 2005 年版，第 241 页。

② 徐海宁：《中国近代教会女子大学办学研究——以金陵女子大学为例》，南京：南京师范大学出版社 2008 年版，第 63 页。

宿舍变得十分拥挤。1939年，齐鲁大学"几经会商，借得华大地皮两段，分建男女生宿舍及办公室一部"①。由于燕京大学迁入最晚，华大校园可用的住宿空间已开发殆尽，无法再为燕大提供住宿之所。但在教学设施、实验仪器设备、图书资料等方面，华大不仅是对燕大，更是对所有内迁的大学开放、共享。

　　面对教学条件有限、实验仪器设备匮乏的困境，五校之间精诚合作，一面本着节约和使用最大化的原则共享共用教学设施，一面联手研发创制。如，金陵大学、齐鲁大学、金陵女子文理学院和华西协合大学四校1941年在中国基督教大学校董联合会的支持下集资建造了一栋化学楼，四校共同使用，战后归东道主华西协合大学所有；华西协合大学与金陵大学等校合作，在政府支持下制造小型仪器及初级科学教学用具。② 华西协合大学生物系曾对生物楼的使用情况做过记载："抗战以来，各校生物系移此，则分配应用之。虽偏小，来客不以拥挤见责。本楼所有教室、办公室、实验室及储藏室计约40间，除六教室及实验室公用外，计金陵大学用20％，金陵女大用15％，齐鲁大学用15％，本校及生物材料处用约30％作用"③，由此可窥见，华西坝教会五大学战时精诚团结、共赴时艰、联合办学的精神。

　　第三是共享师资与课程，实行学分互认，提升教育教学质量。战时国内形势凶险异常，历尽万险跋涉入川的高校，不仅损失诸多

<hr>

① 《本学期开学后的新气象》，《齐大校友通讯》1939第5期，第2页。转引自李娟：《华西坝教会五大学联合办学研究》，西南大学硕士论文，2010年，第10页。

② ［美］杰西·格·卢茨著，曾钜生译：《中国教会大学史》，杭州：浙江教育出版社1987年版，第357页。

③ 华西校史编委会编著：《华西医科大学校史（1910—1985）》，成都：四川教育出版社1996年版，第65页。

校产,也流失了不少师资。教师是教学的主体,是学校最宝贵的资源,没有数量足够、造诣深厚的教师则谈不上优质的课程和良好的教学。面对师资和课程资源不足的情况,华西坝五校除各自尽力延揽名师外,还进一步加强合作,实施教师互聘、联合教学、课程共享等策略。这一时期,华西坝群英荟萃、大师云集,诸如蔡乐生、戴安邦、李方训、裘家奎、薛愚、戚寿南、董秉奇、侯宝璋、陈耀真、萧公权、刘国钧、李小缘、蒙文通、吕叔湘、冯友兰、董作宾、钱穆、顾颉刚、容庚、陆志伟、张东荪、任乃强等,燕京大学入川后还聘请了陈寅恪、吴宓、萧公权、李方桂等知名学者。这些学者初为一所学校所聘,后各校为补充师资则开始相互聘用,有些知名学者甚至能为多所学校同时聘用,例如萧公权、陈寅恪均同时受聘于金陵大学、燕京大学、华西协合大学,蒙文通同时受聘于金陵大学、华西协合大学和齐鲁大学,钱穆同时受聘于齐鲁大学、燕京大学和华西协合大学。[1]

华西坝五所教会大学共有文、理、法、医、农五学院计六七十个系科。[2] 为充分发挥优势资源、提高课程质量,同时也避免系科重复造成人力物力的浪费,五校"根据师资各有所长的特点,采取统一安排,分别开课的办法"统筹课程教学计划,实行校际免费选课制度,即学生无须缴费,可自由在其他几所教会大学选修课程,校际间相互认可所修课程学分。[3] 华西坝各大学校际间在课程与教学上的深度合作,不仅在战时困难时期节约了资源,而且大大提高了课程与教学质量。1944 年燕京大学理学院曾在一次报告中评述

---

① 李娟:《华西坝教会五大学联合办学研究》,西南大学硕士论文,2010 年,第 15 页。

② 华西校史编委会编著:《华西医科大学校史(1910—1985)》,成都:四川教育出版社 1996 年版,第 66 页。

③ 李娟:《华西坝教会五大学联合办学研究》,西南大学硕士论文,2010 年,第 12 页。

了五所大学间的这种合作,"成都 5 所基督教大学的理学院相互间的合作恰到好处。在 1943—1944 学年,所教的课程很少有重复,任何一所大学一年级以上的学生都能在其他任何一所大学中选上任何一门课程"①。名师效应与自由选课制的结合,大大激发了五校学生学习的积极性,校际间的学术交流也愈发频繁,整个华西坝地区学习氛围浓烈。金陵女子文理学院吴贻芳校长的一份报告充分反映了五校学生积极跨校学习的盛况和规模。1940 年秋至 1944 年秋的 8 个学期中,其他学校到金陵女子文理学院选修课程的人数从 1940 年秋的 45 人逐学期递增,至 1944 年秋达 189 人,所修课程门数由 13 递增至 69,所修学分数由 125 递增至 541;金陵女子文理学院学生去其他学校选修课程的人数从 1940 年秋的 101 人,增至 1944 年秋的 336 人,所修课程门数由 40 递增至 90,所修学分数由 445 递增至 794。②

　　五所教会大学通力合作的联合办学使得华西坝成为战时高等教育的"天堂",这里相对远离战火,风景秀美,大师云集,学习、科研氛围浓烈,是一片难得的学术净地,成为抗战大后方为数不多的教育文化中心之一。尽管办学条件简陋,师生生活艰苦,这一时期的教会五大学仍然取得了较大的发展,不仅各校学生规模不断扩大,系科专业有所新增,而且科研机构也有增加,优秀学术成果大量涌现,办学水平比战前未降反升。

---

① Yenching Universitiy in Chengdu,College of Science Report for 1943 - 1944. RG11 - 304 - 4713. 转引自刘佳峰、刘天路:《抗日战争时期的基督教大学》,福州:福建教育出版社 2003 年版,第 121 页。

② Report of President Wu Yi-fang to the Board of Trustees of Ginling College(April23, 1945). RG11 - 155 - 2964. 转引自刘佳峰、刘天路:《抗日战争时期的基督教大学》,福州:福建教育出版社 2003 年版,第 121 页。

三、教会大学迁校的作用与影响

首先，教会大学保存了高等教育的有生力量，促进了战时高等教育的发展。抗战前，在中国基督教大学校董联合会的推动下，中国教会大学发展迅速，不少教会大学实力雄厚，成为享誉世界的一流大学。全面抗战爆发后，教会大学同样面临严重的生存危机，但在"教育就是抗战、教育就是重建"精神的鼓舞下，教会大学"克服了战争条件下难以想象的困难，坚持继续办学，为战争时期和战后重建培养所需人才"①。迁至西部地区的教会大学，保存了高等教育的有生力量，为地方学生和战争期间流亡的学生提供了就学机会，而学科的发展完善、实力的稳步提升也促进了高等教育的持续发展。留守北平、上海等沦陷区坚持办学的教会大学，成为当地的高等教育资源，为沦陷区不能迁移的学生提供了难得的受教育机会，保存了沦陷区高等教育的新生力量。战争时期教会大学得到进一步的发展，仅从学校规模上来看，"如燕京大学，学生人数也迅速增加，从通常的 800 人增加到 1941 年的 1156 人"，"如上海协作大学，招生人数迅速增加，上海不久就成了中国的教会教育中心；1940 年共有学生 3000 人之多"②。

其次，战时教会大学的变迁促进了中国女子教育、医学教育的发展。尽管教会大学历来重视女子教育，但女生的人数仍然不多。然而抗战时期，教会大学的女生比例大大增加了，圣约翰大学在 1936 年仅有 7 名女生，到 1941 年竟已有女生 400 人。辅仁大学也

① 刘佳峰、刘天路：《抗日战争时期的基督教大学》，福州：福建教育出版社 2003 年版，第 121 页。

② ［美］杰西·格·卢茨著，曾钜生译：《中国教会大学史》，杭州：浙江教育出版社 1987 年版，第 345—346 页。

因战时的特殊环境，打破只招男生的惯例，开始招收女学生。"妇女教育如此迅速发展，在战争期间是不可预料的，但它无疑是意义重大的。"①教会大学率先在我国创办医科，圣约翰大学医科、齐鲁大学、华西协合大学、湘雅医学院等都产生了积极的影响。战争的爆发增加了医药需求，间接刺激了医学教育的发展。从华西协合大学和齐鲁大学战时的联合办学成效来看，即可窥看这一时期教会大学医学教育的发展。"教会医科大学无疑是我国医学高等教育的先驱，给中国带来了现代医学教育，为20世纪的中国培养了一批又一批卓越的医生。"②

再次，教会大学积极开展社会服务，为抗战提供了重要支援。基督教大学倡导"牺牲与服务"，平时即"以服务社区、关心社会中的弱势阶层而著称"。抗战爆发后，教会大学通过难民支援、支持前线、抗战宣传、社会服务与教育、乡村建设和边疆服务等多种形式支援抗战。沦陷区的教会大学成为重要的难民收容所，金陵大学、金陵女子文理学院、沪江大学、岭南大学等学校接收了数以万计的难民，使他们免于杀戮和流离失所，并通过多种形式对他们进行救济。华中大学师生组织战时服务团，包括宣传、空袭和火灾救护、急救、物资保障等小组，赴武昌伤兵医院积极参与救护伤兵。华西协合大学开设急救和护理学习班，为参加急救工作做积极准备。作为中国电化教育的发源地和重要基地，金陵大学将影视和动画作为重要教学辅助手段，广泛开展电化教育，在激发爱国情怀、唤起抗战精神、推广科学知识方面发挥出重要作用。华西协合

---

① ［美］杰西·格·卢茨著，曾钜生译：《中国教会大学史》，杭州：浙江教育出版社1987年版，第356页。

② 秦国柱：《私立大学之梦——民办高教的过去·现状·未来》，厦门：鹭江出版社2000年版，第79页。

大学、齐鲁大学等校积极开展边疆研究和服务工作,对边疆地区的发展起到了积极作用。[1]　乡村建设是教会大学战时社会服务的重要领域。乡村偏远地区长期与现代化隔绝,教育、经济、文化、科技水平落后。金陵大学作为乡村建设的领头羊,不仅专门设置了农林科,而且投入巨大的人力物力参与农学科研和实践。华西协合大学、齐鲁大学、福建协和大学、燕京大学等一众高校都活跃在乡村建设的社会实践中,为当地的农业改良、医疗卫生和社会发展等做出积极贡献。

---

[1] 刘佳峰、刘天路:《抗日战争时期的基督教大学》,福州:福建教育出版社2003年版,第139—147页。

第十一章　陕甘宁边区高等教育的创建与发展

1927年蒋介石发动反革命政变,在南京建立国民政府,从此中国进入土地革命战争时期,中国共产党相继在各地建立了农村革命根据地,设立了干部培训班、教育机构,实行各种形式的教育。随后,中国共产党提出了革命根据地高等教育的政策方针,教育为革命战争服务,教育与生产劳动相结合,教育为劳工群众服务。为了给抗日革命根据地培养领导干部,中国共产党在陕甘宁边区设立了一批培养干部的高校,一共11所,分别为中国人民抗日军事政治大学、陕北公学、鲁迅艺术文学院、延安大学、华北联合大学、中共中央党校、中国女子大学、中国医科大学、延安自然科学院、八路军军政学院和延安民族学院。

中国人民抗日军事政治大学是中国共产党专门培养抗日军政干部的学校,学习内容主要包括军事理论、思想政治教育、中共党史等,在全面抗战八年期间抗日军政大学培养了数万名军政干部。陕北公学是中国共产党直接领导下的一所革命大学,开学时陕北公学只有5个队,不到一个月时间内编成了6个队,到了1938年编成了16个队,短短的几年内共培养了6000多名学生。陕北公学在教学计划上按照三分军事,七分政治,主要是以革命的政治教育为主。鲁迅艺术文学院是以鲁迅先生的名字命名的一所综合性的艺术高等专门学院，专门培养革命艺术工作干部。鲁迅艺术文学院创办以来共招了5期学员，总共培养了685名学员。1943年中共中央决定将鲁迅艺术文学院合并到延安大学，从此鲁迅艺术文学院成了延安大学的一个学院。延安大学是一所文法理工农多学科综合性大学，是中国共产党在抗日战争时期为培养干部而建立的一所大学，全校共有1302名学生，行政学院783人，延安大学规定学员除了学习之外，还要参加生产劳动，包括农业和手工业劳动。学校规定实习与学习并重，学习时间占60％，实习时间占40％，其中生产劳动时间占20％。1943年中共中央决定将自然科学院、鲁迅艺术文学院、延安民族学院、新文字干部学校合并到延安大学。1939年华北联合大学成立，建立初期全校分为4个部，分别为社会科学部、文艺部、青年部和工人部。到了1940年7月，增设了中学部，中学部分为3个学院和2个部，全校教职工和学员加起来达到了4000多人。到了1942年，中共中央决定华北联合大学只留下一个学院，即教育学院。后来将华北联合大学的高中部调入延安大学的自然科学院、鲁迅艺术文学院和医科大学。1944年行政委员会指出了华北联大的教育任务，即提高干部文化，为社会建设培养干部，为抗战服务。1948年8月，华北联大和北方大学合并为华北大学。1939年，中国女子大学建立并招收了来自全国21个省份的女青年，共500多名，小的14岁，大的40多岁。中国女子大学开设了8个班，其中特级班培养的是工农妇女干部，1940年学员增加到1000人，班级增设到12个班。抗战时期中国共产党建立的一批高等学校为抗日根据地高等教育的发展做出了巨大的贡献。抗战时期中国共产党领导建立的培养革命干部的学校，改变了旧的教育制度,实行了新的教育方针和教育政策,逐渐形成了革命根据地的教育特点,注重理论与实际相结合,教育为革命战斗和抗战服务,教育与生产劳动相结合,重视思想政治教育以及教学模式多样化。

第一节　中国共产党领导下高等教育的发展概况

一、建立陕甘宁边区高等教育的历史背景

1927 年 4 月 12 日蒋介石发动反革命政变,蒋介石在南京建立国民政府,在这种情况下,中国共产党在武汉召开紧急会议,决定举起武装革命的战旗,并相继发动了南昌起义和秋收起义,从此中国进入了土地革命战争时期,并相继建立了农村革命根据地。1929 年《政治决议案》指出,要加紧宣传教育工作,为红军学校训练干部人才,提高群众政治文化水平及其对阶级斗争和面临的战争局面的认识。1931 年 1 月,中华苏维埃共和国临时中央政府在瑞金成立,为创办新型的革命大学,发展新民主主义的高等教育奠定了基石。① 在第二次国内革命战争时期,为了取得反"围剿"的胜利,中共提出"苏维埃一切工作服从革命战争的要求",当然,教育工作也必须服从这个要求,高等教育必须为革命战争服务。因此,在抗日战争革命根据地初创阶段,中国共产党在各地设立了干部培训班、教育机构,开展各种教育。1937 年 4 月 19 日,中共陕北省委宣传部召开省

---

① 董宝良:《中国近现代高等教育史》,湖北:华中科技大学出版社 2007 年版,第206—207页。

委宣传部长联席会议,会议决定,大力发展苏区教育,提高人民群众的政治文化水平;多设立学校,在城市设立图书馆、阅览室;在农村设立夜校,使农民获得学习机会,提倡新文字,消灭文盲。在此基础上,中央苏区建立了各种培养高级干部的学校,并且逐渐形成了自己的教育方法和特点。

二、陕甘宁边区高等教育的政策方针

抗日战争时期中国的主要矛盾由阶级矛盾变成民族矛盾,经济、政治、文化教育都要服从和服务这种矛盾转变。1930年8月,中共闽西特委制定关于宣传问题的草案。草案明确指出,苏维埃政府文化部总的教育方针应该是:(一)彻底肃清封建思想;(二)提高群众阶级觉悟;(三)普遍开展识字运动。[1] 1930年9月20日,赣南瑞全县苏维埃政府文化建设委员会举行第一次会议,会议制定的《瑞金县苏维埃政府目前文化工作总计划》中规定的教育方针是:(一)养成在革命环境中所需要的革命干部人才;(二)开展社会教育,普通而深入地提高群众的阶级觉悟、政治水平和文化程度;(三)施教方针以养成智力和劳力作均衡的发展为原则。[2] 1930年10月,鄂西苏区第二次工农兵代表大会通过的《文化教育决议案》指出,文化教育工作已成为苏维埃政府的主要任务之一,只有加强文化教育工作,才能夯实苏维埃的社会基础,消灭苏维埃政权之下的一切危机,因此文化教育不仅仅是狭隘的识字运动,而且是

---

[1] 皇甫东玉、宋荐戈、龚守静:《中国革命根据地教育纪事》,北京:教育科学出版社1989年版,第31页。

[2] 皇甫东玉、宋荐戈、龚守静:《中国革命根据地教育纪事》,北京:教育科学出版社1989年版,第33页。

整个苏维埃运动中最主要的一部分。[①] 1931 年 4 月，中共闽粤赣
特委召开各县宣传教育工作联席会议，会议确定学校应该施行共
产主义教育，并要使教育与当前斗争结合起来，不要让学生死读
书，应让他们了解当前的斗争形势，参加实际斗争。[②] 同年 7 月，鄂
豫皖苏区第二次工农兵苏维埃代表大会通过的《关于教育文化政
策决议》中规定，苏区的文化教育对于工农分子实行免费的教育；
对于地主、商人及一切依靠剥削别人的分子，征收特定的学费；设
立各种普通学校，为苏维埃政府培养各方面需要的人才；努力消除
文盲，设立识字班和夜校。[③] 1931 年 11 月 7 日，中华苏维埃第一次
全国代表大会通过的《中华苏维埃共和国宪法大纲》第 12 条规定：
"中国苏维埃政权以保证工农劳苦民众有受教育的权利为目的。
在进行国内革命战争所能做到的范围内，应开始施行完全免费的
普及教育，首先应该在青年劳动群众中施行，并保障劳动群众的一
切权利，积极地引导他们参加政治和文化的革命生活，以发展新的
社会力量。"[④]1932 年 4 月，湘鄂赣工农兵苏维埃第一次代表大会
通过《文化问题决议案》，指出苏区学校教育的方向主要就是尽量
学习马克思列宁主义及一切无产阶级的革命教育理论，彻底消灭
国民党改组派，取消一切改良派的欺骗教育，提高群众的政治意
识，加强群众的阶级意识，深入阶级斗争，发动更广泛的劳动群众

---

① 皇甫东玉、宋荐戈、龚守静：《中国革命根据地教育纪事》，北京：教育科学出版社
　　1989 年版，第 34 页。
② 皇甫东玉、宋荐戈、龚守静：《中国革命根据地教育纪事》，北京：教育科学出版社
　　1989 年版，第 43 页。
③ 皇甫东玉、宋荐戈、龚守静：《中国革命根据地教育纪事》，北京：教育科学出版社
　　1989 年版，第 45—46 页。
④ 皇甫东玉、宋荐戈、龚守静：《中国革命根据地教育纪事》，北京：教育科学出版社
　　1989 年版，第 50 页。

进行反军阀,反国民党的剧烈运动。① 1933 年 8 月 20 日,毛泽东在
江西南部 17 县经济建设工作会议上发表《必须注意经济工作》的
演说。他在演说中指出:"用文化教育工作提高群众的文化和政治
水平,这对于国民经济同样有极大的重要性。"②1934 年 1 月 24 日,
毛泽东在中华苏维埃共和国第 2 次全国苏维埃代表大会上作两年
以来的报告,他指出:"这里的一切教育文化机关,操在工农劳苦群
众的手里,工农及其子女有享受教育的优先权。苏维埃用尽一切
办法来提高工农的文化水平。"他还强调:"苏维埃文化教育的总方
针在什么地方呢? 在于以共产主义的精神来教育广大的劳苦民
众,在于使文化教育为革命战争与阶级斗争服务,在于使教育与劳
动联系起来,在于使广大中国民众都成为享受文明幸福的人。""苏
维埃文化建设的中心任务是什么呢? 是厉行全部的义务教育,是
发展广泛的社会教育,是努力扫除文盲,是创造大批领导斗争的高
级干部。"③1934 年 5 月,瞿秋白在《阶级战争中的教育》中指出,教
育也是阶级斗争的武器,只有无产阶级领导下的苏维埃教育,才能
够真正赞助革命战争。1937 年 5 月,毛泽东在中国共产党全国代
表会议上作报告,报告指出教育上的国防准备,也是救亡抗战的必
要条件之一。同年,在《边区政府的组织与建设》之《文化建设》部
分中指出:"一切教育的中心是抗敌救亡,即国难教育;教育与生活
相结合;教育方法不限于学校。"1937 年 7 月 23 日,毛泽东在《反对

----

① 皇甫东玉、宋荐戈、龚守静:《中国革命根据地教育纪事》,北京:教育科学出版社
　 1989 年版,第 59—60 页。

② 皇甫东玉、宋荐戈、龚守静:《中国革命根据地教育纪事》,北京:教育科学出版社
　 1989 年版,第 80 页。

③ 皇甫东玉、宋荐戈、龚守静:《中国革命根据地教育纪事》,北京:教育科学出版社
　 1989 年版,第 92 页。

日本进攻的方针、办法和前途》一文中,提出实施"国防教育"。根本改变过去的教育方针和教育制度,不急之务与不合理的办法,一概摈弃。8月22日,中共中央通过《抗日救国十大纲领》,其中第八项规定了抗日革命根据地实行抗战教育的总政策,"实施普及的义务的免费的教育,改变教育的旧制度和旧课程,实行以抗日救国为目标的新制度和新课程"。

抗日战争初期,干部教育要从两个方面开展工作,一方面提高他们的理论水平与文化水平,使他们认识到阶级利益应该服从群众利益;另一方面是争取大量的革命知识分子为抗战服务。由此得出,中国共产党当时的教育方针和政策的主要内容,即教育为革命战争服务,教育为劳工群众服务,教育与生产劳动相结合。

三、陕甘宁边区高等教育的发展概况

为了抗日战争的胜利,抗日革命根据地需要培养大批领导干部人才。当时革命根据地所设立的一些培养干部的高校分别为中国人民抗日军事政治大学、陕北公学、鲁迅艺术文学院、延安大学、华北联合大学、中共中央党校、中国女子大学、中国医科大学、延安自然科学院、八路军军政学院和延安民族学院等11所学校。

（一）学校的基本情况

1. 中国人民抗日军事政治大学

中国人民抗日军事政治大学(简称"抗大")是中国共产党培养抗日军政干部的军事学校。抗大的前身是1931年创建于江西瑞金的中国红军学校,1933年扩建为中国工农红军大学,1934年随中央红军长征,编入中共中央军委干部团随军到达陕北。1936年2月,干部团部分师生同陕甘宁红军军政学校合并,在陕北安定县建立了新的西北抗日红军大学。同年6月,西北抗日红军大学扩

建成为中国人民抗日红军大学。1937 年春，更名为中国人民抗日
军事政治大学，并将校本部延至延安。当时毛泽东亲自担任抗大
的教育委员会主席，为抗大规定了"坚定正确的政治方向，艰苦朴
素的工作作风，灵活机动的战略战术"的教育方针和"团结、紧张、
严肃、活泼"的校风。① 抗大的教学内容除了军事理论，还非常注重
思想政治教育、党性锻炼和国际主义教育，要求理论与实际、教育
与生产劳动相结合。抗大 1937 年迁至华北敌后抗日根据地，先后
创办了 12 所分校。抗大开设的主要学习内容有马克思列宁主义
基本原理、政治经济学、哲学、抗日民族统一战线、民运工作、中国
问题、中国革命史、日本研究、时事政策、战略学、战术学、游击战
争、射击学、步枪学等。② 抗大在教学方法上提倡启发式教学，具体
办法是从近讲到远，从抽象讲到具体，从合到分，从事件发展过程
中把握发展的规律。除了上课以外，小组讨论也是抗大的一种教
学方法，主要是讨论教员在课上所提出的问题。在抗日战争期间，
抗大培养了数万名革命干部。抗大总校的发展经历了 3 个历史阶
段：延安办学阶段（1936 年 6 月—1939 年 7 月）、华北敌后办学阶段
（1939 年 8 月—1943 年 2 月）、重返陕甘宁边区办学阶段（1943 年 3
月—1945 年 9 月）③。在全面抗战期间抗大总校培训了 8 期干部，
每一期情况如下：

　　1936 年 6 月 1 日在陕北瓦窑堡镇开办第 1 期，当时学校非常
简陋，教职员有 30 人，专职教员只有 3 人，学员有 1063 人。学员
分为三科，第一科 32 人，都是军师两级干部；第二科 200 多人，大

---

① 曲士培：《中国大学教育发展史》，山西：山西教育出版社 1993 年版，第 298—299 页。

② 曲士培：《中国大学教育发展史》，山西：山西教育出版社 1993 年版，第 299 页。

③ 董纯才、张腾霄、皇甫东玉：《中国革命根据教育史》第 2 卷，北京：教育科学出版社
　1991 年版，第 122—123 页。

多数为营连级干部;第三科 800 多人,都是班排级干部。学员们衣食住行都得不到保障,他们住在窑洞,吃着高粱和黑豆,几乎没有教材。除此之外,由于宿舍不够,学员们住得也分散。学校迁到保安后,师生住宿条件才得到保障。通过第 1 期 1 年半的教育,学员们对抗日战争等政治、军事问题有了理论上的认识,思想上有了充分的准备。1936 年底,第 1 期的学员们陆续毕业,随后就到抗日战争前线或者后方工作,肩负起抗战救国的重大责任。

1937 年 7 月 20 日抗大第 2 期在延安开学,这一期学校分为大学部和附属步兵学校,学员共有 2762 人,其中大学部和附属步兵学校分别有 1362 人和 1400 人。这一期学员明显比第 1 期多,一是大批干部进入抗大学习,二是新增了一些知识青年,因此党中央和毛泽东非常重视抗大的学习。第 2 期学员不仅政治上掌握了抗日民族统一战线的武器,还学会了军事上的战略战术、游击战术等。第 2 期的教育为学员在思想上、意识上、生活上给予了一定的锻炼。8 月份第 2 期学员们结业,他们走到了抗日的最前线。

1937 年 8 月 1 日抗大第 3 期开学,这一期学员共有 1272 人,分为 3 个大队。第一、第二大队为红军干部;第三大队为知识青年。本期校舍依然不足,师生一起挖了新窑洞,修了抗大公路。由于抗大第 3 期规模扩大,造成了教员不足,抗大采取外聘专业人士和当地党政领导来弥补教员不足的问题。为了适应战争的需要,第 3 期增加了军事教育内容,成立了专门培训军事干部的军事队。

第 1 期到第 3 期是抗大的初创时期,在这时期从师生的衣食住行得不到保障,师生自力更生,没有教材、教职员缺乏,到最后自己建立起校舍,指导学校建立了各项规章制度,不仅圆满完成了 3 期的教学任务,还为抗日战争培养了一大批干部人才。

抗大第 4 期于 1938 年 4 月 16 日开学,学员共有 5562 人,分为

8个大队,共43个小队。除在延安办学以外,还在瓦窑堡、庆阳、洛川、蟠龙设立了4个大队,成立了政治工作训练队。这一期学员来自全国各省市和朝鲜、越南等周边国家。[①] 当时的延安是所有知识青年向往的地方,这一期的目标主要是把大批小资产阶级知识分子培养成有组织纪律性、有正确的坚定的政治方向、有艰苦朴素的工作作风的干部;第4期学员结业以后,有的到敌人的后方去,到游击队去;有的到群众当中去;有的留在母校,从事培养抗日干部的教育工作。

抗大总校第5期在1939年1月28日正式开学。本期学员共有4962人,编为5个大队,41个小队。教职员共有1000人,其中老干部占20%,新干部占80%。本期增设了参谋训练队,专门培养团级的参谋人才。由于受到国民党的阻碍,许多南方的知识青年没有办法来延安,因此本期的知识青年大多来自陕西、山西、河北、山东和河南五省。1939年6月,抗大总校迁移到晋东南敌后革命根据地。

1940年4月15日抗大第6期在山西武乡盘龙镇开学。本期分为4个团,一个特种大队和两个直属女生队,一共4900多名学员。[②] 这一期大部分都是八路军、新四军送来的干部,各革命根据地民主政权和民众团体的基层干部。在这一期学习中,抗大的学员遇到了不少挫折与困难,首先是燃料、粮食和运输等困难,所以在这一期"大背粮运动"成了一件重大事件。第6期学员结业以后都分配到了华北地区,为华北抗日革命根据地的建设和发展做出

---

① 董纯才、张腾霄、皇甫东玉:《中国革命根据地教育史》第2卷,北京:教育科学出版社版,第124页。

② 董纯才、张腾霄、皇甫东玉:《中国革命根据地教育史》第2卷,北京:教育科学出版社版,第124页。

了自己的一份贡献。

抗大第 7 期于 1941 年 1 月 28 日在浆水镇开学,共有 2551 名学员。这一期接收了八路军和新四军的团、营、连级干部,并且成立了两个科,分别为上级科和普通科。这一期除了进行政治教育以外还开展了军事教育(步兵战术、游击战争和参谋业务),也编辑了有关政治、军事、文化等 40 多种教材,并且通过集中学习,提高了学员的专业水平,扩大了师资队伍。

1942 年 5 月 1 日抗大第 8 期在河北邢台浆水镇开学,1945 年 8 月全部毕业,历时 3 年半。这一期学员一共有 6000 多人,编成了 6 个大队,他们大部分是八路军和新四军送来的干部。这一期是抗大接受学员最多、学习时间最长的一期,结业以后的学员都前往抗日战场,参加了革命斗争。

抗大总校 8 期,通过 8 年的时间,为抗战培养了数万名干部,为中国的革命事业做出了巨大的贡献。

(1)抗大总校各期情况

表 11-1 抗大总校各期情况

期别	时间	对象	人数	地址
1	1936.6—12	红军干部	1063	瓦窑堡、保安
2	1937.1—7	红军干部	2762	延安
3	1937.8—1939.3	八路军干部	1272	延安
4	1938.5—12	知识青年	5562	延安
5	1939.1—10	知识青年	4962	延安、晋察冀
6	1940.4—12	八路军干部、新四军	4900	山西武乡、河北邢台
7	1941.1—12	八路军干部、新四军	2551	河北邢台
8	1942.5—1945.8	八路军干部、新四军	6000 多	河北邢台、陕西绥德

（2）抗大分校情况

为了培养大量干部去发动和领导群众，组织人民抗日武装，开展华北和华中敌后游击战争，建立抗日根据地，抗大总校先后创办了12所分校共培训出10万多名抗日军政干部。具体情况如下表所示。

表 11-2　抗大分校情况

校名	创办时间	校址	校首长	培养干部人数
一	1938.12	晋东南	校长何长工，后为曾国华，副校长周纯全	7000多
二	1938.12	晋察冀	校长陈伯钧，后为孙毅，副校长邵式平	1万多
三	1939.7	延安	校长许光达，后为陈奇涵	
四	1940.3	淮北涡阳县	校长彭雪枫，后为张爱萍，副校长吴芝圃、张震	
五	1940.11	苏北盐城	校长陈毅，副校长冯定任	
六	1940.11	山西武乡	校长刘忠，政委黄欧东	
七	1941.7	山西兴县	校长周士第，副校长喻楚杰	
八	1941.5	淮南天县	校长张云逸，副校长罗炳辉	2500多
九	1942.5	苏中南通县	校长粟裕，政委刘季平	
十	1942.2	鄂中地区	校长和政委李先念，副校长肖远久	1000多
十一	1945春	河北涉县	校长童国贵，政委彭宗珠	
十二	1944秋	山西阳城	校长和政委陈赓	

2. 陕北公学

1937年7月，中共中央决定成立陕北公学，8月开始接收学生。11 月 1 日,陕北公学在延安开学,毛泽东亲自参加了开学典礼并作报告,这是中国共产党直接领导下的一所革命大学。该校校长为成仿吾,教务长为邵武平。开学时陕北公学只有 5 个队,不到 1 个月时间内编成了 6 个队,至 1938 年编成了 16 个队,短短半年时间内陕北公学共培养了 2000 多名学员。陕北公学是最早实施"国防教育"的一所干部学校,它的教育方针,是在短期内给青年们以抗战的必要知识,是"坚持抗战,坚持持久战,坚持统一战线,实现国防教育,培养抗战干部"。这所学校教学计划上按照三分军事、七分政治,主要是以革命的政治教育为主。教学原则有以下三条:理论与实际联系、少而精、教学一致。

　　陕北公学在办学期间为了提高教学质量拟订了几个成功的标准。第一,给学生以正确的知识,使学员了解和掌握并灵活运用知识,不是那种老套的死记公式。第二,培养学员不仅有知识、有能力,还能实现自己所学知识,要有牺牲奋斗的决心和信心。第三,除了有知识、有信心、有能力以外,还要锻炼身体,这样才能负担得起抗战任务。通过以上三条标准,陕北公学要把学生培养成学用一致、学用结合的人才,这也符合抗战的需要。陕北公学在教学方法上强调自学为主,集体互助;在时间分配上,自学时间多于上课时间,个人自学时间又多于集体学习时间。① 为了加强学员的管理,陕北公学实行民主集中制,每周开一次生活会,进行批评与自我批评。学校还成立俱乐部,便于学生参加各种业余活动。1938 年,考虑到青年来延安有困难,党中央在关中开办陕北公学分校,并招收了 13 个学员队,一共 1700 多人,分校还提出了

---

① 董纯才、张腾霄、皇甫东玉:《中国革命根据地教育史》第 2 卷,北京:教育科学出版社 1991 年版,第 141 页。

"保证学习八小时"的口号,分别是自习和上课,各占一半。除此之外,还开展了知识竞赛、时事教育、思想政治教育,在一年内增加到 26 个学员队、4 个高级部。另外,还设立了训练班、大学部和研究部,大学部和研究部的任务是培养抗日高级干部和特殊理论人才。1939 年 7 月,陕北公学关中分校与延安鲁迅艺术文学院、安吴堡战时青年训练班和延安工人学校四校联合,成立华北联合大学,到晋察冀边区办学。1939 年 12 月,陕北公学在延安复校,1941 年中共中央决定陕北公学与中国女子大学、泽东青年干部学校合并成立延安大学。陕北公学在抗战时期为中国革命事业培养了大批新生力量。

3. 鲁迅艺术文学院

鲁迅艺术文学院又称为鲁迅艺术学院,是以鲁迅先生的名字命名的一所艺术学院。该校 1938 年在延安成立,是一所综合性的艺术高等专门学校,专门培养革命艺术工作干部。鲁迅艺术文学院创办以来前后共招了 5 期学员,第 1 期学习时间为 9 个月,大多数学员从抗日军政大学和陕北公学招考进来,共 66 人。第 2 期学习时间也同样是 9 个月,本期学员大多数来自延安的知识青年,一共 159 人。第 3 期学习时间为 1 年,学员 400 多人,其中普通学员 200 多人,专修部学员 184 人。第 4 期和第 5 期分别为 138 人。1943 年中共中央决定将鲁迅艺术文学院并入延安大学,从此鲁迅艺术文学院成了延安大学的一个学院。鲁迅艺术文学院第 1 期仅有戏剧、音乐、美术 3 个系,第 2 期增设了文学系,一共 4 个系。中共中央规定,该校的教育方针为:"以马列主义的理论与立场,在中国新文艺运动的历史基础上,建设中华民族新时代的文艺理论与实际,训练适合今天抗战需要的大批艺术干部,团结与培养新时代的艺术人才,使鲁迅艺术文学院成为实现中共文艺政策的堡垒与核心。"①

表 11 - 3　鲁迅艺术文学院各科系学生人数统计表

系科/期别	文学系	戏剧系	音乐系	美术系	共计
1		37	14	15	66
2	53	40	34	32	159
3	49	40	57	38	184
4	46	23	34	35	138
5	49	39	23	27	138
共计	197	179	162	147	685

　　从鲁迅艺术文学院各系科的人数中可以看出,虽然文学系从第2期才开始招收学生,但是文学系学生人数占比最多,在所有学科中占首位,美术系人数占比最少。该校毕业的学生都被分配到八路军、新四军和抗日根据地工作。在抗日战争时期,鲁迅艺术文学院在毛泽东和中共中央的关怀下,为抗日战争的胜利和党的文艺、教育事业做出了巨大的贡献。

　　4. 延安大学

　　延安大学简称延大,是一所文法理工农多学科综合性大学,是中国共产党在抗日战争时期为培养干部而建立的一所大学。1941年,中共中央决定将陕北公学、中国女子大学、泽东青年干部学校合并为延安大学,同年9月22日在延安举行了开学典礼。延安大学最初建立的时候设立了社会科学院、教育学院、法学院等3个学院,后来又增设了俄文专修科和英文专修科,后来将5个学院合并为3个单位。法学院和俄文专修科

①罗迈:《鲁艺的教育方针与怎样实施教育方针》,《文艺突击》第1卷第1期,1939年5月25日。

为 1 个单位,社会科学院和英文专修科为 1 个单位,教育学院为 1 个单位。教育学院分为中等教育和国民教育 2 个班级。中等教育班以培养教师为主,国民教育班以培养行政人员为主。法学院分为行政和司法 2 个班级,行政班培养县级科员以上干部,司法班培养地方法院、县司法处的书记和裁判员。延大还设立了研究室,吸收了国民党统治区前往延安的大学生、大学助教、讲师和教授,按各人的专长和志趣,分编若干个研究组。[①]在教学方面,延安大学做了一些要求。第一,教育内容必须与新社会实际需要和学生密切程度相结合。第二,教学方法上要做到理论与实际相结合。第三,与边区实际相结合,聘请各机关领导或者同志参加培训或者讲座。第四,学用一致,在学习期限内,要有一定的自习时间。第五,注重个人学习为主,集体学习为辅,要积极主动去消除文盲。除此之外,延安大学还规定学员除了学习之外,还要参加生产劳动,从事农业和手工业劳动。1943 年中共中央决定将自然科学院、鲁迅艺术文学院、民族学院、新文字干部学校合并到延安大学。1945 年 8 月,自然科学院全部教职工、学员和鲁迅艺术文学院大部分教职员和学员调出延安大学,前往东北和华北办学。[②]

5. 华北联合大学

华北联合大学是抗日战争时期中国共产党在敌后战场创办的第一所高等学府,由陕北公学、鲁迅艺术文学院等 4 所学校合并而建,抗战结束以后与北方大学合并成为华北大学,最后并入了中国

[①] 董纯才、张腾霄、皇甫东玉:《中国革命根据地教育史》第 2 卷,北京:教育科学出版社 1991 年版,第 179 页。

[②] 董纯才、张腾霄、皇甫东玉:《中国革命根据地教育史》第 2 卷,北京:教育科学出版社 1991 年版,第 178 页。

人民大学。1939 年 7 月 7 日是全面抗战爆发两周年的日子,同时
也是华北联合大学成立的日子,7 月 9 日,毛泽东来到华北联大为
师生做报告,动员师生开展抗日革命根据地的文化、教育、文学活
动。华北联大建立初期,全校分为 4 个部,分别为社会科学部、文
艺部、青年部和工人部。到了 1940 年 7 月份,还增设了中学部,中
学部分为 3 个学院和 2 个部,全校教职工和学员加起来达到了
4000 多人。1941 年 2 月份华北联合大学扩大招生,尤其是冀中区
送来了非常多的培训干部。到了 1942 年,中共中央决定将华北联
合大学缩减,当时只留下了一个学院,即教育学院,教育学院只设
立了一个高中班和师范班。[①] 随着形势的好转,教育学院又增设了
政治班,专门培训知识青年。后来华北联合大学的高中部调出华
北联大,进入了延安大学的自然科学院、鲁迅艺术文学院和医科大
学。1944 年行政委员会提出了华北联大的教育任务,即提高干部
文化,为社会建设培养干部,为抗战服务。1946 年初,延安大学大
部分师生并入了华北联大,开始重新招生,法政学院、文艺学院、教
育学院一共招了 800 多名新生。华北联大在教学上非常注重政治
理论教育,也很注重业务教育,还重视启发式的教学方法,注意调
动学员的学习积极性和主动性。无论是自学讨论的教学方式,还
是讲授、报告的方式,都注重民主式学习方法。1948 年 8 月,华北
联大和北方大学合并为华北大学。华北大学成立之初,分成了 4
个部和 2 个院。第一部为政治训练部,第二部为教育学院,第三部
为文学院,第四部为研究部。研究部设立了 8 个研究室,分别为哲
学研究室、中国历史研究室、中国语文研究室、国际法研究室、外语

---

① 董纯才、张腾霄、皇甫东玉:《中国革命根据地教育史》第 2 卷,北京:教育科学出版社
　　1991 年版,第 169 页。

研究室、教育研究室、文艺研究室。总的来说，华北联合大学是当时抗日革命根据地规模非常大的综合性大学。

6. 中国女子大学

中国女子大学简称"女大"，是抗日战争时期中国共产党培养妇女干部的学校，1939年7月在延安成立。1941年与陕北公学、泽东青年干部学校合并为延安大学。中共中央非常重视该学校，很多领导为创建该校捐款捐书。该校的办学宗旨是："养成具有革命理论基础、革命工作方法、妇女运动专长和相当职业技能等抗战建国知识的妇女干部。"[①]1941年女大招了500多名女青年，学员来自全国21个省份，小的14岁，大的40多岁，平均年龄为20多岁。女大开设了8个班，其中6个普通班、1个高级研究班和1个特级班，其中特级班培养的是工农妇女干部。到了1940年女大学员增加到1000人，班级增设到12个班。女大在教学方法上采取理论与实际相统一、集体学习与个人学习自修相结合，并且要参加生产劳动。当时延安条件非常艰苦，考虑到女同志的不方便，学校为学生提供了板床，还有放生理假等优惠政策。到了1941年，中国女子大学与陕北公学、泽东青年干部学校合并为延安大学。

7. 中共中央党校

1933年，中共中央在江西建立了马克思共产主义大学，1935年中共中央和中央红军长征到达陕北瓦窑堡后改名为中共中央党校，1937年2月迁至延安，是专门负责培养中国共产党的高、中级领导的干部学校。1940年，中央书记处在《中央关于办理党校的指示》中指出："各级党校的基本任务是以马列主义理论与实践来教

---

① 黄利群：《中国近现代教育史研究文集》，沈阳：白山出版社2000年版，第328页。

育干部,来校干部的基本任务也就是学习。"①还指出每位学员每天平均学习 8 个小时,至少上 1 次课,其余时间进行自习。1941 年,毛泽东为中共中央党校题词"实事求是",指明了党校的办校方向。1942 年,毛泽东同志在中央党校开学典礼上做了《整顿党的作风》的重要报告。这是党校整风学习的开始。1943 年,中共中央决定毛泽东兼任中央党校校长。中共中央党校根据学员的情况和培训任务,将学员分为 6 部。第 1 部为中央级各省负责同志,第 2 部为抗日前线调回延安学习的同志,第 3 部为党的理论工作者和作家,第 4 部为提高工农干部文化水平而建立,第 5 部为培养陕甘宁边区地方干部而建,第 6 部为新来边区的干部。当时中央党校学员学习的内容都是毛泽东同志的一些论著。中央党校的学习方法与其他高校有所不同,党校学员首先学习毛泽东同志的一些论著,其次记笔记,再次召开小组会议进行讨论,最后聘请中央或者中央宣传部人员做报告进行讲解。1942 年 4 月,中央党校改变了教育计划,学员们集中学习马列主义、毛泽东同志的论著和中国革命实际。中央党校当时学员有 3000 多人。

8. 中国医科大学

中国医科大学是在原八路军卫生学校的基础上扩建而成的一所医科高等学校。八路军卫生学校的前身是红军卫生学校,1931 年在江西成立后随红军长征到达陕北,医科大学设立了 4 个班,分别为高级军医班、普通军医班、调剂班和特别班,学员一共为 300 人。高级军医班招收高中毕业或者从大专学校肄业的青年,修业年限为 24 个月;普通班和调剂班招收具有中等文化的青年,修业

---

① 黄利群:《中国近现代教育史研究文集》,沈阳:白山出版社 2000 年版,第 335—336 页。

年限为 18 个月;特别班是为文化水平较低的老干部设立的,学习时间不定。医科大学的任务是培养政治坚定、技术优良的现代革命医务技术人才。[①] 当时,医科大学的设备都比较齐全。校内还设置了生理实验室、解剖实验室、化学实验室等。医科大学的教员基本来自北平、天津、南京等地,学员大部分来自抗大、女大、陕公、青干等高校,都是 20 岁左右的青年。随着抗战形势的发展,中央军委决定,还成立了中国医科大学晋察冀分校和晋东南分校。这两所分校同总校一起,培养出了大批医务技术人员。

9. 延安自然科学院

延安自然科学院是中国共产党 1940 年在革命根据地创建的一所培养科技干部的学校,其培养目标是"革命通人,业务专家"。该院设立了大学部和中学部,大学部设物理系、化学系、生物系、地质系和补习班,大学本科学制为 2 年,预科两年,补习班为 1 年。中学部设有初中和高中,初中学制为 1 年半,高中学制为 2 年,中学部偏重实用技术的学习。延安自然科学院的学生除了学习以外还参加劳动,像道路、场地、厕所都是本院学员自己修的,甚至排球场也是。1943 年,中共中央决定将延安自然科学院并入延安大学,成为延安大学的一个学院。在课程学习上自然科学院规定政治学习每周一天,业务学习每周 5 天。[②] 延安自然科学院自建院起就注重理论联系实际,学用结合的原则。学院建设了工作基础场地和实习工厂,更好地为教学服务,为边区建设服务。

---

① 董纯才、张腾霄、皇甫东玉:《中国革命根据地教育史》第 2 卷,北京:教育科学出版社 1991 年版,第 198—199 页。

② 董纯才、张腾霄、皇甫东玉:《中国革命根据地教育史》第 2 卷,北京:教育科学出版社 1991 年版,第 195 页。

10. 八路军军政学院

八路军军政学院是中国共产党创办的一所高级军事政治学院，其任务是根据战略反攻的需要，为八路军和新四军培养坚强优秀的高级军事政治骨干。八路军军政学院于 1941 年 1 月 1 日在延安开学。至 1941 年 8 月，全院共有学员 500 多人，全是中共党员，学员分为 5 个队。军政学院第一、第二两队是知识分子干部队，基本上都是学生、知识分子出身，具有初中以上的文化水平。知识分子干部队教学方法上以政治教育为主，军事教育为辅，个人学习为主，集体学习为辅，每周授课 4 次，每次都是 3 小时，每周都有党日活动，学制为一年半。军政学院的第三、第四和新成立的第五队为工农老干部队，学员都是八路军、新四军的老干部。由于他们出身工农家庭，文化水平较低，要求军事教育和政治教育并重，两者各占 40%，另外教育文化占 20%，让学员系统地了解马列主义军事理论，提高他们的党性和思想觉悟。抗战时期，八路军军政学院培养了一批优秀的军事政治骨干。

11. 延安民族学院

延安民族学院的前身是陕北公学的少数民族工作队。为了培养少数民族干部，1941 年 9 月，中共中央决定，以陕北公学的少数民族工作队为基础成立延安民族学院。1943 年，民族学院并入延安大学。当时全院学员共有 400 多人，分别为汉、满、蒙、回、藏、彝、苗、东乡族等 8 个民族，其中蒙古族学生占 40%，回族占 20%，苗族占 1%，彝族占 4%，蒙古族学生人数最多。学员们来自祖国的西南、西北、东北和华北地区，有着不同的语言、宗教信仰、文字和风俗习惯。学校根据学员文化程度的高低分成 4 个班级。其中，也有一些混合班，还有一些根据文化水平的相近或者不同单独开班。民族学院的学制为 6 年，分为初、中、高三级，每级学习时间是 2 年。民族学院贯彻中国共产党的教育方针和政策，培养了大批各民族的革命干部和各种专门人才，为抗战的胜利做出了巨大的贡献。①

（二）革命根据地高校教学内容、学制及课程安排

表 11 - 4　抗战时期大学教育教学内容、学制、课程安排

学校	教学内容	学制	课程安排
1. 中国人民抗日军事政治大学	军事理论、思想政治教育、党性锻炼、国际主义教育、教育与生产劳动相结合	第一期：半年 第二期：7个月 第三期：8个月 第四期：8个月 第五期：11个月 第六期：8个月 第七期：1年 第八期：约3年半	马克思列宁主义基本原理、政治经济学、哲学、抗日民族统一战线、民运工作、中国问题、中国革命史、日本研究、时事政策、战略学、战术学、游击战争、射击学、步枪学
2. 陕北公学	抗战的基本理论、抗战的政策及方法、指挥民众武装进行战斗的基本知识、革命的政治教育、军事教育、劳动教育	1. 普通班：4个月（学员队） 2. 高级研究班：1年（高级队）	普通班：社会科学概论、社会发展史、政治经济学 高级班：中国革命运动史、马列主义、辩证唯物主义、政治经济学、生产劳动教育
3. 鲁迅艺术文学院	马列主义基本理论的教育、理论与实际结合、思想政治教育	最初为9个月，后来改成1年	社会主义、辩证唯物主义、中国问题、中国文艺运动、苏联文艺、艺术论
4. 延安大学	新社会实际需要和学生密切程度相结合、理论与实际联系、思想政治教育	行政学院：2年 自然科学院：3年 鲁迅文艺学院：2年 医药系：1—2年	中国革命史、边区建设、革命人生观、时事教育

————————

① 曲士培：《中国大学教育发展史》，山西：山西教育出版社1993年版，第488—490页。

学校	教学内容	学制	课程安排
5. 华北联合大学	理论与实际联系、学用一致、少而精、马列主义教育、时事政治、思想政治工作	4—6 个月	马列主义的哲学、政治经济学、中国革命史、社会发展史、马列主义的基本问题
6. 中国女子大学	理论与实践统一、生产劳动教育、思想政治教育	高级研究班:1 年到 2 年半	普通班:社会发展史、政治经济学、马列主义、哲学 高级班:社会发展史、政治经济学、马列主义、哲学、党的建设 特别班:识字课、妇女工作、政治课
7. 中共中央党校	马列主义、毛泽东同志的论著、中国革命实际、理论与实际结合、教学一致、思想政治教育	暂无	《改造我们的学习》《整顿党的作风》《反对党八股》《反对自由主义》《怎么样做一个共产党员》等
8. 中国医科大学	政治教育、专业教育、临床实习	暂无	数学、物理、生理解剖、政治课、军事、时事政策
9. 延安自然科学院	理论与实践相结合、注重实习	中学部:1 年半 大学部:3 年 预科:2 年	政治理论课、马列主义
10. 八路军军政学院	政治教育为主，军事教育为辅	知识分子干部队:1 年半	党史简明教程、中国问题、建军问题、党的策略
11. 延安民族学院	理论联系实际，尤其是联系抗战的实际	6 年。初、中、高三级，每级学习 2 年。	汉语文、中国问题、政治常识、自然科学常识、历史、地理、算术课程

（三）抗战时期高等教育行政体制和管理体制

表 11－5　解放区高等教育管理体制和行政体制

学校	管理体制	行政体制
1. 中国人民抗日军事政治大学	中共中央军委直属管理。由于抗大分校分散，改成各地党组分局和最高兵团首长负责	校长负责制。学校除了校长和副校长以外还有教育长。共产党直接领导
2. 陕北公学	直属中共中央组织部和宣传部领导	校董会、校务维持委员会，学校最高机关为党组，实行校长负责制
3. 鲁迅艺术文学院	直属中共中央组织部	校长负责制
4. 延安大学	中共中央文委领导（陕甘宁边区政府领导）	校长负责制
5. 华北联合大学	中共中央统一领导	党团领导下的校长负责制
6. 中国女子大学	陕甘宁边区政府领导	校长负责制
7. 中共中央党校	直属中共中央书记处	校长负责制
8. 中国医科大学	直属中共中央军委	
9. 延安自然科学院	中共中央财政经济部领导	中央文委领导
10. 八路军军政学院	直属中共中央军委	
11. 延安民族学院	陕甘宁边区地委领导	

抗日战争时期，教育方针和教育政策都由中共中央和有关部门直接颁发，各个高校多由中共中央统一领导。高校根据自身的

特点成立了教育行政管理机构,大部分都是实行校长负责制。例如,在抗日军政大学,毛泽东任教育委员会主任兼政治委员,罗瑞卿担任教育长,莫文骅任党支部书记。1937年成立了抗大教育委员会,毛泽东任主席,同时校部成立了政治部、训练部和校务部。在政治部下设立了组织、宣传、训育、秘书4个科;训练部下设政治教育、军事教育、编译和技术4个科;在校务部下设立管理、供给、卫生、队列4个科。陕北公学在建校初期直属中共中央组织部和宣传部领导,学校最高领导机构为党组。党组书记由成仿吾兼任,实行党组领导下的校长负责制,行政机构设有教务处、生活指导委员会和总务处。到了后期阶段,陕北公学学校领导体制发生了改变,成立了校董会。中央党校直属中央书记处,毛泽东任校长,负责政治指导,日常工作由管理委员会负责。华北联合大学成立的时候,中共中央决定学校实行党团组领导下的校长负责制,成仿吾校长兼党团组书记。延安大学直属中央文委领导,实行校长负责制,设立了教育、干部、校务三处,后来紧缩成教务科和总务科。鲁迅艺术文学院建校初期,中共中央指示组织院务委员会,实行集体领导。校部设立政治处、教务处、院务处、编译处。延安自然科学院直属中共中央财政经济部领导,设立教育、干部、院务三处,徐特立任校长后学校由中央文委领导。由此可知,抗日根据地各类高校在教育管理体制和行政管理上呈现出不同的特点。

第二节　抗战时期中国共产党领导下高等教育的特点

抗日战争期间,中国共产党领导建立了数所培养革命干部的学校,改革了旧的教育制度,实行了新的教育方针和教育政策,高等教育与边区建设紧密结合,为抗战的胜利做出了巨大的贡献,同

时积累了一些宝贵的经验,也形成了革命根据地高等教育的显著
特点。

一、注重理论与实际相结合

抗日革命根据地各高校在教学活动中都强调理论与实际相结合
的原则。例如,抗大在教学过程中强调理论联系实际的原则,抗大的
军事课程和学员们的经历、抗战的实际以及学员们的思想实际紧密
相连。当年毛泽东同志对抗大的学员提出了"要一面学习、一面打
仗、一面生产的"口号,这点也能体现出理论与实际联系的教学原则。
陕北公学在教学工作中提出"给予学生正确的知识,不是死记公式,
也不是盲目背诵,要将学会的知识灵活运用到实际当中去"①。鲁迅
艺术文学院的教育方针是站在马列主义的理论立场,建设中华民
族的文艺理论与实际,训练适合抗战的大批干部,不仅注重文艺课
程和马列主义课程的教学,还注重实践教学。让学员学习理论课
的同时,学校还给他们创造创作的机会,鼓励他们参加文艺活动。
延安大学提出,学员学习理论必须结合实际,要以实际说明问题,
使学员体会到什么是理论与实际的结合,也让他们学会如何联系
理论与实际,学用一致,边区相关部门工作和实际活动相结合,要
达到理论与实践的统一。从以上几个大学的培养方式可以看出,
当时抗日革命根据地在教学过程中非常重视理论与实际相结合,
他们这种教学方法不仅当时非常有效,而且对后世影响也非常大。

二、教育为革命斗争和抗战服务

1931年4月,中共闽粤赣特委会在各县召开教育工作会议,会

---

① 董宝良:《中国近现代高等教育史》,湖北:华中科技大学出版社2007年版。

议确定了共产主义的教育方针,要求教育与当前的革命斗争联系起来,不能让学生死读书,应该让他们了解当前的斗争形势,参加实际斗争。1937年卢沟桥事变爆发后,毛泽东提出要进行国防教育,改变旧教育制度和旧教育方针,实行救国救民的新教育制度和教育方针。1938年,毛泽东在中共六届六中全会中提出实行抗战教育政策,使教育为战争服务。因此陕甘宁等抗日革命根据地紧密联系革命斗争和抗战需要设立了多所培养各类干部的高校。如抗日军政大学为抗日战争培养了20余万名干部,为抗战的胜利做出了巨大贡献。

三、教育与生产劳动相结合

抗日根据地高等教育注重教育与生产劳动相结合,许多大学将生产劳动列入教育教学计划之内。陕北公学的学员们入学就开始学习挖窑洞、修道路和盖房子,随后参加大生产劳动。延安大学在教育上实行教育与生产劳动相结合的原则,在校内注重学生的学习与实习,实习分为两种,在工厂实习和农场实习,学生参加生产劳动时间占20%。鲁迅艺术文学院选了130个生产队,开展了生产劳动。他们每天除了上课以外还爬山翻沟,到山坡上开荒。也有学员留在学校洗衣服,切洋芋,大扫除或者帮厨做饭。教员们一边从事精神生产,一边从事文艺创作,一边从事开荒种地。延安自然科学院也为学员提供了机械实习工厂和化学实习工厂,将光华农场和边区的工厂联系起来,作为实习基地。除此之外,抗日军政大学在1939年内,开垦荒地1.7万亩,生产粮食100多万斤。由此可见,将教育与生产劳动结合起来,不仅提升了学员各方面的能力,提高了他们的思想觉悟,而且促进了抗日革命根据地的教育教学工作,提高了教育质量。

四、重视思想政治教育

抗日革命根据地高校的干部教育非常重视思想政治教育工作，将它视为革命根据地教育的核心内容，其具体的工作内容分为以下几点：

第一，转变学生的思想，坚定正确的政治方向。例如，抗大教育方针的第一句是"坚定正确的政治方向"，党中央认为转变学生思想的首要任务是加强思想政治教育。延安大学主要是通过政治理论课、时事政策课、个别谈话等形式来让学员了解当前的革命形势、中国革命史，提高他们的思想觉悟。华北联大也和前两所学校一样，非常重视思想政治工作，尤其是培养学员良好的思想作风。

第二，开展思想政治教育课程。抗日革命根据地的大部分高校在学员的课程安排中增设了思想政治课、思想方法论、党的政策等内容。通过讲授思想政治课程，加强学员的党性和思想锻炼，进一步转变学员们的思想。延安大学还规定每周一次政治学习，或者邀请上级领导做报告或者讲座，让师生们深入了解党的建设，不断提升其思想修养水平。

第三，进行革命传统教育。在干部教育中注重教育全体学员继承和发扬党的光荣革命传统，要遵守革命纪律，服从组织分配，团结友爱，互相帮助，要有不怕困难、不怕吃苦、自力更生和艰苦奋斗的革命精神。[①]　如延安自然科学院要求教员们反复对学员进行关于远大革命理想和遵守革命纪律的教育。

第四，学员和党员的思想政治教育有区别。华北联合大学提出党员同志必须参加党课教育，党组织对党员进行党的性质、任务

[①] 曲士培：《中国大学教育发展史》，山西：山西教育出版社 1993 年版，第 496—504 页。

和组织原则等思想教育,同时开展批评与自我批评教育。

五、教学模式多种多样

抗日革命根据地的大部分高校都十分注重教学方式的探索,不再是单一的教员教、学员学。不是死记硬背的教学模式,而是提倡自学为主、集体学习为辅的教学模式。有些学习的自习和上课时间对半,业余时间除了参加活动以外进行自习。除此之外,像抗大、延安大学还提倡使用启发式的教学方法,注重培养学员积极主动的创造能力,课上教员提出问题,课后学员们开组会讨论课堂上的问题,同时发表自己的意见与看法。

第十二章　战时中国高等教育改革审思

　　抗战时期大学发展环境特殊,然而这一时期却是中国高等教育发展的黄金时代。[1] 综合来看,抗战初期的大学与政府之间仍然延续了民国前期的合作协商关系,但越往后国民政府对国立大学的控制意图越明显。究其原因,在抗战初期,政党的政治属性与大学的文化属性存在一致之处——实现国家和民族振兴,国立大学校长均由政府任命、战时高等教育方针的确定均能反映这种一致立场;但到了抗战中后期,国民政府不断推进"党化"教育,这与大学的学术属性严重相悖,因而导致大学与政府逐渐对立。难能可贵的是,战时内迁为大学发展设置了天然屏障,大学大多远离国家政治中心,因而得以保存实力,有些还稳中有升,同时促进了内陆地区高等教育近代化。[2] 这一时期的大学践行通才教育观,实行教授治校,视学术使命为最高追求。校长掌舵大学发展航向,并基于各校实际开展特色办学。尽管这些校长在论述其大学治理的观点

---

① 柯伟林、林乐兰:《清华:从留美预备学校到国家旗舰大学》,《清华大学教育研究》2017年第1期,第1页。

② 张玥、王运来:《全面抗战时期国立大学发展与校长管理风格的分析与启示》,《当代教育科学》2018年第8期,89页。

和实践时有所侧重、各有千秋,但从抗战时期的时代性来看,大学发展和校长治校均体现出一定的共性和关联性。

第一节　战时中国高校改革审思

抗战时期高等教育发展仍然奉行学术本位,以学术救国、文化引领为实现战时大学职能的根本追求,这种精神的文化与所处的社会环境无法分离,也与大学师生尤其是执掌大学的校长们密切关联。以下仅从大学与外部环境的关系处理、大学学术精神的传承发展、大学校长的角色定位揭示战时大学发展的当代意蕴。

一、外部环境是高校发展的保障

抗战时期的大学外部环境是大学发展不可忽视的条件因素。抗战初期延续了战前的民主风气,国立大学发展仍然比较自由,政府对大学的干涉也很有限,如关于抗战时期大学办学方针的讨论就是具体的例证。各大学校长和军界、政界人士对抗战时期的大学办学方针有不同看法,并且为此引发了一场社会争论。这场争论表明,当时的社会环境言论自由,有识之士皆可各抒己见;同时,这场争论的结果以国民政府与大学校长立场达成一致为结束,最终以"战时须作平时看"来保证大学办学的学术性标准。另外,对于大学校长的办学经费要求,政府一般应允,如罗家伦就任国立中大校长时提出的经费要求,甚至后来决定打造"玫瑰色的甜梦"而需要的庞大经费开支都获得了国民政府的支持。抗战初期的高等教育政策只是给予大学整体性的规划与指导,涉及如大学的教学与科研的管理、教师的选任与聘用、学生的发展等事关大学内部管理的方面,大学校长具有很大的自主权。甚至是大学内迁的具体地点选择、办学方式等,几乎都由大学自行设计,这就赋予大学校长极大的施展舞台。当然,大学方面也增加了一些军事学课程,加强了战时学生的体育训练,加强了实科人才的培养和科学研究,以此作为大学与社会互动的积极表现。总体而言,大学发展的外部环境是良好的,大学与政府的关系是和谐互助的,政府尊重大学和大学校长,大学也为战时社会服务。

随着战争形势的恶化,国民政府的应接不暇,以及物价上涨、通货膨胀的加速,大学的经费难以获得保障,大学师生的生活更是无以保证。反而,由于战争的侵袭和进步思想的活跃,国民政府不断加强对大学的控制,如国民党 CC 派系欲在大学增设训导长一职,政府规定大学每周一是官方的"总理纪念周"等。但恰恰就是由于战乱,大学内迁导致国民政府很难对国立大学进行直接控制,加之各国立大学校长都是中西并蓄、具有"双重身份"和社会声望的大家,因此,国立大学的发展仍然较为自主。如各校坚持教授治校、学生自治,将通识教育结合选修制、导师制来具体落实,将官方规定的"纪念周"改为学术演讲会,抵制国民党政府官员进驻大学,允许学生成立自治会、发展进步社团,等等。甚至在多次学潮中,校长们都身先士卒,以己之力保证学生的安全。可以说,在抗战中后期,国民政府的无力顾及和大学校长的品格魄力成就了大学的进一步发展。

二、大学精神是高校发展的核心

广义上的大学文化包括大学精神,办学理念和校园文化,狭义上的大学文化即是大学精神的层面,是指独具特色的大学精神逐步凝练成学校独有的风格、气质与传统,成为一所大学的社会品格。英国心理学家 L. A. 珀文曾言:"文化实际上影响着我们人格机能的每个方面,我们选择追求的目标和我们如何努力实现这些目标,都受着文化的影响。"①这是基于广义上的文化而言。2010年1月26日,温家宝总理与来自科教文卫体各界的10位代表座谈时说,"一所好的大学,在于有自己独特的灵魂"②。大学"独特的灵魂",就是一所大学的大学精神。这就是基于狭义的文化而言。

本研究将抗战时期的大学文化归纳为科学民主的文化、进步的文化、爱国的文化、以及团结乐观的文化,这实际是广义上的文化表达。上升为大学精神,则是自觉的学术精神、永恒的道德精神、爱国的时代精神、无畏的乐观精神,再进一步具象,就体现为大学的校训。大学校训是大学精神与文化的最直观表达,如"诚朴雄伟"反映了国立中央大学誓为首都大学的伟大气魄,"求是"反映了国立浙江大学务实求真的科学精神,"允公允能"表达了南开大学张伯苓校长振兴民族教育的构想,而"刚毅坚卓"则是西南联大全体师生立志超群、追求创新的集中体现。西南联大校友会曾做过这样的总结:

> (联大)的诞生虽说偶然,但无形中原就有一种传统凑合的力量,没有这种传统,即使能够凑合,绝不能持久。这传统就是北京大学的"自由",清华大学的"民主"和南开大学的"活泼"。缺乏民主的自由,固然等于具文;没有自由的民主,当然也不可能。民主与自由如果缺乏活泼的精神,必流于消沉松懈;但活泼的精神,假如没有民主和自由的支持,蓬勃热烈的

---

① L. A. 珀文、周榕著,陈红等译:《人格科学》,上海:华东师范大学出版社2001年版,第473页。

②《温家宝总理就政府工作报告(征求意见稿)征求科教文卫体界代表意见座谈会侧记》,人民网:http://politics. people. com. cn/GB/1024/10905349. html,2010年2月2日。

生命力也就无从产生。只有三者融合之后，才能相得益彰，而后有发扬，有创造。[①]

这种联合的力量，正是西南联大校训和校格的最佳诠释。

三、大学校长是高校发展的关键

抗战时期的大学校长们，多自幼接受私塾等中国传统文化教育，青少年时期大多数又曾负笈西行接受西方现代大学文明的熏陶。这种中西文化的碰撞与融合，使他们拥有了渊博的学识、开阔的胸襟、非凡的气度和民主的精神，从而为他们掌舵抗战时期的大学奠定了丰富的文化底蕴与开阔的思想境界。

（一）中西融合，思想开阔

抗战时期大学内迁作为对国家高等教育发展意义非凡的一项举措，各大学校长表现出的谋略、胸襟和气度堪称精湛。首先，在内迁地点选择上，校长们都发挥各自的智慧谋略，结合各校实际情形进行计划。如罗家伦的"未雨绸缪"使得国立中央大学成为迁校最早、复课最快、保存最完整的大学之一；竺可桢带领浙大师生辗转西迁至贵州湄潭，结合"天时""地利"与"人和"，将浙大办成了"东方剑桥"；萨本栋"因地制宜"地扬长避短，将厦大搬到了距离不远又相对安全的长汀。其次，西南联大作为战时组建的联合大学，获得"内树学术自由之规模，外来民主堡垒之称号"[②]，且"一联即合"与"一联到底"，与同为合并办学但持续时间较短的西北联大形成鲜明对比，这与蒋梦麟、梅贻琦、张伯苓三位先生心怀教育救国

[①] 北京大学、清华大学、南开大学、云南师范大学编：《西南联合大学史料》，昆明：云南教育出版社 1998 年版，第 24 页。

[②] 钱谷融：《中国现代文学精神》，北京：人民出版社 2008 年版，序。

理念、开眼西方看世界、学贯中西、思想开阔密切相关。其间，张伯苓的"你就戴（代）我的表"，梅贻琦"心中只有联大，没有清华了"①，都是三位常委相互信任、合作无间的直接表现。三位常委之间的精诚合作奠定了联大发展的内在根基。同时，这些国立大学的发展，不论是西南联大的"八音合奏，终和且平"，国立中大的"鸡犬不留"与"沙坪学灯"，国立浙大的"文军长征"与"东方剑桥"，还是国立厦大的"小后方"，都凝聚了蒋梦麟、梅贻琦、张伯苓、罗家伦、竺可桢、萨本栋等这些大学校长的心血与智慧。

（二）立志报国，奉献教育

萨义德曾言："一个知识分子如果不与现实世界中的苦难和危机发生任何关联，有智慧而无痛苦，势必蜕变为一般学者和文人。"②除了具备中西融合的文化背景，开阔的思想和胸怀，抗战时期的深重国难加深了这些大学校长们的爱国之心。他们作为知识分子的杰出代表，义不容辞地肩负起教育救国、振兴民族的历史使命，也正是这种对大学使命清醒而深刻的认识，赋予了他们人格展现的时代主题。

梅贻琦在 1940 年"为母校服务 25 周年公祝会"上，将清华喻为一条漂流在惊涛骇浪之中的船，有人正赶上驾驶它的责任则必不应退却，而应坚忍前进，虽然此时使人有长夜漫漫之感，但不久就要天明风定，到那时，把这条船好好开回清华园，到那时才能向清华的同人校友敢告无罪。梅先生对其自己的要求即是如此。

罗家伦作为曾执掌清华和中大两校的校长，先后发表了《亡国的教育现状》《教育的理想与实际》《民族与教育》《从树立学风到树立政

① 李响：《西南联大：清华最贫穷也最"富有"的时光》，《文史参考》2011 年第 8 期。
② 《言论》，《读者》2002 年第 5 期，第 43 页。

风》《抗战的国力与文化的整个性》等系列文章，阐述他对中国教育的基本认识。他一直以"建设柏林大学、巴黎大学等国立大学中的一流的大学作为他大学建设的目标"①，同时也使自己成为"不但对于中国学术有种贡献，而且可以学术影响社会和民族的将来"的人②。

任鸿隽是杰出的科学事业的组织领导者，就任国立四川大学校长前，担任中华教育文化基金董事会干事长，主管美国退还的"庚子赔款"。然自九一八事变发生后，他认为"内地鄙塞之乡，其有待于吾人之努力，必且较大都市之文化事业十百倍之"③。于是他毅然辞去原有职务，前往成都赴任川大校长，立志振兴内地教育。王星拱于 1933 年至 1945 年任国立武汉大学校长 12 年，其间总穿长袍。学生问他，长袍往往配马褂，为何校长只穿长袍不穿马褂。王星拱的回答是："马褂带有封建官阶之意，过去帝王赐与黄马褂就是一种官职，我是搞教育的，不是来做官的，我只穿长袍。"④王世杰自 1929 年至 1933 年曾任国立武汉大学校长，他虽位居国民党政府的高官要职，在抗战时期大学内迁、国共和谈与合作等方面均有较大贡献，但王世杰在台北临终时，嘱咐儿孙在他的墓碑上只刻上"国立武汉大学校长之墓"。⑤

---

① 罗久芳：《罗家伦与张维桢——我的父亲母亲》，天津：百花文艺出版社 2006 年版，第 111 页。

② 罗久芳：《罗家伦与张维桢——我的父亲母亲》，天津：百花文艺出版社 2006 年版，第 129—135页。

③ 王东杰：《任鸿隽执掌四川大学》，四川大学档案馆：http://archives. scu. edu. cn/info/1015/1976. htm，2017 年 1 月 19 日。

④ 王允斌：《忆雪艇、抚五校长的几件往事》，《校友通讯》1998 年第 1 期，第 132 页。

⑤ 陈俐：《战时期武汉大学教授群体的文化选择——兼论郭沫若抗战时期的文化选择》，《郭沫若学刊》2004 年第 4 期，第 12 页。

（三）捍卫学术，定位明确

蒋梦麟曾言，他在大学中搞了几十年，经过许多风潮，发现了一个规律：一个大学中有三派势力，一派是校长，一派是教授，一派是学生。在这三派势力中，如果有两派联合起来反对第三派，第三派必然要失败。① 因此，蒋梦麟不仅上承蔡元培的理念，又有自己的发挥。根据 1931 年《大学组织法》，他提出"教授治学，学生求学，职员治事，校长治校"的办学方针，从而革新了当时北大自由自治风气带来"纪律弛，群治弛"的问题，提出"整饬纪律，发展群治，以补本校之不足"。虽然他将学术与事务分开，层层分工，各司其职，校长权限有所扩大，但校长治校的本质仍是民主治校。虽因为"校长治校"的提法一度遭到质疑，也如其晚年所忆，自谦是个"万金油"的角色："有人说北京大学好比是梁山泊，我说那么我就是一个无用的宋江，一无所长，不过什么都知道一点……但总是博而不专……"②

梅贻琦的"吾从众""王帽"的说法更深入人心。他认为，校长不过是率领职员给教授搬凳子椅子的人，如同京剧中的"王帽"一角，出场总是王冠齐整仪仗森严、煞有介事，但并不是非常重要之人，因为好戏并不是由他唱的，只不过是运气好了一些，搭在了一个好的班子里而已。别人对这台戏叫好时，他也觉得与有荣焉。黄延复曾将梅贻琦与蔡元培做比，认为比起蔡元培，无论是辈分、声望、社会地位、个人经历等方面，梅贻琦确都有逊于蔡元培之处。但在强调环境的教育、课堂纪律和教师的榜样作用等方面，甚至可以说，梅贻琦的治校方略和育才效果，都是有过之而无不

---

① 冯友兰：《冯友兰自述》，北京：中国人民大学出版社 2004 年版，第 68 页。
② 王开林：《北大"功狗"蒋梦麟》，《同舟共进》2012 年第 3 期，第 33 页。

及。① 冯友兰《在梅贻琦先生诞辰一百周年纪念会上的讲话》中,深深表达了清华人对老校长的敬爱:"作为清华长期的领导人,梅先生将与清华共垂不朽!"②

罗家伦在北伐期间曾担任蒋介石的机要秘书,因而深得蒋的信任和赏识;又与教育部长朱家骅、王世杰私人关系良好,常有若干人事上的麻烦或规章上的牵制,朱家骅总是支持他,还常对人说:"我逼志希担任中大校长,苦了志希,救了中大。"③

而罗家伦本人,一方面努力保持与上层良好的关系,一方面全心治理学校发展学术,提出"民族有机文化"的理念,找到了中大的立足点,在学术与政治之间尽力保持了相对平衡。在中大聘用教师方面,从来不徇私情和关系,坚持以学术为用人之唯一标准,即使得罪了人也是不管的。

虽然中国近代大学教育起步较晚,但起点较高,很快便能与西方大学接轨。主要原因就是近代办大学的人,很能将西方大学先进的管理方法"拿来",即为我所用,如"教授治校"的民主管理方式,选修制、导师制的教学管理手段,演讲讲座和各种社团活动的盛行,等等。抗战时期的国立大学校长不仅持教育救国、奉献教育、捍卫学术之理念,也通过制度将这些理念落到实处,不仅以一人之力,更是依靠群策群力,践行着校长与制度同样重要的大学治理理念。

（四）大学校长的人格魅力

教育学家肖川在《办好学校的策略》一书的序言中曾言:"校长

---

① 陈远:《大师之道与大学之道——与黄延复谈梅贻琦》,中国教育和科研计算机网:http://www.edu.cn.shtml,2004 年 10 月 18 日。

② 张雅晶:《清华"终身校长"梅贻琦》,《北京观察》2011 第 6 期,第 55 页。

③ 罗家伦:《朱骝先先生的事迹与行谊》,《朱家骅先生纪念册》第 2 册,台北:台北文海出版社 1996 年版,第 264 页。

首先应该是一个精神领袖,其次才是行政领导。领袖不是自封的,而是其卓越的个人影响力自发形成的,这种影响力来自人格魅力。"①抗战时期大学校长人格魅力的彰显,可以说照亮了艰苦环境下的大学发展,他们用个人能力"导航"了整个国家和民族高等教育的振兴。

拿梅贻琦校长来说,清华人对于梅校长的敬仰,如一位校友所言:"清华人对梅先生孺慕情深,像听戏的人对梅兰芳一样入迷,我们却是另一种梅迷。"②梅贻琦一生廉洁自律,克己奉公。联大时期,学校给教职工谋的福利,都没有领导的份,梅夫人为了补贴家用只好外出打工。为了保护清华基金,梅贻琦去了美国,生活非常艰难。直到晚年病重也未立遗嘱,但直至梅先生去世后,病床下的一个皮包里全是清华基金的账目,一笔一笔,丝毫不差。③

　　做领袖的人有两种,一种使人慑服,一种使人悦服。毫无疑问,教育工作者应当使人悦服,而不在于使人慑服,因为教育的出发点是爱。梅贻琦校长的品性中深深具有这一点,他爱学校,所以他把一生献给了学校。他爱国家,所以在抗日时把他的儿子打发到远征军去。他爱同事,所以待人一视同仁,从无疾言厉色。他尤其爱青年,所以在每次学潮中都以自己的力量掩护青年的安全……④

这一段话语虽说是后人对梅贻琦校长人格与德操的一种赞

---

① 肖川等著:《办好学校的策略》,南京:南京师范大学出版社 2005 年版,序。

② 张雅晶:《清华"终身校长"梅贻琦》,《北京观察》2011 第 6 期,第 54 页。

③ 黄延复主编:《梅贻琦先生纪念集》,长春:吉林文史出版社 1995 年版,第 318—319 页。

④ 黄延复:《前清华大学校长梅贻琦先生》,《人物》1987 年第 1 期,第 95 页。

美,也可视为是对中国近代大学校长们人格力量一种共性的真实写照。

被后人称为北大"舵手"①和自称北大"功狗"②的蒋梦麟,是北大历史上任期最长的校长。傅斯年有这样的评论:蒋梦麟的人格魅力不如蔡元培,学问比不上胡适之,但办事却比蔡先生和胡先生都高明。对此,蒋梦麟是认可的。为了不至于引起误会,他还补充了一句玩笑话:"所以他们两位是北大的功臣,我们两个人不过是北大的功狗。"③

1935年蒋梦麟曾以北大校长的名义领衔发表宣言,反对日军的政治阴谋,因而一度遭到日军的威胁和挟持,他不仅镇定自若,毫无畏惧,还与日本武官斗智斗勇。罗家伦评价说:"蒋梦麟先生是郭子仪第二,大有单骑见回纥的精神。"④我国现代著名作家曹聚仁与好友聊天时也说自己最敬佩的同时代人是蒋梦麟,强调其面对日军时"这男子汉的气度,并非胡适、鲁迅诸氏所能及的"⑤。

罗家伦曾是国立清华和中央大学两校的校长,沧浪云曾用"治校从政两喟然"来评价罗家伦从教从政的落寞与悲伤。⑥ 但不可磨灭的是,罗家伦的大学理念与实践深深地镌刻在中国近代高等教育史上。他主掌清华后,大刀阔斧,厉行改革,使清华驶向了综合性大学发展的轨道;掌舵中大后,更加鞠躬尽瘁,十年耕耘,创造了

---

① 王昊:《近代中国大学校长的文化选择》,天津:天津教育出版社2010年版,第17页。

② 王开林:《北大"功狗"蒋梦麟》,《同舟共进》2012年第3期,第31页。

③ 胡适:《赠与今年的大学毕业生》,《独立评论》1932年6月27。

④ 马勇:《蒋梦麟教育思想研究》,大连:辽宁教育出版社1997年版,第210页。

⑤ 王开林:《北大"功狗"蒋梦麟》,《同舟共进》2012年第3期,第31页。

⑥ 沧浪云:《大漠荒芜——民国文人的悲歌与苦恋》,北京:团结出版社2008年版,第224页。

那个时代国立大学发展的"神话"。在南京,罗家伦欲将中大构建为容纳万名学生的首都大学,终因战争成了"玫瑰色的甜梦",但他的建立民族有机文化、创办世界一流大学的高瞻远瞩仍然值得我们借鉴。

竺可桢被苏步青称为"伟大的大学校长",也被人誉为"蔡元培以后最杰出和最成功的大学校长"①。他廉洁奉公,为浙大发展奔波劳累,甚至未能及时照顾患病的妻子和儿子。他爱护学生,对参加学潮的学生给予庇护,以致时任浙江省省长沈鸿烈怒骂浙大是"中共租界"。② 他始终以大学应是"海上灯塔""社会之光"来要求自己,确立浙大的"求是"精神与校训,千古流芳。苏步青说:"凡是竺校长要我干的事,我都干。"谭其骧说:"我相信,浙大若能像竺老当校长时那样继续办下去,我是不会离开浙大的。"③竺校长的鞠躬尽瘁,被浙大学人褒称为"浙大保姆"。

抗战时期的大学发展至少可以带给我们三点启示:

第一,对于现今大学校长尤其是综合性、研究型大学校长遴选标准的参考。抗战时期的国立大学校长学贯中西、思想开阔,胸怀教育救国之决心,不仅捍卫学术自由,具有准确的服务者定位,更具备闪亮的人格魅力。这些学科知识背景、个性品格修养、办学思想理念都可以为遴选校长提供借鉴。

第二,大学的发展是作为社会的子系统,与政府和社会其他组织互动的结果。也就是说,宽松的政策环境与合理的社会距离是

---

① 杨竹亭:《求是校训创始人》,《求是先哲群英传》,杭州:浙江大学出版社1997年版,第20页。

② 浙江大学校史编辑室编:《浙江大学校史稿》,杭州:浙江大学图书馆1982年版,第136页。

③ 郭汾阳:《何谓"大学"》,《中国青年》1997年第4期。

大学取得创新和进步的必要条件。给予大学校长和大学一定的自治权力在当前我国社会发展过程中,也是值得思考的问题。

第三,大学精神与文化的传承是大学以及一个国家高等教育发展史的见证。不论在哪个历史时期,大学以其不变的学术属性与创新精神,代表着先进的思想和文化。因此,以大学精神文化引领社会精神文化的不断进步也是大学、是大学校长治校不可推卸的历史使命。

中国近代大学教育起步虽晚,但正如一些有识者所指出,中国近代大学教育的起点并不低。这其中的原因很多,一方面得益于中国固有的私人讲学和书院制度,更重要的还在于中国近代大学和校长所特有的办学精神。这种精神集中体现在,内忧外患、民不聊生的时代,大学校长以自己的治校理念、学术态度、家国责任和人格力量为中国近代大学的发展做出了不朽的贡献,为中国现代大学的形成构建了雏形。他们身上所体现出的强烈的、温厚的人格魅力,如对梅贻琦"另一种梅迷"的追随,如自谦为"北大功狗"却为北大发展奠定基础的蒋梦麟,如被称为"浙大保姆"为浙大发展鞠躬尽瘁的竺可桢,如中央大学内迁"鸡犬不留"的缔造者罗家伦,如被陈毅市长称为"一代完人"的国立武汉大学校长王星拱,值得当今的大学校长和管理者们学习借鉴。

第二节　战时中国高校改革历史观照

一、大学的使命与责任

大学组织作为一个系统,其组成部分和职能之间具有很强的相关性。大学的发展依靠校长以及整个大学与外部进行互动来实现；促进学术发展和文化进步是大学发展的重要使命，以大学创新引领社会文化发展更是大学无法推卸的责任。说到底，精神与文化引领下的大学发展与社会发展是大学存在的根本要义，大学的外部关系、基本职能、师生发展以及文化引领都内含在此范畴之中。这同时也是抗战时期国立大学校长掌舵大学的最终航向。

在处理国立大学与社会、政府关系时，校长们始终坚持以学术发展为大学的根本宗旨。即使在抗战这一特殊时期，对实用性人才有特别需求的时期，国立大学校长们也坚持大学教育方针的稳定。中大校长罗家伦的"全面抗战论"，浙大校长竺可桢的"学术救国"都体现了战时坚持学术发展的重要性。其中，罗家伦的这种思想还被蒋介石在确定战时大学教育方针时部分吸收和肯定。

在国立大学的教学中，始终贯穿学术为主的通才教育理念。由于战时缺乏必备的研究设备和条件，虽然校长们对教师的科研要求无具体规定，但出于爱国热情和校长们的人格魅力的影响，抗战时期国立大学的学术研究并未衰弱。反而在大学内迁后，促进了研究与服务的结合，给内迁所到之地带去了先进的文化、观念和思想，促进了我国西南和西北地区的大学发展和社会近代化。

文化引领方面，在校长理念指引下，各国立大学精神昭著，民主、科学、爱国、进步、团结、乐观的精神遍布大学内外。现今我国许多著名大学的校训都源自抗战时期，如清华的"自强不息，厚德载物"、南大的"诚朴雄伟"、浙大的"求是"、南开的"允公允能"等。

抗战时期，大学通过对外关系的处理、职能的坚守，师生的共同发展，大学精神与校训的践行，保持了其存在与发展的不变根基，通过实践表达了所谓的"大学文化"。无法抹灭的是，这是大学群体共同坚持并努力的结果，但正如"一个好的大学校长就是一所好的大学"这句话所示,抗战时期的校长于大学发展乃至社会文化发展的意义尤其重大。他们的理念思想以及具体的作为,都赋予了所在大学"重生"的可能。从这些大学校长身上,或许可以得到当今大学治理管理的不少启示。

二、学制改革与年限调整

抗战时期的大学学制和学生修业年限与现在相比有很多相似之处,尽管也有一些差异和不同,但其中有些制度设计和举措对当前我国高等教育领域的改革发展亦具有一定的借鉴意义和价值。

首先,从当时研究生的修读年限来看,当时的规定是 2 年及以上,而当前我国研究生学制大多为 3 年及以上,这对学术型研究生是比较合适的,但是对于一些专业硕士,尤其是那些侧重实践和操作以及急需紧缺专业领域的硕士而言,该修业年限则稍显过长,因此,可根据不同学科专业自身的特点及相应岗位的素质要求和当前我国经济社会发展需要对部分专业硕士学位修业年限进行相应的调整和完善。以此在保障研究生人才培养质量的同时,进一步提高人才培养的效率。

其次,从当时本科师范院校学生的修业年限来看,尽管当时局势动荡、师资严重匮乏,国民政府仍然将师范院校本科学制确定为 5 年,充分反映了其师资队伍建设的理念及其对师资队伍重要作用的认识。如今,随着我国经济社会的不断发展及其对高等教育要求的不断提升,对师资队伍建设的要求也在不断提高。因此,国家对师范教育的重视程度也在不断提升,先后出台了《教育部关于印发〈普通高等学校师范类专业认证实施办法(暂行)〉的通知》(教师〔2017〕13 号)、《教育部等五部门关于印发〈教师教育振兴行动计划(2018—2022 年)〉的通知》(教师〔2018〕2 号)、《教育部关于实施卓越教师培养计划 2.0 的意见》（教师〔2018〕13 号）、《教育部教师工作司关于印发〈职业技术师范教育专业认证标准〉和〈特殊教育专业认证标准〉的通知》（教师司函〔2019〕50 号）、《教育部等六部门关于加强新时代乡村教师队伍建设的意见》（教师〔2020〕5 号）以及《教育部关于印发〈教育类研究生和公费师范生免试认定中小学教师资格改革实施方案〉的通知》（教师函〔2020〕5 号）等相关通知和文件，进一步提升师范教育的质量和层次。从上述文件和制度来看，目前，关乎师范教育年限的改革相对较少，这对高层次、高素质卓越教师的培养或有一定的影响。因此，教育部及相关师范院校可根据不同专业的相关要求和不同岗位、不同层次教师的要求对师范生修业年限进行相应的调整和完善，在不断夯实师范院校学生理论修养的同时，进一步提升其实践能力、操作能力和综合素质，真正培养适应新时代教育事业改革发展的卓越教师。

三、通才教育与学生自治

抗战时期的大学普遍奉行通才教育思想。这在诸位校长笔下记录的最为详细，如蒋梦麟认为"非尊重个人之价值不为功"[1]，梅贻琦提出"做人"与"学问"并重[2]，竺可桢要求培养"转移国运的领导人才"[3]。同时，这种通才观在大学的课程设置之中得到具体的落实。

在诸位校长的论述中，尤以梅贻琦先生的《大学一解》和竺可桢校长关于通才教育的多次演讲内容最具代表性：

---

[1] 曲士培：《蒋梦麟教育论著选》，北京：人民教育出版社 1995 年版，第 75 页。
[2] 刘述礼、黄延复：《梅贻琦教育论著选》，北京：人民教育出版社 1993 年版，第 56 页。
[3]《竺可桢文录》，杭州：浙江文艺出版社 1999 年版，第 103 页。

有人认为学文学者,就不必注意理科;习工科者就不必注意文科,所见似乎窄小一点。学问范围务广,不宜过狭,这样才可以使吾们对于所谓人生观,得到一种平衡不偏的观念。对于世界大势文化变迁,亦有一种相当了解。如此不但使吾们的生活上增加意趣,就是在服务方面亦可以加增效率。这是本校对于全部课程的一种主张。盼望大家特别注意的。①

国家为什么要花费这么多钱来培植大学生? 为的是希望诸位将来能做社会上各业的领袖。在这国难严重的时候,我们更希望有百折不挠、坚强刚果的大学生来领导民众,做社会的砥柱。所以,诸君到大学来,万勿存心只要懂了一点专门技术,以为日后谋生的地步就算满足。②

总体而言,通才教育理念已然是这一时期大学校长们的基本共识:注重学生社会责任感的培养,培养有着广博知识和广泛兴趣爱好的通才。梅贻琦在西南联大实行选修制、竺可桢在浙大推动导师制,二人践行通才教育理念。

西南联大的三位常委都十分重视学生德育、智育和体育的综合发展。蒋梦麟、梅贻琦、张伯苓都对学生德育和体育有着专门的论述。联大通识教育的推行以选修制为手段:一、二年级以"通才"为主,三、四年级以专业为主;因而必修课大多开在一年级,少部分开在二年级,到三、四年级绝大多数课程都是选修课。联大的基础课一般由著名教授承担,此外还开设了大量的选修课供学生自由选择。除了选修课,在梅贻琦的通才观指导下,联大特别重视和倡

---

① 刘述礼、黄延复:《梅贻琦教育论著选》,北京:人民教育出版社 1993 年版,第 17 页。
②《竺可桢文录》,杭州:浙江文艺出版社 1999 年版,第 124 页。

导教师通过言传身教来培育学生健全之人格，不仅结合专业教学对学生进行品德教育，还通过课外校园文化活动培育学生的人文精神和健全人格。如校长梅贻琦所言的"通识为本，而专识为末，社会所需要者，通才为大，而专家次之，以无通才为基础之专家临民，其结果不为新民，而为扰民"。

在浙江大学，竺可桢校长要求学生在德育上，成长为不徇利害，有社会责任感之栋梁；智育上，具有较宽的知识面，鼓励学科之间的联系和交流，重视人文科学的学习；体育上，浙大首先实行全体学生一律参加体育活动的制度，规定体育课不及格不得毕业。他将学生与工厂出厂的产品做比较，指明大学毕业生"应该像一把剃刀，越用越锋利，而且不会生锈；像一枚时钟，越走越精确，而且不会半路抛锚。一个大学最重要的使命就在于能使每个毕业生孕育着一种潜力，可令其于离开校门以后，在他的学问、技术、品行、事业各方面发扬光大，既日新、日日新、又日新"。因此，竺可桢校长反对"教而不育"，继而在浙大采用哈佛大学的导师制，由一个导师带若干个学生，导师对学生进行学业辅导的同时，也要对学生生活的道德和品行负责，从而建立了教训合一的教育方法，有力推动了其通才教育理念的实现。

梅贻琦校长通才教育思想体现在他对学生"整个之人格"重要性的强调；蒋梦麟校长用"非尊重个人之价值不为功"形容教育在学生个体与社会关系处理中的价值导向；竺可桢校长以"求是"精神表达对学生责任感塑造的期待。校长们在人才培养方面的理念反映了抗战特殊时期对大学生们的特殊要求，即多服务少享受。同时鼓励学生们的自治行为，如蒋梦麟所言，"学生自治，并不是一种时髦的运动，并不是反对教员的运动，是'移风易俗'的运动，是养成活泼泼地一个精神的运动"①。实际上,学生自治与通才教育理念一脉相承。学生服务观念与公民意识的养成本也就是通才教育的应有之义。联大和浙大以及当时的许多国立大学,都有学生自治会和各种学生社团。其中,联大的"群社""冬青社",浙大的"黑白文艺社""战地服务团"等都是著名的活跃社团。当时,各个国立大学的壁报也是学生参与时政、反映民主、研究学术的另一片阵地。事实证明,学生自治是校长与教授治校的有效补充。这不仅促进师生之间的交流,完善学校内部管理,还有利于特殊时期学生的通才素质养成。

　　考核方式既是高校育人理念的基本体现,也是高校管理水平和育人质量的基本体现。在很长的一段时间内,我国高校对学生学习效果的考核主要侧重于结果而忽视了学生学习的过程,从而造成了学生学习动机的缺失及学习投入的相对不足,同时,也不利于学生良好学习行为和学习习惯的养成,不利于卓越人才的培养及高等教育整体办学水平的提升。而从抗战时期部分高校的办学实践来看,尽管当时办学条件极为艰苦、办学资源极为匮乏、教学秩序难以保障,但为保障人才培养的质量和维持正常的教学秩序,国民政府又出台了一些具体举措,对学生学习的期限、学分要求、学习成绩标准等做了相应的规定,以此确保了在当时特殊环境下人才培养的质量。尤其值得注意的是,从当时对学生的考核方式来看,很多学校已经注意将过程考核与结果考核相结合、将平时成绩与期末考试相结合、将理论考核与实践考核相结合,这也在某种程度上确保了人才培养的质量和水平。

　　如今,随着我国高等教育规模的不断扩大及新时代经济社会

---

① 杨东平:《大学精神》,沈阳:辽海出版社 2000 年版,第 271 页。

发展对高水平高等教育诉求的不断提高,高校人才培养质量问题成了当前我国高等教育改革的重点和关键。因此,高等院校及教育主管部门可从学生考核方式及成绩管理形式等层面着手,按照点面结合、过程与结果相结合、定量与定性相结合、理论与实践相结合以及德智体美劳全面发展等理念,重新构建、完善具有自身特色、符合自身实际的学生考核体系,并以此为抓手,培养学生良好的学习习惯,使其养成良好的学习行为和学习意识,不断提高其学习的动机和成效,全面提升人才培养的质量和水平。

四、学术自由与教授治校

抗战时期的国立大学无一例外以学术自由为治校的首要原则。学术自由的直接体现就是教授治校。不管在聘任,教师待遇,还是管理制度方面,国立大学都体现了尊重教师、依靠教师办大学的思想。

> 在现今学校林立的时代,某校长于某种课程,大概在社会上是有定评的。而说某校长于某种课程,即无异于说某种功课有某某著名学者在那里担任教课。①

这段话形象说明了抗战时期教授的地位。

梅贻琦在1931年就职国立清华大学校长的演说中,在1932年国立清华二十一年度开学典礼的讲话中,在1936年《致全体校友书》中,多次表达其"大师论"的内容。除了众所周知的"大师论",梅贻琦的"吾从众""王帽""给教授搬椅子凳子"等著名论断也十分形象地反映了他对于"教授治校"的理解。其重视教师的程度,以

---

① 王东杰:《任鸿隽执掌四川大学》,四川大学档案馆:http://archives. scu. edu. cn/info/1015/1976. htm,2017 年 1 月 19 日。

至于联大八年中,教授和副教授占教师总数一半以上,连国民政府教育部也称他是"囤集教授"。抗战胜利后,在清华大学复还北归的过程中,梅贻琦再次强调"勿徒注视大树又高几许,大楼又添几座,应致其仰慕于吾校大师更多几人。此大学之所以为大学"。梅贻琦实际主持联大的八年间,联大基本延续了清华大学的管理体制:由教授会、评议会和校务会组成校内的运行制度,教授的权力无与伦比。虽蒋梦麟提出"教授治学、学生求学、职员治事、校长治校",但其眼里的"校长治校"显然有着特定的背景和实际需求,其目的是要建立起一个效率更高的行政体制,而非真正意义上的校长独裁。

罗家伦任中央大学校长期间,坚持以纯粹学术标准为中大聘人之原则,并力求教师专任,以正学校之风气。终因现实情况的无奈,导致他请辞。因聘人原则而离职的校长不止罗家伦一人,执掌国立中山大学的许崇清校长也正是由于崇尚自由民主的做派,而两次被免去校长职务。

与梅贻琦和罗家伦要求教师专任不同,竺可桢千方百计以礼增聘国内知名学者,"能长时期任教更好,短时期讲学也争取,甚至过路的、私人探访的他也要争取请他们做些学术报告或演讲"[1]。竺可桢还提出"教师灵魂说",被认为是对蔡元培的"教师中心论"和梅贻琦的"大师论"的进一步发展,"一个学校实施教育的要素,最重要的不外乎教授的人选,图书仪器等设备和校舍建筑。这三者之中,教授人才的充实,最为重要。教授是大学的灵魂"[2]。同时,在浙江大学不设副校长,而是成立由教授组成的校务委员会,

---

[1] 黄秉维:《纪念科学家竺可桢论文集》,北京:科学普及出版社1982年版,第28页。
[2] 竺可桢:《大学教育之主要方针》,《国立浙江大学校刊》,1936年4月25日,第248期。

并把它作为最高权力机构,学校的大政方针都由校务委员会讨论决定。

五、私立高等教育的发展

私立高等教育作为公办高等教育的有益补充和整个高等教育体系的重要组成部分,不仅有利于高等教育多样化、差异化发展,而且有利于不同类型高等教育之间的良性竞争及满足人民群众多样化的教育诉求,因此,私立高等教育的发展对我国整个高等教育而言影响巨大、意义深远。从国民政府统治时期私立高等教育的发展情况来看,其无论在院校数量还是办学质量和办学层次等方面都与公办高等教育体系形成了分庭抗礼、平分秋色的局面。为管理、规范私立高等教育的发展,国民政府出台了包括《私立学校规程》《私人讲学机关设立办法》等在内的相关制度,对私立高等教育机构的名称、设立标准、申办程序、组织运行、办学经费、课程设置、负责人资格及管理体制等进行了相应的规范。这既为私立高等教育机构的设置、运行及其管理等提出了相应的标准和要求,也为其成长、发展提供了相应的制度保障和支持。

但从当前我国民办高等教育发展的现状来看,无论其院校数量、院校规模,还是办学质量、办学层次和社会影响等方面,都无法与公办高等教育相提并论,这既不利于我国高等教育的多样化、特色化、差异化发展,也不利于整个高等教育体系的创新、融合发展与进步。因此,亟须在此方面加强建设、引导和激励。要给予民办高等教育更多的办学自主权和政策红利,积极引导民间资本和社会团体对民办高等教育进行关注、支持和投入;要进一步修改、完善民办高等教育办学质量标准体系和评估体系,加强对民办高等教育办学质量、办学层次和办学水平的检查、监督,在不断提升其办学水平和质量的同时,不断提高其社会影响和社会评价,真正激发民办高等教育的活力与潜力,促进我国整个高等教育体系的健康发展和整体提升。

六、本科生导师制和文科院士制度的示范

随着我国经济社会的不断发展以及高等教育规模的不断扩大和学生数量的不断增加,我国高等教育发展面临的形势、任务发生了深刻的变化,尤其是我国进入新发展阶段,发展定位和社会主要矛盾、发展目标、发展理念、发展方式等的转变,更对高等教育提出了新的要求和挑战。

本科教育作为我国高等教育的基石,其办学质量和水平直接影响我国整个高等教育体系的质量和水平。因此,国家十分重视本科教育的发展和建设。本科教育是大学的“根”和“本”,在高等教育中具有战略地位。因此,无论是校长、教授还是教学管理人员都要树立“以本为本”的思想。“以本为本”既是对大学职能的一次回归,也是对大学核心发展理念的一次强化与正位,在此理念下,各本科院校需要将相关资源向本科集中、相关政策向本科倾斜、相关举措在本科教育中创新、相关理念在本科教育中践行。

而从当前我国高等教育发展面临的国内外相关形势来看,日趋复杂和多变,这对处于生理和心理成长期的大学生提出了更加严峻的考验,部分学生在学习适应、社会适应和心理发展及人际交往等方面出现了一些问题,并出现了自杀、杀人、自残等极端现象,亟须专业教师和相关人员的关心、关注和引导。本科生导师制作为一种学生管理方式和育人形式,其既可以加深师生之间的交流与沟通,及时发现学生身上的问题和不足,也可进一步增强教师的育人理念和育人意识,不断强化自身的职业认同、提升自身的职业

素养,从而形成师生协同共进的良好局面。但在具体实施过程中,各相关院校及部门需要根据学生自身特点及所在学科专业要求因地制宜、因材施教,制定具有自身特色的相关制度体系,如此才能真正实现立德树人,培养德智体美劳全面发展的社会主义建设者和接班人的目标和任务。

另一个维度,院士作为学术界的最高荣誉称号,在学术界的地位和影响是不言而喻的。抗战时期国民政府分2次共评选了45名部聘教授,其地位、性质与我们今天所说的院士基本相同。在这45名部聘教授中,既有数学、物理、化学、生物、地理、地质、农学、林学、土木、机械航空工程、电机、病理、生理等领域的学者,也有国文、历史、哲学、外文、心理、法律、经济、社会、教育、艺术等领域的专家,基本上涵盖了当时设立的各个学科(三民主义、气象、商学、外科医学等除外)。抗战结束后的第二年,中央研究院决定建立院士制度,并于1948年遴选出了中国第一批81名院士。

新中国成立后,1949年11月1日,中国科学院建立。1954年中科院开始筹备建立物理学数学化学、生物学地学、技术科学和哲学社会科学4个学部,并开始进行学部委员的推荐、遴选工作。1955年6月,中国科学院学部成立大会在京召开,学部正式成立,当时共有学部委员233人,其中,参会的学部委员有199人。此后,经过几次会议的讨论和酝酿,1993年10月,国务院第十一次常务会议决定将中国科学院学部委员改称为中国科学院院士,同时决定成立中国工程院。1994年,中国科学院向全体学部委员发出通知,正式将学部委员改称为中国科学院院士。

从我国现行的院士制度来看,其评选的对象主要是物理、化学、生物、医学、地学、农林、土木工程等理工类学科,缺乏对人文社科类学科的遴选。目前,部分高校虽然自行设置了文科资深教授制度,但其地位和影响显然无法与从国家层面开展评选和认定的院士制度相提并论。因此,为进一步激发人文社科领域相关学者的积极性、创造性,不断繁荣我国人文社科学科的发展与建设,国家亦可考虑设立文科院士制度,这既有利于激发不同学科学者的积极主动性,也有利于不同学科之间的交流互动、交叉融合与创新发展。

　　(注:本章部分内容来自张玥的博士论文《抗战时期国立大学校长的治校方略研究》。)

参考文献

一、资料汇编

1. 《中华民国实录》编委会编:《中华民国实录文献统计》,长春:吉林人民出版社 1997 年版。

2. 北京大学、清华大学、南开大学、云南师范大学编:《西南联合大学史料》,昆明:云南教育出版社 1998 年版。

3. 贵州省遵义地区地方志编纂委员会编著:《浙江大学在遵义》,杭州:浙江大学出版社 1990 年版。

4. 复旦大学校史编写组编:《复旦大学志》第 1 卷,上海:复旦大学出版社 1985 年版。

5. 国民政府教育部教育年鉴编纂委员会编:《第一次中国教育年鉴》,上海:开明书店 1934 年版。

6. 国民政府教育部教育年鉴编纂委员会编:《第二次中国教育年鉴》,上海:商务印书馆 1948 年版。

7. 潘懋元、刘海峰编:《中国近代教育史资料汇编·高等教育》,上海:上海教育出版社 1993 年版。

8. 舒新城编:《近代中国教育史料》第 4 册,上海:中华书局 1933 年版。

9. 宋恩荣、章咸编:《中华民国教育法规选编》,南京:江苏教育出版社

2005 年版。

　10. 王学珍、郭建荣编著：《北京大学史料》第 3 卷，北京：北京大学出版社 2000 年版。

　11. 吴惠龄、李壑：《北京高等教育史料》，北京：北京师范学院出版社 1992 年版。

　12. 西北师范大学校史资料编研组编：《国立西北师范学院史料摘编》（上），北京：中国文史出版社 2014 年版。

　13. 西南联合大学北京校友会校史编辑委员会编：《国立西南联合大学校史资料》，北京：北京大学出版社 1986 年版。

　14. 姚远主编：《西北联大史料汇编》，西安：西北大学出版社 2012 年版。

　15. 中国第二历史档案馆编：《中华民国史档案资料汇编》，南京：江苏古籍出版社 1997 年版。

　16. 中央教育科学研究所教育史研究室编：《中华民国教育法规选编 (1912—1949)》，南京：江苏教育出版社 1990 年版。

　17. 朱有瓛主编：《中国近代学制史料》第 2 辑，上海：华东师范大学出版社 1987 年版。

二、报刊资料

1.《大公报》

2.《大学生言论》

3.《大学院公报》

4.《独立评论》

5.《国立中央大学日刊》

6.《国立浙江大学校刊》

7.《国民政府公报》

8.《教育通讯》

9.《教育杂志》

10.《清华学报》

11.《申报》

12.《生路》

13.《西安临大校刊》

14.《西北联大校刊》

15.《西北学报》

16.《新民族》

17.《学生之友》

18.《浙江政治》

三、专著、文集等

1. ［澳］哈罗德·约翰·廷珀利著，马庆平等译：《侵华日军暴行录》，北京：新华出版社 1986 年版。

2. ［德］马克斯·韦伯著，冯克利译：《学术与政治》，北京：三联书店，1999 年版。

3. ［美］L·A. 珀文、周榕著，陈红等译：《人格科学》，上海：华东师范大学出版社 2001 年版。

4. ［美］杰西·格·卢茨著，曾钜生译：《中国教会大学史》，杭州：浙江教育出版社 1987 年版。

5.《竺可桢》编辑组编：《竺可桢传》，北京：科学出版社 1990 年版。

6. 安树芬、彭诗琅主编：《中华教育历程》第 24 卷，呼和浩特：远方出版社 2006 年版。

7. 沧浪云：《大漠荒芜——民国文人的悲歌与苦恋》，北京：团结出版社 2008 年版。

8. 陈桂生：《中国革命根据地教育史》，上海：华东师范大学出版社 2016 年版。

9. 陈海儒、高远主编：《热血书生上战场：西北联大与抗日战争》，西安：西北大学出版社 2017 年版。

10. 陈宁宁：《抗战烽火中的河南大学》，郑州：河南大学出版社 2015

年版。

11. 陈平原:《抗战烽火中的中国大学》,北京:北京大学出版社 2015 年版。

12. 陈遵平、林茂前主编:《浙江大学西迁遵义办学 77 周年纪念文集》,重庆:西南交通大学出版社 2018 年版。

13. 丁晓春、魏向前主编:《张学良与东北大学》,沈阳:东北大学出版社 2003 年版。

14. 董宝良:《中国近现代高等教育史》,湖北:华中科技大学出版社 2007 年版。

15. 董纯才:《中国革命根据地教育史》第 2 卷,北京:教育科学出版社 1991 年版。

16. 樊洪生、段异兵:《竺可桢文录》,杭州:浙江文艺出版社 1999 年版。

17. 冯友兰:《冯友兰自述》,北京:中国人民大学出版社 2004 年版。

18. 郭贵春、倪生唐编著:《山西大学百年校史》,北京:中华书局 2002 年版。

19. 洪永宏编著:《厦门大学校史(1921—1949)》,厦门:厦门大学出版社 1990 年版。

20. 侯德础:《抗日战争时期中国高校内迁史略》,成都:四川教育出版社 2001 年版。

21. 胡金平主编:《中外教育史纲》,南京:南京师范大学出版社 2001 年版。

22. 华西校史编委会编著:《华西医科大学校史(1910—1985)》,成都:四川教育出版社 1996 年版。

23. 皇甫东玉、宋荐戈、龚守静:《中国革命根据地教育纪事》,北京:教育科学出版社 1989 年版。

24. 黄秉维编:《纪念科学家竺可桢论文集》,北京:科学普及出版社 1982 年版。

25. 黄利群:《中国近现代教育史研究文集》,沈阳:白山出版社 2000

年版。

26. 黄仁贤编著：《中国教育史》，福州：福建人民出版社 2018 年版。

27. 黄延复主编：《梅贻琦先生纪念集》，长春：吉林文史出版社 1995 年版。

28. 黄延复：《清华的校长们》，北京：中国经济出版社 2003 年版。

29. 北京大学校友联络处编：《茄吹弦诵情弥切——国立西南联合大学五十周年纪念文集》，北京：中国文史出版社 1988 年版。

30. 惠世如主编：《抗战时期内迁西南的高等院校》，贵阳：贵州民族出版社 1988 年版。

31. 季啸风主编：《中国高等学校变迁》，上海：华东师范大学出版社 1992 年版。

32. 蒋梦麟：《西潮》，天津：天津教育出版社 2003 年版。

33. 金以林：《近代中国大学研究 1895—1949》，北京：中央文献出版社 2000 年版。

34. 李国钧、王炳照：《中国教育制度通史》第 7 卷，济南：山东教育出版社 2000 年版。

35. 李曙白、李燕南等编著：《西迁浙大》，杭州：浙江大学出版社 2007 年版。

36. 李义丹主编：《天津大学（北洋大学）校史简编》，天津：天津大学出版社 2002 年版。

37. 李永森、姚远主编：《西北大学史稿》上卷，西安：西北大学出版社 2002 年版。

38. 梁瓯第：《战时的大学》，武汉：战时文化出版社 1938 年版。

39. 刘基、丁虎生：《西北师大轶事》，沈阳：辽海出版社 2001 年版。

40. 刘佳峰、刘天路：《抗日战争时期的基督教大学》，福州：福建教育出版社 2003 年版。

41. 刘述礼，黄延复：《梅贻琦教育论著选》，北京：人民教育出版社 1993 年版。

42. 刘双平：《漫话武大》，武汉：武汉大学出版社 1993 年版。

43. 罗家伦：《文化教育与青年——大战到了备战时期》，北京：商务印书馆 1943 年版。

44. 罗家伦：《中央大学的回顾与前瞻》，重庆：国立中央大学 1941 年版。

45. 罗久芳：《罗家伦与张维桢——我的父亲母亲》，天津：百花文艺出版社 2006 年版。

46. 罗元铮总主编：《抗战烽火》（一），长春：吉林人民出版社 2005 年版。

47. 吕雅璐：《抗战烽火中的中山大学》，广州：中山大学出版社 2017 年版。

48. 马嘶：《1937 年中国知识界》，北京：北京图书馆出版社 2005 年版。

49. 马勇：《蒋梦麟教育思想研究》，大连：辽宁教育出版社 1997 年版。

50. 毛礼锐、沈灌群主编：《中国教育通史》，济南：山东教育出版社 2003 年版。

51. 毛礼锐主编：《中国教育史简编》，北京：北京教育科学出版社 1984 年版。

52. 毛正棠、徐有智编著：《中国浙江大学》，长沙：湖南教育出版社 1990 年版。

53. 梅贻琦：《中国的大学》，北京：北京理工大学出版社 2012 年版。

54. 南京大学高教所编：《南京大学大事记（1902—1988）》，南京：南京大学出版社 1989 年版。

55. 钱谷融：《中国现代文学精神》，北京：人民出版社 2008 年版。

56. 秦国柱：《私立大学之梦——民办高教的过去·现状·未来》，厦门：鹭江出版社 2000 年版。

57. 曲士培：《蒋梦麟教育论著选》，北京：人民教育出版社 1995 年版。

58. 曲士培：《中国大学教育发展史》，太原：山西教育出版社 1993 年版。

59. 任少波、罗卫东编著：《抗战文军——抗日战争时期的国立浙江大学》，杭州：浙江大学出版社 2017 年版。

60. 山东大学校史编写组：《山东大学校史（1901—1966）》，济南：山东大学出版社 1986 年版。

61. 沈善洪主编：《蔡元培选集》，杭州：浙江教育出版社 1993 年版。

62. 石慧霞：《抗战烽火中的厦门大学》，郑州：河南大学出版社 2015年版。

63. 苏云峰：《从清华学堂到清华大学（1928—1937）》，北京：三联书店2001 年版。

64. 苏智良等编著：《去大后方：中国抗战内迁实录》，上海：上海人民出版社 2005 年版。

65. 涂上飙、刘昕：《抗战烽火中的武汉大学》，郑州：河南大学出版社 2015年版。

66. 王德滋主编：《南京大学百年史》，南京：南京大学出版社 2002 年版。

67. 王昊：《近代中国大学校长的文化选择》，天津：天津教育出版社 2010年版。

68. 王建军：《中国教育史新编》，广州：广东高等教育出版社 2014 年版。

69. 王玉芝编著：《求是之光——浙江大学文化研究》，北京：高等教育出版社 2011 年版。

70. 王运来：《诚真勤仁 光裕金陵——金陵大学校长陈裕光》，济南：山东教育出版社 2004 年版。

71. 王运来：《江苏高等教育的早期现代化》，北京：人民出版社 2001年版。

72. 王振乾等编著：《东北大学史稿》，长春：东北师范大学出版社 1988年版。

73. 西北大学校史编写组编：《西北大学校史稿》，西安：西北大学出版社 1987 年版。

74. 西南大学北京校友会编著：《国立西南联合大学校史》，北京：北京大学出版社 2006 年版。

75. 西南联大《除夕副刊》主编：《联大八年》，北京：新星出版社 2010 年版、2013 年版。

76. 西南联大北京校友会编:《国立西南联合大学校史》,北京:北京大学出版社 1996 年版。

77. 西南联合大学北京校友会编:《国立西南联合大学校史:一九三七至一九四六年的北大、清华、南开》,北京:北京大学出版社 2006 年版。

78. 肖川等著:《办好学校的策略》,南京:南京师范大学出版社 2005 年版。

79. 湖南大学校史编委会编:《湖南大学校史》,长沙:湖南大学出版社 2003 年版。

80. 谢和平主编:《世纪弦歌,百年传响:四川大学校史展》,成都:四川大学出版社 2007 年版。

81. 谢泳、智效民等著,陈远编:《逝去的大学》,北京:同心出版社 2005 年版。

82. 谢泳:《西南联大与中国现代知识分子》,长沙:湖南文艺出版社 1998 年版。

83. 熊明安:《中华民国教育史》,重庆:重庆出版社 1990 年版。

84. 熊明安编著:《中国高等教育史》,重庆:重庆出版社 1983 年版。

85. 熊先觉、徐葵主编:《法学摇篮朝阳大学》,北京:北京燕山出版社 1997 年版。

86. 徐传德主编:《南京教育史》,北京:商务印书馆 2012 年版。

87. 徐海宁:《中国近代教会女子大学办学研究——以金陵女子大学为例》,南京:南京师范大学出版社 2008 年版。

88. 许乔榛、林鸿禧编:《萨本栋文集》,厦门:厦门大学出版社 1995 年版。

89. 延安时事问题研究会编著:《抗战中的中国文化教育》,上海:上海人民出版社 1961 年版。

90. 杨德生主编:《西北大学教育理念文选》,西安:西北大学出版社 2004 年版。

91. 杨东平:《大学精神》,上海:文汇出版社 2003 年版。

92. 杨东平:《大学精神》,沈阳:辽海出版社 2000 年版。

93. 姚丹编著:《西南联大历史情境中的文学活动》,南宁:广西师范大学出版社 2000 年版。

94. 易社强编著:《西南联大:战争与革命中的中国大学》,北京:九州出版社 2012 年版。

95. 张彬:《倡言求实培育英才:浙江大学校长竺可桢》,济南:山东教育出版社 2004 年版。

96. 张德龙主编:《大夏大学七十周年纪念》,上海:大夏大学校友会 1994 年印。

97. 张慧芬、金忠明编著:《中国教育史》,上海:华东师范大学出版社 2001 年版。

98. 张丽萍编著:《相思华西坝:华西协和大学》,石家庄:河北教育出版社 2004 年版。

99. 张曼菱编著:《西南联大人物访谈录》,昆明:云南教育出版社 2006 年版。

100. 张淑锵、蓝蕾主编:《浙大史料(1897—1949)》,杭州:浙江大学出版社 2017 年版。

101. 张玥:《抗战时期国立大学校长的治校方略研究》,南京:南京大学出版社 2017 年版。

102. 赵弘毅、程玲华主编:《西北大学大事记》,西安:西北大学出版社 2002 年版。

103. 中国教育报刊社组编,暨南大学撰稿:《漫游中国大学——暨南大学》,重庆:重庆大学出版社 2008 年版。

104. 浙江大学校史编辑室编:《浙江大学校史稿》,杭州:浙江大学图书馆 1982 年版。

105. 智效民:《八位大学校长》,武汉:长江文艺出版社 2006 年版。

106. 中国国民党党史委员会编:《罗家伦先生文存》,第 1、5、6、11、12 册,台北:近代中国出版社 1976—1989 年版。

107. 中国人民政治协商会议西南地区文史资料协作会议编:《抗战时期

内迁西南的高等学校》,贵州:贵州民族出版社 1988 年版。

108. 中国社会科学院近代史研究所:《胡适的日记》(下),北京:中华书局 1985 年版。

109. 中央教育科学研究所编:《中国现代教育大事记》,北京:教育科学出版社 1988 年版。

110. 钟叔河、朱纯编:《过去的大学》,北京:同心出版社 2011 年版。

111. 朱从兵:《教育史话》,北京:社会科学文献出版社 2011 年版。

112. 朱清时主编,余音编:《现代大学校长文丛·竺可桢卷》,合肥:安徽教育出版社 2015 年版。

113. 朱庆葆等著:《中华民国专题史》,南京:南京大学出版社 2015 年版。

114. 朱水涌:《厦大往事》,厦门:厦门大学出版社 2011 年版。

115.《竺可桢全集》第 10 卷,上海:上海科技教育出版社 2006 年版。

116.《竺可桢日记》第 1 册,上海:上海科技教育出版社 2010 年版。

117.《竺可桢日记》,北京:人民出版社 1984 年版。

118.《竺可桢文集》,北京:科学出版社 1979 年版。

119.《竺可桢文录》,杭州:浙江文艺出版社 1999 年版。

四、期刊论文

1. 常云平:《试论抗战时期内迁重庆的高等院校》,《西南师范大学学报(哲社版)》1997 年第 6 期。

2. 陈俐:《战时期武汉大学教授群体的文化选择——兼论郭沫若抗战时期的文化选择》,《郭沫若学刊》2004 年第 4 期。

3. 陈鹏,苏华锋:《略论民国高等教育立法的特点》,《理论导刊》1999 年第 6 期。

4. 邓朝伦:《"沙坪学灯"里的中央大学》,《重庆与世界》2000 年第 4 期。

5. 冯夏根、胡旭华:《注重学术服务民族——论罗家伦的大学理念》,《现代大学教育》2009 年第 1 期。

6. 冯友兰:《怀念金岳霖先生》,《哲学研究》1986 年第 1 期。

7. 傅国涌:《竺可桢校长生涯十三年》,《教育论坛》2006 年第 2 期。

8. 高建国等:《西南联大课程设置中的通识教育》,《国家教育行政学院学报》2011 年第 7 期。

9. 高耀明:《民国时期高校招生制度述略》,《高等师范教育研究》1997 年第 4 期。

10. 郭汾阳:《何谓"大学"》,《中国青年》1997 年第 4 期。

11. 韩戍:《抗日时期的国民政府教育部与上海留守高校》,《抗日战争研究》2018 年第 2 期。

12. 何水清:《我所亲历的西南联大本科教育》,《中国大学教学》2008 年第 10 期。

13. 洪德铭:《西南联大的精神和办学特色》(上),《高等教育研究》1997 年第 1 期。

14. 洪德铭:《西南联大的精神和办学特色》(下),《高等教育研究》1997 年第 2 期。

15. 侯德础、张勤:《高校内迁与战时西南的科技文化事业》,《抗日战争研究》1998 年第 2 期。

16. 胡子远:《唐文治与无锡国学专修学校——纪念唐文治先生诞生一百四十周年》,《苏州大学学报》2005 年第 2 期。

17. 黄伟达:《西南联大学生管理的特点及启示》,《航海教育研究》2004 年第 4 期。

18. 黄延复:《前清华大学校长梅贻琦先生》,《人物》1987 年第 1 期。

19. 戟锋:《竺可桢教育思想的特色探析》,《教育文化论坛》2010 年第 6 期。

20. 江渝:《西南联合大学成功联合之原因再析》,《天府新论》2011 年第 5 期。

21. 蒋宝麟:《抗战时期中央大学的内迁与重建》,《抗日战争研究》2012 年第 3 期。

22. 柯伟林、林乐兰:《清华:从留美预备学校到国家旗舰大学》,《清华大学教育研究》2017 年第 1 期。

23. 李响:《西南联大:清华最贫穷也最"富有"的时光》,《文史参考》2011年第 8 期。

24. 李秀勤:《西南联大的大学精神及启示》,《河南教育(高教)》2018 年第5 期。

25. 李永新:《国立西北师范学院全宗档案介绍》,《档案》1997 年 S1 期。

26. 刘敬坤:《八年抗战中的中央大学》,《炎黄春秋》2002 年第 5 期。

27. 刘萍:《西南联大校友访谈录——陈昌笃教授》,《大学教育科学》2013年第 5 期。

28. 刘振宇:《论民国时期高校导师制的施行》,《高教探索》2012 年第6 期。

29. 柳滔:《抗日战争时期的英士大学》,《浙江档案》2018 年第 8 期。

30. 陆艺:《抗战初期中央大学内迁"鸡犬不留"》,《档案与建设》2010 年第10 期。

31. 浦虹,黄海涛:《西南联大教育思想探析》,《咸宁学院学报》2012 年第6 期。

32. 沈卫威:《民国部聘教授及其待遇》,《中山大学学报(社会科学版)》2019 年第 4 期。

33. 施要威:《西南联大教授群体的文化性格与联大精神》,《高等教育研究》2017 年第 3 期。

34. 宋秋蓉:《民国时期私立大学发展的政策环境》,《清华大学教育研究》2004 年第 2 期。

35. 苏志明:《浅议抗日根据地高等教育的办学经验》,《福建党史月刊》2017 年第 4 期。

36. 孙敦恒:《.萨本栋与抗战时期的厦门大学》,《抗日战争研究》1993 年第 7 期。

37. 田径,李荫榕:《论大学文化的多重维度——大学精神、办学理念、校园文化及其关系》,《教育探索》2008 年第 2 期。

38. 田正平：《关于民国教育的若干思考》，《教育学报》2016年第4期。

39. 王开林：《北大"功狗"蒋梦麟》，《同舟共进》2012年第3期。

40. 王丽平：《西南联合大学师生关系的影响因素及启示》，《太原学院学报(社会科学版)》2019年第4期。

41. 王倩：《民国教育史上一次"昙花一现"的改革——大学院与大学区制的试行》，《河北师范大学学报(教育科学版)》2004年第5期。

42. 王允斌：《忆雪艇、抚五校长的几件往事》，《校友通讯》1998年第1期。

43. 谢泳：《1949年前中国国立大学校长与政府的关系》，《社会科学论坛》2004年第10期。

44. 徐国利，汪锋华：《近二十年抗战时期高校内迁研究述评》，《民国研究》2016年第1期。

45. 徐国利：《关于"抗战时期高校内迁"的几个问题》，《抗日战争研究》1998年第2期。

46. 徐国利：《抗战时期高校内迁概述》，《天津师大学报》1996年第1期。

47. 许琦红：《论西南联大的大学精神及其启示》，《教育评论》2015年第7期。

48. 阳荣威，梁建芬：《西南联大教育成就的历史情境分析》，《大学教育科学》2016年第3期。

49. 于述胜：《论民国时期教育制度的评价尺度及其发展逻辑》，《华东师范大学学报(教育科学版)》1999年第3期。

50. 余子侠：《抗战时期高校内迁及其历史意义》，《近代史研究》1995年第6期。

51. 余子侠：《抗战时期高校内迁及其历史意义》，《近代史研究》1997年第4期。

52. 余子侠：《抗战时期教会高校的迁变》，《抗日战争研究》1998年第2期。

53. 袁祖望：《西南联大成就辉煌的教育逻辑》，《高等教育研究》2007年第3期。

54. 张建奇等:《民国前期中国现代大学制度的确立》,《大学教育科学》2005 年,第 6 期。

55. 张强:《重塑格局:抗战时期的北平师范大学与西北高等教育》,《山东高等教育》2016 年第 8 期。

56. 张雅晶:《清华"终身校长"梅贻琦》,《北京观察》2011 第 6 期。

57. 张玥、王运来:《全面抗战时期国立大学发展与校长管理风格的分析与启示》,《当代教育科学》2018 年第 8 期。

58. 赵振銮:《龙云和蒋介石的合与分之我见》,《云南历史研究集刊》1983 年第 2 期。

59. 周发勤等:《西南联合大学的历史贡献》,《科学与研究》1990 年第 2 期。

60. 周楠、李永芳:《民国时期私立高等学校述论》,《安徽大学学报》2008 年第 5 期。

五、硕博士学位论文

1. 陈吉娜:《抗日战争时期陕甘宁边区高等教育研究》,西安邮电大学硕士学位论文,2016 年。

2. 陈瑜:《中国大学研究 (1912—1949)》,北京大学硕士学位论文,2013 年。

3. 胡芸:《民国时期的私立广州大学》,广州大学硕士学位论文,2006 年。

4. 霍东娇:《中国百年师范教育制度变迁研究》,东北师范大学博士学位论文,2018 年。

5. 李娟:《华西坝教会五大学联合办学研究》,西南大学硕士学位论文,2010 年。

6. 李能芳:《抗日时期复旦大学办学研究》,西南大学硕士学位论文,2010 年。

7. 李挺:《抗战时期中国高等院校内迁研究》,西北大学硕士学位论文,2000 年。

8. 刘韦：《抗日战争期间我国高校内迁研究》，安徽师范大学硕士学位论文，2006年。

9. 骆威：《南京国民政府时期高等教育立法研究》，南京大学博士学位论文，2013年。

10. 秦凌：《民国时期教育立法研究（1912—1949年）》，湖南师范大学博士学位论文，2014年。

11. 施要威：《民国时期大学知识分子的文化性格——以西南联大教授群体为中心的历史考察》，华中科技大学博士学位论文，2017年。

12. 苏国安：《南京国民政府时期学校教育政策研究》，河北大学博士学位论文，2010年。

13. 苏志明：《抗日根据地的高等教育研究（1937—1945）》，中共中央党校博士学位论文，2017年。

14. 孙秋实：《民国时期教育视导制度的再审视》，内蒙古师范大学硕士学位论文，2013年。

15. 王瑜：《近代教育法研究》，西南政法大学博士学位论文，2015年。

16. 吴文华：《抗日战争时期西南大后方的职业教育》，广西师范大学硕士学位论文，2006年。

六、网络资料

1.《风雨历程》，广西大学官网：http://www.gxu.edu.cn/info/1014/18792.htm，2020年3月20日。

2.《广州近百年教育史料》，广州文史网：http://www.gzzxws.gov.cn，2019年1月21日。

3.《华西坝五大学：抗日战争时期的中国教育"天堂"》，澎湃·方志四川：https://www.thepaper.cn/newsDetail_forward_5491294，2020年1月11日。

4.《抗日抗战胜利：战争中的留学生》，新华网：http://www.xinhuanet.com，2005年8月14日。

5.《抗战时民国政府教育财政支出仅次于军费》，南方报业网：http://

www. southcn. com,2012 年 1 月 18 日。

　　6.《校史沿革》,西南交通大学校史网:http://freshman. swjtu. edu. cn/bksrk/xxgk/xswh. htm,2020 年 3 月 15 日。

　　7.《一支"文军"的长征——抗日战争时期浙江大学西迁的故事》,浙江大学求是新闻网:http://www. news. zju. edu. cn,2019 年 2 月 1 日。

　　8.《竺可桢"浙大保姆"》,大学求是新闻网:http://www. news. zju. edu. cn/2007/1107/c1127a101677/page. htm,2019 年 2 月 10 日。

　　9. 陈远:《大师之道与大学之道——与黄延复谈梅贻琦》,中国教育和科研计算机网:http://www. edu. cn. shtml,2004 年 10 月 18 日。

　　10. 东北大学校史馆:http://dwww. neu. edu. cn/2186/list. htm,2020 年 3 月 20 日。

　　11. 河南大学校史馆:http://xs. henu. edu. cn/,2020 年 3 月 20 日。

　　12. 刘兴育:《炸弹下的课堂》,云南大学校史网:http://xsw. ynu. edu. cn/info/1003/1078. htm,2020 年 3 月 20 日。

　　13. 龙美光:《西南联大的校园文化》,中共云南党史网:http://www. ynds. yn. gov. cn/zhxx/201809/t20180929_801654. htm,2018 年 9 月 29 日。

　　14. 南 昌 大 学 网 上 校 史 馆:http://xsg. ncu. edu. cn/xshm/1c20993c2e5d41bd90549bea84316a0b. htm,2020 年 3 月 20 日。

　　15.《中国共产党新闻之重大事件"一·二九"运动》,人民网:http://cpc. people. com. cn/GB/33837/2534309. html,2020 年 5 月 24 日。

　　16. 孙晓明:《梅贻琦与熊庆来的情谊》,云南大学校史网:http://xsw. ynu. edu. cn/info/1003/1102. htm,2020 年 3 月 20 日。

　　17. 天津大学官网:http://www. tju. edu. cn/tdgk/xxjj. htm。

　　18. 王东杰:《任鸿隽执掌四川大学》,四川大学档案馆:http://archives. scu. edu. cn/info/1015/1976. htm,2017 年 1 月 19 日。

　　19. 吴丽玮:《西南联大:国难当头,知识分子的选择》,三联生活周刊:https://baijiahao. baidu. com/s? id ＝ 15855742691364836018.wfr ＝ spider&for＝pc,2017 年 12 月 1 日。

20. 张守涛:《先生归来:南京民国老大学那些人和事儿》,南京:江苏凤凰文艺出版社 2015 年版,网易云阅读:http://yuedu. 163. com/book_reader。

21. 郑体思、陆云苏:《抗战时期迁川的国立中央大学》,新华网:http://www. cq. xinhuanet. com,2005 年 7 月 28 日。

索　引

后 记

　　《战时高校内迁与教育改革》为南京大学教育研究院王运来教授团队的集体成果。以下就作者情况做简要介绍。

　　王运来负责本书的整体设计与统稿,撰写了导论和第一章。张玥、李运庆负责全书的审校工作,另外,张玥撰写了第二章、第七章和第十二章,李运庆撰写了第三章。王运来为南京大学教育研究院院长兼陶行知教师教育学院执行院长、教授,张玥为南京医科大学副教授,李运庆为南京森林警察学院公安教育研究中心副研究员。

　　其他各章作者分别是宋燕(第八、九章)、高慧敏(第十章)、甘饴(第五章)、曹延飞(第六章)、赵家俊(第四章)、阿依夏木·如斯塔木和胡天银(第十一章),他们分别参与了部分章节的史料收集、内容编写和文字校对工作。宋燕工作单位为南京体育学院,高慧敏工作单位为三江学院,甘饴工作单位为南京交通职业技术学院,曹延飞工作单位为河北地质大学,赵家俊工作单位为济南市城乡交通运输局,阿依夏木·如斯塔木为南京大学教育研究院硕士毕业生,胡天银为南京大学教育研究院博士研究生。

　　本书编写工作自 2018 年下半年启动,至 2020 年 5 月完成初稿,获得了编委会专家较好的审读意见。其间,得益于团队成员的通力合作,本书在历经多次修改后,基本呈现了全面抗战时期高等学校内迁与教育改革的客观过程和历史经纬。当然,由于参与人员较多且精力投入受限等问题,本书仍然存在一些不足,恳请各位专家同仁批评指正!